知库

文学与艺术

——

20世纪以来
出土简帛文献美学思想研究

谭玉龙　著

新华出版社

图书在版编目（CIP）数据

20 世纪以来出土简帛文献美学思想研究 ／ 谭玉龙著

. —北京：新华出版社，2022. 8

ISBN 978－7－5166－6415－5

Ⅰ.①2… Ⅱ.①谭… Ⅲ.①简（考古）—研究—中国
②帛书—研究—中国 Ⅳ.①K877.54②K877.94

中国版本图书馆 CIP 数据核字（2022）第 159917 号

20 世纪以来出土简帛文献美学思想研究

作　　者：谭玉龙

责任编辑：张　谦　　　　　　　　　封面设计：中联华文

出版发行：新华出版社

地　　址：北京石景山区京原路 8 号　　邮　　编：100040

网　　址：http://www.xinhuapub.com

经　　销：新华书店

购书热线：010-63077122　　　　　中国新闻书店购书热线：010-63072012

照　　排：中联学林

印　　刷：三河市华东印刷有限公司

成品尺寸：170mm×240mm

印　　张：18　　　　　　　　　　　字　　数：323 千字

版　　次：2023 年 1 月第 1 版　　　　印　　次：2023 年 1 月第 1 次印刷

书　　号：ISBN 978－7－5166－6415－5

定　　价：95.00 元

序

　　立冬不久，玉龙发来《20世纪以来出土简帛文献美学思想研究》（以下简称"《研究》"）的书稿定本，又打来电话，说是要我给他的这本新书写一篇序。我开始没有答应，虽然这个题目是玉龙在四川师范大学文学院博士后流动站和我合作研究时一起选定的课题，有些问题在他当年随我攻读硕士学位时我们也有过讨论。但说实话，要我来写这样一篇序文还是有难度的，因为我基本上没有这方面的研究经验，只是在已有的阅读经验中感觉到简帛文献中的美学思想非常值得研究，同时又感到研究的难度很大。从已经出土的简帛文献中来发现或发明某一点或某一方面的美学理论或美学思想已经很不容易了，何况要对20世纪以来出土简帛文献中的美学思想进行全方位的考证、释读、分类、提炼、归纳、比较、总结，弄不好有可能事倍功半。好在玉龙是一个勤于读书、善于思考的人。经过他近几年的探索积累，终于将《研究》奉献给读书界和美学同行们，这不能不说是一件值得庆贺的事情。

　　就中国美学思想史的研究来说，我们已经习惯了从文本到文本、从经典到经典，或者从文本到图像、从经典到数字的研究范式，利用出土文物，特别是利用出土简帛文献来研究中国美学思想史也是最近才开始的事情。其实，利用已经出土的文物和文献来研究美学，与"美学"这个学科的创立本身是同日而生、如影随形的。早在三百年前，维柯在《新科学》中就已经利用古埃及、古希腊、古罗马，甚至还有古代中国的出土文物来考察各民族的诗性智慧和审美意识。"维柯从埃及人那里取来两大古代文物片段加以利用"，发现埃及人把过去时间段分为三段及其相应的"神的语言""象征的语言"和"民众的语言"，并在此基础上通过不同阶段的不同语言分析了各民族共同的"民政美"（"人道美"或"人类美"）和人类一般审美意识的发生发展，并因此成为将"美学"放在历史哲学、语言哲学、艺术学、地理学等人文学科中进行考察，发现"美学原理"，并由此建立起"美学"这个学科的第一人，从而被克罗齐称为"实际上的美学之父"①。令人遗憾的是，由于种种原因，维柯利用出土文物来研究美学的方法并未引起我们足够的重视。

众所周知，研究必须从研究对象的原始材料出发，在所有可资借鉴的用来研究中国美学思想史的材料中，出土简帛文献以它独特的物质形态和比较可靠的语言符号系统成为除传世文献和活态文献之外的最有价值的材料。在纸张发明之前，中国古代经典文书的书写、编撰、传播几乎都离不开简帛，由此形成了独特的书籍样式、书法字体和传播方式。中国古代经典论著的产生与简帛的书写同日而生，如同王充《论衡·量知》所说"截竹为筒，破以为牒，加笔墨之迹，乃成文字，大者为经，小者为传记"。而我们今天常说的"论著""论文"之"论"也来自简帛："编竹以为简，有行列勬理，故曰侖。侖者，思也。"② 由此可见，简帛实际上已经与中国美学思想史的研究须史不可分离了。

中国历史上对简帛的研究要溯流到西晋的荀勖。据王隐的《晋书》记载，荀勖对当时发现不久的《汲冢竹书》"身自编次，以为《中经》"，第一次将出土简帛文献载入皇家图籍，编目丁部。据《南齐书·文惠太子传》载，齐梁时期在襄阳出土的"竹简书"《考工记》曾引起公卿们的考订兴趣，书法家王僧虔鉴定为"科斗书《考工记》，《周官》所阙文也"。近代以来，随着西学东渐，利用简帛文献考史证文的传统治学方法与科学的实证主义相融合，将简帛文献学研究推向新的高度。从20世纪初在敦煌、吐鲁番、酒泉、张掖出土的万余枚汉简、经卷文书到后半叶出土的马王堆帛书、郭店楚简、尹湾汉简，以及近二十年来的上博简、清华简、安大简和海昏侯墓出土的简帛文献等，都已经成为中外学界普遍关注的对象，简帛文献学正在成为一门世界性的显学。与此同时，对出土文物的美学研究已经从附庸蔚为大国。先秦的骨笛、甲骨文和青铜器，两汉的画像石和帛书画，魏晋南北朝的佛教造像，唐代的敦煌吐鲁番文献、宋代的墓葬壁画和西夏的文献，元明清的陶瓷、建筑、绘画、书法等，都已写进数以百计的各种版本的中国美学思想史或者有关中国美学的专著。这些古代文物所蕴含的审美意识，所凝聚的审美观念以及古代研究它们的理论本身所具有的中国美学的话语特色也得到普遍的阐释。然而，同样令人遗憾的是，对出土简帛文献中的美学思想的研究似乎还没有引起我们足够的重视，我们还没有发现从美学的视域对近年已出土简帛文献进行比较深入的研究。从这个意义上讲，

---

① ［意］贝奈戴托·克罗齐著，［英］R. G. 科林伍德译：《维柯的哲学》，陶秀璈、王立志译，郑州：大象出版社、北京：北京出版社2009年版，第32页。

② 章太炎撰，庞俊、郭诚永疏证：《国故论衡疏证》，北京：中华书局2008年版，第387页。

玉龙《研究》的出版，应该是一个补充，在由维柯创始，克罗齐、科林伍德发扬光大，王国维、朱光潜、宗白华、李安宅等美学家辛勤耕耘的这一研究领域中增添了一份收获，拓展了中国美学思想史研究的新领域。

不可否认，包括本书在内的利用简帛文献进行美学研究的论著，一般都是二次释读，即在考古学界第一次释读基础上的理论阐释。由于不可能重复考古现场，无法一一亲勘简帛原件，我们大都是借助第一次释读的材料来作分析，很少直接通过"目验"来进行分析。这就带来一个问题，如果所使用的简帛有伪，或者第一次释读有误，所用简帛的美学阐释也就没有价值。因此，在使用简帛文献材料的时候，尤其需要战战兢兢，如履薄冰，慎之又慎，细之又细。对一些有问题的简帛，宁可信其有，不可信其无。只有这样，我们才不致落入简帛文献的"雷区"。我注意到，玉龙的《研究》在使用简帛文献材料时，首先对其进行考证，并不人云亦云，而是通过自己对出土简帛文献的源流考镜来探究其学术价值，使自己的观点建立在可靠材料的基础上，从而使研究的科学性和学术价值得到保证和彰显。

此外，使用出土简帛文献进行美学思想的研究，始终是一种"未完成之作"，或曰"有限的研究"。"地不爱其宝"，随时都可能有新的简帛文献问世，如新近出土的海昏侯刘贺墓葬中的《诗经》《礼记》《论语》《春秋》《孝经》以及诸子类、诗赋类等共计5200余枚简牍中的美学思想就有待整理后研究。除极其特殊的材料外，我们也不可能将某一类简帛，甚至某一部古籍的简帛一次性全部发掘出来。即使能够全部发掘出来，也不可能恢复到它的原始面目。换句话说，对简帛美学思想的研究必须"自限"，我们只有在一定限度内对其进行阐释，以小见大，才能对所使用的简帛文献做到万无一失，提炼出准确的美学思想。我在阅读中发现，玉龙也正是循着这个方向或者说按照这个方法开展他的简帛美学思想研究。他甚至还往前多走了一步。已有的相关研究在郭店楚简、上博简、清华简上花的功夫比较多，而对其他类型的简帛文献的美学思想着墨较少。《研究》则尽可能将20世纪以来出土的简帛文献纳入研究的范围，竭尽所能地将这些被学科意识所遮蔽的美学思想探索出来，以有补于现有研究。仅就这一点而言，《研究》的学术价值就值得肯定。至于《研究》所论及的儒家的"美"论、"尚情"论、"乐感"精神、"贵中"精神以及有关儒家诗歌美学、音乐美学思想等一些新的看法，我相信能引起同行的兴趣和读者的关注。

简帛的使用与古代中国黄河流域与长江流域中下游绿竹猗猗、条桑芃芃的自然环境有关。汉字的象形表意特点又比较适合竹简缣帛的书写，而书写在简帛上的文献相较于纸张上的文献自然要保存得长久一些。因此，用简帛文献来研究学术史上的难题或者补充前人之说就显得十分重要。玉龙的《研究》在这方面做出了有益的探索。例如，他对简书"嬍"字的分析。宋代的章樵在《古文苑》中给扬雄的"翠羽嬍而猕身兮"作注时说，"嬍"就是古代的"美字"，但他没有给出例证。后来，清代的钱大昕又根据《尚书》《毛诗》《韩诗》《说文》《史记》《汉书》等考订"嬍"字从"微"，为"古美字"。日本笠原仲二《古代中国人的美意识》也提到"嬍"训为"美"。《研究》以郭店楚简的"微"字的分析给章樵的注释、钱氏的考订和笠原仲二的说法以有力的证明和补充，将"嬍"字即"美"字的更早的实例找了出来，补充了前人的成说，成功地完善了"美"的字源学系统，并进一步提出"早期儒家所好之'嬍'是一种'善—美'，而不善之美则是丑。这正是郭店楚简《语丛一》提出'有仁有智，有义有礼，有美有善'（第 16、15 简）的意义之所在"的观点，很好地将文献考据与理论思考、材料发现与观点发明结合起来，使我们对中国古代的"美"的观念有了新的认识。这个成功当然首先有赖简帛新材料的出土，但不细心释读鉴别，不缜密思考探究，很有可能就将这一极有学术价值的简帛文献从眼皮子底下滑过。就这个意义说，玉龙的《研究》功莫大焉。

当代中国美学思想史的研究，离我们彻底揭开中国美学的真面目还相去甚远，将包括简帛文献在内的现有相关文献进行释读，并根据中国美学思想史自己的发展规律来进行研究，我们还有很长的路要走。玉龙《20 世纪以来出土简帛文献美学思想研究》的出版，是实实在在地向这个方向前进了一步。

成都 钟仕伦

庚子十月初一

目 录
CONTENTS

第二编　出土简帛文献中的道家美学思想研究

第三编 出土简帛文献中的其他美学思想

绪　论

一、研究背景

中华民族几千年来经历了各种磨难，但中华文明却一直延绵至今，这是因为中华民族具有博大而精深的优秀文化传统。它是中华民族安身立命之本和精神命脉，也让中华文明成为世界四大文明中唯一从未中断的文明。所以，我们要"结合新的时代条件传承和弘扬中华优秀传统文化"①。宗白华先生在 1946 年发表的《中国文化的美丽精神往那里去?》一文中，对印度诗人泰戈尔（Rabindranath Tagore）提出的"中国文化的美丽精神"这一概念进行了阐释②。从中可知，所谓中国文化的美丽精神其实指的是中华文化中富有审美特性的侧面③，也正是我们今日所谈论的"中华美学精神"的题中之义。由此可见，中华美学是中华文化的重要组成部分，传承和弘扬中华文化精神离不开对中华美学精神的传承和弘扬。

先秦两汉是两千多年的中国古典美学史的发端期，其中先秦又是中国古典美学史的第一个黄金时期 ④。先秦美学为整个中国古典美学奠定了坚实基础，后代美学几乎都以萌芽的形式存在于先秦美学之中。20 世纪以来，大量简帛文献在我国境内出土和问世，它们多为先秦两汉时期的文献，其中有不少文献涉及性情、礼乐、文艺、人生等内容，是进行早期中国美学思想研究的宝贵材料。日本学者汤浅邦弘说："新出土竹简一跃成为思想史研究的主角。中国古代思想

---

① 习近平：《在文艺工作座谈会上的讲话》，《人民日报》，2015 年 10 月 15 日第 2 版。
② 参见林同华主编：《宗白华全集》（第二卷），合肥：安徽教育出版社 2008 年版，第 400-403 页。
③ 刘成纪：《中华美学精神在中国文化中的位置》，《文学评论》2016 年第 3 期。
④ 参见叶朗：《中国美学史大纲》，上海：上海人民出版社 1985 年版，第 7 页。

史的研究，已经到了无视这些新资料就无法成立的地步。"① 因此，今日进行先秦两汉美学思想的研究必须重视和运用 20 世纪以来的出土简帛文献。

"简帛"，即简牍和帛书的合称。简牍指竹简与木牍。段玉裁《说文解字注》曰："简，竹为之。牍，木为之。"② 一般而言，书写于竹的文献为"简"，书写于木的文献为"牍"，故有"竹简""木牍"之称。许慎《说文解字》曰："帛，缯也。从巾白声。凡帛之属皆从帛。"③ 所以，帛书就是抄写于绢帛缯绸等丝织品上的文献。"简帛"是在纸张广泛应用以前的书写材料，其开始广泛使用的时期应当在商、周④。自汉代以来，我国就有许多简帛文献被发现与出土，较为重要的有：汉武帝末年发现的"孔壁藏书"，涉及《尚书》《礼记》《论语》《孝经》等数十种典籍，皆用秦以前的文字书写⑤；西晋时，战国魏襄王墓中出土的"汲冢竹书"，含有《竹书纪年》《穆天子传》等古书几十种⑥；北齐武平

---

① ［日］汤浅邦弘：《竹简学——中国古代思想的探究》，白雨田译，上海：东方出版社 2017 年版，第 10 页。

② ［汉］许慎撰，［清］段玉裁注：《说文解字注》，上海：上海古籍出版社 1981 年版，第 190 页。

③ ［汉］许慎撰，［清］段玉裁注：《说文解字注》，上海：上海古籍出版社 1981 年版，第 363 页。

④ 张显成：《简帛文献学通论》，北京：中华书局 2004 年版，第 8-9 页。

⑤ 《汉书·艺文志》载："《古文尚书》者，出孔子壁中。武帝末，鲁共王坏孔子宅，欲以广其宫，而得《古文尚书》及《礼记》《论语》《孝经》凡数十篇，皆古字也。共王往入其宅，闻鼓琴瑟钟磬之音，于是惧，乃止不坏。"参见［汉］班固：《汉书》（第六册），北京：中华书局 1962 年版，第 1706 页。

⑥ 《晋书·束晳传》载："初，太康二年，汲郡人不准盗发魏襄王墓，或言安厘王冢，得竹书数十车。其《纪年》十三篇，记夏以来至周幽王为犬戎所灭，以事接之，三家分，仍述魏事至安厘王之二十年。盖魏国之史书，大略与《春秋》皆多相应。其中经传大异，则云夏年多殷；益干启位，启杀之；太甲杀伊尹；文丁杀季历；自周受命，至穆王百年，非穆王寿百岁也；幽王既亡，有共伯和者摄行天子事，非二相共和也。其《易经》二篇，与《周易》上下经同。《易繇阴阳卦》二篇，与《周易》略同，《繇辞》则异。《卦下易经》一篇，似《说卦》而异。《公孙段》二篇，公孙段与邵陟论《易》。《国语》三篇，言楚晋事。《名》三篇，似《礼记》，又似《尔雅》《论语》。《师春》一篇，书《左传》诸卜筮，'师春'似是造书者姓名也。《琐语》十一篇，诸国卜梦妖怪相书也。《梁丘藏》一篇，先叙魏之世数，次言丘藏金玉事。《缴书》二篇，论弋射法。《生封》一篇，帝王所封。《大历》二篇，邹子谈天类也。《穆天子传》五篇，言周穆王游行四海，见帝台、西王母。《图诗》一篇，画赞之属也。又杂书十九篇：《周食田法》，《周书》，《论楚事》，《周穆王美人盛姬死事》。大凡七十五篇，七篇简书折坏，不识名题。冢中又得铜剑一枚，长二尺五寸。漆书皆科斗字。初发冢者烧策照取宝物，及官收之，多烬简断札，文既残缺，不复诠次。武帝以其书付秘书校缀次第，寻考指归，而以今文写之。晳在著作，得观竹书，随疑分释，皆有义证。"参见［唐］房玄龄等撰：《晋书》（第五册），北京：中华书局 1974 年版，第 1432-1344 页。

五年（574），项羽妾墓中出土的《老子》①；唐代大历初，出土的帛书《古文孝经》②。但是，运用现代科学方法对简帛文献的考古发掘与整理研究则是进入 20 世纪以后才开始的。从瑞典人斯文·赫定（Sven Hedin）、英国人斯坦因（Marc Aurel Stein）于 20 世纪初在我国新疆地区发掘尼雅简牍、楼兰晋简等到现在，已经一百多年了。这一百多年来，在我国境内的 17 个省区，出土竹简近 30 万枚③、帛书达几十种④，这带动了海内外学者对简帛进行现代学术研究。70 年代以后，随着银雀山汉墓竹简（1972）、定州八角廊汉墓竹简（1973）、马王堆汉墓帛书（1973）等简帛文献的出土，我国简帛研究形成了新中国成立后的"第一个高潮"⑤。90 年代后，又有郭店楚简（1993）、上博简（1994）、岳麓简（2007）、清华简（2008）、安大简（2015）、海昏侯墓竹简（2015）⑥ 等竹简文

---

① 谢守灏《老君实录》曰："唐傅奕考核众本，勘数其字云：项羽妾本，齐武平五年彭城人开项羽妾冢得之。"参见 [宋] 谢守灏：《太上老君实录》，《藏外道书》（第十八册），成都：巴蜀书社 1992 年版，第 64-65 页。

② 宋代郭忠恕《汗简》卷七《略叙》引李士训《述异》曰："大历初，予带经锄瓜于灞水之上，得石函，有绢素《古文孝经》一部。二十二章，壹仟捌佰柒拾贰言。初传与李太白，白授当涂令李阳冰，阳冰尽通其法，上皇太子焉。"参见黄锡全：《汗简注释》，武汉：武汉大学出版社 1990 年版，第 525 页。

③ 骈宇骞先生统计，在二十世纪中，我国出土的历代竹简约 27.5 万枚。（参见骈宇骞：《简帛文献概述》，台北：万卷楼图书股份有限公司 2005 年版，第 38 页。）加上 21 世纪以来出土和发现的清华竹简、北大汉简、岳麓秦简以及浙大简、港中大简等，20 世纪以来，我国出土竹简数量应接近 30 万枚。

④ 仅马王堆汉墓帛书就有"六艺""诸子""术数""兵书""方技""其他"六类古书，共 44 种。参见陈松长：《帛书史话》，北京：社会科学文献出版社 2012 年版，第 20-22 页。

⑤ 李学勤：《〈二十世纪出土简帛综述〉序》，骈宇骞、段书安编著：《二十世纪出土简帛综述》，北京：文物出版社 2006 年版，第 1 页。

⑥ 2015 年，西汉海昏侯刘贺墓中出土了约 5000 枚竹简，其内容包括《论语》《易经》《礼记》《孝经》等。《论语》中发现《知道》篇，很可能属于《论语》的《齐论》版本。参见江西省文物考古研究所、南昌市博物馆、南昌市新建区博物馆：《南昌市西汉海昏侯墓》，《考古》2016 年第 7 期。

献的相继出土与问世，促成了一门崭新学问——"简帛学"——的形成①。

与 20 世纪 70 年代以前发现的简帛文献相比，70 年代以后出土与发现的简帛文献以"古书"居多②，其中又有许多文献属于先秦诸子著作，一些简帛文献还是两千多年来未见天日的佚籍，填补了中国学术史上的一些空白。在这些出土简帛文献中，包含有关于性情、礼乐、文艺、人生等丰富的内容，涉及审美标准、审美情感、审美理想等多个美学论题。因此，20 世纪以来（尤 70 年代以后）出土的简帛文献，为我们研究其中蕴含的美学思想，勾勒早期中国美学思想的发展脉络，解决美学史上的一些疑难问题和重新审视先秦儒道美学之关系提供了契机；研究 20 世纪以来出土简帛文献中的美学思想，运用简帛文献对早期中国美学思想进行重新审视，不仅具有重要的理论价值与学术意义，还具有重要的时代价值与现实意义。

二、海内外研究现状

20 世纪以来，虽然我国 17 个省区出土了近 30 万枚竹简、几十种帛书，但"古书"或"书籍"类简帛文献大多出土于 70 年代以后。所以，从学术思想史角度对简帛文献进行的研究也是从这一时期才逐渐开始的。20 世纪 90 年代以后，随着郭店楚简、上博简的出土与问世，引起了海内外学者运用出土简帛文献研究古代学术思想的热潮。进入 21 世纪后，清华简、北大简、岳麓简等文献的发现，又将这一领域的研究热潮推向了空前的高峰，使之逐渐成为近四十年

---

① 1998 年，李学勤先生在为《尹湾汉墓简牍综论》撰写《序》时说："最近几年，简帛新发现的喜讯纷来沓至，研究论著也越来越多，简帛学作为一门学科来建立的时机，应该说已经成熟了。……对中国简帛的研究，不仅在国内，于国际上也久已相当普遍，与敦煌学有着并峙的地位，是必须予以承认的。"（李学勤：《〈尹湾汉墓简牍综论〉序》，连云港市博物馆、中国文物研究所编：《尹湾汉墓简牍综论》，北京：科学出版社 1999 年版，第 2 页。）2003 年，李先生更加明确地指出："本来没有多少人从事的简帛研究，赫然成了显学。现在可以说，每年每月都有这方面的论著涌现，有关的学术会议，在国内外都频繁举行。简帛学已经形成一门羽毛丰满的分支学科了。"（李学勤：《〈简帛文献学通论〉序》，张显成：《简帛文献学通论》，北京：中华书局 2004 年版，第 1-2 页。）本书采纳李学勤先生的意见，认为"简帛学"的形成应该在 20 世纪 90 年代以后。

② 李零先生说："简帛发现，包括文书和古书，过去重视不够。其实，文书是研究早期社会史的史料，古书是研究早期学术史的史料。……特别是写学术史，出土古书才是第一手资料。"参见李零：《简帛古书与学术源流》，北京：生活·读书·新知三联书店 2004 年版，第 6 页。

来国际汉学研究的"显学"①。虽然叶朗先生早在 20 世纪 80 年代撰写中国美学史时就开始关注出土文献，但他仅运用帛书《老子》阐明，"中国美学史应该从老子开始"②，并未专门对出土简帛文献中的美学思想加以研究。真正对出土简帛文献蕴含的美学思想进行研究，或运用出土简帛文献研究早期中国美学思想，则是在郭店楚简释文正式出版（1998）之后才开始起步的。此后，随着上博简、清华简等的问世与整理出版（2001、2010），出土简帛文献美学思想研究才持续升温，引起海内外学者的广泛关注，并开展了一系列讨论，取得了较为丰硕成果。总体观之，我国（大陆地区）近 20 年来的研究成果主要分为"文献整理与考证"和"美学思想的阐释"两大部分。

（一）简帛文献的整理与考证

出土简帛文献美学思想研究必须以简帛文献的出土与整理为前提。20 世纪以来，一批又一批简帛文献出土与问世，备受考古学界、文字学界、文献学界等的关注，形成了一边出土、一边整理、一边发表的态势，如马衡的《居延汉简考释两种》（《考古通讯》1957 年第 1 期）、云梦秦墓竹简整理小组的《云梦秦简释文（一）》（《文物》1976 年第 6 期）、甘肃省博物馆汉简整理组的《居延汉简〈相剑刀〉册释文》（《敦煌学辑刊》1982 年）、朱德熙和裘锡圭的《信阳楚简考释（五篇）》（《考古学报》1973 年第 1 期）等。进入 20 世纪 90 年代以后，《敦煌汉简》（全 2 册）（中华书局 1991 年版）、《郭店楚墓竹简》（文物出版社 1998 年版）、《中国简牍集成》（全 20 册）（敦煌文艺出版社 2001、2005 年版）、《上海博物馆藏战国楚竹书》（全 9 卷）（上海古籍出版社 2001—2012 年版）、《楚地出土战国简册（十四种）》（经济科学出版社 2009 年版）、《清华大学藏战国竹简》（第 1—9 卷）（中西书局 2010—2019 年版）、《岳麓书院藏秦简》（全 5 卷）（上海辞书出版社 2010—2017 年版）、《北京大学藏西汉竹书》（全 5 册）（上海古籍出版社 2012—2015 年版）、《长沙马王堆汉墓简帛集成》（全 7 册）（中华书局 2014 年版）、《秦简牍合集》（全 4 册）（武汉大学出版社 2016 年版）等集成性整理成果大量出版，为 20 世纪以来出土简帛文献美学思想研究奠定了坚实的基础。而张法总主编、余开亮主编的《中国美学经典》（先秦卷）（北京师范大学出版社 2017 年版）第一次将《孔子诗论》《性自命出》《五行》等出土文献纳入中国美学文献的范围内加以汇集，突破了历来仅重视传世

---

① 陈丽桂：《〈近四十年出土简帛文献思想研究〉序》，《近四十年出土简帛文献思想研究》，台北：五南图书出版股份有限公司 2013 年版，第 1 页。
② 叶朗：《中国美学史大纲》，上海：上海人民出版社 1985 年版，第 20 页。

文献的中国美学文献资料汇编的局限。

除对简帛文献进行整理外，对包含美学内容的具体简帛文献的作者考证与断代工作，成为学者们研究的又一重点。对郭店楚简《性自命出》、上博简《孔子诗论》、多种版本的《老子》、郭店楚简《太一生水》等文献的考证断代与早期中国美学思想研究紧密相关。具有代表性的成果有：丁四新的《论〈性自命出〉与公孙尼子的关系》（《武汉大学学报（哲学社会科学版）》，1999 年第 5 期）、郭振香的《〈性自命出〉性情论辨析——兼论其学派归属问题》（《孔子研究》2005 年第 2 期）、马承源的《〈诗论〉讲授者为孔子之说不可移》（《中华文史论丛》2001 年第 3 辑）、李学勤的《〈诗论〉的体裁和作者》（《上博馆藏战国楚竹书研究》，上海书店出版社 2002 年版）、江林昌的《上博简〈诗论〉的作者及其与今传本〈毛诗序〉的关系》（《文学遗产》2002 年第 2 期）、尹振环的《楚简与帛书〈老子〉的作者和时代印记考》（《贵州文史丛刊》2000 年第 2 期）、谭宝刚的《老子及其遗著研究——关于战国楚简〈老子〉〈太一生水〉〈恒先〉的考察》（巴蜀书社 2009 年版）等。学者们虽对同一文献的作者、断代持不同意见，但总体上较为一致地认为《性自命出》《孔子诗论》、楚简《老子》等是先秦古籍。此外，还有一些学者运用郭店楚简考证《乐记》的成书年代和作者，如李学勤的《郭店简与〈乐记〉》（《中国哲学的诠释与发展——张岱年先生九十寿庆纪念论文集》，北京大学出版社 1999 年版）、家俊的《郭店楚简〈性自命出〉与〈乐记〉》（《贵州大学学报（艺术版）》，2001 年第 2 期）、邹华的《郭店楚简与〈乐记〉》（《西北师大学报（社会科学版）》，2004 年第 6 期）、孙星群的《〈乐记〉成书于战国中期的力证——以郭店楚简为据》（《天津音乐学院学报》2005 年第 3 期）、姚春鹏和姚丹的《从郭店楚简再论〈乐记〉成书年代》（《孔子研究》2011 年第 4 期）等，为解决困扰美学界多年的问题提供了有益的参考。

（二）简帛文献美学思想的阐释

郭店楚简全部释文的结集出版（1998）对出土简帛文献美学思想研究起到了刺激作用，学者们在 21 世纪初开始对郭店楚简《性自命出》《五行》《老子》中的美学思想进行探析，开启了我国学者对出土简帛文献美学思想的研究。如蔡仲德的《郭店楚简儒家乐论试探》（2000）主要通过《性自命出》探析儒家重视音乐社会功用的思想，并指出了它与《乐记》音乐美学思想的不同之处①。张树国的《论周代钟铭及竹简帛书中体现的音乐思想》（2000）对简帛《五行》

---

① 蔡仲德：《郭店楚简儒家乐论试探》，《孔子研究》2000 年第 3 期。

包含的"金声玉振"之德进行了分析,揭示出儒家音乐美学所倡导的道德教化功能①。欧阳祯人的《试论〈性自命出〉的美学思想》(2001)对《性自命出》中的"性""情"美学思想进行了研究,认为《性自命出》使儒家美学前进了一大步②。王振复的《郭店楚简〈老子〉的美学意义——老子美学再认识》(2001)在楚简本与传世本《老子》的对比中,认为楚简《老子》之"有状混成"体现出原始道家具有深度的美学,并且与儒家美学是相通相融的而非对立的关系③。李天虹的《郭店简〈性自命出〉中的乐论》(2002)主要从音乐美学角度研究《性自命出》,认为它包含有音乐对人的心性有不可替代的作用的思想④。此后,随着上博简、清华简等释文的整理出版(2001、2010),使出土简帛文献美学思想研究持续升温,产生了一系列优秀成果。总体观之,学者们的研究主要围绕以下三个方面展开:

一是继续以《性自命出》为重点研究郭店楚简美学思想。具有代表性的论文有王振复的《郭店楚简〈性自命出〉的美学意义》(2003)、李衍柱的《"思孟学派"与中国美学》(2008)、刘悦笛的《儒家生活美学中的"情":郭店楚简的启示》(2009)等;专著有叶朗总主编的《中国美学通史·先秦卷》(2014)、余开亮的《先秦儒道心性论美学》(2015)、高华平的《楚简文字与先秦思想文化》(2016)。与之前相比,这些成果除对《性自命出》本身蕴含的美学思想进行研究外,还结合它的作者与学派属性进行分析,揭示出《性自命出》等出土楚简文献在早期中国美学思想史上的地位与价值,丰富了战国中期的儒家美学思想研究⑤。

二是开始以《孔子诗论》为中心研究上博简美学思想。论文主要有姚小鸥的《〈孔子诗论〉与先秦诗学》(2002)、程亚林的《楚竹书〈诗论〉在先秦诗论史上的地位》(2002)、晁福林的《从上博简〈诗论〉"诗亡隐志"说看孔子的诗歌理论》(2008)和《"思无邪"与〈诗〉之思——上博简〈诗论〉研究拾遗》(2015)等;代表性专著有刘信芳的《孔子诗论述学》(2003)、陈桐生的《〈孔子诗论〉研究》(2004)、曹建国的《楚简与先秦〈诗〉学研究》

① 张树国:《论周代钟铭及竹简帛书中体现的音乐思想》,《文艺研究》2000年第4期。
② 欧阳祯人:《试论〈性自命出〉的美学思想》,《湖北师范学院学报》(哲学社会科学版)2001年第2期。
③ 王振复:《郭店楚简〈老子〉的美学意义——老子美学再认识》,《学术月刊》2001年第11期。
④ 李天虹:《郭店简〈性自命出〉中的乐论》,《简牍学研究》(第3辑),兰州:甘肃人民出版社2002年版,第67-74页。
⑤ 孙焘:《中国美学通史》(先秦卷),南京:江苏人民出版社2014年版,第206页。

（2010）、刘冬颖的《出土文献与先秦儒家〈诗〉学研究》（2010）、蔡先金的《简帛文学研究》（2017）等。这些成果除对《孔子诗论》进行文本分析和作者考证外，还结合《论语》《诗序》等传世文献探讨了它所反映的重"情"、达"志"的儒家诗歌美学思想①。

三是集中于《周公之琴舞》《耆夜》以及《保训》的清华简研究。如刘成群的《清华简〈耆夜〉与尊隆文、武、周公——兼论战国楚地之〈诗〉学》（2010）、陈镇民的《〈蟋蟀〉之"志"及其诗学阐释——兼论清华简〈耆夜〉周公作〈蟋蟀〉本事》（2013）、徐正英的《清华简〈周公之琴舞〉组诗的身份确认及其诗学史意义》（2014）、王立增的《清华简〈周公之琴舞〉、〈耆夜〉中的音乐信息》（2015）等。严格地讲，这些成果还不能算作美学思想研究，但他们对《周公之琴舞》《耆夜》的分析，不仅为"孔子删诗"寻找到了新的支撑，还有利于我们更加深入地理解先秦诗歌、音乐、舞蹈文化，对早期中国美学思想研究有所启发。另外，对清华简《保训》篇的"中"范畴的研究，如廖名春的《清华简〈保训〉篇"中"字释义及其他》（2010）、王连龙的《谈清华简〈保训〉篇的"中"》（2010）、张卉的《清华简〈保训〉"中"字浅析》（2010）、李锐的《清华简〈保训〉与中国古代"中"的思想》（2011），虽属于哲学、思想史研究领域，但由于"中"既是中国哲学的重要范畴，也是中国美学的重要范畴，所以这些成果对先秦美学研究具有重要意义。

从我国港台地区以及海外的研究状况来看，简帛文献美学思想研究同样是进入 21 世纪以后才开始的，大致分为三类：一是关于郭店楚简的研究，如香港饶宗颐的论文《诗言志再辨——以郭店楚简资料为中心》（2000）和《从郭店楚简谈古代乐教》（2000）、日本薮敏裕的论文《〈诗〉的最初意义与郭店楚简〈缁衣〉篇》（2002）、我国台湾朱心怡的专著《天之道与人之道——郭店楚简儒道思想研究》（2004）、我国台湾陈昭瑛的专著《儒家美学与经典诠释》（2005）、美国顾史考（Scott Cook）的专著《郭店楚简先秦儒书宏微观》（2006）、韩国金秉俊的论文《郭店楚简〈五行〉篇中的"圣"与"乐"》（2006）等。二是关于上博简的研究，如饶宗颐的《上海楚竹书〈诗序〉小笺》（2002）和《楚简〈诗说〉的理论及其历史背景》（2002）、我国台湾郑玉姗的专著《〈上博（一）·孔子诗论〉研究》（2008）、澳大利亚陈慧等著《天、人、性：读郭店楚简与上博竹简》（2014）等。三是关于清华简的研究，目前仅见美国夏含夷《〈诗〉之祝诵——三论"思"字的副词作用》（2015）和柯鹤立《试

---

① 参见蔡先金：《简帛文学研究》，北京：学习出版社 2017 年版，第 270-292 页。

论〈周公之琴舞〉中"九成"奏乐模式的意义》（2015）两文与本论题稍有关涉。我国港台地区以及海外研究成果与我国大陆研究成果相似，集中于《性自命出》《五行》《孔子诗论》以及《周公之琴舞》等出土文献，主要通过文本分析，对其中的重要概念、范畴和命题进行解读，如《性自命出》中的"情"及其与气、性、身、心的关系①。

从海内外研究现状来看，出土简帛美学思想研究成果逐年增加，对《性自命出》《孔子诗论》《周公之琴舞》《耆夜》的研究不断深入，为先秦美学思想研究提供了新的视角，为更加全面理解早期中国美学奠定了基础。但是，本论题研究仍存在着继续深入的巨大空间，如：首先，已有成果仅聚焦于郭店楚简、上博简和清华简，而未涉其他含有美学思想的简帛文献，如睡虎地秦简、银雀山汉简、北大汉简等；其次，海内外学者集中于探讨《性自命出》《孔子诗论》以及《周公之琴舞》《耆夜》等的美学思想，而忽略了郭店楚简、上博简、清华简中其他有关美学的重要文献；再次，简帛道家美学研究相对薄弱，除个别学者注意到郭店楚简《老子》美学思想外（如王振复），其余学者都主要围绕出土儒家简帛文献展开讨论；最后，已有研究主要是"个案研究"，未综合运用各种简帛文献，并与传世文献相参证，全面揭示出土简帛美学思想的内容、特质与价值。有鉴于此，对20世纪以来出土的简帛文献进行爬梳与整理，综合运用各种简帛文献，研究其中的美学思想，并与传世文献相互证，对先秦秦汉美学进行新证与重构，显得十分必要与迫切。

三、研究对象、方法与意义

虽然中西方许多美学家都在谈论"美是什么"的问题，但美学绝不仅仅是研究美和美感的科学。270年前，德国学者鲍姆嘉通（Baumgarten）提出建立"美学"这一新学科以研究与高级认识——理性认识相对的低级认识——感性认识。他说："美学（自由的艺术的理论，低级知识的逻辑，用美的方式去思维的艺术和类比推理的艺术），是研究感性知识的科学。"② 美学就是研究感性认识的科学，即感性学，但鲍姆嘉通对"美学"还进行了补充说明。首先，美学是"自由的艺术的理论"。自由艺术就是我们今天所说的文学、诗歌、音乐、舞蹈、绘画等美的艺术，而非技艺、技术。其次，美学是"低级知识的逻辑"。这说明

---

① 参见陈昭瑛：《儒家美学与经典诠释》，台北：台湾大学出版中心2005年版，第125-132页。

② 马奇主编：《西方美学史资料选编》（上卷），上海：上海人民出版社1987年版，第691页。

美学研究的是相对于高级认识的低级认识，即感性认识，涉及人类的感觉、知觉、直觉等活动。再次，美学是"用美的方式去思维的艺术"，即"用审美的态度去观照事物"①。最后，美学是"类比推理的艺术"。这说明美学并不单纯地研究感性，它还要揭示出某种与理性认识相类似的东西②。申言之，"美学"在创立之初，除被设定为研究感性认识的科学外，还包含对文学艺术，对感觉、知觉、直觉等人的感性活动，对人的审美心胸、审美态度以及超感性维度的研究。因此，我们今天将美学看作是研究审美活动的科学是具有合理性的③。审美活动是人类具有的精神文化活动，它涉及审美态度、审美情感、审美对象、审美创造、审美鉴赏、审美关系、审美标准、审美理想、审美境界等多方面内容。那么，本课题所要研究的对象就是具有以上"美学"内容的出土简帛文献。经过对 20 世纪以来出土简帛文献的爬梳与研读，包含"美学"内容的简帛文献主要有银雀山汉墓竹简、马王堆汉墓帛书、睡虎地秦简、北大秦简、郭店楚简、上博简、清华简、北大汉简等。而这些简帛文献都是 20 世纪 70 年代以来出土与问世的"古书"或"书籍"，因此，本课题主要研究以上出土简帛文献中的美学思想，并结合传世文献，在先秦秦汉政治、经济、文化、思想等背景中，对先秦秦汉美学思想的内容特点、影响价值以及原始儒道美学之关系、流变进行重新审视与研究。

　　"美学"是在 270 年前才创立的学科，那么，对先秦秦汉出土简帛文献中的美学思想进行研究，采用的第一种方法必然是"回溯性"研究法，即"用现代的美学概念来考察古代材料，从而为这个现代的学科回溯出一段历史"④。第二是文献研究法。具体说来，即运用历史学、考古学、文献学、文字学等方法，对出土简帛文献进行考证、整理，并在此基础上正确释读简帛文献，理解其主要内容与观点。第三是跨学科研究法，综合运用与吸收美学、艺术学、哲学、史学、政治学等学科的理论成果，深入阐明出土简帛文献中的美学思想，探析其成因、流变、特点和影响，勾勒出先秦秦汉儒道美学的发展流变历程。第四

---

① 蒋孔阳、朱立元主编：《西方美学通史》（第三卷），上海：上海文艺出版社 1999 年版，第 793 页。
② 李醒尘：《西方美学史教程》，北京：北京大学出版社 2005 年版，第 185 页。
③ 如叶朗：《美学原理》，北京：北京大学出版社 2009 年版，第 12 页。
④ 高建平：《全球化与中国艺术》，济南：山东教育出版社 2009 年版，第 30-31 页。

是"二重证据法"①，即通过出土简帛文献与传世文献的相互参证，揭示早期中国美学思想的本来面目与来龙去脉，进一步呈现先秦秦汉美学的整体面貌，解释先秦儒道美学之原初关系。第五是跨文化研究法，充分吸收和借鉴海外汉学与西方美学的合理内容与观点，在全球视域下，彰显出作为中华美学精神重要组成部分的简帛美学之民族性，发掘其当代价值与现实意义。

李学勤先生说："新出简帛古籍对学术史的很多方面都有非常重大的关系。不妨说，我国的古代学术史由于这些发现，是必须重写了。"② 李零先生说："特别是写学术史，出土古书才是第一手资料，它所涉及的图书种类，各个方面都有标本，支点性的东西已经大致齐全。我们甚至可以说，有志改写中国学术史者，此其时也。现在不写，更待何时。"③ 美国学者夏含夷（Edward L. Shaughnessy）也说："20 世纪 70 年代发现的汉写本总体上倾向于证明中国传统文献的真实性，并极大地丰富了传世文献，让 20 世纪上半叶的'疑古派'史学不攻自破。……因此重写中国古文献史的工作必然会一直进行下去。"④ 这无不说明简帛文献对学术思想史研究的巨大价值。但对于美学思想史来说，本课题研究的意义还不能说是"重写"，而是修正、补充与丰富。一方面，通过对简帛佚籍美学思想的研究，揭示先秦秦汉美学思想被长期埋没的内容，为展现先秦秦汉美学的整体面貌奠定基础；另一方面，通过出土文献与传世文献的互证，突破以往以孔孟荀美学代替先秦儒家美学，以老庄美学代替先秦道家美学的研究局限，勾勒出早期中国儒道美学思想的发展流变轨迹，并对先秦儒道美学之原初关系进行重新审视。基于此，本课题的研究价值和意义在于：首先，本课题研究具有不同于已有研究的创新性和综合性。本课题研究不同于过去以郭店楚简、上博简、清华简为中心的研究，而是将 20 世纪以来所有包含审美、文艺、礼乐、性情等内容的简帛文献纳入考察范围，突破以往研究的局限，真正

---

① 王国维说："而疑古之过，乃并尧舜禹之人物而疑之。其于怀疑之态度及批评之精神，不无可取。然惜于古史材料，未尝为充分之处理也。吾辈生于今日，幸于纸上之材料外，更得地下之材料。由此种材料，我辈固得据以补正纸上之材料，亦得证明古书之某部分全为实录，即百家不雅驯之言亦不无表示一面之事实。此二重证据法，惟在今日始得为之。虽古书之未得证明者，不能加以否定，而其已得证明者，不能不加以肯定：可断言也。"参见王国维：《古史新证——王国维最后的讲义》，北京：清华大学出版社1994 年版，第 2-3 页。
② 李学勤：《简帛佚籍与学术史》，南昌：江西教育出版社 2001 年版，第 12 页。
③ 李零：《简帛古书与学术源流》，北京：生活·读书·新知三联书店 2004 年版，第 6 页。
④ ［美］夏含夷：《重写中国古代文献》，周博群等译，上海：上海古籍出版社 2012 年版，第 56-57 页。

实现简帛文献美学思想的综合研究；其次，本课题研究有利于揭示先秦秦汉儒、道、法、《易》美学思想长期被掩埋的内容，为呈现早期中国美学的全貌奠定基础。已有研究侧重于儒家简帛文献的研究，鲜有涉及道家、法家和易学文献。而本课题研究则会将道家、法家、易学简帛文献纳入其中，结合传世文献，让被历史掩盖的一些观点、思想重见天日，勾勒出它们的流变历程，为早期中国美学整体面貌的呈现奠定基础；最后，本课题研究有助于中国美学的学科建设，促进美学研究新方法的形成。随着大量简帛文献的出土与问世，中国思想史、哲学史、文学史等研究已到了忽略这些新文献就无法进行的地步①，中国美学思想史研究也不例外。运用简帛文献进行美学研究，不仅可以解决中国美学史上的一些"公案"，还能最大限度地展现早期中国美学的本来面目和整体面貌，为"简帛美学"这一简帛学的分支学科和中国美学研究的新方向的开拓奠定基础，促进传世文献与出土文献相参证的美学研究方法的形成。

---

① 参见［日］汤浅邦弘：《竹简学——中国古代思想的探究》，白雨田译，上海：东方出版中心 2017 年版，第 10 页。

第一编 **01**

出土简帛文献中的儒家
美学思想研究

第一章 战国竹简与先秦儒家美学之"美"论

两千多年来，"美是什么"的问题一直缠绕着中西方的美学家。虽然，与西方美学相比，"美"在中国古典美学中并不处于核心地位，中国古代学者的美学理论体系也不是以"美"为中心而建立的，但是，中国古代的许多学派和学者都论及了"美"，并在与"善""恶""仁""礼"等其他范畴的相互对举中，阐释自己的美学思想和艺术观念，而先秦儒家美学则最为典型。"美"虽不是儒家美学的核心或中心范畴，但"美"可算作儒家美学的重要范畴。随着郭店楚简、上博简、清华简的相继问世，儒家美学中的"美"论得以进一步凸显，其来龙去脉变得更加清晰，"美"及其与"礼""仁""恶"等的关系问题一直是儒家所关心和重视的内容，"美"及其相关问题当是儒家美学的重要组成部分。

一、"逸者不美"：清华简《芮良夫毖》与前儒家时期的"美"论

早在 170 多万年前的"元谋人"那里，已经出现了作为生产、生活工具的形状对称的打制石器。70 万年前的"北京人"在制作工具时，已可根据材料的特性，赋予其花纹。这说明，我国先民们在旧石器时代就已经具有了"朦胧的审美意识"，只不过这种审美意识还蕴藏在实用之中。大约在 1 万年前，人类进入了新石器时代，半坡文化、河姆渡文化、大汶口文化、龙山文化等都属于新石器时代的文化。从出土的器物来看，这一时期，磨制石器已经取代了打制石器，其装饰性进一步加强，形成了实用与装饰并行的态势。如果说旧石器时代的人类仅具有一种"朦胧的审美意识"，那么，新石器时代的人类则具有了"比较成熟"的审美意识。① 较之新石器时代，我国夏商西周的审美意识有了质的提升，除体现在陶器、玉器等器物的造型、工艺方面外，还表现在"美"字的出现。"美"字的出现，为后世理论形态的美学思想的产生奠定了坚实的基础。

---

① 参见朱志荣：《夏商周美学思想研究》，北京：人民出版社 2009 年版，第 3-6 页。

甲骨文中的"美",写作"𦍑"（前一、二九、二）、"𦍋"（前二、一八、二）①，金文字形与之类似，如"𦍒"（《美爵》）、"𦍌"（《中山王壶》）②。许慎《说文解字》曰："美，甘也。从羊大。羊在六畜主给膳也。美善同意。"③ 宋代徐铉等曰："羊大则美，故从大。"④ 清代段玉裁进一步发挥，曰："甘者，五味之一，而五味之美曰甘。引伸之凡好皆谓之美。羊大则肥美。"⑤ 可见，"羊大为美"是因为羊是先民们的主要食物，羊肥大则其肉可口味美，即甘。一部分当代学者基本同意这种说法，如日本美学家笠原仲二⑥。皮朝纲先生则沿着这一路径，进一步结合我国古代饮食文化而认为："'羊大为美'思想强调了'美'是味道好吃的东西，'美'与'甘'是一回事。这虽然是汉儒的说法，但却保存了起源很古（至少是殷商时代）的以味为美的观念。"⑦ 与此同时，也有一些学者提出了不同意见。于省吾《甲骨文字诂林》"按"曰："（美）其上为头饰。羊大则肥美，乃据小篆形体附会之谈。"⑧ 李孝定先生说："契文羊大二字相通，疑象人饰羊首之形，与羌同意。"⑨ 徐中舒先生也说："（美）象人首上加羽毛或羊首等饰物之形，古人以此为美。所从之𦍋为羊头，𦍌为羽毛。"⑩ 可见，"羊人为美"是将"美"视作对人身的一种装饰，可能服务于古代的巫术、祭祀活动。虽然，目前对"美"的考释仍有分歧，但不同观点之间的相通之处为："美"与人的感性体验和外在修饰（形式）相关。无论是蕴含感性体验的"羊大（肥）则美"，还是指向外在修饰的"羊人为美"，它们都代表着我国古代先民们的一种质朴的审美意识，偏向于指一种感性之美和形式之美。

对肥大之羊肉的味觉体验和用羊头、羽毛对人身体的装饰，是中华民族原初的、质朴的审美意识的体现，但这种"美"还未涉及深邃的精神内涵。一直

---

① 中国科学院考古研究所编辑：《甲骨文编》，北京：中华书局 1965 年版，第 183 页。

② 容庚编著：《金文编》，北京：中华书局 1985 年版，第 262 页。

③ ［汉］许慎撰，［清］段玉裁注：《说文解字注》，上海：上海古籍出版社 1981 年版，第 146 页。

④ ［宋］徐铉等校定：《说文解字》，上海：商务印书馆 1935 年版，第 115 页。

⑤ ［汉］许慎撰，［清］段玉裁注：《说文解字注》，上海：上海古籍出版社 1981 年版，第 146 页。

⑥ 参见［日］笠原仲二：《古代中国人的美意识》，魏常海译，北京：北京大学出版社 1987 年版，第 1-6 页。

⑦ 皮朝纲：《中国美学沉思录》，成都：四川民族出版社 1997 年版，第 90 页。

⑧ 于省吾主编：《甲骨文字诂林》（第一册），北京：中华书局 1996 年版，第 224 页。

⑨ 李孝定编述：《甲骨文字集释》（第四、五卷），台北："中央研究院"历史语言研究所 1970 年版，第 1323 页。

⑩ 徐中舒主编：《甲骨文字典》，成都：四川辞书出版社 1989 年版，第 416 页。

到《诗》中的"美"依然如此，如《诗·郑风·叔于田》中的"美且仁""美且好""美且武"①。"仁""好""武"指猎人具有的谦让、和好、英武的内在品德，"美"指猎人英俊漂亮的外表。《诗·齐风·卢令》中的"美且仁""美且鬈""美且偲"② 与《叔于田》类似，"美"指外表的漂亮，是一种感性形式之美。此外，《诗》中的"美目"③ "美人"④ 之"美"都是如此。这种"美"与甲骨文、金文之"美"都指感性、形式之美。当然，除了"美"的这一条发展路径外，"美"还逐步增添了精神内涵，如在近年问世的清华简《芮良夫毖》中就出现了"逸者不美"的命题。

经碳14检测，清华简是公元前305±30年的文物⑤，但经一些学者考证，清华简中的《芮良夫毖》应为西周晚期的作品⑥。我们知道，周厉王时期是西周由盛转衰的时期，他残暴无道、不听谏言，《史记·周本纪》称其"暴虐侈傲"，因此，"国人谤王"⑦。西周末期的名臣芮良夫向周厉王多次进谏，同时告诫文武百官，以免西周走向灭亡。清华简《芮良夫毖》正是对芮良夫言语事迹的记述。《芮良夫毖》载：

> 芮良夫乃作毖再终，曰：……毋婪贪、猝悃，满盈、康戏而不智窬告。此心目无极，富而无涊，用莫能止欲，而莫肯齐好。……毋自纵于逸以遽，不图难，变改常术，而无有纪纲。此德刑不齐，夫民用忧伤。（第4—5、7简）⑧

由简文可知，芮良夫提醒周厉王，不要贪婪满盈、贪财好利，过度追求耳目之乐，因为这样会让欲望无法得到阻止而淫逸放纵，最终导致"无有纲纪"

---

① ［汉］毛亨传，［汉］郑玄笺，［唐］孔颖达疏：《毛诗正义》，［清］阮元校刻：《十三经注疏》（上册），北京：中华书局1980年版，第337页。
② ［汉］毛亨传，［汉］郑玄笺，［唐］孔颖达疏：《毛诗正义》，［清］阮元校刻：《十三经注疏》（上册），北京：中华书局1980年版，第353页。
③ ［汉］毛亨传，［汉］郑玄笺，［唐］孔颖达疏：《毛诗正义》，［清］阮元校刻：《十三经注疏》（上册），北京：中华书局1980年版，第322页。
④ ［汉］毛亨传，［汉］郑玄笺，［唐］孔颖达疏：《毛诗正义》，［清］阮元校刻：《十三经注疏》（上册），北京：中华书局1980年版，第309页。
⑤ 李学勤：《清华简整理工作的第一年》，《清华大学学报》（哲学社会科学版）2009年第5期。
⑥ 如李学勤：《新整理清华简六种概述》，《文物》2012年第8期；赵平安：《〈芮良夫毖〉初读》，《文物》2012年第8期；王坤鹏：《清华简〈芮良夫毖〉学术价值新论》，《孔子研究》2017年第4期。
⑦ ［汉］司马迁：《史记》（第一册），北京：中华书局1959年版，第142页。
⑧ 李学勤主编：《清华大学藏战国竹简》（叁），上海：中西书局2012年版，第145页。

"德刑不齐""民用忧伤"的严重后果。芮良夫思想的核心其实是劝谏周厉王远离"逸"。《尚书·大禹谟》曰:"罔游于逸,罔淫于乐。"① 孔颖达《疏》曰:"淫者,过度之意,故为过也。逸谓纵体,乐谓适心,纵体在于逸游,适心在于淫恣,故以游逸过乐为文。二者败德之源,富贵所忽,故特以为戒。"② 所以,过度放纵淫逸就会带来民不聊生、国破家亡的危险。但芮良夫自己却感慨道:"我之不言,则畏天之发机。我其言矣,则逸者不美。"(清华简《芮良夫毖》第 26 简)③ 即芮良夫如果对周厉王之"逸""淫"无所进谏、视而不见,上天可能就会降下灾难;如果他过于进谏,又会使周厉王不满。可见,"逸者不美"虽是对芮良夫无可奈何之情的表达,但其中仍包孕着过度即"不美"的思想。

王国维曾说:"中国政治与文化之变革,莫剧于殷周之际","殷周间之大变革,自其表言之,不过一姓一家之兴亡与都邑之转移;自其里言之,则旧制度废而新制度兴,旧文化废而新文化兴。"(《殷周制度论》)④ 所谓"新制度""新文化"的重要内容就是礼制的施行与推广,并开始影响西周及后世几千年的中国文化。清华简《芮良夫毖》中的"逸者不美"正蕴含着"礼"文化的因素,因为"礼的作为是就人情而加之节文。节是使节制有度,文是文饰,节文即仪节规范"⑤。所以,西周晚期"逸者不美"的提出,是中国古代"美"论思想的一大进步,"美"不再仅仅指外在形式的感性之美,它还蕴含着"美"应受"礼"的约束,符合"礼"的规范而不能过度和放逸。

二、"里仁为美":孔子与儒家"美"论思想的创立

伴随着西周礼乐制度的建立与施行,"礼"对审美观念的影响逐步加深。西周晚期提出的"逸者不美"的命题正说明了这一点。"美"不仅仅关涉外在的感性形式,它还包含着"礼"的内涵。但在春秋中期以后,周王室衰微,大国争霸愈演愈烈,西周的礼乐制度被严重破坏。此时,孔子以力挽狂澜之势,立志通过传承和恢复周代的礼制以实现救世的目的。从这个意义上说,认为儒家

---

① [汉] 孔安国传,[唐] 孔颖达疏:《尚书正义》,[清] 阮元校刻:《十三经注疏》(上册),北京:中华书局 1980 年版,第 134 页。
② [汉] 孔安国传,[唐] 孔颖达疏:《尚书正义》,[清] 阮元校刻:《十三经注疏》(上册),北京:中华书局 1980 年版,第 135 页。
③ 李学勤主编:《清华大学藏战国竹简》(叁),上海:中西书局 2012 年版,第 146 页。
④ 王国维:《观堂集林》(第二册),北京:中华书局 1959 年版,第 451、453 页。
⑤ 陈来:《古代宗教与伦理——儒家思想的根源》,北京:生活·读书·新知三联书店 1996 年版,第 268-269 页。

文化就是"礼"文化①的观点是可取的。不过,孔子并非单纯地继承前代之礼,而是对原有的礼乐制度加以创新与发展,为其注入了"仁"的内涵。孔子曰:"礼云礼云,玉帛云乎哉?乐云乐云,钟鼓云乎哉?"(《论语·阳货》)② 可见,礼乐不能徒有其表,礼乐必须要具有更加深刻的道德内涵,即"仁"。这就是孔子对礼乐制度的创新与发展——以"仁"释"礼"。那么,"仁"又是什么呢?据《论语》记载,孔子一生多次提及"仁",但均未对"仁"进行明确而具体的讨论。这就就启示着我们,"仁"不应为某一种具体的道德,而应如蔡仁厚先生所说:"仁是全德之名","仁乃道德之根、价值之源。一切德目,皆是'仁'对应于'人、事、物'而显现的德性"③。申言之,礼乐不能只是一种外在的形式、外在的修饰,而应是"仁"的感性显现,充满"仁"的内涵。

孔子的美学思想也受到了以"仁"释"礼"的渗透。《论语·八佾》载:

> 子夏问曰:"'巧笑倩兮,美目盼兮,素以为绚兮。'何谓也?"子曰:"绘事后素。"曰:"礼后乎?"子曰:"起予者商也! 始可与言诗已矣。"④

孔子在这里提出了"绘事后素"的命题。"绘事"指绘画创作,亦可视为"美"及"美"的创造。邢昺《疏》曰:"素,喻礼也。"⑤ 这包含着孔子认为"美"应后于"礼"的思想。易言之,"礼"是美及美的创造的基础,美及美的创造必须符合"礼"的规范,受到"礼"的约束。但是,子夏又问道:"礼后乎?"孔子回答:"起予者商也! 始可与言诗已矣。"显然,孔子受到了子夏之问的启发,即美及美的创造要符合"礼"的规范,即"后于礼",那"礼"又应"后"于什么呢?什么又是比"礼"更为根本的东西呢?据孔子所言:"人而不仁,如礼何? 人而不仁,如乐何?"(《论语·八佾》)⑥"仁"就是比"礼"更为根本的东西,"礼"应该后于"仁"。这就揭示出"仁—礼—美"的孔子美学思想。"仁"不仅是道德的总根源,它还是"美"的始基,是美之所以为美的

① 蒙培元:《情感与理性》,北京:中国社会科学出版社2002年版,第175页。
② [魏]何晏注,[宋]邢昺疏:《论语注疏》,[清]阮元校刻:《十三经注疏》(下册),北京:中华书局1980年版,第2525页。
③ 蔡仁厚:《中国哲学史大纲》,台北:台湾学生书局1988年版,第14页。
④ [魏]何晏注,[宋]邢昺疏:《论语注疏》,[清]阮元校刻:《十三经注疏》(下册),北京:中华书局1980年版,第2466页。
⑤ [魏]何晏注,[宋]邢昺疏:《论语注疏》,[清]阮元校刻:《十三经注疏》(下册),北京:中华书局1980年版,第2466页。
⑥ [魏]何晏注,[宋]邢昺疏:《论语注疏》,[清]阮元校刻:《十三经注疏》(下册),北京:中华书局1980年版,第2466页。

根本。所以，孔子曰："里仁为美。"（《论语·里仁》）① 从这个意义上说，认为"礼有最后的决定权，是元美学（meta-aesthetics），而美学、音乐、政治等等都是它的部分实现"② 的观点还有继续探讨的空间和必要。

"君子"是儒家哲学与美学所赞扬和追求的一种道德高尚的人，同时也是具有一定审美境界的人，因为君子具有"五美"。《论语·尧曰》载：

> 子张问于孔子曰："何如斯可以从政矣？"子曰："尊五美，屏四恶，斯可以从政矣。"子张曰："何谓五美？"子曰："君子惠而不费，劳而不怨，欲而不贪，泰而不骄，威而不猛。"③

台湾学者冯沪祥认为，孔子所说的"五美"代表着一种"中庸"的美德。④此说有一定道理。"惠而不费"即君子施恩惠但自己毫无损耗；"劳而不怨"指役使民众但并不被怨恨；"欲而不贪"即君子有欲望，但并不贪婪；"泰而不骄"指庄重但不骄傲；"威而不猛"即威严却不凶猛。《中庸》曰："故君子和而不流，强哉矫！中立而不倚，强哉矫！"⑤ 君子之"中庸"品德就是"中立而不倚"，即无过亦无不及。"五美"正具有这样的特点。但从根本上说，君子之"五美"体现的应该是"仁"。因为"仁"即"爱人"（《论语·颜渊》）⑥，而且"君子无终食之间违仁，造次必于是，颠沛必于是"（《论语·里仁》）⑦。正是由于"爱人"，君子才会对民众"惠而不费""劳而不怨""欲而不贪""泰而不骄"以及"威而不猛"。"仁"使人成为"君子"，君子因"仁"而毫无私利地"爱人"，最终实现了"五美"。这体现出孔子以"仁"为美的审美观念。

"仁"是道德之总根源，礼乐需要"仁"充斥其内，礼乐是"仁"的外在

---

① ［魏］何晏注，［宋］邢昺疏：《论语注疏》，［清］阮元校刻：《十三经注疏》（下册），北京：中华书局 1980 年版，第 2471 页。

② ［美］苏源熙：《中国美学问题》，卞东波译，南京：江苏人民出版社 2009 年版，第 115 页。

③ ［魏］何晏注，［宋］邢昺疏：《论语注疏》，［清］阮元校刻：《十三经注疏》（下册），北京：中华书局 1980 年版，第 2535 页。

④ 冯沪祥：《中国古代美学思想》，台北：台湾学生书局 1990 年版，第 4 页。

⑤ ［汉］郑玄注，［唐］孔颖达疏：《礼记正义》，［清］阮元校刻：《十三经注疏》（下册），北京：中华书局 1980 年版，第 1626 页。

⑥ ［魏］何晏注，［宋］邢昺疏：《论语注疏》，［清］阮元校刻：《十三经注疏》（下册），北京：中华书局 1980 年版，第 2504 页。

⑦ ［魏］何晏注，［宋］邢昺疏：《论语注疏》，［清］阮元校刻：《十三经注疏》（下册），北京：中华书局 1980 年版，第 2471 页。

显现。同样，"仁"虽内在于人心之中，但它也需要通过某种外在的形式显现出来。《周易·坤卦·文言》曰："君子黄中通理，正位居体，美在其中，而畅于四支，发于事业，美之至也。"①"黄"即"中道"之色，"黄中通理"指君子内心有美德而通达事理；"正位居体"指君子以礼居位而无所僭越。可以说，君子做到了内合于"仁"、外合于"礼"的要求而"美在其中"。但是，孔子认为这还不够②，"其中"之美应该"畅于四支，发于事业"，即通过举手投足展现出来，并将这种"美"在事业中践行，这才是"至美"。援用孟子的话讲就是，君子之"至美"不应只是"充实之谓美"，还应"充实而有光辉"③，真正做到内外、仁礼的交相辉映、相得益彰。

质言之，孔子在前代"以礼为美"的基础上，倡导"里仁为美"，认为"仁"是美的根本，审美创作和人格修养应该以充斥着"仁"的"礼"为标准与规范，同时还强调内在之美（"仁"）需通过某种外在形式显现出来，做到内外兼修，这才能称得上"至美"。这使儒家美学具有了一种伦理化倾向。

三、竹简文献与战国儒家美学之"美"论的多元化发展

孔子在前代"以礼为美"的基础上，提出了"里仁为美"的命题，强调"仁"是"美"的根源，开创了儒家美学具有伦理倾向的"美"论思想。进入战国以后，各诸侯国为了谋求发展、获得利益而在各自的政治、经济领域进行一系列改革，这也引起了思想文化领域的变化。当时的不同学派站在各自的立场上，为不同的国家出谋划策，提出了独特的理论学说，从而形成了战国时期的"百家争鸣"。同时，同一学派内部也出现了观点和思想上的许多分歧，所谓"儒分为八，墨离为三"（《韩非子·显学》）④ 即是如此。而战国时期的儒家"美"论思想也随之呈现出多元化的特点。

在孔子那里，"礼"虽受到重视，孔子也立志恢复和宣扬周代的礼制，但孔子所复之礼是注入了新内涵（"仁"）的礼，因为徒有其表的"礼"是虚假的，

---

① [魏] 王弼、[晋] 韩康伯注，[唐] 孔颖达疏：《周易正义》，[清] 阮元校刻：《十三经注疏》（上册），北京：中华书局1980年版，第19页。

② 经学者考证，《易经》成书于殷末周初，《易传》则是战国时期的作品，《易传》中的《文言》应为孔子的弟子后学所编，是战国初期的作品，但其主要部分都是孔子之说。参见廖名春：《〈周易〉经传十五讲》，北京：北京大学出版社2004年版，第177-196页。

③ [汉] 赵岐注，[宋] 孙奭疏：《孟子注疏》，[清] 阮元校刻：《十三经注疏》（下册），北京：中华书局1980年版，第2775页。

④ [清] 王先慎：《韩非子集解》，北京：中华书局1998年版，第457页。

并不能真正发挥厚人伦、美教化、移风易俗的作用。只有充斥着"仁"内涵的礼才能成就人身之美、艺术之美和社会之美。郭店楚简《语丛一》正是在孔子之"仁—礼—美"的思想基础上"接着讲":

　　有仁有智，有义有礼，有美有善。(第16、15简)①

　　综观《语丛一》可知，"有"具有生成的意思。《语丛一》曰："有天有命，有地有形，有物有容……"（第12、14简)②；"有天有命，有物有名。有物有容，有称有名。有命有文有名，而后有伦"（第2、13、4、5简)③。《语丛一》又曰："天生伦，人生化。"（第3简)④ "伦"由"天"而生，故"天"与"伦"之间的"命""地""物""形""容""名"等皆由"天"所生，"天"是它们的总根源，"有天有命"即"天生命"。因此，"有仁有智，有义有礼，有美有善"表达的是"仁—智—义—礼—美—善"的美学思想，"仁"是"美"的根源。这一点与孔子美学一致。当然，《语丛一》对孔子的美学思想又有所发展。在《语丛一》中，"美"除具有"仁""礼"的内涵外，还包含"智"和"义"，即"美"以"仁"为根本，以"礼"为规范，同时包含明辨是非、知耻辞让的性质。这与孟子提出的"四端"⑤之美相通。

　　如前文所述，西周末期出现的"逸者不美"（清华简《芮良夫毖》第26简）的命题其实受到了西周以来的"礼"文化的影响。"逸者不美"即不"逸"才"美"。而"礼"的基本属性和功能就是让人"不逸"，所以"逸者不美"实乃"以礼为美"。孔子的美学思想受此影响而重视"礼"的作用，不过孔子为"礼"注入了"仁"的内涵，同样，"仁"也需要"礼"来显现。因此，我们可以说，孔子以充斥着"仁"内涵的"礼"为美。到了战国时期，上博简《天子建州·甲篇》中的"礼之于尸庙也，不精为精，不美为美"（第3简)⑥ 正是对"以礼为美"思想的传承。此外，上博简《三德》在重视"礼"的基础上进一步强化了"礼"的形而上意味，将"礼"与"天"相连而提出了"天礼"这一

---

① 刘钊：《郭店楚简校释》，福州：福建人民出版社2005年版，第180页。按：由于《语丛一》内容庞杂，都是格言似的文句，所以学者们对简序编排有较大分歧，今引简文主要以刘钊教授《郭店楚简校释》中的编排为准。
② 刘钊：《郭店楚简校释》，福州：福建人民出版社2005年版，第180页。
③ 刘钊：《郭店楚简校释》，福州：福建人民出版社2005年版，第180页。
④ 刘钊：《郭店楚简校释》，福州：福建人民出版社2005年版，第180页。
⑤ ［汉］赵岐注，［宋］孙奭疏：《孟子注疏》，［清］阮元校刻：《十三经注疏》（下册），北京：中华书局1980年版，第2691页。
⑥ 马承源主编：《上海博物馆藏战国楚竹书》（六），上海：上海古籍出版社2007年版，第313页。

概念。"天"在《三德》中的具体所指较为复杂，如：

> 敬者得之，怠者失之，是谓天常。（第 2 简）①
>
> 忌而不忌，天乃降灾；已而不已，天乃降异。（第 2—3 简）②

冯友兰先生曾说，中国文字中的"天"有五义："物质之天""主宰之天""运命之天""自然之天"和"义理之天"③。《三德》中的"天常"即冯氏所谓的"自然之天"，指自然之运行规律，而降灾、降异之"天"则为"主宰之天"，是人格化的天帝，《三德》中的"上帝"④"皇天"⑤ 可视作此"天"的别称。《三德》中的"天"虽然拙朴、不明确，具有多义性，但"天"是最高权威与价值依据，《三德》将天命、天神与上帝高挂在上，其目的是用以悚戒一切人事与政治施为⑥。

当最高权威和价值依据之"天"与"礼"相连时，"礼"本身的权威性、神圣性和形而上属性得以强化。"天礼"不再是人为设定的规范和要求，而是上天的旨意，它神圣庄严、不可违背。《三德》曰：

> 齐齐节节，外内有辨，男女有节，是谓天礼。（第 3 简）⑦
>
> 入虚毋乐，登丘毋歌，所以为天礼。监川之都，榠岸之邑，百乘之家，十室之偤，宫室汙池，各慎其度，毋失其道。（第 11—12 简）⑧

如果说第 3 简还是"天礼"在人伦道德方面的要求，那么第 11—12 简则是"天礼"在美学领域中的践行。"虚"即"墟"，"虚"和"丘"并非自然界中

---

① 马承源主编：《上海博物馆藏战国楚竹书》（五），上海：上海古籍出版社 2005 年版，第 289 页。

② 马承源主编：《上海博物馆藏战国楚竹书》（五），上海：上海古籍出版社 2005 年版，第 289-290 页。

③ 冯友兰：《中国哲学史》，上海：神州国光社 1932 年版，第 54 页。

④ 马承源主编：《上海博物馆藏战国楚竹书》（五），上海：上海古籍出版社 2005 年版，第 293 页。

⑤ 马承源主编：《上海博物馆藏战国楚竹书》（五），上海：上海古籍出版社 2005 年版，第 289 页。

⑥ 参见陈丽桂：《近四十年出土简帛文献思想研究》，台北：五南图书出版股份有限公司 2013 年版，第 419、429 页。

⑦ 马承源主编：《上海博物馆藏战国楚竹书》（五），上海：上海古籍出版社 2005 年版，第 290 页。

⑧ 马承源主编：《上海博物馆藏战国楚竹书》（五），上海：上海古籍出版社 2005 年版，第 295-296 页。

的低处和高处，而是泛指被战争等人为因素或因天灾等自然原因破坏了的废墟。① "入虚毋乐，登丘毋歌，所以为天礼"指的就是在沦为废墟的地方，一定要谨慎严肃并怀有悲哀之情，不能行乐歌唱，因为这违背了"天礼"。而都邑家室、宫室污池都要有"度"，不能违背"道"，"度""道"皆指"礼"，它是一种限制、约束和规范。如果无"度"失"道"，就会像《三德》所描写的那样："宫室过度，皇天之所恶，虽成弗居。衣服过制，失于美，是谓违章，上帝弗谅。"（第8简）② 也就是说，过度、过制就是违背"天礼"，这不仅"失于美"，还会引起皇天的憎恶，让上帝无法原谅。总之，上博简《三德》同样走的是儒家"以礼为美"的路线，"礼"是美及美的创造的规范与约束，不过，《三德》强化了"礼"的神圣性和形而上性质，进一步将"美"限制在"天礼"之中。

另外，郭店楚简《缁衣》还在"美""恶"对举中发展了儒家的"美"论思想。郭店楚简《缁衣》曰："好美如好缁衣，恶恶如恶巷伯，则民咸服而刑不蠹。"（第1简）③ 传世本《礼记·缁衣》为："好贤如缁衣，恶恶如巷伯。"④ 而上博简《缁衣》与郭店楚简《缁衣》一致，作"好美如好缁衣，恶恶如恶巷伯"（第1简）⑤。因此，认为简本《缁衣》代表着先秦儒家思想，传世本是汉儒修改的作品的观点⑥是值得肯定的。简本《缁衣》以"缁衣"为美、以"巷伯"为丑（恶）的思想当本于《诗》。《诗·郑风》中就有《缁衣》一诗，并且该诗是对君子之美德的颂扬，而《诗·小雅》中的《巷伯》则表达出对宦官、小人的憎恶之情。"缁衣"与"巷伯"放在一起，鲜明地表达出一种情感和思想的对立，一为君子之美德，一为小人之丑恶。所以，战国楚简《缁衣》所倡导的"好美如好缁衣，恶恶如恶巷伯"的美学观其实与孔子美学一脉相承，因为只有内在的道德才是真正的"美"，徒有其表的美丽形式是虚假伪善的。这种美丑观不仅是对审美或文艺而言的，也同样适用于政治。当为政者具有了"好

---

① 曹峰：《上博楚简思想研究》，台北：万卷楼图书股份有限公司2006年版，第208页。
② 马承源主编：《上海博物馆藏战国楚竹书》（五），上海：上海古籍出版社2005年版，第293页。
③ 刘钊：《郭店楚简校释》，福州：福建人民出版社2005年版，第51页。
④ ［汉］郑玄注，［唐］孔颖达疏：《礼记正义》，［清］阮元校刻：《十三经注疏》（下册），北京：中华书局1980年版，第1647页。
⑤ 马承源主编：《上海博物馆藏战国楚竹书》（一），上海：上海古籍出版社2001年版，第174页。
⑥ ［俄］郭静云：《亲仁与天命——从〈缁衣〉看先秦儒学转化成"经"》，台北：万卷楼图书股份有限公司2010年版，第46页。

美如好缁衣，恶恶如恶巷伯"的美丑观念，就算在刑罚不用的情况下，民众也会毫无私心地臣服于他（"民臧服而刑不蠢"）。这就是儒家所追求的天下太平、社会和谐、人民安居乐业的"美政"。

四、结语

"美"虽不是儒家美学的核心范畴，但"美"及其与"礼""仁""恶"等的关系成为儒家经常谈论的问题。所以，"美"及其相关问题是儒家美学的重要组成部分。新近出土的竹简文献进一步证明了这一点。西周末期出现的"逸者不美"的审美观念突破了以往偏重于外在感性形式的审美意识，含有"以礼为美"的内容，并成为后世儒家"美"论的重要来源。春秋末期，孔子受到"以礼为美"观念的影响，同时为"礼"注入了"仁"的内涵，强调"仁"对于"美"的根源性意义，形成了"仁—礼—美"的美学思想，让儒家美学呈现出伦理美学的倾向。进入战国以后，儒家"美"论思想显示出多元发展的态势。一方面，战国儒家美学继承了孔子"里仁为美"的思想，认为"仁"是"美"的本源，同时又在"仁"之外，赋予了"美"更多的内涵，将孔子的"仁—礼—美"发展为"仁—智—义—礼—美—善"；另一方面，战国儒家吸收了孔子以及孔子以前的礼乐文化，强化了"礼"的神圣性和形而上属性，提出了"天礼"的概念，进一步将"美"及其创作限制在"礼"之中，让"天礼"成为审美和艺术不可违背的规范和约束。此外，战国儒家还提出了以"缁衣"为美、以"巷伯"为恶（丑）的美丑观，在"美""恶"（丑）对举中强调，真正的"美"并不在于外在的形式而是来源于内在的高尚道德。当为政者持有这样的美丑观念时，即便刑罚不用，民众都乐意臣服于他，从而达到"美政"的目标。至此，先秦儒家美学也从伦理美学转化为一种政治美学。

第二章 战国楚简与儒家美学之"尚情"论

相对于"比较安静"的西周社会来说，东周则进入了一个"动荡时期"①，尤其到了春秋中期以后，王室衰微、群雄并起、礼崩乐坏、天下大乱，原有的"礼乐征伐自天子出"的"有道"之天下被"礼乐征伐自诸侯出"的"无道"之天下所取而代之②。此时，以孔子为代表的儒家以力挽狂澜之势，欲以传承、复兴周代之礼制实现救世的目的。因此，"礼"及其相关内容成为儒家学术思想所关注的焦点。这自然也影响到儒家的美学思想，使其呈现出"经夫妇，成孝敬，厚人伦，美教化，移风俗"（《毛诗序》）③ 的倾向。但近年来，随着战国楚简文献的大量发现与出土，如郭店楚简《性自命出》、《语丛》（二、三、四）以及上博楚简《性情论》，孔子之后的儒家美学思想（尤"子思之儒"一系）除呈现出重视道德教化的倾向外，还显示出另一种特点——以"情"为本、以"情"为尚、以"美情"为追求。这对《荀子·乐论》《乐记》《毛诗序》等美学思想中的情感观念产生了重要影响，它们共同构成了儒家美学中重情、尚情的理论阵营。因此，利用新近发现与出土的竹简文献对儒家美学进行重新审视显得十分必要。

一、"性自命出，命从天降"：儒家美学尚情论的哲学始基

"性"是儒家哲学中的重要范畴，它贯穿于两千多年来的儒学发展史。"性"在甲骨文、金文中还未出现，但作为其本字的"生"已存在，如"⛢"

---

① 范文澜：《中国通史》（第一册），北京：人民文学出版社 1978 年版，第 106 页。

② ［魏］何晏注，［宋］邢昺疏：《论语注疏》，［清］阮元校刻：《十三经注疏》（下册），北京：中华书局 1980 年版，第 2521 页。

③ ［汉］毛亨传，［汉］郑玄笺，［唐］孔颖达疏：《毛诗正义》，［清］阮元校刻：《十三经注疏》（上册），北京：中华书局 1980 年版，第 270 页。

（甲二〇〇）①、"⽣"（《兮甲盤》）②。于省吾《甲骨文字诂林》认为："甲骨文之⽣，从中从一，一地也，Ψ像草木生出土上也。与《说文》之中、生，形近义同。"③ 即甲骨文之"生"表示草木正在生长，并包含有生命之义。西周中期的《蔡姞簋》载："用祈匄眉寿，绰绾永令，弥厥生，灵终。"④ 其中的金文之"生"，为性命之义。后来，《诗经·大雅·卷阿》中有"俾尔弥尔性"⑤ 之句。近代学者林义光说："性读为生。俾尔弥尔性，谓使汝长生也。"⑥ 可见，"俾尔弥尔性"中的"性"即"生"，指生命、性命。简言之，"性"之本字为"生"，其最初的含义为生命、性命。

"性"的最初含义为生命、性命，但此"性"还不是哲学概念。到了春秋末期，"性"的内涵才变得更为深刻。《左传·襄公十四年》载："天生民而立之君，使司牧之，勿使失性。……天之爱民甚矣，岂其使一人肆于民上，以从其淫，而弃天地之性？"⑦ 所谓"勿使失性"就是不让百姓失去本性、天性，而"天地之性"则指的是造化天地所本来具有的特性。此外，《左传·襄公二十六年》又载："夫小人之性，衅于勇，啬于祸，以足其性，而求名焉者，非国家之利也。"⑧ 这进一步说明"性"是人与生俱来的内在特质和天然禀赋。至此，"性"由形而下进入形而上，具有了哲学品格。

儒家正是在此基础上，将"性"引入其哲学之中并加以讨论与阐发，《论语·公冶长》所载"夫子之文章，可得而闻也；夫子之言性与天道，不可得而闻也"⑨ 正说明了这一点。另外，孔子还明确提出"性相近也，习相远也。"（《论语·阳货》）⑩ 的命题。宋代邢昺《疏》曰："性，谓人所禀受，以生而

① 中国科学院考古研究所编辑：《甲骨文编》，北京：中华书局 1965 年版，第 274 页。
② 容庚编著：《金文编》，北京：中华书局 1985 年版，第 422 页。
③ 于省吾主编：《甲骨文字诂林》（第二册），北京：中华书局 1996 年版，第 1311 页。
④ 马承源主编：《商周青铜器铭文选》（三），北京：文物出版社 1988 年版，第 238 页。
⑤ ［汉］毛亨传，［汉］郑玄笺，［唐］孔颖达疏：《毛诗正义》，［清］阮元校刻：《十三经注疏》（上册），北京：中华书局 1980 年版，第 545 页。
⑥ 林义光：《诗经通解》，上海：中西书局 2012 年版，第 347 页。
⑦ ［晋］杜预注，［唐］孔颖达疏：《春秋左传正义》，［清］阮元校刻：《十三经注疏》（下册），北京：中华书局 1980 年版，第 1958 页。
⑧ ［晋］杜预注，［唐］孔颖达疏：《春秋左传正义》，［清］阮元校刻：《十三经注疏》（下册），北京：中华书局 1980 年版，第 1992 页。
⑨ ［魏］何晏注，［宋］邢昺疏：《论语注疏》，［清］阮元校刻：《十三经注疏》（下册），北京：中华书局 1980 年版，第 2474 页。
⑩ ［魏］何晏注，［宋］邢昺疏：《论语注疏》，［清］阮元校刻：《十三经注疏》（下册），北京：中华书局 1980 年版，第 2524 页。

静者也，未为外物所感，则人皆相似，是近也。"① 由此可见，在孔子哲学思想中，"性"代表着人的天然禀受，并且人与人在"性"上是相通相近的。用美国汉学家本杰明·史华慈（Benjamin I. Schwartz）的观点来概括就为："'性'这个词意味着既超越于人力控制范围，又内在于人类之中的先天性的力量。"②

"性"在孔子那里指的是内在于人的先天性力量，同时，"性"还与"天道"并举而成为儒家哲学中的形而上概念。但关于"性"的言说，在孔子那里并未得到全面展开，许多问题，如"性"的来源，"性"与人的情感、欲望的关系等，皆未涉及。近年来，随着战国竹简文献的相继发现与出土，让儒家围绕"性"探讨得以明确，让儒家"性"论思想的发展脉络得以明晰。从郭店楚简《性自命出》、《语丛》（二、三、四）和上博楚简《性情论》等出土文献中就可见出，孔子之后、孟子之前的儒家"性"论思想已经开始变得更加深入和丰富了。除有对孔子之"性相近也，习相远也"（《论语·阳货》）③ 思想的继承外，如"四海之内其性一也。其用心各异，教使然也"（郭店楚简《性自命出》第9简）④，孔子所未言的"性"之来源问题在战国楚简文献中还得到了明确解答。郭店楚简《性自命出》曰："性自命出，命自天降。"（第1—2简）⑤上博楚简《性情论》（第2简）中亦有此句⑥。"命"并非生命，而是来自"天"的命令；"天"在此也不是指天帝、天神之"主宰之天"⑦，而是类似于道家之"道法自然"⑧ 的"自然"，正如丁原植先生所言："它指自然的运作本身，并以本然的方式，自在、自有、自为地运作。"⑨ 因此，所谓"性自命出，命自天降"表达的就是人之"性"根源于自然天地运作（"天"）所显发出的命令（"命"）。战国楚简承载的"天→命→性"揭示出人之本性契合于天地之性的

①　[魏] 何晏注，[宋] 邢昺疏：《论语注疏》，[清] 阮元校刻：《十三经注疏》（下册），北京：中华书局1980年版，第2524页。
②　[美] 本杰明·史华慈：《古代中国的思想世界》，程钢译，南京：江苏人民出版社2008年版，第239页。
③　[魏] 何晏注，[宋] 邢昺疏：《论语注疏》，[清] 阮元校刻：《十三经注疏》（下册），北京：中华书局1980年版，第2524页。
④　荆门市博物馆编：《郭店楚墓竹简》，北京：文物出版社1998年版，第179页。
⑤　荆门市博物馆编：《郭店楚墓竹简》，北京：文物出版社1998年版，第179页。
⑥　参见马承源主编：《上海博物馆藏战国楚竹书》（一），上海：上海古籍出版社2001年版，第222页。
⑦　冯友兰：《中国哲学史》，上海：神州国光社1932年版，第54页。
⑧　[魏] 王弼注，楼宇烈校释：《老子道德经校释》，北京：中华书局2008年版，第64页。
⑨　丁原植：《楚简儒家性情说研究》，台北：万卷楼图书有限公司2002年版，第43页。

思想，即天道（"天地之性"）落实于人则为"性"，"性"是天生而非人为（"伪"），与《中庸》之"天命之谓性"① 有异曲同工之妙。

"性"不仅是天道落实于人的呈现，它还是人之所以为人的根本。郭店楚简《语丛三》曰："有天有命有生"（第 68 简上—第 70 简上）②、"有性有生，呼生"（第 68 简下—第 69 简下）③。这不仅进一步说明人之性来源于天之性（"天→命→性"），还暗含着儒家所认为的人的生命不仅是指肉体性的存在，还应是具有"性"的存在。具有"性"的人才算真正有生命的人（"性→生"），"性"是人之所以为人的根本。质言之，儒家哲学认为，"性"不仅是天道落实于人的体现，是人先天的禀赋，它还是人之所以为人的根本。

二、"情生于性""情出于性"：儒家美学之尚情论

在战国楚简文献中，"性"是儒家哲学的重要范畴，是人之所以为人的内在依据。叶朗先生说："审美活动是人类的一种精神活动，它是人性的需求。"④ 故而人的审美活动也应以"性"为始基。但"性"并不能直接参与和推动人的审美活动，因为审美活动"是一种以情感为中介的非逻辑判断"，情感在整个审美经验中处于"中枢地位"⑤。所以，审美活动就是一种情感体验活动，情感贯穿于审美鉴赏与艺术创作活动的始终。而在战国楚简文献中，"情"这一范畴正被儒家美学所重视与推崇。

虽然，孔子已经对审美与艺术活动中的情感问题加以了注意，提出诸如"乐而不淫，哀而不伤"（《论语·八佾》）⑥、"诗可以兴，可以观，可以群，可以怨"（《论语·阳货》）⑦ 等命题，但在《论语》中，"情"这一范畴还未凝练生成。所谓"上好信，则民莫不敢用情"（《论语·子路》）⑧、"如得其

---

① ［汉］郑玄注，［唐］孔颖达疏：《礼记正义》，［清］阮元校刻：《十三经注疏》（下册），北京：中华书局 1980 年版，第 1625 页。
② 荆门市博物馆编：《郭店楚墓竹简》，北京：文物出版社 1998 年版，第 213 页。
③ 荆门市博物馆编：《郭店楚墓竹简》，北京：文物出版社 1998 年版，第 213 页。
④ 叶朗：《美学原理》，北京：北京大学出版社 2009 年版，第 14 页。
⑤ 皮朝纲、钟仕伦：《审美心理学引导》，成都：成都电讯工程学院出版社 1988 年版，第 150–151 页。
⑥ ［魏］何晏注，［宋］邢昺疏：《论语注疏》，［清］阮元校刻：《十三经注疏》（下册），北京：中华书局 1980 年版，第 2468 页。
⑦ ［魏］何晏注，［宋］邢昺疏：《论语注疏》，［清］阮元校刻：《十三经注疏》（下册），北京：中华书局 1980 年版，第 2525 页。
⑧ ［魏］何晏注，［宋］邢昺疏：《论语注疏》，［清］阮元校刻：《十三经注疏》（下册），北京：中华书局 1980 年版，第 2506 页。

情，则哀矜而勿喜"（《论语·子张》）①，其中的"情"皆指情实、情况。而儒家美学中的情感之"情"是在新近发现与出土的竹简文献中（如《性自命出》《性情论》）才大量出现的，并且其对于"情"的言说是以"性"为基础的。郭店楚简《语丛二》曰："恶生于性，怒生于恶"（第 25 简）②；"喜生于性，乐生于喜，悲生于乐"（第 28—29 简）③；"愠生于性，忧生于愠，哀生于忧"（第 30—31 简）④；"瞿生于性，监生于瞿，望生于监"（第 32—33 简）⑤。这就说明人的一切喜怒哀乐、爱恨情仇都源自"性"，"性"是人的情感的逻辑起点和哲学始基。故郭店楚简《性自命出》、上博楚简《性情论》皆曰："情生于性"⑥、"情出于性"⑦。

从战国楚简文献可知，"性"是"情"的哲学始基，是其逻辑起点，无"性"则无"情"。但"情"的现实发生则不能只靠"性"。郭店楚简《性自命出》曰："喜怒哀悲之气，性也。及其见于外，则物取之也。"（第 2 简）⑧ 李天虹教授认为，"物取之"即"为物所取"⑨、"与物交接，为之感动"⑩。"性"只是"情"存在的基元（"气"），"情"的真正发生是由外物刺激"性"而实现的，即"物→性→情"。这就如同"金石之有声，〔弗扣不鸣〕"（郭店楚简《性自命出》第 5—6 简）⑪ 的道理一样，如果"物"不刺激（"扣"）"性"是不会使其动而生"情"的（"鸣"）。所以，"性"是"情"的哲学始基，"物"与"性"的交接及其对"性"的刺激是"情"发生的现实基础与条件。

在"情"的发生问题被解决后，战国楚简文献还进一步阐明了艺术发生和

---

① ［魏］何晏注，［宋］邢昺疏：《论语注疏》，［清］阮元校刻：《十三经注疏》（下册），北京：中华书局 1980 年版，第 2532 页。

② 荆门市博物馆编：《郭店楚墓竹简》，北京：文物出版社 1998 年版，第 204 页。

③ 荆门市博物馆编：《郭店楚墓竹简》，北京：文物出版社 1998 年版，第 204 页。

④ 荆门市博物馆编：《郭店楚墓竹简》，北京：文物出版社 1998 年版，第 204 页。

⑤ 荆门市博物馆编：《郭店楚墓竹简》，北京：文物出版社 1998 年版，第 204 页。

⑥ 马承源主编：《上海博物馆藏战国楚竹书》（一），上海：上海古籍出版社 2001 年版，第 222 页。

⑦ 马承源主编：《上海博物馆藏战国楚竹书》（一），上海：上海古籍出版社 2001 年版，第 269 页。

⑧ 荆门市博物馆编：《郭店楚墓竹简》，北京：文物出版社 1998 年版，第 179 页。

⑨ 李天虹：《郭店竹简〈性自命出〉研究》，武汉：湖北教育出版社 2003 年版，第 135 页。

⑩ 李天虹：《郭店竹简〈性自命出〉研究》，武汉：湖北教育出版社 2003 年版，第 139 页。

⑪ 李零：《郭店楚简校读记（增订本）》，北京：中国人民大学出版社 2007 年版，第 136

审美创作的问题。郭店楚简《性自命出》曰："喜斯陶，陶斯奋，奋斯咏，咏斯摇，摇斯舞，舞，喜之终也。愠斯忧，忧斯戚，戚斯叹，叹斯辟，辟斯踊。踊，愠之终也。"（第34—35简）① 此段话上博楚简《性情论》无，不过与《礼记·檀弓下》引子游语相似②。其大意为人高兴就会陶醉，陶醉就会兴奋，兴奋就会歌咏，歌咏就会摇动，摇动就会舞蹈，舞蹈是喜悦的最终表现形式；人怨恨就会忧虑，忧虑就会悲哀，悲哀就会吟咏，吟咏就会抚心，抚心就会跳跃，跳跃是悲痛的最终表现形式。这不仅揭示出音乐、舞蹈、歌唱等艺术产生于人的情感的兴发，是情感的外化，还表明了艺术是人的喜怒哀乐情感的表现形式。战国楚简文献承载的这种美学思想，与后来的"夫乐者，乐也，人情之所必不免也"（《荀子·乐论》）③、"凡音者，生人心者也。情动于中，故形于声"（《乐记·乐本篇》）④ 以及"诗者，志之所之也，在心为志，发言为诗，情动于中而形于言……"（《毛诗序》）⑤ 等共同构成了儒家美学之以"情"为本、以"情"为尚的理论阵营，即"情"是审美活动、艺术创作之本，离开了"情"则审美、艺术活动无法进行。

　　台湾学者郭梨华经过对战国楚简的考察而指出："'情'的存在，并不限于亲属之间的关系，也是人与人之间的伦常关系、人与物之间的关系，举凡一切呈现两者或两者以上的位置安顿与变化，就是一种'情'的存在。"⑥ 但除"亲属之间""人与人之间"和"人与物之间"的关系外，"情"还存在于人（"性"）与艺术之间。艺术的生成与创作不能无"情"，"情"是艺术存在的前提，艺术就是一种为"情"的存在。这就是孔子后学（即子思一派）⑦ 所新创

---

① 刘钊：《郭店楚简校释》，福州：福建人民出版社2005年版，第90页。

② 《礼记·檀弓下》载："子游曰：'礼，有微情者，有以故兴物者也。有直情而径行者，戎狄之道也。礼道则不然，人喜则斯陶，陶斯咏，咏斯犹，犹斯舞，舞斯愠，愠斯戚，戚斯叹，叹斯辟，辟斯踊矣。'"参见［清］阮元校刻：《十三经注疏》（上册），北京：中华书局1980年版，第1304页。

③ ［清］王先谦：《荀子集解》（下册），北京：中华书局1988年版，第379页。

④ ［汉］郑玄注，［唐］孔颖达疏：《礼记正义》，［清］阮元校刻：《十三经注疏》（下册），北京：中华书局1980年版，第1527页。

⑤ ［汉］毛亨传，［汉］郑玄笺，［唐］孔颖达疏：《毛诗正义》，［清］阮元校刻：《十三经注疏》（上册），北京：中华书局1980年版，第269-270页。

⑥ 郭梨华：《出土文献与先秦儒道哲学》，台北：万卷楼图书股份有限公司2008年版，第58页。

⑦ 参见李学勤：《先秦儒家著作的重大发现》，《中国哲学》（第20辑），沈阳：辽宁教育出版社1999年版，第13-17页；姜广辉：《郭店楚简与〈子思子〉——兼谈郭店楚简的思想史意义》，《哲学研究》1998年第7期。

的儒家美学之尚情论。

三、从"言之无文，行之不远"到"言以词，情以久"：儒家审美诉求的另一面

孔子倡导"文质彬彬"（《论语·雍也》）① 的人格美，其中的"文"是相对于内在之"质"的外在修饰。不过，这种修饰不是普通的美化、装扮，而是符合"礼"之规范的文饰。《乐记·乐论篇》所谓"礼自外作故文"② 正说明了这一点。在孔子美学中，"文"除了是人身之修饰外，还是"言"的一种修饰。《左传·襄公二十五年》载孔子语曰："言之无文，行之不远。"③ "言"想要长久地流传下去，就必须要有"礼"（"文"）的修饰，即合于"礼"。孔子还说："君子博学于文，约之以礼，亦可以弗畔矣夫！"（《论语·雍也》）④ 这可见出孔子美学以"礼"节"文"的观念。彭林先生说："礼是中国一切习俗行为的准则，古代中国的政典、官制、民政、教育、司法、赋税、兵役、营造，以及个人交往、个人修身养性，等等，都属于礼的范畴。"⑤ 所以，无论是以"礼"饰"言"，还是以"礼"节"文"，皆是要求"言""文"符合"礼"的规范，受"礼"的约束与节制，并具有相应的道德内涵和教化功用。基于此，儒家美学乃至中国美学形成了一股"公开实用及道德宣化（载道）"⑥ 的美学观，并影响着我国两千多年以来的美学思想和艺术观念。

然而，自郭店楚简（1993）和上博楚简（1994）的出土与发现以来，儒家美学的审美诉求呈现出另一面——"情"，而不仅仅聚焦于艺术和审美的道德性、教化性，如郭店楚简《语丛四》曰："言以词，情以久。"（第 1 简）⑦ 有学者认为："'言以词，情以久'译成今语犹言'言语运用词汇来表达，情感通过

---

① ［魏］何晏注，［宋］邢昺疏：《论语注疏》，［清］阮元校刻：《十三经注疏》（下册），北京：中华书局 1980 年版，第 2479 页。

② ［汉］郑玄注，［唐］孔颖达疏：《礼记正义》，［清］阮元校刻：《十三经注疏》（下册），北京：中华书局 1980 年版，第 1529 页。

③ ［晋］杜预注，［唐］孔颖达疏：《春秋左传正义》，［清］阮元校刻：《十三经注疏》（下册），北京：中华书局 1980 年版，第 1985 页。

④ ［魏］何晏注，［宋］邢昺疏：《论语注疏》，［清］阮元校刻：《十三经注疏》（下册），北京：中华书局 1980 年版，第 2479 页。

⑤ 彭林：《儒家礼乐文明讲演录》，桂林：广西师范大学出版社 2008 年版，第 26 页。

⑥ ［德］卜松山：《中国的美学和文学理论——从传统到现代》，向开译，上海：华东师范大学出版社 2010 年版，第 13 页。

⑦ 李零：《郭店楚简校读记（增订本）》，北京：中国人民大学出版社 2007 年版，第 57 页。

长久来体现'。"① 将"以"译作"运用"和"通过"其实是将"以"当成动词，与《韩非子·五蠹》之"富国以农"② 中的"以"相同，是凭借、依靠的意思。诚然，"言以词"之"以"为凭借、依靠义，但"情以久"之"以"则非也。"久"是长久之意，它是形容词而不是像"词"一样为名词。所以，"情以久"之"以"当为连词，"以"之后的内容为"以"之前内容的结果或目的。那么，从整体上看，"言以词，情以久"所要表达的是，言语要依靠词汇才能成立、存在，言之以"情"才能使言语行之很远、长久流传。这就揭示出不同于儒家美学以政教伦理为追求的另一面——尚"情"、重"情"。

在孔子以后，儒家美学不仅将"情"设置为艺术的存在之本，还视"情"为艺术长久存在的必要条件。从存在和意义两方面看，这彰显出战国儒家的"尚情"审美诉求。但值得注意的是，这种"尚情"观念不能完全等同于明代汤显祖"世总为情，情生诗歌"（《耳伯麻姑游诗序》）③ 的"至情"论，因为战国楚简儒家文献的作者深深地明白，在"情生于性""情出于性"之外，还有其他的心理状况也会因"物"的刺激而生于"性"，如："欲生于性，虑生于欲，悁生于虑，争生于悁，党生于争"（郭店楚简《语丛二》第10—11 简）④；"恶生于性，怒生于恶，乘生于怒，惎生于乘，贼生于惎"（郭店楚简《语丛二》第25—26 简）⑤。因此，郭店楚简、上博楚简都对"情"作了种种限制与规定，只有那种称得上"美情"的情感才是儒家美学真正崇尚和追求的。郭店楚简《性自命出》曰："凡人伪为可恶也"（第48 简）⑥；"虑欲渊而毋伪"（第62 简）⑦；"欲皆文而毋伪"（第65 简）⑧。在儒家看来，虚假之"伪"是令人憎恶的，无论是思虑还是志愿，都要真实而不虚伪。这种"毋伪"的思想也成了儒家对"情"的一种要求，只不过战国楚简是从正面来阐发的，如"信，情之方也"（郭店楚简《性自命出》第40 简）⑨。郭店楚简《性自命出》曰："未言而信，有美情者也。"（第51 简）⑩ "信"就是"毋伪"，只有真实而不虚伪

---

① 刘钊：《郭店楚简校释》，福州：福建人民出版社 2005 年版，第 225 页。
② ［清］王先慎：《韩非子集解》，北京：中华书局 1998 年版，第 450 页。
③ ［明］汤显祖：《汤显祖集》（二），上海：上海人民出版社 1973 年版，第 1050 页。
④ 荆门市博物馆编：《郭店楚墓竹简》，北京：文物出版社 1998 年版，第 203 页。
⑤ 荆门市博物馆编：《郭店楚墓竹简》，北京：文物出版社 1998 年版，第 204 页。
⑥ 荆门市博物馆编：《郭店楚墓竹简》，北京：文物出版社 1998 年版，第 181 页。
⑦ 荆门市博物馆编：《郭店楚墓竹简》，北京：文物出版社 1998 年版，第 181 页。
⑧ 刘钊：《郭店楚简校释》，福州：福建人民出版社 2005 年版，第 92 页。
⑨ 荆门市博物馆编：《郭店楚墓竹简》，北京：文物出版社 1998 年版，第 180 页。
⑩ 荆门市博物馆编：《郭店楚墓竹简》，北京：文物出版社 1998 年版，第 181 页。

的情感才能算是"美情"。只有这样的"情"，才能进入人的内心，深深打动人的心灵，故曰："凡声，其出于情也信，然后其入拔人之心也厚。闻笑声，则鲜如也斯喜。闻歌谣，则陶如也斯奋。听琴瑟之声，则悸如也斯叹。"（郭店楚简《性自命出》第23—24简）① 要言之，战国楚简所承载的孔子后学的美学思想超越了孔子重道德、宣教化的审美观，提出了"言以词，情已久"的命题，表达了"情"对艺术长久流传的重要性，彰显出战国儒家以真情实感（"美情"）为诉求的美学精神。

四、结语

李学勤先生曾说："已发现的简帛书籍，对学术史研究的影响，尤为重大。说古代学术史因之必须重写，是一点没有夸张的。"② 的确，新近发现与出土的简帛文献对中国古代学术史研究影响重大，某些内容与观点需要修正，甚至重写。但对于中国古代美学史研究来说，新近发现与出土的简帛文献更多的是为我们提供一个重新审视相关问题的契机，如本书所论述的儒家美学之尚情论就是一例。近年发现与出土的战国楚简文献表明，孔子后学以"性"为基、以"情"为本构建了一种不同于重视道德内容、宣扬伦理教化功用的重情、尚情的儒家美学思想。这不仅是对孔子美学的拓展，还为后世儒家美学（如《荀子·乐论》《乐记》《毛诗序》等）中重视情感的观念奠定了基础，共同构成了儒家美学中重视情感的理论阵营。因此，与其说"儒家美学的基石就在于生活践履之'礼'与生活常情之'情'及其两者的合一"③，不如说教化与情感犹如蝴蝶之两翼，两者相互配合、并行其道，儒家美学才能像蝴蝶那样翩然起舞、流传至今。

---

① 荆门市博物馆编：《郭店楚墓竹简》，北京：文物出版社1998年版，第180页。
② 李学勤：《中国古代文明十讲》，上海：复旦大学出版社2003年版，第169页。
③ 刘悦笛：《儒家生活美学当中的"情"：郭店楚简的启示》，《人文杂志》2009年第4期。

第三章　简帛《五行》与儒家美学之"乐感"精神

相对于以基督教为底色的西方"罪感文化"而言，以儒学为主干的中国传统文化是一种"乐感文化"①。儒家哲学与美学也因此打上了"乐"的烙印。孔子曰："学而时习之，不亦说乎？有朋自远方来，不亦乐乎？"（《论语·学而》）②；"饭疏食饮水，曲肱而枕之，乐亦在其中矣"（《论语·述而》）③；"发愤忘食，乐以忘忧，不知老之将至云尔"（《论语·述而》）④。这说明自孔子开始，儒家就有以"乐"为追求的精神夙愿。而到战国时期的《五行》⑤ 那里，"乐"的追求得以进一步深化与明确，将"乐"的获得设置为"德"的实现的前提条件，让"德"把"乐"容纳于内，原本作为高尚道德修养之象征的"君子"，也被赋予了"乐"的精神内涵，"君子"境界冲破了单纯道德的境界而走向审美的自由境界。简帛《五行》美学的"乐感"精神，不仅对孟子、荀子美学产生了巨大影响，还与他们一起，彰显出先秦儒家美学的另一面——"乐感"精神。

---

① 参见李泽厚：《中国古代思想史论》，北京：人民出版社 1985 年版，第 306-316 页。

② ［魏］何晏注，［宋］邢昺疏：《论语注疏》，［清］阮元校刻：《十三经注疏》（下册），北京：中华书局 1980 年版，第 2457 页。

③ ［魏］何晏注，［宋］邢昺疏：《论语注疏》，［清］阮元校刻：《十三经注疏》（下册），北京：中华书局 1980 年版，第 2482 页。

④ ［魏］何晏注，［宋］邢昺疏：《论语注疏》，［清］阮元校刻：《十三经注疏》（下册），北京：中华书局 1980 年版，第 2483 页。

⑤ 1973 年，长沙马王堆汉墓中出土了一篇帛书文献《五行》。1993 年，湖北荆门市郭店楚墓中又出土一篇竹简文献《五行》。前者简称为帛书《五行》，后者简称为竹简《五行》。帛书《五行》由"经"和"说"两部分组成，竹简《五行》仅有"经"。经比较可知，两种《五行》的字句虽有一些差异，但总体上属于同一文献，体现的是孔孟之间的儒学思想。故学者们将两者合称为"简帛《五行》"。

一、"有德者，必有言"：先秦儒家美学之"德"观念的生成

世界上任何一个民族的文化都经历了一个由以神为本到以人为本的发展过程，中华民族的文化亦是如此。而这一过程发生在商周时期，即由"尊神"之商文化向"尊礼"之周文化的发展①。在殷人所尊之"神"中，地位最高、权力最大的就是"帝"或"上帝"。殷墟卜辞中的"帝令雨〔足年〕"②、"上帝降暵"③、"帝其降堇"④、"帝其降王祸"⑤、"勿伐邛，帝不我其受又"⑥、"唯五鼓……上帝若，……王〔受〕又又"⑦ 等均说明，在殷人眼里，"帝"或"上帝"是一位具有人格、意志的至上神。这位至上神不仅可以支配自然变化，主宰人类的祸福，还能决定战争的胜负成败。而殷商的统治者认为，只要能祈求这位"上帝"的庇护和保佑，就能获得"天命"的长久，让政权稳固长存。可是到了殷商后期，统治者荒淫无道，即便祈求"上帝"的庇佑也不能改变王朝岌岌可危的局势，这正如《史记·殷本纪》所载："帝甲淫乱，殷复衰"⑧；"帝武乙无道……暴雷，武乙震死。……帝乙立，殷益衰"⑨；"纣愈淫乱不止。……纣走入，登鹿台，衣其宝玉衣，赴火而死"⑩。可见，"一切宗教都不过是支配者人们日常生活的外部力量在人们头脑中的幻想的反映"⑪。

周人深深地明白这一点，要想稳固政权，实现国家的长治久安，不能一味迷信"上帝"，而要重视"德"的作用。郭沫若说："礼是由德的客观方面的节文所蜕化下来的，古代有德者的一切正当行为的方式汇集了下来便成为后代的

① 范文澜：《中国通史》（第一册），北京：人民出版社 1978 年版，第 148 页。
② 郭沫若主编，胡厚宣总编辑：《甲骨文合集》（第五册），曹锦炎、沈建华编著：《甲骨文校释总集》（卷五），上海：上海辞书出版社 2006 年版，第 1680 页。
③ 郭沫若主编，胡厚宣总编辑：《甲骨文合集》（第四册），曹锦炎、沈建华编著：《甲骨文校释总集》（卷四），上海：上海辞书出版社 2006 年版，第 1230 页。
④ 郭沫若：《卜辞通纂》，北京：科学出版社 1983 年版，第 366 页。
⑤ 陈梦家：《殷虚卜辞综述》，北京：科学出版社 1956 年版，第 564 页。
⑥ 郭沫若主编，胡厚宣总编辑：《甲骨文合集》（第三册），曹锦炎、沈建华编著：《甲骨文校释总集》（卷三），上海：上海辞书出版社 2006 年版，第 777 页。
⑦ 郭沫若主编，胡厚宣总编辑：《甲骨文合集》（第十册），曹锦炎、沈建华编著：《甲骨文校释总集》（卷十），上海：上海辞书出版社 2006 年版，第 3385 页。
⑧ ［汉］司马迁：《史记》（第一册），北京：中华书局 1963 年版，第 104 页。
⑨ ［汉］司马迁：《史记》（第一册），北京：中华书局 1963 年版，第 104 页。
⑩ ［汉］司马迁：《史记》（第一册），北京：中华书局 1963 年版，第 108 页。
⑪ ［德］恩格斯：《反杜林论》，中共中央马克思恩格斯列宁斯大林著作编译局编：《马克思恩格斯选集》（第三卷），北京：人民出版社 1972 年版，第 354 页。

礼。"① 所以，"尊礼"之周文化的内核实为"尊德"。《诗》曰：

> 帝谓文王，予怀明德。（《大雅·皇矣》）
> 群黎百姓，遍为尔德。（《小雅·天保》）
> 宜兄宜弟，令德寿岂。（《小雅·蓼萧》）

这都显示出尚"德"、尊"德"的周文化特质。另外，在商代的卜辞和彝铭中尚无"德"字，"德"字在周代的铭文中才出现。② 这进一步说明，"德"是周人提出的一个新概念，尊德、敬德是周文化的重要内容与特质。周人认为，只有当统治者具有了德行修养，谨慎地行德，才能真正实现家庭和睦，社会安定，人民安居乐业和国家长治久安。所以，西伯侯"修德行善"（《史记·殷本纪》）③，祭公谋父向周穆王进谏曰："先王耀德不观兵""先王之于民也，茂正其德而厚其性"（《史记·周本纪》）④。

殷周易代，文化由"尊鬼"转向了"尊德"。春秋末期，孔子所创立的儒家正继承了西周以来形成的"尊德"观念，强调"德"在政治中的作用。孔子一方面要求统治者以"德"行政，因为："为政以德，譬如北辰，居其所，而众星共之。"（《论语·为政》）⑤ 同时，又倡导统治者用"德"去教化百姓，如"道之以德，齐之以礼，有耻且格。"（《论语·为政》）⑥ 除继承外，孔子还发展了西周以来的"德"观念，将"德"与君子的品行相联系，认为："君子怀德，小人怀土。"（《论语·里仁》）⑦ 所以，如果想要成为君子，就必须"志于道，据于德，依于仁，游于艺"（《论语·述而》）⑧。这就揭示出，普通人要想提升自我而成为君子就必须要有高尚的道德，"德"的养成与获得成为自我境界提升的不可或缺的一环。可见，孔子创造性地吸收了西周以来的"德"观念，让"德"成为先秦儒家学术思想在政治和道德方面的重要内容。此外，孔子还

---

① 郭沫若：《青铜时代》，北京：中国人民大学出版社 2005 年版，第 16 页。
② 参见郭沫若：《青铜时代》，北京：中国人民大学出版社 2005 年版，第 15 页。
③ ［汉］司马迁：《史记》（第一册），北京：中华书局 1963 年版，第 107 页。
④ ［汉］司马迁：《史记》（第一册），北京：中华书局 1963 年版，第 135 页。
⑤ ［魏］何晏注，［宋］邢昺疏：《论语注疏》，［清］阮元校刻：《十三经注疏》（下册），北京：中华书局 1980 年版，第 2461 页。
⑥ ［魏］何晏注，［宋］邢昺疏：《论语注疏》，［清］阮元校刻：《十三经注疏》（下册），北京：中华书局 1980 年版，第 2461 页。
⑦ ［魏］何晏注，［宋］邢昺疏：《论语注疏》，［清］阮元校刻：《十三经注疏》（下册），北京：中华书局 1980 年版，第 2471 页。
⑧ ［魏］何晏注，［宋］邢昺疏：《论语注疏》，［清］阮元校刻：《十三经注疏》（下册），北京：中华书局 1980 年版，第 2481 页。

赋予了"德"美学内涵。孔子曰:"有德者,必有言。有言者,不必有德。"(《论语·宪问》)① 孔子认为,文艺创作("言")必须要以创作主体的内在道德为基础,"德"成为"言"之保障。同时,孔子还反对花言巧语,因为"巧言乱德"(《论语·卫灵公》)②。因此,在以孔子为代表的先秦儒家看来,"德"是文艺创作的基础,创作者必须具有高尚的道德,同时,那些伤风败俗的文艺应受到反对与排斥。

如果说以孔子为代表的先秦儒家美学对"德"的重视主要指向了文艺美学,那么,简帛《五行》中的美学思想则显示出儒家美学在战国时期的进一步发展。简帛《五行》在孔子美学之"德"观念基础上,将"德"引向了人生美学。竹简《五行》曰:"五行皆形于内而时行之,谓之君〔子〕"(第6—7简)③;"德,天道也"(第4—5简)④。帛书《五行》中亦有类似的观点。因此,"德"不仅被《五行》视作"君子"的代名词,还被提升到"天道"的高度,同时,"德"还成为统摄仁、义、礼、智、圣五种道德("五行")之总概念。简帛《五行》曰:"五行:仁形于内谓之德之行,不形于内谓之行。义形于内谓之德之行,不形于内谓之行。礼形于内谓之德之行,不形于内谓之〔行〕。〔智形〕于内谓之德之行,不形于内谓之行。圣形于内谓之德之行,不形于内谓之行。"(第1—4简)⑤ 仁、义、礼、智、圣还不能直接等于"德",它们必须要"形于内",发自内心,才能真正称得上"德之形"。另外,简帛《五行》又曰:"德之行五,和谓之德。四行和谓之善。"(第4简)⑥ 可见,简帛《五行》真正要倡导的"德"是统摄"五行"的大全之德。而此大全之"德"不止于伦理道德的领域,它已伸向了审美领域,"德"就是"美",如帛书《五行·说》曰:"'〔德,天道也〕',已有弗为而美者也。"⑦

---

① [魏] 何晏注,[宋] 邢昺疏:《论语注疏》,[清] 阮元校刻:《十三经注疏》(下册),北京:中华书局1980年版,第2510页。

② [魏] 何晏注,[宋] 邢昺疏:《论语注疏》,[清] 阮元校刻:《十三经注疏》(下册),北京:中华书局1980年版,第2518页。

③ 荆门市博物馆编:《郭店楚墓竹简》,北京:文物出版社1998年版,第149页。

④ 荆门市博物馆编:《郭店楚墓竹简》,北京:文物出版社1998年版,第149页。

⑤ 荆门市博物馆编:《郭店楚墓竹简》,北京:文物出版社1998年版,第149页。

⑥ 荆门市博物馆编:《郭店楚墓竹简》,北京:文物出版社1998年版,第149页。

⑦ 庞朴:《帛书〈五行〉篇校注》,《马王堆〈五行〉篇研究》,济南:齐鲁书社1980年版,第35页。按:庞先生认为此句的第一个字为"圣"。但据文意可知,此《说》为"善,人道也。德,天道也"的解释,故第一字为"德"更为合适。故改之。

二、"不乐无德"：简帛《五行》与先秦儒家"乐感"美学

如前文所述，孔子吸收了西周以来的"德"观念，将"德"视作统治者为政、导民的重要方法与手段，同时，又将"德"与君子品格和个人修养相联系，让"德"开始成为儒家政治、伦理思想的重要内容。此外，孔子还提出"有德者，必有言""巧言乱德"的美学命题，以强调艺术创作主体的道德修养在艺术创作中的重要性，反对那些有悖于道德的艺术。先秦儒家美学之尚"德"观念就此生成。作为思孟学派作品的《五行》，在战国时期，进一步发展了孔子美学的尚"德"观念。在简帛《五行》中，"德"不仅是"君子"品格的代名词，它还统摄仁、义、礼、智、圣这"五行"，并且是"天道"在人身上的落实。这是"德"观念在战国儒家学术思想中的深化与丰富。此外，简帛《五行》还赋予"德"以"乐"（lè）的内涵，提出了"不乐无德"①、"乐则有德"② 等命题，使"德"这一君子品格也由单纯的道德境界进入了审美的境界。

英国哲学家罗素（Bertrand Russell）曾说："动物只要体制健康，有足够的食物果腹，便快乐了。有人认为，人类也应该如此，但事实并不这样，至少目前大多数的人并不因为体壮饱食而感到快乐。"③ 基于此，罗素将"快乐"分为两大类："朴实的快乐"与"想象的快乐"，或"肉体的快乐"与"精神的快乐"，或"心情的快乐"与"智慧的快乐"④。动物所能获得和享受的快乐是朴实的、肉体的情感反应，而人类应当追求的是一种精神的和智慧的快乐。显然，简帛《五行》中的"乐"不是动物性的肉体之乐，而是超越功利、欲望的精神之乐，这正是李泽厚先生所谓的"乐感文化"之"乐"⑤。所以，"乐"的获得十分困难，需要满足种种条件，经历重重步骤。而"乐"的获得首先需要以"忧"为基础。郭店楚简《五行》曰：

> 君子无中心之忧则无中心之智，无中心之智则无中心〔之悦〕，无中心〔之形则不〕安，不安则不乐，不乐则无德。（第5—6简）⑥

---

① 荆门市博物馆编：《郭店楚墓竹简》，北京：文物出版社1998年版，第149页。
② 荆门市博物馆编：《郭店楚墓竹简》，北京：文物出版社1998年版，第150页。
③ ［英］伯特兰·罗素：《快乐哲学》，王正平、杨承滨译，北京：中国工人出版社1993年版，第3页。
④ ［英］伯特兰·罗素：《快乐哲学》，王正平、杨承滨译，北京：中国工人出版社1993年版，第93页。
⑤ 李泽厚：《中国古代思想史论》，北京：人民出版社1985年版，第312页。
⑥ 荆门市博物馆编：《郭店楚墓竹简》，北京：文物出版社1998年版，第149页。

马王堆汉墓帛书《五行》在这段话之后，还有一段："〔君子〕无中心之忧则无中心之圣，无中心之圣则无中心之悦，无中心之悦则不安，不安则不乐，不乐则〔无〕德。"① 简帛《五行》在此展示出两层含义：一是"忧""智""圣""悦"等情感与德行都具有"中心"的特点，"中心"就是发自内心，是内心的自然流露，与《五行》（第1简）中的"形于内"② 相通，而非受制于外在的礼法规范而强制产生的；二是作为"德"之前提条件的"乐"的获得必须经历"忧→智、圣→悦→安"的过程，而作为基础之基础的是"忧"。那么，什么是"忧"呢？陈来先生认为："忧和乐本来不一样，好像是矛盾的，但在这里是一致的，有忧才能有乐，无忧就没有乐了。"③ 陈先生见出了表面上对立矛盾的"忧"与"乐"其实是一致的，它们共同为"德"的"内在意向性基础"④。但"忧"者到底谓何？陈先生除指出"'忧'应该是仁最早的发端"⑤外，却未详细论及。

其实，关于简帛《五行》中的"中心之忧"的问题，应该到《诗》中去寻找答案。竹简《五行》有两处引《诗》，如：

　　未见君子，忧心不能惙惙；既见君子，心不能悦。亦既见之，亦既觏之，我心则悦。（第9—11简）⑥

　　未见君子，忧心不能忡忡；既见君子，心不能降。（第11—12简）⑦

帛书《五行》同样引用了这两段诗，如：

　　未见君子，忧心不能〔惙惙。既见君子，心不〕能悦。《诗》曰："未见君子，忧心惙惙。亦既见之，亦既觏之，我〔心则〕悦。"此〔之谓也。〕⑧

---

① 国家文物局古文献研究室编：《马王堆汉墓帛书》（壹），北京：文物出版社1980年版，第17页。

② 荆门市博物馆编：《郭店楚墓竹简》，北京：文物出版社1998年版，第149页。

③ 陈来：《竹简〈五行〉篇讲稿》，北京：生活·读书·新知三联书店2012年版，第18页。

④ 陈来：《竹简〈五行〉篇讲稿》，北京：生活·读书·新知三联书店2012年版，第18页。

⑤ 陈来：《竹简〈五行〉篇讲稿》，北京：生活·读书·新知三联书店2012年版，第21页。

⑥ 荆门市博物馆编：《郭店楚墓竹简》，北京：文物出版社1998年版，第149页。

⑦ 荆门市博物馆编：《郭店楚墓竹简》，北京：文物出版社1998年版，第149页。

⑧ 刘信芳：《帛书〈五行〉释文》，《简帛〈五行〉解诂》，台北：艺文印书馆2000年版，第258页。

简帛《五行》所引《诗》之内容出自《诗·国风·草虫》和《诗·小雅·出车》。相互比较可知，简帛《五行》引《诗》略有不同，竹简《五行》引《诗》均是"反用其意"①，而帛书《五行》有"《诗》曰"二字，明确指出引诗出处，是对原诗的引用。但是，简帛《五行》引《诗》都是断章取义。《草虫》中的"君子"指的是夫君、丈夫，《出车》中的"君子"是指周宣王时期的大臣南仲，而简帛《五行》中的"君子"沾染了儒家哲学思想，指具有高尚道德的人。《草虫》表达的是妇女对其丈夫的思念之情，《出车》表达的是百姓对保家卫国的战士的赞扬之情，而简帛《五行》却化用《诗》以表达一种对道德的向往之情。因此，竹简《五行》中的"未见君子，忧心不能惙惙""未见君子，忧心不能忡忡"表达的是，没有见到具有高尚道德的君子或君子所象征的高尚道德，就没有"中心之忧"。易言之，"中心之忧"代表着对君子之"德"的向往与渴望，如果一个人内心无"忧"，则说明他根本就不在乎君子及其代表的德性、德行。而帛书《五行》所引《诗》之原文——"未见君子，忧心惙惙。亦既见之，亦既觏之，我〔心则〕悦"——说明了，没有见到君子及其代表的"德"，就会内心慌张、心神不宁而产生忧虑（"中心之忧"），如果见到了君子及其"德"就一时开心起来。简帛《五行》用正反两种方式引《诗》都说明了，"中心之忧"其实是发自内心地对君子及其"德"的一种渴望和向往，"忧"也成为"乐""德"的基础之基础。在简帛《五行》看来，如果没有"中心之忧"，就不会有明辨是非曲直之"智"和知天道之"圣"，无"智"无"圣"则无内心之喜悦，无内心之喜悦则内心不会安适，内心不安适则内心也不会快乐，内心无"乐"也就不会有"德"的产生与获得。由此可见，"乐"虽是"德"的基础，但"乐"的获得要以对"德"的向往与渴望之"忧"、明辨是非曲直之"智"、知天道之"圣"、单纯快乐之"悦"和身心安适之"安"为前提。也就是说，"乐"并非单纯的快乐，而是融合"忧""智""圣""悦""安"这些道德内涵的超欲望、超功利的精神之乐。

其次，简帛《五行》引入了"思"这一概念作为"乐"的另一基础。竹简《五行》曰："思不清不察，思不长不形，不形不安，不安不乐，不乐无德。"（第8—9简）②帛书《五行》曰："思〔不〕精不察，思不长不得，思不轻不

---

① 参见廖名春：《郭店楚简引〈诗〉论〈诗〉考》，《新出楚简试论》，台北：台湾古籍出版有限公司2001年版，第29-57页。

② 荆门市博物馆编：《郭店楚墓竹简》，北京：文物出版社1998年版，第149页。

形。不形则不安，不安〔则〕不乐，不乐则无德。"① "思"是相对于向外探索之"学"的向内之思虑。简帛《五行》认为，思虑不精纯、不清晰就不能明察道理，思虑不积累、不增益就不会真正有所获得，思虑不轻盈而累赘则不会形于内心，不形于内心就不会快乐，不快乐就不会有"德"。所以，"清"或"精""长""轻"之"思"是"乐"的基础。同时，简帛《五行》又曰："不仁，思不能清。不智，思不能长"（第9简）②；"不仁，思不能精；不圣，思不能轻"③。可见，不清（精）、不长、不轻之"思"实际上指"不仁""不智""不圣"，"思"之"清"或"精""长""轻"指的就是"仁""智""圣"。因此，简帛《五行》蕴含着只有当"思"做到了"清"或"精""长""轻"等才能获得"乐"的思想，同时也说明了"仁""智""圣"是"乐"的基础，与简帛《五行》引《诗》之旨如出一辙。

此外，简帛《五行》还将"聪""明"引入了"不乐无德"的理论之中。竹简《五行》曰："不聪不明，〔不明不圣〕，不圣不智，不智不仁，不仁不安，不安不乐，不乐不德。"（第20—21简）④ 而帛书《五行》曰："〔不聪不明，不聪明则〕不圣智，不智不仁，不仁不安，不安不乐，不乐无德。"⑤ 简帛《五行》的字句虽有所差异，但它们较为一致地揭示出"聪、明→圣、智→安、乐→德"的过程。帛书《五行·说》曰：

> "不聪不明"，聪也者，圣之藏于耳者也；〔明也者〕，智之藏于目者〔也〕。聪，圣之始也；明，智之始也。故曰："不聪明则不圣智"，圣智必由聪明。圣始天，智始人。圣为崇，智为广。
>
> "不智不仁"，不知所爱则何爱，言仁之乘智而行之。
>
> "不仁不安"，仁而能安，天道也。
>
> "不安不乐"，安也者，言与其体偕安也，安而后能乐。

---

① 国家文物局古文献研究室编：《马王堆汉墓帛书》（壹），北京：文物出版社1980年版，第17页。
② 荆门市博物馆编：《郭店楚墓竹简》，北京：文物出版社1998年版，第149页。
③ 国家文物局古文献研究室编：《马王堆汉墓帛书》（壹），北京：文物出版社1980年版，第17页。
④ 李零：《郭店楚简校读记（增订本）》，北京：中国人民大学出版社2007年版，第101页。
⑤ 庞朴：《帛书〈五行〉篇校注》，《马王堆〈五行〉篇研究》，济南：齐鲁书社1980年版，第39页。

"不乐无德",乐也者流体,机然忘塞,忘塞,德之至也,乐而后有德。①

可见,"聪""明"是"圣""智"之始,"仁"以"智"为基础,身体安适以"仁"为前提,而"乐"又以身体安适为基础。当人获得了"乐",人就会超越所有欲望、功利的羁绊,自得无塞、内外条畅、身心和谐。简帛《五行》之"乐"是包含有"仁""智""圣"等内涵的超越之乐、精神之乐。

由以上论述可知,简帛《五行》与孔子一样重视和尊崇"德",但简帛《五行》在"德"之前设置了"乐"来作为"德"的实现与获得的基础。同时,简帛《五行》又从多个角度揭示了"乐"又要以"仁""圣""智"等道德为基础,凸显出《五行》之"乐"的超越性与精神性。竹简《五行》曰:"圣,知礼乐之所由生也,五〔行之所和〕也。和则乐,乐则有德,有德则邦家兴。"(第28—29简)② 帛书《五行》曰:"〔仁义,礼乐所由生也。五行之所和,和〕则乐,乐则有德,有德则国家兴。"③ 帛书《五行·说》曰:"'〔五行之所和,和则〕乐',和者,有犹五声之和也。乐者,言其流体也,机然〔忘塞也。忘塞〕者,德之至也。'乐而后有德,有德而国家兴',国家兴者,言天下之兴仁义也,言其□□乐也。"④ 可见,仁、义、礼、智、圣五种道德("五行"),要像美妙音乐一样的和谐于内心,才能成为或成就《五行》所谓"乐"。这种充满着道德内涵的"乐",不是遵从于规定、规则的道德实践,而是内心的自然流露,真性的自然展现,是了无挂碍的自由,是"德之至"。这种"德之至"并非一般的道德境界,而是一种自由的审美境界。

三、"乐":君子之"天人合一"境界

春秋末期,面对列国崛起、相互征战、礼崩乐坏的局面,孔子创立儒家,倡导恢复周代的礼乐制度,以实现救世的目的。但孔子所采用的是以正人心为基础,进而到正天下的理路。所以,如何提升人的道德修养的问题,被孔子放到了儒家哲学中的重要位置。而在孔子思想中,"君子"是各种道德的交汇点,

---

① 庞朴:《帛书〈五行〉篇校注》,《马王堆〈五行〉篇研究》,济南:齐鲁书社1980年版,第39-40页。
② 荆门市博物馆编:《郭店楚墓竹简》,北京:文物出版社1998年版,第150页。
③ 庞朴:《帛书〈五行〉篇校注》,《马王堆〈五行〉篇研究》,济南:齐鲁书社1980年版,第49页。
④ 庞朴:《帛书〈五行〉篇校注》,《马王堆〈五行〉篇研究》,济南:齐鲁书社1980年版,第51页。

是人自我修养欲达到的一种境界。在"君子"与"小人"对举中，孔子不仅给予"君子"以"仁""义""忠信"等道德品质①，还展现出"君子"所具有的"文质彬彬"（《论语·雍也》）②、"出辞气"（《论语·泰伯》）③的审美品格。这让"君子"成为儒家哲学和美学所追求的兼具道德和审美的理想与目标。

进入战国以后，孔子之"君子"观念在简帛《五行》中得到了传承与发展。如前文所述，简帛《五行》重视和宣扬"德"，仁、义、礼、智、圣是人应该培养的五种道德，即"五行"。一方面，简帛《五行》要求"五行"必须"形于内"，因为"形于内"之"德"才算真正的道德；另一方面，简帛《五行》倡导人们追求的"德"是"五行"相互交融于心而形成的一种大全之"德"，即"德之行五，和谓之德"（郭店楚简《五行》第 4 简)④。要言之，简帛《五行》倡导人们应培养一种各种道德（"五行"）和谐交融于内心的大全之"德"。这就是《五行·说》所谓的"德之至"⑤，是"君子"品格的主要内容之一。因为，"五行皆行于内而时行之，谓之君〔子〕"（竹简《五行》第6—7简)⑥。一言以蔽之，"君子"是大全之德、至高道德的拥有者和践行者。荀子称其为："君子贵其全"（《荀子·劝学》)⑦、"君子至德"（《荀子·不苟》)⑧。

孔子重视"德"在人格修养方面的作用，简帛《五行》亦如此。但简帛《五行》在"德"的最终实现之前加入了"乐"。在简帛《五行》中，"德"不能直接在仁、义、智等道德基础上产生，而是要在"乐"的获得之后生成，即

---

① 如"君子不重则不威，学则不固。主忠信，无友不如己者，过则勿惮改"。（《论语·学而》）"君子无终食之间违仁，造次必于是，颠沛必于是"；"君子怀德，小人怀土"；"君子喻于义，小人喻于利。"（《论语·里仁》）"君子博学于文，约之以礼，亦可以弗畔矣夫！"（《论语·雍也》）参见［清］阮元校刻：《十三经注疏》（下册），北京：中华书局 1980 年版，第 2458、2471、2479 页。

② ［魏］何晏注，［宋］邢昺疏：《论语注疏》，［清］阮元校刻：《十三经注疏》（下册），北京：中华书局 1980 年版，第 2479 页。

③ ［魏］何晏注，［宋］邢昺疏：《论语注疏》，［清］阮元校刻：《十三经注疏》（下册），北京：中华书局 1980 年版，第 2486 页。

④ 荆门市博物馆编：《郭店楚墓竹简》，北京：文物出版社 1998 年版，第 149 页。

⑤ 国家文物局古文献研究室编：《马王堆汉墓帛书》（壹），北京：文物出版社 1980 年版，第 22 页。

⑥ 荆门市博物馆编：《郭店楚墓竹简》，北京：文物出版社 1998 年版，第 149 页。

⑦ ［清］王先谦：《荀子集解》（上册），北京：中华书局 1988 年版，第 20 页。

⑧ ［清］王先谦：《荀子集解》（上册），北京：中华书局 1988 年版，第 46 页。

"乐"是"德"得以生成的中介，如《五行》曰："不乐则无德"① "不乐无德"② "乐则有德"③。"乐"不是感性的愉悦、欲望的满足，而是多种道德汇聚于心又自然流露、呈现的超欲望、超功利的精神之乐、自由之乐和本性之乐。此"乐"的获得必然指向至高之"德"，而此"德"的实现又必然依托"乐"的获得，无"乐"则无"德"，有"德"则必有"乐"，即"乐"即"德"，即"德"即"乐"。"乐"与"德"如"众沤"与"大海水"之关系，两者是一物之两面、一体之二用。因此，简帛《五行》之"君子"不再是单纯的高尚道德的拥有者与践行者，而是超越了纯粹道德束缚与规定的自由之人、审美之人，即"乐—德"之拥有者和践行者。当然，在君子拥有和践行"德"的过程中，不是受到来自道德律令的压迫和约束，而是将"德"内化于心、积淀于性，培养和践行"德"成为其天然本性和生命本真的一部分，是自然的流露、本性的外化，自由、自得和自然之"乐"正寓于其中。所以，此时的"君子"人格不再是一种纯粹的道德人格，而是一种超越的人格，进入了审美的自由境界，即"乐"之境。所以，美国学者狄百瑞（William Theodore de Bary）说："君子是生活的艺术家。"④

简帛《五行》让"乐"介入了"德"的生成过程，赋予了"君子"品格"乐"的特性。虽然，孔子对"乐"也有所关注，如颜回之"乐"（《论语·雍也》）⑤、"饭疏食饮水，曲肱而枕之"之"乐"（《论语·述而》）⑥ 等，但与"君子"品格相联系的"乐"还未在孔子那里出现。可以说，简帛《五行》中的"君子"之"乐"代表着战国儒家美学对以孔子为代表的早期儒家美学的发展与创新，为此后儒家美学重视"乐"，强调"君子"之"乐"品格产生了重大影响。

孟子与孔子一样，在"君子"与"庶人"对举中，彰显"君子"所具有的高尚道德品质。孟子曰："君子所以异于人者，以其存心也。君子以仁存心，以

---

① 荆门市博物馆编：《郭店楚墓竹简》，北京：文物出版社 1998 年版，第 149 页。
② 荆门市博物馆编：《郭店楚墓竹简》，北京：文物出版社 1998 年版，第 150 页。
③ 国家文物局古文献研究室编：《马王堆汉墓帛书》（壹），北京：文物出版社 1980 年版，第 18 页。
④ ［美］狄百瑞：《儒家的困境》，黄水婴译，北京：北京大学出版社 2009 年版，第 24 页。
⑤ ［魏］何晏注，［宋］邢昺疏：《论语注疏》，［清］阮元校刻：《十三经注疏》（下册），北京：中华书局 1980 年版，第 2478 页。
⑥ ［魏］何晏注，［宋］邢昺疏：《论语注疏》，［清］阮元校刻：《十三经注疏》（下册），北京：中华书局 1980 年版，第 2482 页。

礼存心"(《孟子·离娄下》)①;"君子所性,仁义礼智根于心"(《孟子·尽心上》)②;"仁之于父子也,义之于君臣也,礼之于宾主也,智之于贤者也,圣人之于天道也,命也,有性焉,君子不谓命也"(《孟子·尽心下》)③。可见,孟子所谓的"君子"类似于简帛《五行》之"君子",是多种道德的融合为一,即"五行"之和。此外,孟子还提出了"君子三乐"的学说,如:

> 君子有三乐,而王天下不与存焉。父母俱存,兄弟无故,一乐也。仰不愧于天,俯不怍于人,二乐也。得天下英才而教育之,三乐也。君子有三乐,而王天下不与存焉。(《孟子·尽心上》)④

在孟子看来,除用德统一天下外,君子有三种快乐:一是父母健在,兄弟无病故;二是对天、对人以诚相待,无所欺瞒;三是用自己具有的德化育天下优秀的人才。这三种快乐分别对应着"亲""诚"和"兼济天下"的教化精神。也就是说,"君子"之"乐"包含有"亲""诚"等道德内涵,同时又利用这些道德化育天下的责任。因此,孟子美学思想中的"君子"与简帛《五行》一样,不再是纯粹的道德象征,而指向了一种自由、审美的境界,成为"君子"就是获得与之相应的"乐"。

到了战国晚期,荀子沿着先秦儒家学术思想的这一路径,提出了"君子至德"(《荀子·不苟》)⑤ 的命题,同时,还明确了君子运用己之德化育天下的品质,故曰:"君子居必择乡,游必就士,所以防邪辟而近中正也。"(《荀子·劝学》)⑥ 当然,荀子还进一步提升了"君子"在治国行政中的地位,如"故士之与人也,道之与法也者,国家之本作也。君子也者,道法之总要也,不可少顷旷也。得之则治,失之则乱;得之则安,失之则危;得之则存,失之则亡……"(《荀子·致士》)⑦ "君子"一跃成为社会和谐安定、国家长久统一的基本保障。此外,荀子与思孟学派一样,重视"君子"之"乐",并发展了

---

① [汉]赵岐注,[宋]孙奭疏:《孟子注疏》,[清]阮元校刻:《十三经注疏》(下册),北京:中华书局1980年版,第2730页。
② [汉]赵岐注,[宋]孙奭疏:《孟子注疏》,[清]阮元校刻:《十三经注疏》(下册),北京:中华书局1980年版,第2766页。
③ [汉]赵岐注,[宋]孙奭疏:《孟子注疏》,[清]阮元校刻:《十三经注疏》(下册),北京:中华书局1980年版,第2775页。
④ [汉]赵岐注,[宋]孙奭疏:《孟子注疏》,[清]阮元校刻:《十三经注疏》(下册),北京:中华书局1980年版,第2763页。
⑤ [清]王先谦:《荀子集解》(上册),北京:中华书局1988年版,第46页。
⑥ [清]王先谦:《荀子集解》(上册),北京:中华书局1988年版,第6页。
⑦ [清]王先谦:《荀子集解》(上册),北京:中华书局1988年版,第260-261页。

这一观念。荀子曰：

> 君子无爵而贵，无禄而富，不言而信，不怒而威，穷处而荣，独居而乐！岂不至尊、至富、至重、至严之情举积此哉！（《荀子·儒效》）①

君子"独居而乐"，不是因为他获得了高官厚禄，也不是因为他位高权重，而是因为他具有无上的道德。正是由于君子所具有的无上道德，才使得他拥有"至尊、至富、至重、至严之情"。荀子又曰：

> 乐者，乐也。君子乐得其道，小人乐得其欲。（《荀子·乐论》）②

在荀子看来，音乐的目的就是使人快乐，但君子与小人不同，他从音乐的审美体验中获得是"道"，即以"道"为"乐"，小人则以满足自己的欲望为"乐"。因此，君子独居之"乐"与得道之"乐"均不是欲望之乐、功利之乐，而是一种道德内化其中的精神之乐和境界之乐，它指向了审美的自由境界。

简帛《五行》认为，各种道德汇聚于心、积淀于性就是"乐"，"乐"与"德"又是一物之两面，"君子"正具有这种"乐-德"的精神品格。同时，竹简《五行》曰："德，天道也。"（第5简）③ 因此，简帛《五行》倡导人们通过修养，获得"五行"之和而成为"君子"，其实是获得那自由之"乐"、至高之"德"，"德"即"天道"，故人成为"君子"就是由人道而天道，进入"天人合一"的境界。这也是孟子所说的君子达到的"上下与天地同流"（《孟子·尽心上》）④ 的境界，荀子所谓的"天地之参也，万物之总也，民之父母也"（《荀子·王制》）⑤ 的君子境界。综上所述，君子境界就是一种至乐、至德的"天人合一"境界，这种"天人合一"是集真、善、美为一体的自由之"乐"境。

四、结语

自儒家创立以来，"德"是儒家哲学与美学所重视的内容，"君子"正是"德"的象征，是先秦儒家哲学与美学所要追求的道德境界和审美境界。进入战国以后，思孟、荀子又将"乐"融入其中，让"君子"获得了"乐"的精神品

---

① ［清］王先谦：《荀子集解》（上册），北京：中华书局1988年版，第127页。
② ［清］王先谦：《荀子集解》（下册），北京：中华书局1988年版，第382页。
③ 荆门市博物馆编：《郭店楚墓竹简》，北京：文物出版社1998年版，第149页。
④ ［汉］赵岐注，［宋］孙奭疏：《孟子注疏》，［清］阮元校刻：《十三经注疏》（下册），北京：中华书局1980年版，第2765页。
⑤ ［清］王先谦：《荀子集解》（上册），北京：中华书局1988年版，第163页。

格，成为"君子"就要获得与之相对应的"乐"，进入"君子"境界就是进入一种审美的自由境界，即"乐"境。以此观之，伦理道德给人带来的不是束缚、压抑，儒家也不旨在制定一系列外在的行为规范、道德教条约束人的言行，而是倡导将一系列伦理道德内化于心、积淀于性，让道德实践成为本性的流露、真性的外化，让道德走向审美，让君子人格的塑造成为审美的塑造，让君子所代表的境界成为一种审美的自由之境。人们在这一过程中获得的是一种自由、精神和超越之"乐"。要言之，简帛《五行》的出土为我们揭示出先秦儒家美学的另一面，即在进入战国后，儒家美学在强调"德"的重要性的同时，赋予"德"以"乐"的内涵，成为有"德"之"君子"就要获得"君子"代表的那种"乐"，进入"君子"的那种"天人合一"的境界就是进入一种自由的审美境界，而非单纯的道德境界。这其中蕴含着中华民族的"乐感文化"基因，简帛《五行》与《孟子》《荀子》一道彰显出先秦儒家美学之"乐感"精神。

第四章　清华简与先秦美学之"贵中"精神

"中"历来被认为是先秦儒家美学思想的重要观念和重要范畴，以"中"为基础而生成的"中庸""中和""中节""中正"等概念，彰显着先秦儒家美学崇尚中正平和、不偏不倚、温柔敦厚的"贵中"精神。这是由于关于"中"的先秦传世文献并不多，主要包含在《论语》《中庸》《荀子》等儒家文献中。所以，我们探讨先秦美学思想中的"中"观念就基本局限于儒家美学。近年来，随着大量简帛文献的发现与出土，尤其是清华简《命训》《保训》和上博简《举治王天下》（五篇）中的《文王访之于尚父举治》《禹王天下》① 等新材料的问世，我们发现，"中"观念在儒家出现以前就已经被提及，且被视作行政、礼艺、情感等的约束与要求，具有"钦""敬""勿淫"的内涵。而先秦儒家美学之"贵中"精神正是在此基础上创新而成的，并与出土文献一道，共同组成了先秦美学的"贵中"思想。所以，新近出土的竹简文献为我们提供了进一步全面深入理解先秦美学之"中"观念的契机，结合新近发现与出土的战国竹简文献，进一步探讨先秦美学之"贵中"精神的来龙去脉、价值影响显得十分必要和重要。

一、"度至于极"：清华简《命训》中的"中"观念

"中"字在甲骨文和金文中就已出现，基本上有两种写法：一为从"○"从"丨"；一为从"▱"从"⺈"。但从"○"从"丨"之"中"多用作人名或作伯仲之仲，只有从"▱"从"⺈"之"中"与我们要探讨的哲学、美学之"中"观念才有联系。甲骨文、金文之"中"从▱从⺈，多写作"⺈"（甲三九

---

① 《文王访之于尚父举治》记载了文王"达中持道""昔我得中，世世毋有后悔"的事迹；《禹王天下》中有"禹奋中疾志""中行固同"的记载。参见马承源主编：《上海博物馆藏战国楚竹书》（九），上海：上海古籍出版社 2012 年版，第 201 页、第 231 页。

八)①、"⬙"（《何尊》)②，也有写作"⬙"（明藏二二二)③、"⬙"（《中父辛爵》)④。两者方向相反，并无其他的不同。据姜亮夫先生考证，"◻"表示日影，"⬙"为游旗，"⬙"指旗柄在日中时所投之正影。⑤ 所以，"中"之本义应为"正午"。唯有在"正午"时，太阳所投射之影才不偏不倚，故"中者不偏之谓、正直之谓"⑥，此乃"中"之引申义。如果说甲骨文、金文之"中"还只是一种对自然现象的描述，那么至迟在春秋中期，不偏不倚之"中"就被运用到了政治、道德、社会领域之中，如清华简《命训》。

清华简《命训》与传世文献《逸周书》中的《命训》内容大致相同，应为春秋中期的作品⑦，其主要内容是关于天命的训释，旨在告诫统治者如何为政、治民，从而实现国家的长治久安。清华简《命训》认为，要想达到这一目标，关键是"度至于极"（第 2 简)⑧。晋孔晁《逸周书·命训注》曰："法度至中正也。"⑨ 即礼仪法度中正而不遭到破坏。这就说明，清华简《命训》要求礼仪法度符合"中"的原则，才能免遭破坏。换句话说，礼仪法度应该有所节制、符合规范而不能"淫"，因为"淫"就是过度、僭越。

命令、赏罚等都是国家行政、君王统治必不可少的手段，但是过度地强调和施行（"淫"）这些手段不仅不能使社会和谐、国家安定，反而会激起人们的反抗心理，威胁社会、国家。所以，清华简《命训》曰：

> 极命则民堕乏，乃旷命以代其上，殆于乱矣。极福则民禄，民禄干善，干善违则不行。极祸则民畏，民畏则淫祭，淫祭罢家。极耻则民枳，民枳则伤人，伤人则不义。极赏则民贾其上，贾其上则无让，无让则不顺。极罚则民多诈，多诈则不忠，不忠则无复。凡阙六者，政之所殆。（第 8—10

---

① 中国科学院考古研究所编辑：《甲骨文编》，北京：中华书局 1965 年版，第 17 页。
② 容庚编著：《金文编》，北京：中华书局 1985 年版，第 28 页。
③ 中国科学院考古研究所编辑：《甲骨文编》，北京：中华书局 1965 年版，第 17 页。
④ 容庚编著：《金文编》，北京：中华书局 1985 年版，第 29 页。
⑤ 姜亮夫：《文字朴识·释中》，《姜亮夫全集》（第十八册），昆明：云南人民出版社 2002 年版，第 352 页。
⑥ 姜亮夫：《文字朴识·释中》，《姜亮夫全集》（第十八册），昆明：云南人民出版社 2002 年版，第 364 页。
⑦ 刘国忠：《清华简〈命训〉初探》，《深圳大学学报》（人文社会科学版）2015 年第 3 期。
⑧ 李学勤主编：《清华大学藏战国竹简》（伍），上海：中西书局 2015 年版，第 125 页。
⑨ ［晋］孔晁注：《逸周书》（一），上海：商务印书馆 1937 年版，第 6 页。

简）①

　　"极命""极福""极祸""极耻""极赏""极罚"之"极"不同于"度至于极"的中正之"极"，而是过度的意思，即"淫"。在《命训》看来，过度的号令，民众就会懈怠，懈怠就会不听从号令而以下犯上、近乎叛乱；过度赐福，百姓就会贪禄，贪禄就会伤害善事，伤害善事、违背道义则善事将不流行；过度降祸则百姓畏惧，畏惧就会频繁过度地祭祀，频繁过度地祭祀就会废财败家；过度耻辱，民众就会受到伤害，民众受到伤害就会伤及他人，伤及他人就会不义；过度赏赐，民众则多诈伪，多诈伪就不忠诚，不忠诚就没有报答之心。质言之，这些过度（"淫"）之"极"威胁着中正之"极"，会产生清代学者唐大沛所说的"过中之害"②。此外，这六种"极"（"六极"）不仅与"中"相悖，还会最终导致"政之所殆"的严重后果。

　　清华简《命训》反对六种过度之"极"而倡导中正之"极"，即倡"中"抑"淫"。具体而言，清华简《命训》所倡导的中正之"极"也分为六种，如：

　　　　日成则敬，有常则广，广以敬命，则度〔至于〕极。夫司德司义，而赐之福，福禄在人，人能居，如不居而重义，则度至于极。或司不义而降之祸，祸过在人，人〔能〕毋惩乎？如惩而悔过，则度至于极。夫民生而耻不明，上以明之，能无耻乎？如有耻而恒行，则度至于极。夫民生而乐生谷，上以谷之，能毋劝乎？如劝以忠信，则度至于极。夫民生而痛死丧，上以畏之，能毋恐乎？如恐而承教，则度至于极。（第1—5简）③

　　以上材料中的"极"为中正之"极"，"敬命""重义""悔过""有耻""忠信""承教"都是让礼仪法度合于中正的基本保障，做到了以上六点才能达到"六极"，即六种中正。而清华简《命训》曰："六极既达，九间俱塞。达道道天以正人。"（第5简）④ 传世文献《逸周书·命训》"九间"作"六间"⑤，当如是。所以，清华简《命训》认为，"六极"（六种"中"）达到以后，"六间"（六种"淫"）就被填塞了，以中和之道言说天道才能真正地发挥"正人"

① 李学勤主编：《清华大学藏战国竹简》（伍），上海：中西书局2015年版，第125页。
② 黄怀信、张懋镕、田旭东：《逸周书汇校集注》（上册），上海：上海古籍出版社1995年版，第31页。
③ 李学勤主编：《清华大学藏战国竹简》（伍），上海：中西书局2015年版，第125页。
④ 李学勤主编：《清华大学藏战国竹简》（伍），上海：中西书局2015年版，第125页。
⑤ 黄怀信、张懋镕、田旭东：《逸周书汇校集注》（上册），上海：上海古籍出版社1995年版，第27页。

的作用，进而才能正天下，最终防止"政之所殆"的发生。

如果说以上对中正之"极"的倡导还只停留在政治领域，那么清华简《命训》将中正之"极"作为礼艺、情感的规定则指向了美学。清华简《命训》曰：

> 抚之以惠，和之以均，敛之以哀，娱之以乐，训之以礼，教之以艺，正之以政，动之以事，劝之以赏，畏之以罚，临之以中，行之以权，权不法，中不忠，罚〔不服〕，〔赏〕不从劳，事不震，政不成，艺不淫，礼有时，乐不伸，哀不至，均不一，惠必忍人。(第 11—13 简)①

这就是《命训》政治领域之"中"观念在美学上的体现。所谓"敛之以哀，娱之以乐""乐不伸，哀不至"就是在承认民众的哀乐情感的前提下，让他们的欢乐不太盛，悲哀不至极，即让情感合于"中"（"极"）。这类似于孔子所倡导的"乐而不淫，哀而不伤"（《论语·八佾》)②。另外，"训之以礼，教之以艺""艺不淫，礼有时"则表明在使民众掌握礼仪和技艺的同时，让他们的礼仪、技艺有时节而不淫巧。质言之，清华简《命训》对情感、礼艺的要求就是一种符合"中"的平均而不划一（"均不一"）。相反，如果在情感和礼艺上不遵守"中"而"均一不和"（清华简《命训》第 14 简)③，就会导致"哀至则匮，乐伸则荒。礼〔无时〕则不贵，艺淫则害于才"（清华简《命训》第 14 简)④ 的后果。也就是说，由礼艺、情感的不"中"造成过度之"极"（"淫"）的出现，最终影响社会安定和国家太平。所以，清华简《命训》倡导行政、礼艺、情感等各方面都要"度至于极"，即合于"中"。

二、"敬哉！勿淫！"：清华简《保训》中的"中"思想

以甲骨文、金文之"中"为基础，清华简《命训》将不偏不倚之"中"观念运用于行政、礼艺、情感等方面，为我国后世哲学、美学中的"贵中"思想奠定了基础。但是，作为哲学和美学范畴的"中"并未在《命训》中出现。"中"范畴的凝练生成是在创作于春秋末期的《保训》⑤ 中实现的。清华简《保

---

① 李学勤主编：《清华大学藏战国竹简》（伍），上海：中西书局 2015 年版，第 126 页。
② ［魏］何晏注，［宋］邢昺疏：《论语注疏》，［清］阮元校刻：《十三经注疏》（下册），北京：中华书局 1980 年版，第 2468 页。
③ 李学勤主编：《清华大学藏战国竹简》（伍），上海：中西书局 2015 年版，第 126 页。
④ 李学勤主编：《清华大学藏战国竹简》（伍），上海：中西书局 2015 年版，第 126 页。
⑤ 杨坤：《〈保训〉的撰作年代——兼谈〈保训〉"复"字》，《中国文物报》2009 年 11 月 27 日第 Z06 版。

训》主要记载了周文王临终时对太子姬发（即周武王）的遗言，但其根本目的应为借周文王之口讲述舜"求中""得中"和上甲微"假中""归中"之事，从而彰显"中"之价值与作用，其中涉及如何求"中"的方法和"中"的基本内涵等内容。所以，正如李学勤先生所言，"中"的观念是《保训》全篇的中心①。

据清华简《保训》记载，在周文王在位五十年之时，他得了重病，并且感到自己将要去世而没有时间向后人传授"宝训"。于是，文王把太子姬发叫来，对他说：

> 昔舜旧作小人，亲耕于历丘，恐求中。自稽厥志，不违于庶万姓之多欲。厥有施于上下远迩，乃易位设稽，测阴阳之物，咸顺不逆。舜既得中，言不易实变名，身兹备，佳允。翼翼不解，用作三降之德。帝尧嘉之，用授厥绪。（清华简《保训》第4—7简）②

这段话大致讲明了舜由"求中"到"得中"再到继承尧位的过程，而"中"的获得是舜继位的关键。那么，"中"是怎样获得的呢？简文曰："自稽厥志，不违于庶万姓之多欲。厥有施于上下远迩，乃易位设稽，测阴阳之物，咸顺不逆。"这就是说，"得中"一方面要自我省察，另一方面又不能违背庶民百姓的各种愿望。"不违"并不等于放纵，当然也不是取消、否定百姓之"多欲"，而是在承认庶民百姓之"多欲"的前提下，既满足之又节制之，即满足应该得到满足的那些正当之"欲"。此后，舜将这种为政之道施之四方，才获得了"中"。可见，清华简《保训》之"中"包含有不过亦无不及的观念。后来，《中庸》载："舜其大知也与！舜好问而好察迩言，隐恶而扬善，执其两端，用其中于民，其斯以为舜乎！"③ 其中的"执其两端"正是对清华简《保训》之"中"观念的继承与发展。

舜"求中""得中"的过程主要揭示了"中"的内涵，而《保训》中关于上甲微"假中""归中"的内容则指向了"中"之价值与意义。据《史记·殷

---

① 李学勤：《论清华简〈保训〉的几个问题》，《文物》2009年第6期。
② 李学勤主编：《清华大学藏战国竹简》（壹），上海：中西书局2010年版，第143页。
③ ［汉］郑玄注，［唐］孔颖达疏：《礼记正义》，［清］阮元校刻：《十三经注疏》（下册），北京：中华书局1980年版，第1626页。

本纪》记载，上甲微是成汤的六世祖①，但其生平事迹却不详。不过，在清华简《保训》中，周文王对太子姬发讲述了上甲微的事迹：

> 昔微假中于河，以复有易，有易服厥罪。微无害，乃归中于河。微志弗忘，传贻子孙，至于成唐，祗服不解，用受大命。（第8—9简）②

这段话描述的是上甲微如何报复有易部落，并使其认罪而最终获得"大命"的事迹。与舜继承尧位相似的是，"中"在其中也起着举足轻重的作用。简文曰："微假中于河，以复有易，有易服厥罪。微无害，乃归中于河。"上甲微报复有易部落的方法并不是靠战争，而是用"中"。"假中于河"即"施中于河""用中于河"，即在河内地区（即黄河北岸）施行中正和谐之道。③ 所以，用"中"、施"中"不仅是上甲微"以德报怨"的体现，还使得有易部落向其认罪。同时，上甲微并未伤害有易人（"微无害"）。也正是由于此，崇尚"中"的观念就在河内地区流行起来了。紧接着，上甲微还牢记"中"之道，把"中"传给了他的子孙，到成汤那里也一心恪守"中"之道（即"守中"），所以最终获得了"大命"。此"大命"就是灭夏立商之天命。由上甲微用"中"、施"中"到其子孙后代守"中"的事迹可知，"中"之价值通向了获得帝位的天命。

周文王对太子姬发讲述了舜"求中""得中"和上甲微"用中""施中""守中"的事迹，揭示了"中"的基本内涵和价值。但这并非"中"之全部，"中"的观念还应包括周文王本人对太子姬发的劝诫："钦哉，勿淫""敬哉，勿淫"。周文王在讲述舜的事迹之前曰："发，朕疾适甚，恐不汝及训。昔前人传宝，必受之以詷。今朕疾允病，恐弗堪终。汝以书受之。钦哉！勿淫！"（清华简《保训》第2—4简）④ 同样，在讲述完上甲微的事迹后又曰："呜呼！发，

---

① 《史记·殷本纪》载："契卒，子昭明立。昭明卒，子相土立。相土卒，子昌若立。昌若卒，子曹圉立。曹圉卒，子冥立。冥卒，子振立。振卒，子微立。微卒，子报丁立。报丁卒，子报乙立。报乙卒，子报丙立。报丙卒，子主壬立。主壬卒，子主癸立。主癸卒，子天乙立，是为成汤。"其中的"子微"就是"上甲微"。参见［汉］司马迁：《史记》（第一册），北京：中华书局1963年版，第92页。

② 李学勤主编：《清华大学藏战国竹简》（壹），上海：中西书局2010年版，第143页。

③ 廖名春、［澳］陈慧：《清华简〈保训〉篇解读》，《中国哲学史》2010年第3期。

④ "朕疾适甚"之"适"，李学勤主编《清华大学藏战国竹简》（壹）读作"壹"。（见李学勤主编：《清华大学藏战国竹简》（壹），上海：中西书局2010年版，第143页）。清华大学出土文献研究与保护中心发表的《清华大学藏战国楚简〈保训〉释文》读作"适"（见清华大学出土文献研究与保护中心：《清华大学藏战国楚简〈保训〉释文》，《文物》2009年第6期）。本书从后。

敬哉！朕闻兹不久，命未又所延，今汝祗服毋解，其有所由矣。不及尔身受大命，敬哉！勿淫！日不足隹宿不详。"（清华简《保训》第9—11简）① 由此可见，"钦哉！勿淫！"和"敬哉！勿淫！"是文王本人对姬发的要求，也是对姬发践行"中"的要求。《尔雅》曰："钦，敬也。"② 清段玉裁《说文解字注》曰："敬，肃也。"③ 清孙星衍《尚书今古文注疏》引郑康成曰："淫，放恣也。淫者，浸淫不止。"④ 因此，在周文王看来，要恭敬而不放纵（自己）才能真正践行"中"，之后才能获得"大命"。易言之，"钦""敬""勿淫"成为"中"的内涵与要求。

与清华简《保训》作者同时代的孔子，将古代的"中"观念吸收进了他的学术思想当中，使"中"开始成为儒家哲学和美学的一种重要观念。《论语·子路》载："子曰：'不得中行而与之，必也狂狷乎！狂者进取，狷者有所不为也。'"⑤ 魏何晏《注》引包咸曰："中行，行能得其中者。"⑥ 宋邢昺《疏》曰："狂者进取于善道，知进而不知退；狷者守节无为，应进而退也，二者俱不得中而性恒一。"⑦ 可见，孔子美学思想中的"中行"就是言语行为合乎"中"的意思，"狂"指知进而不知退的人，"狷"指应进取但却无所作为的人。虽然孔子认为狂者和狷者还是值得交往，但这也是在遇不到"中行"之人的情况下的选择。因此，孔子倡导的是一种不狂不狷的"中"原则，这指向了一种中和平正、温柔敦厚的人生美学追求，揭示出儒家要求"人的行为举止、人格修养等恰到好处的审美原则"⑧。此外，代表孔子思想的《周易·坤卦·文言》⑨

---

① 李学勤主编：《清华大学藏战国竹简》（壹），上海：中西书局2010年版，第143页。

② ［晋］郭璞注，［宋］邢昺疏：《尔雅注疏》，［清］阮元校刻：《十三经注疏》（下册），北京：中华书局1980年版，第2574页。

③ ［汉］许慎撰，［清］段玉裁注：《说文解字注》，上海：上海古籍出版社1981版，第94页。

④ ［清］孙星衍：《尚书今古文注疏》（下册），上海：商务印书馆1936年版，第222页。

⑤ ［魏］何晏注，［宋］邢昺疏：《论语注疏》，［清］阮元校刻：《十三经注疏》（下册），北京：中华书局1980年版，第2508页。

⑥ ［魏］何晏注，［宋］邢昺疏：《论语注疏》，［清］阮元校刻：《十三经注疏》（下册），北京：中华书局1980年版，第2508页。

⑦ ［魏］何晏注，［宋］邢昺疏：《论语注疏》，［清］阮元校刻：《十三经注疏》（下册），北京：中华书局1980年版，第2508页。

⑧ 皮朝纲、李天道、钟仕伦：《中国美学体系论》，北京：语文出版社1995年版，第131页。

⑨ 参见廖名春：《〈周易〉经传十五讲》第十讲《〈易传〉的形成和特质》，北京：北京大学出版社2004年版，第203-222页。

曰："君子黄中通理，正位居体，美在其中。"① 高亨先生将"美在其中"解释为"美德存于内心"②。那么，"中"就是君子具有的内心之美质，包含中和明理之内美并由此外显的恪守正道、坚守礼法。因此，《周易》中的以"中"为"美"的思想说明早期儒家以内在道德（"礼"）为美的观念，同样蕴含着不偏不倚、中和平正的思想内涵。

三、"从容中道"：先秦儒家美学之"贵中"精神

中正、不偏之"中"观念发展到春秋末期，在清华简《保训》中凝练生成为"中"范畴，孔子也将"中"吸收进他的学术思想中。"中"具有恭敬不放纵、不偏不倚的思想内涵，其价值对国家政治来说是"大命"的获得，对个人修养来说则是不偏不倚、温柔敦厚品格的养成。虽然，春秋末期出现的"中"范畴通向了审美，开始成为儒家人生美学的一种追求，但"中"真正得以深化和拓展而成为一种"贵中"精神则是在战国时期，表现为"中庸""中和"等概念的提出。

虽然，早在孔子那里，"中庸"已被提及："中庸之为德也，其至矣乎！民鲜久矣。"（《论语·雍也》）③ 但孔子并未对"中庸"进行详细诠释，只揭示出作为一种德行的"中庸"是至善至美的，而一般人长久地缺失它。孔孟之间的《中庸》④ 载："中庸其至矣乎！民鲜能久矣！"⑤ 这显然是对孔子思想的复述，但《中庸》还花了很多笔墨在"中庸"的深化与拓展方面。

《中庸》明确将"中庸"视为君子的一种精神品格，如："君子中庸，小人反中庸。君子之中庸也，君子而时中；小人之中庸也，小人而无忌惮也。"⑥ "中庸"是君子与小人的区分标准，或者说，"中庸"就是君子的一种精神品格。那么，到底什么是"中庸"呢？《中庸》记载了孔子与子路之间的这样一

---

① ［魏］王弼、［晋］韩康伯注，［唐］孔颖达疏：《周易正义》，［清］阮元校刻：《十三经注疏》（上册），北京：中华书局 1980 年版，第 19 页。
② 高亨：《周易大传今注》，济南：齐鲁书社 1979 年版，第 87 页。
③ ［魏］何晏注，［宋］邢昺疏：《论语注疏》，［清］阮元校刻：《十三经注疏》（下册），北京：中华书局 1980 年版，第 2479 页。
④ 经郭沂教授考证："在郭店简制作的时代，《中庸》已编辑成书。"参见郭沂：《郭店楚简与先秦学术思想》，上海：上海教育出版社 2001 年版，第 421 页。
⑤ ［汉］郑玄注，［唐］孔颖达疏：《礼记正义》，［清］阮元校刻：《十三经注疏》（下册），北京：中华书局 1980 年版，第 1625 页。
⑥ ［汉］郑玄注，［唐］孔颖达疏：《礼记正义》，［清］阮元校刻：《十三经注疏》（下册），北京：中华书局 1980 年版，第 1625 页。

段对话：

> 子路问强。子曰："南方之强与？北方之强与？抑而强与？宽柔以教，不报无道，南方之强也，君子居之。衽金革，死而不厌，北方之强也，而强者居之。故君子和而不流，强哉矫！中立而不倚，强哉矫！国有道，不变塞焉，强哉矫！国无道，至死不变，强哉矫！"①

孔子通过为子路解答何谓"强"而揭示了"中庸"的内涵。在孔子看来，世上存在着两种"强"：一是"宽柔以教，不报无道"的南方之强；一是"衽金革，死而不厌"的北方之强。前者是君子之"强"，后者是勇武好斗之人的"强"。《中庸》中的孔子显然倡导的是前者。此外，"和而不流""中立而不倚"也是对君子之"强"的说明。所谓"和而不流"就是与人和平相处而不随俗流转，"中立而不倚"则指恪守中正平和之道而毫不偏倚。如前文所述，"中庸"就是一种君子人格，所以，表示君子之"强"的"宽柔以教，不报无道""和而不流""中立而不倚"等也即是对"中庸"内涵的表述。由此可见，"中庸"是君子所具有的温柔敦厚、和平中正、不偏不倚的精神品格。但《中庸》并未就此止步，它除在道德层面对"中庸"进行这样的诠释外，还在审美层面对其进行了发挥。《中庸》曰：

> 君子素其位而行，不愿乎其外。素富贵，行乎富贵；素贫贱，行乎贫贱；素夷狄，行乎夷狄；素患难，行乎患难。君子无入而不自得焉。②

君子处在富贵的地位，就做富贵地位应当做的事；处在贫贱的地位，就做贫贱地位应当做的事；处在夷狄的地位，就做夷狄地位应当做的事；处在患难的地位，就做患难地位应当做的事。君子的这种品行就叫作"素其位而行，不愿乎其外"，即君子根据自己所处之地位，做应当做之事，从不逾越其外做不该做的事。即清代王夫之所说的："圣人居上不骄，在下不忧，方必至方，圆必至圆，当方而方则必不圆，当圆则圆则必不方。"（《读四书大全说·孟子·万章下篇》）③ 这就是"中庸"！它不仅表现出君子安分守道的精神，还无时无刻不给君子带来"自得"之乐。这种"自得"之乐，不是欲望得到满足或功利得以实现的快乐，而是发自内心的、由道德情感升华而来的超功利、超欲望之审美愉

---

① ［汉］郑玄注，［唐］孔颖达疏：《礼记正义》，［清］阮元校刻：《十三经注疏》（下册），北京：中华书局 1980 年版，第 1626 页。

② ［汉］郑玄注，［唐］孔颖达疏：《礼记正义》，［清］阮元校刻：《十三经注疏》（下册），北京：中华书局 1980 年版，第 1627 页。

③ ［清］王夫之：《读四书大全说》（下册），北京：中华书局 1975 年版，第 656 页。

悦。这就说明"中庸"除了具有道德意义外，还有存在于审美之维。

《中庸》曰："诚者，不勉而中，不思而得，从容中道，圣人也。"① "中庸"可以让人成为"君子"，而从容于"中庸"，即"从容中道"，则可让人提升为更高的"圣人"境界。"圣人"境界就是"诚"，"诚"则"可以赞天地之化育""可以与天地参"（《中庸》）②。因此，由"中庸"而"从容中道"可使人由"君子"进入"圣人"之境界，这种境界既是一种道德境界，又是一种审美的境界，它"体现出生命的终极意义"③。

儒家之"中庸"是一种中正平和、不偏不倚、温柔敦厚的态度和精神，它给人带来一种"自得"之乐，这就指向了人生美学，而不只是"道德形而上学"④。当"中庸"体现在人的情感方面时则为"中和"。《中庸》曰："喜怒哀乐之未发，谓之中；发而皆中节，谓之和；中也者，天下之大本也；和也者，天下之达道也。致中和，天地位焉，万物育焉。"⑤ "中"是喜怒哀乐之情的潜在，即"性"；"和"是"性"有节制地外现与流露，即"情"。"性"（"中"）是天下之大本，"情"（"和"）是"大本"之感性显现。前者是"天"，后者是"人"，"致中和"就是以天摄人、由人复天、天人合一，让天地各安其位、万物生长发育。因此，《中庸》之"中和"观念并非单纯地要求人们有节制地表达自己的情感，而是在"致中和"过程中实现自我的内在超越，最终达到"天人合一"的境界。质言之，《中庸》倡导人的举手投足要符合"中庸"，情感表达要符合"中和"，获得一种"自得"之乐，让情感有节制地抒发，但更为根本的是让人在"从容中道"和"致中和"的过程中，超越此在之自我而进入集真善美为一体的"天人合一"之境界。

在《中庸》之后，儒家美学之"中"得到了进一步的阐释。《荀子·儒效》曰："先王之道，仁之隆也，比中而行之。曷谓中？曰：礼义是也。"⑥ 荀子以"礼义"释"中"，就将儒家人生美学、文艺美学纳入了礼的范围内，即人的言

---

① ［汉］郑玄注，［唐］孔颖达疏：《礼记正义》，［清］阮元校刻：《十三经注疏》（下册），北京：中华书局1980年版，第1632页。

② ［汉］郑玄注，［唐］孔颖达疏：《礼记正义》，［清］阮元校刻：《十三经注疏》（下册），北京：中华书局1980年版，第1632页。

③ ［美］杜维明：《论儒学的宗教性——对〈中庸〉的现代诠释》，段德智译，武汉：武汉大学出版社1999年版，第39页。

④ 高柏园：《中庸形上思想》，台北：东大图书股份有限公司1988年版，第113页。

⑤ ［汉］郑玄注，［唐］孔颖达疏：《礼记正义》，［清］阮元校刻：《十三经注疏》（下册），北京：中华书局1980年版，第1625页。

⑥ ［清］王先谦：《荀子集解》（上册），北京：中华书局1988年版，第121-122页。

行举止、情感表达必须要符合礼法的规范、受到礼法的约束。沿此路径，汉代《毛诗序》提出"发乎情，止乎礼义"① 的命题，如同荀子美学那样倡导"礼"对情感的约束、审美创作也必须合于"礼"，这样才有利于国家安定和社会和谐。但深究其意，"礼仪"即"中"，"中"是中正平和、不偏不倚，"发乎情，止乎礼义"实为"发乎情，止乎中"。所以，影响我国后世两千多年的这种儒家美学思想深深植根于先秦儒家之"中"观念中，要求情感的抒发合于"中"，这样才能进入一种审美与道德合一的极境。

四、结语

美国学者塔尔科特·帕森斯（Talcott Parsons）将公元前第一个一千年视作希腊、以色列、印度和中国的"哲学的突破"时期，他说："在公元前第一个一千年中的希腊、以色列、印度和中国，至少部分各自独立地和以非常不同的形式，作为人类环境的宇宙性质的明确概念化，达到了一个新的水平。伴随着这一过程，也产生了对人类自身及其更大意义的解释。"② 以《中庸》为代表的战国儒家美学正处在这一时期。与孔子美学相比，《中庸》在"宇宙性质的明确概念化"和"对人类自身及其更大意义的解释"方面的确有很大"突破"。这一"突破"就是"中"以及"中庸""中和"范畴和概念的提出，并且同时指向了形下和形上两个维度，奠定了儒家美学乃至中国美学"贵中""尚中"精神的基础。但是，随着大量战国竹简文献的出土与发现，除"突破"外，以《中庸》为代表的先秦儒家美学之"贵中"精神还呈现出"传承"的特点。对"中"观念的重视与践行是以甲骨文、金文之"中"为源头活水，在前儒家时期就已经出现，如清华简《命训》倡导"度至于极"、马王堆汉墓帛书《周易·家人》也有以"中"为"贵"③ 的思想。春秋末期，孔子吸收了前世之"中"观念，提出了人的个人修养、道德品行应该符合"中"的观点，"中"开始成为儒家美学的重要内容。但值得注意的是，与孔子同时代的文献《保训》在前代之"中"观念的基础上，进一步将"钦""敬""勿淫"赋予"中"，明

---

① ［汉］毛亨传，［汉］郑玄笺，［唐］孔颖达疏：《毛诗正义》，［清］阮元校刻：《十三经注疏》（上册），北京：中华书局1980年版，第272页。

② ［美］塔尔科特·帕森斯：《"知识分子"：一个社会角色范畴》，"文化：中国与世界"编委会编：《文化：中国与世界》（第3辑），北京：生活·读书·新知三联书店1987年版，第357页。

③ 帛书《周易·家人》曰："六二 无攸遂，在中，贵。贞：吉。"参见邓球柏：《帛书周易校释》，长沙：湖南出版社1996年版，第342页。

确了"中"的内涵。到战国时期,《中庸》将"中"设置为形而上之概念,赋予"中"以"天下之大本"的地位,同时,以此为基础形成的"中庸""中和"成为儒家人生美学与文艺美学的重要内容,彰显出儒家美学的"贵中"精神,对后世儒家乃至整个中国美学产生了巨大影响。因此,据新近发现的战国竹简文献看,尚"中"、贵"中"的观念并非始于孔子,也非先秦儒家美学所独有,它存在于多种文献之中,是整个中华民族所具有的一种观念和精神。只不过在春秋以后,"中"观念主要在儒家美学中得以传承、发展与深化,形成了一种以"中和""中正""中庸"为理想与追求,最终助人进入集真善美为一体的"天人合一"境界的美学精神。要言之,尚"中"、贵"中"是先秦美学思想中的重要内容,春秋末期以后,主要被儒家美学所吸收、深化与发扬,从而对中国后世两千多年的美学思想发展史产生了巨大影响。

第五章　上博简《孔子诗论》与先秦
儒家诗歌美学思想

从中国最早的诗歌总集《诗经》算起，我国拥有三千多年的诗歌史。在古代中国，诗不仅是政治统治、道德教化等的手段，还是个人志向抱负、思想情感的表达途径，诗渗透到了人们生活的方方面面。这为中国古代深刻而丰富的诗歌美学的形成奠定了基础，因为诗歌美学就是人们对诗歌艺术的一种反思。在先秦，儒家一派尤为重诗，孔孟荀除经常引用《诗》来阐发道理外，还明确提出了一些诗歌美学命题，如"兴于诗，立于礼，成于乐"（《论语·泰伯》）[1]；"不学诗，无以言"（《论语·季氏》）[2]；"《诗》亡然后《春秋》作"（《孟子·离娄下》）[3]；"《诗》者，中声之所止也"（《荀子·劝学》）[4]。而随着上博简《孔子诗论》的问世，我们发现儒家诗歌美学思想在战国初期就已经达到较高水平，它论及了诗歌的本质、创作和品评等问题，相互勾连、层层推进，具备了一定的理论体系。因此，利用新近出土材料，对先秦儒家诗歌美学进行重新观照，给予其在中国诗歌美学史上的应有地位，显得十分必要。

一、"志-情-意"：诗歌本质论

关于"诗歌是什么"的问题就是诗的本质的问题。从古至今，我国诗论家们提出了"诗言志"（《尚书·舜典》）[5]、"诗以言情"（《初学记》引刘歆

---

① ［魏］何晏注，［宋］邢昺疏：《论语注疏》，［清］阮元校刻：《十三经注疏》（下册），北京：中华书局1980年版，第2487页。

② ［魏］何晏注，［宋］邢昺疏：《论语注疏》，［清］阮元校刻：《十三经注疏》（下册），北京：中华书局1980年版，第2522页。

③ ［汉］赵岐注，［宋］孙奭疏：《孟子注疏》，［清］阮元校刻：《十三经注疏》（下册），北京：中华书局1980年版，第2727页。

④ ［清］王先谦：《荀子集解》（上册），北京：中华书局1988年版，第11页。

⑤ ［汉］孔安国传，［唐］孔颖达疏：《尚书正义》，［清］阮元校刻：《十三经注疏》（上册），北京：中华书局1980年版，第131页。

《七略》语)①、“《诗》以达意”（《汉书·司马迁传》引董仲舒语)②、“诗缘情”（《文赋》)③、“诗本情性”（《剡韶诗序》)④、“诗以道情”（《古诗评选》卷四)⑤ 等许多命题，大致可划分为“言志”和“缘情”两派。但“诗言志”被认为是中国诗论的“开山纲领”⑥，也是我国诗论家们对诗的本质的最早规定。但是，“诗”在甲骨文、金文中还未曾出现。“志”，甲骨文无，西周金文亦无，在战国金文才出现，写作“”（《中山王嚳壶》)⑦。这就说明，“诗言志”虽是《尚书·舜典》中出现的命题，但它不可能是尧舜时期的诗歌美学观念，而应该是属于春秋时期⑧。

闻一多先生认为，金文之“志”从心从止，本义为停止在心上或藏在心里，即记忆⑨。许慎《说文解字》中留存了古文中的“诗”字，写作“”⑩。经比较可知，金文之“志”与《说文》中的古文之“诗”本为同一个字，只不过“止”与“心”的位置由上下变为左右。因此，许慎《说文解字》将“诗”解释为：“诗，志也。”⑪ 诗歌最初的作用就是帮助人们记忆。文字出现以后，诗歌的作用由记忆发展为记事，《管子·山权数》所谓“诗者，所以记物也”⑫ 正揭示出这一点。所以，诗与史相类。到了春秋时期，散文产生，促进了诗史的分离。《孟子·离娄下》曰：“王者之迹熄而《诗》亡，《诗》亡然后《春秋》

---

① ［唐］徐坚等著：《初学记》（下册），北京：中华书局 2004 年版，第 500 页。
② ［汉］班固：《汉书》（第九册），北京：中华书局 1962 年版，第 2717 页。
③ ［晋］陆机著，张少康集释：《文赋集释》，北京：人民文学出版社 2002 年版，第 99 页。
④ ［元］杨维桢：《东维子集》卷七，《景印文渊阁四库全书》（第一二二一册），台北：台湾商务印书馆 1986 年版，第 438 页。
⑤ ［清］王夫之：《船山全书》（第十四册），长沙：岳麓书社 1988 年版，第 654 页。
⑥ 朱自清：《〈诗言志辨〉序》，《诗言志辨》，上海：开明书店 1947 年版，第 4 页。
⑦ 容庚编著：《金文编》，北京：中华书局 1985 年版，第 713 页。
⑧ 《舜典》是在东晋时期从《尧典》分出的，而一般认为《尚书·尧典》是春秋时期的作品。参见李民：《〈尚书〉与古史研究》，郑州：河南人民出版社 1981 年版，第 25-30 页。
⑨ 闻一多：《神话与诗》，上海：上海人民出版社 2006 年版，第 151 页。
⑩ ［汉］许慎撰，［清］段玉裁注：《说文解字注》，上海：上海古籍出版社 1981 年版，第 90 页。
⑪ ［汉］许慎撰，［清］段玉裁注：《说文解字注》，上海：上海古籍出版社 1981 年版，第 90 页。
⑫ 黎翔凤：《管子校注》（下册），北京：中华书局 2004 年版，第 1310 页。

作."①　"《诗》亡"不是说《诗》消亡了, 而是指诗歌不再承担记载历史的功用, 同时, 《春秋》(史书的通称) 开始替代《诗》记载历史. 那么, 诗不是记忆, 也不再是对历史的记载, 那又是什么呢? 闻一多先生说: "志有三个意义: 一记忆, 二记录, 三怀抱, 这三个意义正代表诗的发展途径上三个主要阶级."②　由"记忆"而"记录"之"诗"就进入"怀抱"的阶段. 其实, 诚如闻一多先生所言, "志"本义为停在心上或蕴藏在心里. 记忆, 记录, 记载等义皆由此而生发. 但思想, 情感等又何尝不是停在心上或藏在心里的心理状态呢? 《尚书·舜典》曰: "诗言志."③　这一命题在春秋时期的提出正揭示了诗歌在第三阶段的意义——诗歌是对"怀抱"这种思想情感的抒发与表达. 这正是对诗歌本质的一种规定. 此外, 《孟子·万章上》曰: "故说《诗》者, 不以文害辞, 不以辞害志."④　《荀子·儒效》曰: "《诗》言是, 其志也."⑤　《孔子家语·论礼》曰: "志之所至, 诗亦至焉."⑥　《庄子·天下》曰: "其在于《诗》, 《书》, 《礼》, 《乐》者, 邹鲁之士, 搢绅先生多能明之. 《诗》以道志, 《书》以道事, 《礼》以道行, 《乐》以道和, 《易》以道阴阳, 《春秋》以道名分."⑦　据蒋锡昌先生考证, "邹士"专指孔子, "鲁士"泛指其弟子门人, "邹鲁之士"就是指儒家, 而"搢绅先生"是对儒家的称呼⑧. 可见, "诗言志"的观念在战国时期已普遍流行, 并主要为儒家美学所接受和宣扬. 后来, 汉初的《毛诗序》又传承了这一观念而认为: "诗者, 志之所之也, 在心为志, 发言为诗."⑨　这就赋予了"诗言志"在儒家诗歌美学中的重要性和核心性, 进一步树立了该理论在中华诗歌美学中的权威地位.

---

①　[汉] 赵岐注, [宋] 孙奭疏: 《孟子注疏》, [清] 阮元校刻: 《十三经注疏》(下册), 北京: 中华书局 1980 年版, 第 2727 页.

②　闻一多: 《神话与诗》, 上海: 上海人民出版社 2006 年版, 第 151 页.

③　[汉] 孔安国传, [唐] 孔颖达疏: 《尚书正义》, [清] 阮元校刻: 《十三经注疏》(上册), 北京: 中华书局 1980 年版, 第 131 页.

④　[汉] 赵岐注, [宋] 孙奭疏: 《孟子注疏》, [清] 阮元校刻: 《十三经注疏》(下册), 北京: 中华书局 1980 年版, 第 2735 页.

⑤　[清] 王先谦: 《荀子集解》(上册), 北京: 中华书局 1988 年版, 第 133 页.

⑥　[清] 陈士珂辑: 《孔子家语疏证》, 上海: 商务印书馆 1937 年版, 第 177 页. 按: 《礼记·孔子闲居》亦收录了孔子此语: "志之所至, 诗亦至焉." 参见 [清] 阮元校刻: 《十三经注疏》(下册), 北京: 中华书局 1980 年版, 第 1616 页.

⑦　[清] 郭庆藩: 《庄子集释》(下册), 北京: 中华书局 2004 年版, 第 1067 页.

⑧　参见蒋锡昌: 《庄子哲学》, 上海: 商务印书馆 1935 年版, 第 198 页.

⑨　[汉] 毛亨传, [汉] 郑玄笺, [唐] 孔颖达疏: 《毛诗正义》, [清] 阮元校刻: 《十三经注疏》(上册), 北京: 中华书局 1980 年版, 第 269 页.

随着上博简《孔子诗论》的问世，对于"诗言志"学说的相关问题得以更加明晰。《孔子诗论》每言"诗"必称"孔子曰"或"子曰"，这说明它不可能出自孔子本人之手。经晁福林教授研究，《孔子诗论》与《论语》编纂的情况类似，其成书年代大概在孔子去世百年左右，是孔门弟子对孔子论诗言论的记录，是孔子诗学理论的汇集①。虽然，《孔子诗论》是孔门弟子对孔子论诗言论的记录，但孔门弟子又不能脱离自己的思想观念和当时的时代环境。所以，《孔子诗论》应该视作成书于战国初期的反映早期儒家诗歌美学思想的文献，其思想主体是祖述孔子。

上博简《孔子诗论》祖述孔子，代表着早期儒家的诗歌美学思想，其中含有孔子对诗歌本质思考的内容。《孔子诗论》载：

孔子曰：诗亡隐志，乐亡隐情，文亡隐意。（第1简）②

从表面上看，孔子是在论述"诗""乐""文"三种不同的艺术类型的本质问题，其实不然。《墨子·公孟》曰："诵诗三百，弦诗三百，歌诗三百，舞诗三百。"③可见，中国古代的诗歌是一种包容了诗、舞、乐的综合性艺术。"诗亡隐志""乐亡隐情"和"文亡隐意"都是针对诗歌而提出的命题。孔子所说的"乐"并不是一般的音乐，而是专门为诵诗所配的音乐，"文"则指经过加工修饰的语言，即文采，是对口诵之诗的文字记录。因此，"诗""乐""文"名为三而实不相离也，三者相互融合，共同指向了"可以配乐而唱并存有文字记录的诗歌"④。当然，对诗歌的文字记录是一种艺术的加工。而"亡"当读为"无"，是不能的意思。此外，其中的"隐"又指什么呢？许慎《说文解字》曰："隐，蔽也。"⑤清代徐灏《笺》曰："隐之本义盖谓隔自不相见，引申为凡

① 晁福林：《上博简〈诗论〉研究》，北京：商务印书馆 2013 年版，第 400 页。按：关于《孔子诗论》的作者，有些学者提出最有可能是子夏（如李学勤：《〈诗论〉说〈关雎〉等七篇释义》，《齐鲁学刊》2002 年第 2 期），也有学者认为是孔子的弟子子羔（如高华平：《上博简〈孔子诗论〉的论诗特色及其作者问题》，《华中师范大学学报》（人文社会科学版）2002 年第 5 期）。在学界没有达成共识的情况下，本文较为认同晁福林教授的做法，将《孔子诗论》视作孔门弟子对孔子论诗言论的记录，故从之。

② 李学勤：《〈诗论〉简的编联与复原》，《中国哲学史》2002 年第 1 期。

③ ［清］孙诒让：《墨子闲诂》（下册），北京：中华书局 2001 年版，第 456 页。

④ 黄怀信：《上海博物馆藏战国楚竹书〈诗论〉解义》，北京：社会科学文献出版社 2004 年版，第 269 页。

⑤ ［汉］许慎，［清］段玉裁注：《说文解字注》，上海：上海古籍出版社 1981 年版，第 734 页。

隐蔽之称。"① 所以，"隐"就是隐蔽、隐匿、隐藏的意思。但在孔子的学术思想中，"隐"又有特定的内涵。《论语·季世》曰："言及之而不言谓之隐。"② 宋邢昺《疏》曰："'言及之而不言谓之隐'者，谓君子言论及己，己应言而不言，是谓隐匿不尽情实也。"③ 那么，在孔子看来，该说的话而不说就是"隐"，含有故意隐匿自己的思想和观点而显得不真实的意思。基于此，"诗亡隐志，乐亡隐情，文亡隐意"的意思就变得明了清晰了，那就是诗歌不能隐匿诗人自己的心意志向，配诗之乐不能隐藏诗人的内心情感，记录诗之文不能隐瞒诗歌本身的含义。

首先，《孔子诗论》要求诗人创作诗歌必须要坦然而毫无保留地表达自己的志向、怀抱，即"诗亡隐志"。关于这一点，前文所提及的晚于《孔子诗论》的传世文献都有所涉。另外，上博简《季庚子问于孔子》载孔子引孟子馀④语曰："夫诗也者，以誌君子之志。"（第 7 简）⑤ 郭店楚简《语丛一》曰："《诗》，所以会古今之志也者。"（第 38—39 简）⑥ 这进一步说明，出现于春秋时期的"诗言志"观念普遍流行于先秦时期，犹被儒家所传承与发扬，同时，孔子对先贤诗歌美学观念的吸收，使之融入了自己的思想与教学中，从而成为儒家乃至整个先秦诗歌美学的重要观念。其次，《孔子诗论》要求配诗之音乐要明确清楚地表达相应的情感，即"乐亡隐情"。如《孔子诗论》曰：

> 《绿衣》之忧，思古人也。《燕燕》之情，以其独也。（第 16 简）⑦
>
> 《木瓜》有藏愿而未得达也。因《木瓜》之报，以抒其惆者也。《杕杜》则情，喜其至也。（第 18 简）⑧
>
> 《邶·柏舟》闷。《谷风》悲。（第 26 简）⑨

① ［清］段玉裁注，［清］徐灏笺：《说文解字注笺》卷第十四下，《续修四库全书》（第二二七册），上海：上海古籍出版社 2003 年版，第 98 页。
② ［魏］何晏注，［宋］邢昺疏：《论语注疏》，［清］阮元校刻：《十三经注疏》（下册），北京：中华书局 1980 年版，第 2522 页。
③ ［魏］何晏注，［宋］邢昺疏：《论语注疏》，［清］阮元校刻：《十三经注疏》（下册），北京：中华书局 1980 年版，第 2522 页。
④ 孟子馀，即春秋时期晋国大夫赵衰，谋士、政治家。其事迹可参见《国语·晋语四·文公任贤与赵衰举贤》，其生平可参见《史记·赵世家》。
⑤ 马承源主编：《上海博物馆藏战国楚竹书》（五），上海：上海古籍出版社 2005 年版，第 211-212 页。
⑥ 荆门市博物馆编：《郭店楚墓竹简》，北京：文物出版社 1998 年版，第 194 页。
⑦ 李学勤：《〈诗论〉简的编联与复原》，《中国哲学史》2002 年第 1 期。
⑧ 李学勤：《〈诗论〉简的编联与复原》，《中国哲学史》2002 年第 1 期。
⑨ 李学勤：《〈诗论〉简的编联与复原》，《中国哲学史》2002 年第 1 期。

由此可见，"乐亡隐情"要求诗歌表达的情感是忧就是忧，是喜就是喜，是闷就是闷，是悲就是悲，不能模糊不清。最后，"文亡隐意"要求记录诗歌的文字必须要有明白具体的意思和含义。这与孟子美学所倡导的"不以文害辞"（《孟子·万章上》）① 相通。"文"代表艺术的加工，对诗歌的修饰。如果对文字的修饰过于华丽就会伤害到诗歌本身，就会文不达意。所以，《孔子诗论》之"文亡隐意"必然要求"不以文害辞"。

由以上论述可知，"诗""乐""文"指诗歌，"志""情""意"都是对诗歌本质的规定。诗之"志"指诗歌体现出诗人的精神，代表诗歌的主题，"情"指诗人在诗中表现的情感，"意"指诗歌要表达的意思，即诗歌的内容。所以，以《孔子诗论》为代表的早期儒家诗歌美学并不偏袒"志"，而是要求诗歌应该明确而无所隐匿地展现和表达"志""情""意"，"志-情-意"才是早期儒家美学对诗的本质的规定，影响着中国后世的"诗言志"和"诗缘情"两种诗歌本质观，成为这两种观念的共同理论来源。

二、"譬""拟""喻"：诗歌创作论

在以《孔子诗论》为代表的早期儒家诗歌美学中，诗歌的本质并不只是抒发有关政教的"志"而是"志-情-意"，其中既包含有关政教的怀抱，也有内在的真实情感，同时还要有清楚明白的意思。所以，诗歌的本质是对"志-情-意"的抒发和表达。德国学者卜松山（Karl-Heinz Pohl）经过对汉字"诗"的考察而认为："'诗'这个汉字本身就已经表达了中国诗歌的一个本质特征，即喜欢用暗示联想的方式进行表达。"② 卜松山的观点，尤其是对《诗》而言，是中肯、可取的。虽然，《孔子诗论》反对对诗歌之"志""情""意"的"隐"，但孔子及其门人并不反对通过一种"暗示联想的方式"来表达诗人的"志-情-意"，并且《孔子诗论》也发现了《诗》中存在着大量这样的诗歌。《毛诗序》将这种诗歌创作方法概括为"比""兴"，《孔子诗论》则称之为"譬""拟""喻"。

（一）"譬"

《孔子诗论》曰："《十月》善諀言。"（第 8 简）③ 马承源先生以《尚书·

---

① ［汉］赵岐注，［宋］孙奭疏：《孟子注疏》，［清］阮元校刻：《十三经注疏》（下册），北京：中华书局 1980 年版，第 2735 页。

② ［德］卜松山：《中国的美学和文学理论——从传统到现代》，向开译，上海：华东师范大学出版社 2010 年版，第 23 页。

③ 李学勤：《〈诗论〉简的编联与复原》，《中国哲学史》2002 年第 1 期。

秦誓》为据，将"諀"读为"谝"，认为"諀言"即"谝言"，反映了西周官场中惯有的花言巧语。① 胡平生先生读"諀"为"卑"，卑微、卑小、非正统之意，"諀言"即下民之言，从而指出："孔子说《十月》'善諀言'，是称赞它善于将下民之言表达出来。"② 刘信芳教授则通过楚简《老子》、帛书《老子》与传世本《老子》等证得："简文'諀言'读'譬言'，即譬喻之言。"③ 除此之外，还有许多学者发表了自己的不同看法，那么，《孔子诗论》之"《十月》善諀言"到底是什么意思呢？我们应该从《十月》诗本身入手探其究竟。

《十月》就是《诗·小雅·十月之交》，诗文如下：

十月之交，朔日辛卯。日有食之，亦孔之丑。彼月而微，此日而微。今此下民，亦孔之哀。

日月告凶，不用其行。四国无政，不用其良。彼月而食，则维其常。此日而食，于何不臧。

烨烨震电，不宁不令。百川沸腾，山冢崒崩。高岸为谷，深谷为陵。哀今之人，胡憯莫惩。

皇父卿士，番维司徒，家伯维宰，仲允膳夫，棸子内史，蹶维趣马，楀维师氏，艳妻煽方处。

抑此皇父，岂曰不时。胡为我作，不即我谋。彻我墙屋，田卒污莱。曰予不戕，礼则然矣。

皇父孔圣，作都于向。择三有事，亶侯多藏。不慭遗一老，俾守我王。择有车马，以居徂向。

黾勉从事，不敢告劳。无罪无辜，谗口嚣嚣。下民之孽，匪降自天。噂沓背憎，职竞由人。

悠悠我里，亦孔之痗。四方有羡，我独居忧。民莫不逸，我独不敢休。天命不彻，我不敢效我友自逸。④

① 马承源主编：《上海博物馆藏战国楚竹书》（一），上海：上海古籍出版社2001年版，第186页。
② 胡平生：《读上博藏战国楚竹书〈诗论〉札记》，上海大学古代文明研究中心、清华大学思想文化研究所编：《上博馆藏战国楚竹书研究》，上海：上海书店出版社2002年版，第281页。
③ 刘信芳：《孔子诗论述学》，合肥：安徽大学出版社2003年版，第39页。
④ ［汉］毛亨传，［汉］郑玄笺，［唐］孔颖达疏：《毛诗正义》，［清］阮元校刻：《十三经注疏》（上册），北京：中华书局1980年版，第445-447页。

《毛诗序》曰："《十月之交》，大夫刺幽王也。"① 可见，此诗作者是一位政治上失意的贵族，对周幽王有所不满，并通过此诗揭露周幽王的荒淫无道。作者首先指出九月、十月发生了月食和日食的自然现象。"彼月而食，则维其常。此日而食，于何不臧"表明上次出现的月食还算平常，但此时出现的日食则象征了更加严重的政治和政局，即"四国无政，不用其良"。在幽王的统治下，全国各处没有好的政治，贤良之才得不到任用，所以百姓将大难临头（"今此下民，亦孔之哀"）。在此诗中，日食和月食就是一种"凶兆"。另外，此诗中描写的"烨烨震电，不宁不令""百川沸腾，山冢崒崩""高岸为谷，深谷为陵"等自然灾害其实是在暗示王朝政治的衰败和政权的崩塌。由此可见，《十月》"善諝言"并不是"谝言"，也不是表达下民的"諀言"，而是一种"譬言"。刘信芳之说可从。

《十月》"善譬言"，说明"譬"是一种诗歌艺术的创作方法。《墨子·小取》曰："辟也者，举他物而以明之也。"② 清代毕沅《注》曰："辟同譬。《说文》云：'譬，谕也。'谕，古文'喻'字。"③ "譬"就是借用他物来揭示、说明此物的比喻。这种以"譬"作诗的创作方法不仅有助于读者认识诗之本义，还能将不能直接表达的情感或难以直接表述的内容形象地描写出来。此外，郭店楚简《五行》曰："譬而知之，谓之进之。"（第47简）④ 帛书《五行·说》曰：

> "譬而知之，谓之进之。"弗譬也，譬则知之矣，知之则进耳。譬丘之与山也，丘之所以不□名山者，不积也。舜有仁，我亦有仁，而不如舜之仁，不积也。舜有义，而我〔亦有义〕，而不如舜之义，不积也。譬比之而知吾所以不如舜，进耳。⑤

"譬"可以使人"知"，即知道那些难以言表的仁义道德。当人们通过"譬"对那些仁义道德有所"知"后，就可以"进"。"进"就是道德修养的提高，人格境界的提升，因为："能进之为君子。"（郭店楚简《五行》第42简）⑥

---

① ［汉］毛亨传，［汉］郑玄笺，［唐］孔颖达疏：《毛诗正义》，［清］阮元校刻：《十三经注疏》（上册），北京：中华书局1980年版，第445页。

② ［清］孙诒让：《墨子闲诂》（下册），北京：中华书局2001年版，第416页。

③ ［清］毕沅：《墨子注》（卷十一），上海：扫叶山房1925年版，第8页。

④ 荆门市博物馆：《郭店楚墓竹简》，北京：文物出版社1998年版，第151页。

⑤ 庞朴：《马王堆帛书〈五行〉篇释文》，《竹简〈五行〉篇校注及研究》，台北：万卷楼图书股份有限公司2000年版，第25页。

⑥ 荆门市博物馆编：《郭店楚墓竹简》，北京：文物出版社1998年版，第151页。

要言之，对于《十月》来说，它的创作方法是"譬"，是诗人通过自然现象或灾害来比喻政治和人事，而非朱熹所说的"赋"①，以"譬"作诗也蕴含着中华美学崇尚含蓄之美的精神。

（二）"拟"

在《孔子诗论》中，还有一种与"譬"十分相似的创作方法——"拟"。《孔子诗论》曰："《小旻》多拟，拟言不中志者也。"（第8简）②《荀子·不苟》曰："言己之光美，拟于舜、禹，参于天地，非夸诞也。"③"拟"就是比拟、比喻、打比方的意思，与《毛诗序》中的"比"一致。这种诗歌创作方法体现在《小旻》诗中为"如"的使用，相关诗句如下：

> 谋夫孔多，是用不集。发言盈庭，谁敢执其咎。如匪行迈谋，是用不得于道。
>
> 哀哉为犹，匪先民是程，匪大犹是经。维迩言是听，维迩言是争。如彼筑室于道谋，是用不溃于成。
>
> 国虽靡止，或圣或否。民虽靡膴，或哲或谋，或肃或艾。如彼泉流，无沦胥以败。
>
> 不敢暴虎，不敢冯河。人知其一，莫知其他。战战兢兢，如临深渊，如履薄冰。④

第一段诗讲的是，周幽王听不进良言而无人敢进谏，这就如同向不识路的人问路，永远得不到正确的道路。第二段诗是说，周幽王不师古，也不遵循祖训，只听得进一些谗言，这就如同修筑房屋而询问过路人，永远都不会成功。第三段诗是讲，国中有人才也有庸人，但幽王却处处任用庸人，这就使得国家衰败如同泉水一泄而去，挡都挡不住。最后一段诗表达的是，此诗作者在这样一位国君身边的恐惧艰难处境，如同步临万丈深渊、脚踩薄薄的河冰。由此可见，"拟"与"比"一样是"以彼物比此物"⑤的比喻。但"拟"与"譬"相比，"拟"倾向于一种明喻，"如"前的内容与"如"后的内容有明确的指示关

---

① ［宋］朱熹：《诗经集传》，上海：上海古籍出版社1987年版，第91页。

② 刘信芳：《诗论集解》，《孔子诗论述学》，合肥：安徽大学出版社2003年版，第151页。

③ ［清］王先谦：《荀子集解》（上册），北京：中华书局1988年版，第41页。

④ ［汉］毛亨传，［汉］郑玄笺，［唐］孔颖达疏：《毛诗正义》，［清］阮元校刻：《十三经注疏》（上册），北京：中华书局1980年版，第449页。

⑤ ［宋］朱熹：《诗经集传》，上海：上海古籍出版社1987年版，第3页。

系。而"譬"虽然也是一种比喻，但喻体与本体之间没有明确的指示关系，如日食、月食等自然现象和电闪雷鸣、洪水地震等自然灾害与君王荒淫无道、政治衰败没有直接关系，两者关系的建立则要靠人们的习惯和传统。所以，"譬"偏重于隐喻或暗喻。

因此，所谓"《小旻》多拟，拟言不中志者也"就是说，《小旻》这首诗的创作运用了较多的比喻（明喻）手法，主要比喻那些好听谗言而无主见的人。

（三）"喻"

除"譬""拟"两种诗歌创作方法外，《孔子诗论》还提出了"喻"的创作方法。《孔子诗论》曰："《关雎》以色喻于礼，……两矣，其四章则喻矣。"（第10、14简）① 对《关雎》的类似评论在帛书《五行·说》中也有出现，且更加详细，如：

> "喻而知之，谓之进之"，弗喻也，喻则知之矣，知之则进耳。喻之也者，自所小好喻乎所大好。"窈窕〔淑女，寤〕寐求之"，思色也。"求之弗得，寤寐思伏"，言其急也。"悠哉悠哉，辗转反侧"，言其甚〔急也〕。□如此其甚也，交诸父母之侧，为诸？则有死弗为之矣。交诸兄弟之侧，亦弗为也。交〔诸〕邦人之侧，亦弗为也。〔畏〕父兄，其杀畏人，礼也。由色喻于礼，进耳。②

"色"不是贬义词，指诗中"淑女"之美色。孔子曾说："吾未见好德如好色者也。"（《论语·子罕》）③ 钱穆先生认为："本章叹时人之薄于德而厚于色。或说：好色出于诚，人之好德，每不如好色之诚也。"④ 由于"好色"也是出于"诚"，所以孔子并非否定"好色"而颂扬"好德"，而是希望人们能够像"好色"那样虔诚地追求"德"。孟子说："好色，人之所欲"（《孟子·万章上》）⑤；"口之于味也，有同耆焉；耳之于声也，有同听焉；目之于色也，有

---

① 李学勤：《〈诗论〉简的编联与复原》，《中国哲学史》2002年第1期。
② 庞朴：《马王堆帛书〈五行〉篇释文》，《竹简〈五行〉篇校注及研究》，台北：万卷楼图书股份有限公司2000年版，第25—26页。
③ ［魏］何晏注，［宋］邢昺疏：《论语注疏》，［清］阮元校刻：《十三经注疏》（下册），北京：中华书局1980年版，第2491页。
④ 钱穆：《论语新解》，《钱宾四先生全集》（3），台北：联经出版事业公司1998年版，第332页。
⑤ ［汉］赵岐注，［宋］孙奭疏：《孟子注疏》，［清］阮元校刻：《十三经注疏》（下册），北京：中华书局1980年版，第2734页。

同美焉"（《孟子·告子上》）①。孟子认为，"好色"的确是一种欲望，但是这种欲望人人都有，并且出于人的天性。所以，儒家不是要否定"好色"，而是要节制过分的"好色"。因此，帛书《五行·说》提出的"思色"就是对美色的思慕、爱恋，包括"急""甚急"展现出的"思色"程度层层加深，在儒家看来都是允许的，因为这出于人的天性。但是，通过阅读《关雎》一诗可知，此诗作者并没有因为思慕女子的美色而做出过分的行为，而只是赞美女子的美貌、思念她的美貌，想要敲锣打鼓迎娶她为妻。也正是由于此，帛书《五行·说》曰："如此其甚也，交诸父母之侧，为诸？则有死弗为之矣。交诸兄弟之侧，亦弗为也。交诸邦人之侧，亦弗为也。畏父兄，其杀畏人，礼也。由色喻于礼，进耳。"《关雎》作者如此强烈地追求和爱慕"淑女"，但却未做出过分的事情。在父母面前，就算死也不会做，在兄弟面前不会做，在国人面前也不会做。"父母""兄弟""邦人"与作者之间构成的是"礼"的关系。"其杀畏人"中的"杀"，庞朴先生认为是"差等"②的意思。所谓"畏父兄，其杀畏人，礼也"就是，首先因为"礼"而畏惧与自己关系比较亲近的父母兄弟，其次也畏惧与自己关系疏远的国人。这就揭示出，《关雎》作者无论何时何地都以"礼"来规范自己的言行，节制自己的情感欲望，日本学者池田知久称之为"在无意识中实行着'礼'"③。所以，帛书《五行·说》认为《关雎》"由色喻于礼"，《孔子诗论》认为《关雎》"以色喻于礼"，即将"好色""思色"的情感、愿望统摄于"礼"之中。这与孔子之"《关雎》，乐而不淫，哀而不伤"（《论语·八佾》）④一脉相承，同时又与"发乎情，止乎礼义"（《毛诗序》）⑤遥相辉映。

《孔子诗论》认为《关雎》一诗"以色喻于礼"，那么，"喻"就是一种诗歌创作方法。但此"喻"与"譬"不同，它不是比喻而是知晓、明白的意思，

① ［汉］赵岐注，［宋］孙奭疏：《孟子注疏》，［清］阮元校刻：《十三经注疏》（下册），北京：中华书局1980年版，第2749页。
② 庞朴：《竹帛〈五行〉篇校注》，《竹简〈五行〉篇校注及研究》，台北：万卷楼图书股份有限公司2000年版，第83页。
③ ［日］池田知久：《马王堆汉墓帛书五行研究》，王启发译，北京：线装书局、中国社会科学出版社2005年版，第468页。
④ ［魏］何晏注，［宋］邢昺疏：《论语注疏》，［清］阮元校刻：《十三经注疏》（下册），北京：中华书局1980年版，第2468页。
⑤ ［汉］毛亨传，［汉］郑玄笺，［唐］孔颖达疏：《毛诗正义》，［清］阮元校刻：《十三经注疏》（上册），北京：中华书局1980年版，第272页。

如《玉篇·口部》曰："喻，晓也。"① 《论语·里仁》所谓"君子喻于义，小人喻于利"② 则是通晓之"喻"的具体运用。因此，"以色喻于礼"是通过《关雎》表面展现的"色""思色"来让读者知晓其中蕴含的"礼"。这种由现象到本质、由在场到不在场的诗歌创作方法就是"喻"。当然，"喻"的方法不能孤立地言说，而必须要放入"由色喻于礼""以色喻于礼"之中加以考察。所以，《孔子诗论》所提出的第三种方法就是"喻"，"喻"可使读者由"色"入"礼"，故简帛《五行》认为："喻而知之，谓之进之。"③ "进之"就是对"君子"人格的培养。

综言之，"譬""拟""喻"是《孔子诗论》提出的三种诗歌创作方法。如果一定要与《毛诗序》相比较，那么"譬""拟"与"比""兴"有相似之处，而"喻"则是一种通过现象展现本质、由在场显现不在场的创作方法，其落脚点为"礼"。正如美国学者柯马丁（Martin Kern）所言："'《关雎》以色喻于礼'……色欲表达并不是问题，而是一种由策略的教化方式，其最终目的是要超越这种欲望，将之导向正当的社会行为。"④

三、"童而偕"：诗歌品评论

《孔子诗论》提出了"诗亡隐志，乐亡隐情，文亡隐意"（第 1 简）⑤ 的诗歌美学命题，认为"志-情-意"是诗歌艺术的本质，诗歌必须要毫无隐瞒地抒发和表达政教怀抱、真情实感和内容意思。但"亡隐"并非平铺直叙、直接发泄，而是它仍需要一种对"志-情-意"的艺术处理和表达，即"譬""拟""喻"。这三种诗歌艺术创作方法的最后落脚点并不是"美"而是道德礼义以及"君子"人格的养成。这类似于华裔学者刘若愚先生提出的"受道德的动机或是政治的、社会的动机的激发而去写诗"的道学主义者的诗歌创作⑥。在中国古典美学中，创作与品评往往具有一致性，如审美创作之"虚静"心境同样也是

---

① 胡吉宣：《玉篇校释》（第一册），上海：上海古籍出版社 1989 年版，第 983 页。

② ［魏］何晏注，［宋］邢昺疏：《论语注疏》，［清］阮元校刻：《十三经注疏》（下册），北京：中华书局 1980 年版，第 2471 页。

③ 庞朴：《竹帛〈五行〉篇校注》，《竹简〈五行〉篇校注及研究》，台北：万卷楼图书股份有限公司 2000 年版，第 82 页。

④ ［美］孙康宜、［美］宇文所安主编：《剑桥中国文学史》（上卷），刘倩等译，北京：生活·读书·新知三联书店 2013 年版，第 65 页。

⑤ 李学勤：《〈诗论〉简的编联与复原》，《中国哲学史》2002 年第 1 期。

⑥ ［美］刘若愚：《中国诗学》，韩铁椿、蒋小雯译，武汉：长江文艺出版社 1991 年版，第 110 页。

审美品评要求的心境，所以刘先生所谓的诗学中的"道学主义"也在《孔子诗论》中的诗歌品评论中留下了印记——"童而偕"（第 10 简）①。《孔子诗论》曰：

> 《关雎》之改，《樛木》之时，《汉广》之知，《鹊巢》之归，《甘棠》之保，《绿衣》之思，《燕燕》之情，盖曰：童而偕，贤于其初者也。（第 10 简）②

"改""时""知""归""保""思""情"都是作者对七首诗的品评，"盖曰"之后的内容则是对以上所有诗评的总结，即"童而偕"是《孔子诗论》诗歌品评的基本标准和总原则。那么，"童而偕"指什么呢？这要通过《孔子诗论》对七首诗的具体品评才能获知。

如前文所述，《关雎》是一首描写青年男子热恋采集荇菜之"淑女"的诗，清楚直白地表达了男女之间的情爱，但男子并未因女子的美貌多姿而做出禽兽行，他讲究分寸，欲通过一种合"礼"的途径迎娶这位女子。由此可见，李学勤先生提出的"'改'训为更易"的观点③甚为确切。因为此诗前三章表达的是人原初的"好色""思色"之情欲，而第四、五章的"窈窕淑女，琴瑟友之"④"窈窕淑女，钟鼓乐之"⑤ 则揭示了将好色之情、欲纳入"礼"之中，即《孔子诗论》所说的"以色喻于礼"（第 10 简）⑥、"反纳于礼"（第 12 简）⑦，这也体现出人由原始情欲向"礼"的更易，人之"改"得益于"礼"。

"时"是先秦儒家重视的一个概念。郭店楚简《穷达以时》之"穷达以时"（第 14 简）⑧ 和《荀子·宥坐》之"遇不遇者，时也"⑨ 皆说明"时"是时运的意思，而时运来自天，甚至可以说是天命。不过，在儒家看来，要获得来自

---

① 刘信芳：《诗论集解》，《孔子诗论述学》，合肥：安徽大学出版社 2003 年版，第 176 页。

② 刘信芳：《诗论集解》，《孔子诗论述学》，合肥：安徽大学出版社 2003 年版，第 170 页。

③ 李学勤：《〈诗论〉说〈关雎〉等七篇释义》，《齐鲁学刊》2002 年第 2 期。

④ ［汉］毛亨传，［汉］郑玄笺，［唐］孔颖达疏：《毛诗正义》，［清］阮元校刻：《十三经注疏》（上册），北京：中华书局 1980 年版，第 274 页。

⑤ ［汉］毛亨传，［汉］郑玄笺，［唐］孔颖达疏：《毛诗正义》，［清］阮元校刻：《十三经注疏》（上册），北京：中华书局 1980 年版，第 274 页。

⑥ 李学勤：《〈诗论〉简的编联与复原》，《中国哲学史》2002 年第 1 期。

⑦ 马承源主编：《上海博物馆藏战国楚竹书》（一），上海：上海古籍出版社 2001 年版，第 142 页。

⑧ 荆门市博物馆编：《郭店楚墓竹简》，北京：文物出版社 1998 年版，第 145 页。

⑨ ［清］王先谦：《荀子集解》（下册），北京：中华书局 1988 年版，第 527 页。

天的"达""遇"之时运是需要有高尚的道德修为的。正是在这个意义上,《孔子诗论》曰:"《樛木》之时"(第 10 简)①;"《樛木》福斯在君子"(第 12 简)②;"《樛木》之时,则以其禄也"(第 11 简)③。这就是说,《樛木》描写的上天赐君子以福禄的内容,而获得上天赐予福禄是因为"时","时"来源于君子自身之道德修为。

《孔子诗论》曰:"《汉广》之知。"(第 10 简)④ 即《汉广》一诗展现的是一种智慧。从表面上看,此诗表现的是男子追求女子而不得的遗憾之情。《毛诗序》曰:"《汉广》,德广所及也。文王之道被于南国,美化行乎江汉之域,无思犯礼,求而不可得也。"⑤ 将《汉广》视作"德广所及也"实不确。《汉广》诗载,汉水有位美女,我是多么想去追求,但是"汉之广矣,不可泳思。江之永矣,不可方思"⑥,即汉水太宽广,不能游到对岸,就算划着竹筏也难以渡过。这暗含着量力而行、不要僭越的意思,也即是孔子所谓的"不在其位,不谋其政"(《论语·泰伯》)⑦,其核心仍然是合于"礼"。《毛诗序》之"无思犯礼,求而不可得也"较为贴合诗意。

"归"是《孔子诗论》对《鹊巢》的品评。《鹊巢》曰:"之子于归,百两御之。"⑧《春秋公羊传·隐公二年》曰:"妇人谓嫁曰归。"⑨《说文解字》曰:"归,女嫁也。"⑩《孔子诗论》以"归"评《鹊巢》,指出了该诗是一首关于女子出嫁的诗。此外,《孔子诗论》又曰:"《鹊巢》之归,则离者"(第 11

---

① 李学勤:《〈诗论〉简的编联与复原》,《中国哲学史》2002 年第 1 期。
② 李学勤:《〈诗论〉简的编联与复原》,《中国哲学史》2002 年第 1 期。
③ 李学勤:《〈诗论〉简的编联与复原》,《中国哲学史》2002 年第 1 期。
④ 李学勤:《〈诗论〉简的编联与复原》,《中国哲学史》2002 年第 1 期。
⑤ [汉]毛亨传,[汉]郑玄笺,[唐]孔颖达疏:《毛诗正义》,[清]阮元校刻:《十三经注疏》(上册),北京:中华书局 1980 年版,第 281 页。
⑥ [汉]毛亨传,[汉]郑玄笺,[唐]孔颖达疏:《毛诗正义》,[清]阮元校刻:《十三经注疏》(上册),北京:中华书局 1980 年版,第 282 页。
⑦ [魏]何晏注,[宋]邢昺疏:《论语注疏》,[清]阮元校刻:《十三经注疏》(下册),北京:中华书局 1980 年版,第 2487 页。
⑧ [汉]毛亨传,[汉]郑玄笺,[唐]孔颖达疏:《毛诗正义》,[清]阮元校刻:《十三经注疏》(上册),北京:中华书局 1980 年版,第 283 页。
⑨ [汉]公羊寿传,[汉]何休解诂,[唐]徐彦疏:《春秋公羊传注疏》,[清]阮元校刻:《十三经注疏》(下册),北京:中华书局 1980 年版,第 2203 页。
⑩ [汉]许慎撰,[清]段玉裁注:《说文解字注》,上海:上海古籍出版社 1981 年版,第 68 页。

简)①；"《鹊巢》出以百两，不亦有离乎？"（第 13 简)②《鹊巢》有"百两御之""百两将之""百两成之"③ 的诗句。郑玄《笺》曰："百两，百乘也。诸侯之子嫁于诸侯，送御皆百乘。"④ 孔颖达《疏》曰："夫家以百两之车往迎之，言夫人有德，礼迎其备。"⑤ 可见，诸侯之女嫁于诸侯之子，皆以百辆车迎送之，此为一种"礼"。所以，"离"恐不能读为"丽"⑥，"离"当为一种迎送比并的"离"之礼⑦。

《甘棠》是一首怀念召公的诗。召公曾协助武王伐纣，后封于蓟。《史记·燕召公世家》载："召公之治西方，甚得兆民和"⑧；"召公奭可谓仁矣"⑨。另外，《史记·太史公自序》又曰："召公率德，安集王室，以宁东土。"⑩ 由此可知，召公是一位以仁德治理地方的政治人物。《甘棠》作者要求人们不要因为棠梨树长得高大茂盛就去砍伐它，因为召公曾在树下办公，棠梨树是召公及其仁德的象征。《孔子诗论》曰："《甘棠》之保。"（第 10 简)⑪ 又曰："《甘〔棠〕》……及其人，敬爱其树，其保厚矣。《甘棠》之爱，以召公……情感也。"（第 13、15、11 简)⑫ "保"就是要保护棠梨树，其实质是保存召公所具有的那种仁德。

《绿衣》表达了丈夫对亡妻的深厚爱情与思念。在《绿衣》中，当诗作者看到了亡妻的绿衣服和黄裙子，心中思念之情油然而生，所以感到"心之忧"。

---

① 李学勤：《〈诗论〉简的编联与复原》，《中国哲学史》2002 年第 1 期。

② 李学勤：《〈诗论〉简的编联与复原》，《中国哲学史》2002 年第 1 期。

③ ［汉］毛亨传，［汉］郑玄笺，［唐］孔颖达疏：《毛诗正义》，［清］阮元校刻：《十三经注疏》（上册），北京：中华书局 1980 年版，第 283-284 页。

④ ［汉］毛亨传，［汉］郑玄笺，［唐］孔颖达疏：《毛诗正义》，［清］阮元校刻：《十三经注疏》（上册），北京：中华书局 1980 年版，第 283 页。

⑤ ［汉］毛亨传，［汉］郑玄笺，［唐］孔颖达疏：《毛诗正义》，［清］阮元校刻：《十三经注疏》（上册），北京：中华书局 1980 年版，第 284 页。

⑥ 周凤五：《〈孔子诗论〉新释文及注解》，上海大学古代文明研究中心、清华大学思想文化研究所编：《上博馆藏战国楚竹书研究》，上海：上海书店出版社 2002 年版，第 154 页。

⑦ 《礼记·曲礼上》曰："离坐离立，毋往参焉。"郑玄《注》曰："离，两也。"可见，"离"乃一种礼。参见［清］阮元校刻：《十三经注疏》（上册），北京：中华书局 1980 年版，第 1240 页。

⑧ ［汉］司马迁：《史记》（第五册），北京：中华书局 1959 年版，第 1550 页。

⑨ ［汉］司马迁：《史记》（第五册），北京：中华书局 1959 年版，第 1561 页。

⑩ ［汉］司马迁：《史记》（第十册），北京：中华书局 1959 年版，第 3307 页。

⑪ 李学勤：《〈诗论〉简的编联与复原》，《中国哲学史》2002 年第 1 期。

⑫ 李学勤：《〈诗论〉简的编联与复原》，《中国哲学史》2002 年第 1 期。

但在中国古代，"礼"是对人们生活方方面面的约束，这自然包括衣服，所谓"故礼尊贵贵，不得相逾，所以为礼也。非其人不得服其服，所以顺礼也"（《后汉书·舆服上》）① 正说明了这一点。所以，《孔子诗论》所谓"《绿衣》之思"（第10简）② 和"《绿衣》之忧，思古人也"（第16简）③ 并不单指对亡妻（"古人"）的思念而产生的忧愁。《诗邶风·绿衣》曰："绿兮衣兮，绿衣黄裳。心之忧矣，曷维其亡。"④ 郑玄《笺》曰："妇人之服，不殊衣裳，上下同色。今衣黑而裳黄，喻乱嫡妾之礼。"⑤ "绿衣黄裳"比喻礼之乱，而心中之"忧"正是对礼之乱之忧。郑玄《笺》又曰："古人，谓制礼者。我思此人定尊卑，使人无过差之行。"⑥ 因此，《孔子诗论》之"思古人"实乃思古人之"礼"。

如果说《关雎》《绿衣》展现的是男女之间的爱情，那么"《燕燕》之情"中体现的则是一种亲情，如《诗序》曰："《燕燕》，卫庄姜送归妾也。"⑦ 郑玄《笺》云："庄姜无子，陈女戴妫生子名完，庄姜以为己子。庄公薨，完立，而州吁杀之。戴妫于是大归，庄姜远送之于野，作诗见己志。"⑧ 因此，《孔子诗论》之"《燕燕》之情，以其独也"（第16简）⑨ 是指卫国国君嫁妹之后而感到的思念、孤独之情。但卫君之"独"还有更深的内涵，即诗文所说："仲氏任只，其心塞渊。终温且惠，淑慎其身。先君之思，以勖寡人！"⑩ 郑玄《笺》曰："戴妫思先君庄公之故，故将归犹劝勉寡人以礼义。"⑪ 可见，孤独之感是

---

① ［南朝·宋］范晔：《后汉书》（第十二册），北京：中华书局1965年版，第3640页。
② 李学勤：《〈诗论〉简的编联与复原》，《中国哲学史》2002年第1期。
③ 李学勤：《〈诗论〉简的编联与复原》，《中国哲学史》2002年第1期。
④ ［汉］毛亨传，［汉］郑玄笺，［唐］孔颖达疏：《毛诗正义》，［清］阮元校刻：《十三经注疏》（上册），北京：中华书局1980年版，第297页。
⑤ ［汉］毛亨传，［汉］郑玄笺，［唐］孔颖达疏：《毛诗正义》，［清］阮元校刻：《十三经注疏》（上册），北京：中华书局1980年版，第297页。
⑥ ［汉］毛亨传，［汉］郑玄笺，［唐］孔颖达疏：《毛诗正义》，［清］阮元校刻：《十三经注疏》（上册），北京：中华书局1980年版，第297页。
⑦ ［汉］毛亨传，［汉］郑玄笺，［唐］孔颖达疏：《毛诗正义》，［清］阮元校刻：《十三经注疏》（上册），北京：中华书局1980年版，第298页。
⑧ ［汉］毛亨传，［汉］郑玄笺，［唐］孔颖达疏：《毛诗正义》，［清］阮元校刻：《十三经注疏》（上册），北京：中华书局1980年版，第298页。
⑨ 李学勤：《〈诗论〉简的编联与复原》，《中国哲学史》2002年第1期。
⑩ ［汉］毛亨传，［汉］郑玄笺，［唐］孔颖达疏：《毛诗正义》，［清］阮元校刻：《十三经注疏》（上册），北京：中华书局1980年版，第298页。
⑪ ［汉］毛亨传，［汉］郑玄笺，［唐］孔颖达疏：《毛诗正义》，［清］阮元校刻：《十三经注疏》（上册），北京：中华书局1980年版，第298页。

因再也没有像二妹那样提醒卫君"礼义"的人出现在身旁了。

由以上分析可知，《孔子诗论》对《诗》中七首诗的品评——"改""时""知""归""保""思""情"——都具有由情而起，以道德礼义而终的内涵和过程。

"童"，甲骨文无，金文有，写作"𩫏"（《毛公鼎》）①。据陈初生先生考证，金文"童"通"动"②。《毛公鼎》载："死（尸）母（毋）童（动）余一人在立（位）。"③ 其中的"童"当读为"动"。《诗·商颂·长发》有"不震不动"④ 之诗句，郑玄《笺》云："不震不动，不可惊惮也。"⑤《春秋左传·宣公十一年》载："冬，楚子为陈夏氏乱故，伐陈。谓陈人'无动，将讨于少西氏'。"⑥ 杨伯峻《注》曰："动谓惊惧也。《昭十八年传》：'将有大祥，民震动。'震动犹震惊也。《陈世家》作'谓陈曰：无惊！'以'惊'解'动'，是其证矣。"⑦ "动"就是人心受外界刺激而产生的一种情感、情绪——"惊"。而"童"与"动"通，故"童"亦含有惊惧的意思。在《孔子诗论》中，"童"其实泛指一切由外物刺激而产生的情感，如《关雎》中表现的青年男子对"窈窕淑女"的思慕、追求，《甘棠》中描写的人们见到棠梨树茂盛就想砍伐的欲求等。但以上七首诗的最终落脚点为道德礼义，即"童而偕"，就是让各种情感保持一种和谐的状态而不为过。这其实就是孔子所说的"乐而不淫，哀而不伤"（《论语·八佾》）⑧，《毛诗序》所谓的"发乎情，止乎礼义"⑨。可见，《孔子诗论》提出"童而偕"一方面是肯定情感是诗歌创作的基元，另一方面则要求情感不能过分、过度而必须达到和谐，即接受道德礼义的约束。经过"童而偕"的洗礼，才真正使人从原始情欲之人升华为有道德礼义之人，即由"色"而

---

① 容庚编著：《金文编》，北京：中华书局1985年版，第154页。

② 陈初生编纂：《金文常用字典》，西安：陕西人民出版社1987年版，第270页。

③ 马承源主编：《商周青铜器铭文选》（三），北京：文物出版社1988年版，第316页。

④ ［汉］毛亨传，［汉］郑玄笺，［唐］孔颖达疏：《毛诗正义》，［清］阮元校刻：《十三经注疏》（上册），北京：中华书局1980年版，第627页。

⑤ ［汉］毛亨传，［汉］郑玄笺，［唐］孔颖达疏：《毛诗正义》，［清］阮元校刻：《十三经注疏》（上册），北京：中华书局1980年版，第627页。

⑥ ［周］左丘明传，［晋］杜预注，［唐］孔颖达疏：《春秋左传正义》，［清］阮元校刻：《十三经注疏》（下册），北京：中华书局1980年版，第1876页。

⑦ 杨伯峻：《春秋左传注》（第二册），北京：中华书局1990年版，第713页。

⑧ ［魏］何晏注，［宋］邢昺疏：《论语注疏》，［清］阮元校刻：《十三经注疏》（下册），北京：中华书局1980年版，第2468页。

⑨ ［汉］毛亨传，［汉］郑玄笺，［唐］孔颖达疏：《毛诗正义》，［清］阮元校刻：《十三经注疏》（上册），北京：中华书局1980年版，第272页。

"礼"，所以《孔子诗论》曰："童而偕，贤于其初者也。"（第 14 简）① 总之，"童而偕"是《孔子诗论》诗歌品评论的总原则和基本标准，《孔子诗论》对其他具体诗篇的品评都是建立在这一总原则基础之上而产生的。

四、结语

钟仕伦先生指出："与西方的'诗学'相比，中国诗学在概念、范畴、命题和规律上、形态上形成了一套独特的理论体系。这套理论体系，我们用'诗本''诗用''诗思''诗式''诗事''诗评''诗史''诗礼''诗乐'九个门类来加以概括。"② 其中，"诗本"指的是对诗歌来源、本质和性质的认识，"诗思"涉及诗歌的创作，"诗评"则是指对诗歌的品评、接受和鉴赏。《孔子诗论》，作为我国目前发现的最早的诗学文献，并且主要反映的是早期儒家诗歌美学思想，已经具有了"诗本""诗思"和"诗评"的内容：在诗歌本质方面，《孔子诗论》倡导诗歌艺术要坦然而无保留地表达怀抱、情感和意思，"志－情－意"是诗歌之所以为诗歌的本质；在诗歌创作方面，《孔子诗论》提出了"譬""拟""喻"的创作方法，与《毛诗序》中的"赋""比""兴"迥异；在诗歌品评方面，《孔子诗论》提出了"童而偕"的诗歌品评总原则和基本标准，《孔子诗论》对其他具体诗篇的品评都是建立在这一总原则基础之上而产生的。但无论是诗歌本质、创作还是品评，《孔子诗论》反映出的早期儒家诗歌美学思想的一个根本就是以"礼"为美，即诗歌的本质、内容、情感都要符合"礼"的规范，受到"礼的约束"，这样才能让诗歌真正发挥助人"成人"的功能。黑格尔（G. W. F. Hegel）曾说："只有当一个民族用自己的语言掌握了一门科学的时候，我们才能说这门科学属于这个民族；这一点，对于哲学来说最有必要。因为思想恰恰具有这样一个环节，即：应当属于自我意识，也就是说，应当是自己固有的东西；思想应当用自己的语言表达出来。"③ 因此，《孔子诗论》这一新出土文献，不仅为我们重新审视作为中华美学之"源头活水"的先秦美学提供了契机，还为我们利用自己的语言掌握自己的思想提供了有益的帮助。

---

① 刘信芳：《诗论集解》，《孔子诗论述学》，合肥：安徽大学出版社 2003 年版，第 176 页。
② 钟仕伦：《中国诗学观念与诗学研究范式》，《文艺理论研究》2015 年第 4 期。
③ ［德］黑格尔：《哲学史讲演录》（第四卷），贺麟、王太庆译，北京：商务印书馆 1978 年版，第 187 页。

第六章　战国竹简与先秦儒家音乐美学新论

音乐在古代中国的政治军事、劳动生活中发挥着极为重要的作用，现今大量音乐文物的出土正反映出中国古代音乐的发达与繁荣。中国古人在两千多年前就开始对音乐进行理性反思与理论概括，形成了关于音乐的种种美学思想，其中凝聚着中华民族的音乐审美意识。正如蒋孔阳先生所言："我们甚至可以这样说，我国古代最早的文艺理论，主要是乐论；我国古代最早的美学思想，主要是音乐美学思想。"① 而奠基于孔子，发展于孟子，成熟于荀子，最后集大成于《乐记》的儒家音乐美学在整个中国古代音乐美学之中又占据着基础而重要的地位，儒家对古今、雅郑以及音乐的本质、功能等问题的探讨对后世产生了巨大影响。近年来，郭店楚简、上博简、清华简等大量战国竹简文献相继出土与问世，其中蕴含着较为丰富的音乐美学思想，为我们研究中国古代音乐美学增添了新材料，让先秦儒家音乐美学被长期埋没的内容得以进一步呈现，并为先秦儒家音乐美学发展史的重新勾勒提供了契机。

一、"性－情"：先秦儒家音乐美学本体论

中国古代音乐美学具有两千八百多年的历史，自西周末期以来，就有虢文公、史伯、郤缺、医和等人对音乐进行了审美反思，提出"音官以省风土"（《国语·周语上》）②、"声一无听"（《国语·郑语》）③、"无礼不乐"（《左传·文公七年》）④、"烦手淫声，慆堙心耳"（《左传·昭公元年》）⑤ 等命

---

① 蒋孔阳：《先秦音乐美学思想论稿》，《蒋孔阳全集》（第一卷），合肥：安徽教育出版社1999年版，第465页。
② 徐元诰：《国语集解》，北京：中华书局2002年版，第19页。
③ 徐元诰：《国语集解》，北京：中华书局2002年版，第472页。
④ ［春秋］左丘明传，［晋］杜预注，［唐］孔颖达疏：《春秋左传正义》，［清］阮元校刻：《十三经注疏》（下册），北京：中华书局1980年版，第1846页。
⑤ ［春秋］左丘明传，［晋］杜预注，［唐］孔颖达疏：《春秋左传正义》，［清］阮元校刻：《十三经注疏》（下册），北京：中华书局1980年版，第2025页。

题，标志着我国音乐美学思想开始萌芽。虽然这一时期的音乐美学思想还比较零散、不系统，但也涉及了音乐的功能、创作、审美风格等问题。到了春秋末期，孔子建立儒家，在吸收前人的音乐美学观念基础上，开创了儒家音乐美学。他以"礼"为审美的基本规范，提出"恶郑声之乱雅乐"（《论语·阳货》）①的观点，从而倡导"放郑声"（《论语·卫灵公》）②，强调音乐应该以"尽善尽美"③为审美追求。与之前相比，孔子音乐美学无论在广度和深度上都有很大发展，但仍然偏重于音乐与社会、政治、道德的关系，而缺乏对音乐本体及存在方式的探讨，即偏重音乐艺术的"外部研究"而未涉及其"内部研究"。近年来，随着郭店楚简《性自命出》、上博简《性情论》等战国竹简文献的出土与问世，让去孔子未远的战国前中期儒家音乐美学思想得以呈现，展现出早期儒家音乐美学在孔子基础的拓展与创新，尤其是对音乐本体的追问。

郭店楚简《性自命出》与上博简《性情论》内容大体一致，为战国前期的儒家佚籍，其作者很有可能是子思子④。其中有"《诗》《书》《礼》《乐》，其始出皆生于人"（第15—16简）⑤的命题，表明"人"是音乐等艺术的来源。郭店楚简《性自命出》认为：

> 喜斯陶，陶斯奋，奋斯咏，咏斯摇，摇斯舞，舞，喜之终也。愠斯忧，忧斯戚，戚斯叹，叹斯辟，辟斯踊。踊，愠之终也。（第34—35简）⑥

"咏""叹"指吟咏歌唱，"舞""踊"指舞蹈。在《性自命出》中，歌唱舞蹈艺术是因"喜""奋""愠""忧"等情感而起的，情感是音乐的催化剂，音乐艺术就是情感的表达。所以，所谓音乐"其始出皆生于人"其实是说音乐产生于人之"情"。而在战国竹简中，人的情感又产生于"性"，如郭店楚简

---

① ［魏］何晏注，［宋］邢昺疏：《论语注疏》，［清］阮元校刻：《十三经注疏》（下册），北京：中华书局1980年版，第2525页。

② ［魏］何晏注，［宋］邢昺疏：《论语注疏》，［清］阮元校刻：《十三经注疏》（下册），北京：中华书局1980年版，第2517页。

③ 《论语·八佾》载："子谓《韶》，'尽美矣，又尽善也。'谓《武》，'尽美矣，未尽善也。'"参见［清］阮元校刻：《十三经注疏》（下册），北京：中华书局1980年版，第2469页。

④ 参见李学勤：《荆门郭店楚简中的〈子思子〉》，《文物天地》1998年第2期；姜广辉：《郭店楚简与〈子思子〉——兼谈郭店楚简的思想史意义》，《哲学研究》1998年第7期。

⑤ 荆门市博物馆编：《郭店楚墓竹简》，北京：文物出版社1998年版，第179页。

⑥ 刘钊：《郭店楚简校释》，福州：福建人民出版社2005年版，第90页。

《语丛二》曰："喜生于性，乐生于喜，悲生于乐"（第 28—29 简）①；"愠生于性，忧生于愠，哀生于忧"（第 30—31 简）②。用《性自命出》的话总结就是："情生于性"（第 3 简）③、"情出于性"（第 40 简）④。从这个意义上讲，"性"是《性自命出》《性情论》等代表的早期儒家音乐美学的哲学始基，无"性"即无"情"，无"情"即无"乐"。不过，《性自命出》并未就此止步，因为由"性"到"情"还需要"物"作为触引，如：

> 凡人虽有性，心无定志，待物而后作，待悦而后行，待习而后定。喜怒哀悲之气，性也。及其见于外，则物取之也。性自命出，命自天降。道始于情，情生于性。（第 1—3 简）⑤

"性"是人的天然禀赋和生命本质，它根源于自然天地之运作（"天"）所显发出的律令（"命"），是天道在人心的落实，与《中庸》所谓的"天命之谓性"⑥相通。当"性"受到"物"的刺激时，喜怒哀乐等情感就随之产生了，"性"是"情"之"气"（始基），这也是熊十力先生倡导"性情无二元，宜深体之"⑦的缘故。这就为我们展现出早期儒家对音乐艺术之本源的思考，即"物→性→情→乐"。由此可见，音乐艺术的存在并非基于单纯的"性"，其产生也不能仅仅依靠"情"，因为离开了"性"的"情"不存在，没有转化为"情"的"性"无意义。如果将"性"视作早期儒家音乐美学的哲学始基，那么"情"就是音乐艺术的创作基元，而以"物"的刺激为基础的"性-情"才是早期儒家美学认为的音乐之本体。唯有在由"性"转化为"情"的基础上，音乐才能产生与存在。因此，"性-情"乃是《性自命出》等战国竹简文献为代表的早期儒家美学创设的音乐美学本体论概念。

在孔子哲学思想中，"性"并没有受到重视，除"性相近也，习相远也"（《论语·阳货》）⑧ 外，孔子鲜有论及之。所以，其弟子子贡曰："夫子之言性

---

① 荆门市博物馆编：《郭店楚墓竹简》，北京：文物出版社 1998 年版，第 204 页。

② 荆门市博物馆编：《郭店楚墓竹简》，北京：文物出版社 1998 年版，第 204 页。

③ 荆门市博物馆编：《郭店楚墓竹简》，北京：文物出版社 1998 年版，第 179 页。

④ 荆门市博物馆编：《郭店楚墓竹简》，北京：文物出版社 1998 年版，第 180 页。

⑤ 荆门市博物馆编：《郭店楚墓竹简》，北京：文物出版社 1998 年版，第 179 页。

⑥ ［汉］郑玄注，［唐］孔颖达疏：《礼记正义》，［清］阮元校刻：《十三经注疏》（下册），北京：中华书局 1980 年版，第 1625 页。

⑦ 熊十力：《十力语要》，《熊十力全集》（第四卷），武汉：湖北教育出版社 2001 年版，第 387 页。

⑧ ［魏］何晏注，［宋］邢昺疏：《论语注疏》，［清］阮元校刻：《十三经注疏》（下册），北京：中华书局 1980 年版，第 2524 页。

与天道，不可得而闻也。"(《论语·公冶长》)① 到了战国中期，孟子认为对音乐的追求和喜好是人的天性②，而人的天性又是相通的，所以他提出了"耳之于声也，有同听焉"(《孟子·告子上》)③ 的音乐美学命题。此外，孟子还说："乐之实，乐斯二者，乐则生矣；生则恶可已也，恶可已，则不知足之蹈之手之舞之。"(《孟子·离娄上》)④ 可见，情感与音乐艺术是双向互动的关系，一方面，音乐舞蹈艺术由情感所激发和催使，另一方面，音乐又可让人获得快乐。随后，荀子更为凝练地提出："夫乐者，乐也，人情之所必不免也，故人不能无乐。"(《荀子·乐论》)⑤ 即音乐是一种表达快乐情感的艺术，同时它也具有使人快乐的功能。而追求快乐的情感出于人的天性，所谓"人情之所必不免"其实表达的是对音乐及其带来的快乐的追求和喜好植根于人之"性"，"乐(yuè)"和"乐(lè)"定当不能无。显然，孟荀二子是将"性""情"引入了他们对音乐的论述之中，其音乐美学思想是基于"性""情"论而提出的。在《礼记·乐记》中，这种思想倾向更加明显。《乐记·乐本篇》曰："人生而静，天之性也；感于物而动，性之欲也。"⑥ 朱熹曰："性之欲即所谓情也。"(《乐记动静说》)⑦ 可以说，《乐记》的这种"性静""情动"观念是其音乐本体论的基础。因为《乐记·乐本篇》曰："乐者，音之所由生也，其本在人心之感于物也。"⑧ 音乐起于"物"刺激"性"后所产生的"情"。综言之，孟子、荀子和《乐记》的音乐美学思想较为一致地引入了"性""情"观念，并且在"物→性→情→乐"基础上逐步形成了音乐"性-情"本体论。

由孟荀二子到《乐记》，儒家音乐美学本体论逐步明晰，"性-情"成为音

---

① ［魏］何晏注，［宋］邢昺疏：《论语注疏》，［清］阮元校刻：《十三经注疏》（下册），北京：中华书局 1980 年版，第 2474 页。
② 《孟子·尽心下》曰："口之于味也，目之于色也，耳之于声也，鼻之于臭也，四肢之于安佚也，性也。"参见［清］阮元校刻：《十三经注疏》（下册），北京：中华书局 1980 年版，第 2775 页。
③ ［汉］赵岐注，［宋］孙奭疏：《孟子注疏》，［清］阮元校刻：《十三经注疏》（下册），北京：中华书局 1980 年版，第 2749 页。
④ ［汉］赵岐注，［宋］孙奭疏：《孟子注疏》，［清］阮元校刻：《十三经注疏》（下册），北京：中华书局 1980 年版，第 2723 页。
⑤ ［清］王先谦：《荀子集解》（下册），北京：中华书局 1988 年版，第 379 页。
⑥ ［汉］郑玄注，［唐］孔颖达疏：《礼记正义》，［清］阮元校刻：《十三经注疏》（下册），北京：中华书局 1980 年版，第 1529 页。
⑦ ［宋］朱熹：《朱子文集》（第八册），上海：商务印书馆 1936 年版，第 462 页。
⑧ ［汉］郑玄注，［唐］孔颖达疏：《礼记正义》，［清］阮元校刻：《十三经注疏》（下册），北京：中华书局 1980 年版，第 1527 页。

乐艺术的本体。蔡仲德先生曾说："儒家音乐美学思想奠基于孔子，发展于孟子，成熟于荀子"①，而"《乐记》是儒家音乐美学思想之集大成者"②。蔡仲德先生对儒家音乐的发展脉络的概括是中肯的。但值得注意的是，从音乐本体论角度看，由孟荀二子到《乐记》逐步形成的"性-情"本体论并非从孔子直承而来，因为在孔子美学中，"性"与"乐"还没有直接的关联。"性"与"乐"的结合是在战国前中期的儒家那里完成的。申言之，以《性自命出》等出土竹简文献为代表的早期儒家音乐美学思想，在孔子美学基础上，以"性"为哲学始基，以"情"为创作基元，构建了以"性-情"为中心的音乐本体论。这为孟子、荀子以及《乐记》音乐美学本体论奠定了坚实的基础，在孔孟音乐美学之间架起了一座不可或缺的桥梁。所以，先秦儒家以"性-情"为本的音乐美学观念，在孔子基础上，经《性自命出》等代表的早期儒家的开拓，发展于孟子，成熟于荀子，最后集大成于《乐记》。

二、"徇句遏淫，宣仪和乐"：先秦儒家音乐美学教化论

王国维曾说："中国政治与文化之变革，莫剧于殷、周之际。……夏、殷间政治与文物之变革，不似殷、周间之剧烈矣。殷、周间之大变革，自其表言之，不过一姓一家之兴亡与都邑之移转；自其里言之，则旧制度废而新制度兴，旧文化废而新文化兴。"（《殷周制度论》）③ 所谓"新制度""新文化"的重要内容之一就是礼乐制度的建立。西周初，周公"制礼作乐"④，不仅让礼乐成为统治者治国行政的依据和轨范，还让礼乐成为统治者对被统治者施行道德教化的重要工具，音乐的道德教化功能也由此得以彰显，如《荀子·乐论》曰："君子以钟鼓道志，以琴瑟乐心，动以干戚，饰以羽旄，从以磬管。故其清明象天，其广大象地，其俯仰周旋有似于四时。故乐行而志清，礼修而行成，耳目聪明，血气和平，移风易俗，天下皆宁，美善相乐。"⑤ 可见，音乐不仅能使人耳目聪明、性情平和，还可移风易俗、导人向善，最终实现"美善相乐"的美政。

随着平王东迁，王室衰微，各诸侯竞相争霸，加快了周王朝由统一走向分裂。在这种背景下，"西周的礼仪制度被打破，'吉、凶、宾、军、嘉'五礼均已起了巨大变化，原来天子、诸侯、大夫、士的等级被颠倒，下级僭越上级礼

① 蔡仲德：《中国音乐美学史》（上册），北京：人民音乐出版社 2004 年版，第 202 页。
② 蔡仲德：《中国音乐美学史》（上册），北京：人民音乐出版社 2004 年版，第 362 页。
③ 王国维：《观堂集林》（第二册），北京：中华书局 1959 年版，第 451–453 页。
④ ［汉］班固：《汉书》（第四册），北京：中华书局 1962 年版，第 1193 页。
⑤ ［清］王先谦：《荀子集解》（下册），北京：中华书局 1988 年版，第 381–382 页。

制的情况普遍发生"①。针对这种"礼崩乐坏"的情形，孔子以力挽狂澜之势，倡导恢复周代的礼乐制度，欲通过正人心而达到正世道的目的。这也使得音乐在孔子美学思想中处于重要的地位，故孔子曰："兴于诗，立于礼，成于乐"（《论语·泰伯》)② 这揭示出音乐对个人成长和修养发挥着重要作用。《孝经·广要道》载孔子语曰："移风易俗，莫善于乐。"③ 这是对音乐的社会教化功能的直接概括。虽然，音乐在孔子美学思想中占据重要地位，音乐之道德教化功能也被孔子所重视与宣扬，但在孔子那里，音乐的道德教化功能却并未得到详细论述和充分展开。而儒家音乐教化论的深入发展与充实是在进入战国以后实现的，尤其体现在新近发现的《性自命出》《六德》《五行》《殷高宗问于三寿》等出土竹简文献之中。

德国哲学家叔本华（Athur Schopenhauer）说："音乐，因为它跳过了理念，也完全是不依赖现象世界的，简直是无视现象世界；在某种意义上说即令这世界全不存在，音乐却还是存在；然而对于其他艺术却不能这样说。"④ 叔本华之言虽有失偏颇，但至少启示我们，较之其他艺术，音乐具有超越形象、神秘莫测的特点。所以，音乐是"这么伟大和绝妙的艺术，是这么强烈地影响着人的内心"⑤。而对音乐具有的这种伟大、绝妙的影响人心的功能，中国古人早有察觉，如郭店楚简《性自命出》曰："凡声，其出于情也信，然后其入拔人之心也厚。"（第23简）⑥ 传世儒家文献中也有"仁言不如仁声之入人深也"（《孟子·尽心上》)⑦、"夫声乐之入人也深，其化人也速"（《荀子·乐论》)⑧ 的观点。但与叔本华不同的是，这种儒家音乐美学观是基于"性-情"论而提出的。在儒家看来，"情"是"性"受到"物"的刺激后而产生的，即"凡动性

① 顾德融、朱顺龙：《春秋史》，上海：上海人民出版社2003年版，第24页。
② ［魏］何晏注，［宋］邢昺疏：《论语注疏》，［清］阮元校刻：《十三经注疏》（下册），北京：中华书局1980年版，第2487页。
③ ［唐］李隆基注，［宋］邢昺疏：《孝经注疏》，［清］阮元校刻：《十三经注疏》（下册），北京：中华书局1980年版，第2556页。
④ ［德］叔本华：《作为意志和表象的世界》，石冲白译，北京：商务印书馆1982年版，第356-357页。
⑤ ［德］叔本华：《作为意志和表象的世界》，石冲白译，北京：商务印书馆1982年版，第354页。
⑥ 荆门市博物馆编：《郭店楚墓竹简》，北京：文物出版社1998年版，第180页。
⑦ ［汉］赵岐注，［宋］孙奭疏：《孟子注疏》，［清］阮元校刻：《十三经注疏》（下册），北京：中华书局1980年版，第2765页。
⑧ ［清］王先谦：《荀子集解》（下册），北京：中华书局1988年版，第380页。

者，物也"（《性自命出》第10—11简）①，那么，不同的"物"刺激"性"就会产生不同的"情"。因此，不同的音乐或声音也会激起人们不同的情感，如《性自命出》曰：

> 闻笑声，则鲜如也斯喜。闻歌谣，则陶如也斯奋。听琴瑟之声则悸如也斯叹。观《赉》《武》，则齐如也斯作。观《韶》《夏》，则觑如也斯敛。（第24—26简）②

听到笑声就会欢乐，听到歌谣就会振奋，听琴瑟之声就会激动，观赏《赉》《武》使人恭敬庄重，观赏《韶》《夏》则会让人感到惭愧而有所收敛。也正由于此，《性自命出》曰："《礼》《乐》，有为举之也。圣人比起类而论会之，观其先后而逆顺之，体其义而节文之，理其情而出入之，然后复以教。教，所以生德于中者也。"（第16—18简）③ 音乐或礼乐是一种"有为"而作的艺术，"有为"就是以教化为目的而为之，而教化就是唤起欣赏者心中的"德"。这与郭店楚简《六德》所谓的"作礼乐，制刑法，教此民尔，使之有向也"（第2—3简）④ 相通。简言之，先秦儒家美学认为，音乐是为道德教化而创作的艺术，它应该深入人心而唤起相应的道德情感，从而使民向善。

战国竹简代表的儒家音乐美学，明确提出了音乐应该"有为"而作，"有为"揭示出音乐之目的就是唤起人们心中之"德"。而"德"又具体指什么呢？郭店楚简《六德》曰："仁，内也。义，外也。礼乐共也。"（第26简）⑤ 郭店楚简《五行》曰："圣智，礼乐之所由生也，五〔行之所和〕也。"（第28—29简）⑥ "仁"是儒家设置的道德之总根源，是人之所以为人的基本保障，而"义"是由教化而养成的外在规范。"圣"在《六德》中是"既生畜之，或从而教诲之"（第20—21简）⑦ 的意思，即生养子孙、子民又教育之的品质，而"智"就是知道什么该做、什么不该做的明智之德。所以，具体来讲，音乐应该助人获得"仁""义""圣""智"这几种道德。

战国竹简中的儒家美学认为，音乐具有道德教化功能，应在人们心中唤起"仁""义""圣""智"等道德，但并非所有的音乐都有这样的功能。郭店楚简

---

① 荆门市博物馆编：《郭店楚墓竹简》，北京：文物出版社1998年版，第179页。
② 刘钊：《郭店楚简校释》，福州：福建人民出版社2005年版，第96—97页。
③ 荆门市博物馆编：《郭店楚墓竹简》，北京：文物出版社1998年版，第179页。
④ 荆门市博物馆编：《郭店楚墓竹简》，北京：文物出版社1998年版，第187页。
⑤ 荆门市博物馆编：《郭店楚墓竹简》，北京：文物出版社1998年版，第188页。
⑥ 魏启鹏：《简帛〈五行〉笺释》，台北：万卷楼图书有限公司2000年版，第32页。
⑦ 荆门市博物馆编：《郭店楚墓竹简》，北京：文物出版社1998年版，第187页。

《五行》认为："唯有德者，然后能金声而玉振之。"（第 20 简）① 又曰："金声，善也；玉音，圣也。"（第 19 简）② 所以，只有"有德"之人才能创作出"有德"之乐，"有德"之乐才能发挥相应的道德教化功能。在儒家思想中，"有德"之人通常被想象为上古帝王，"有德"之乐自然指的是"先王之乐"或"古乐"。基于此，儒家音乐美学开展了一系列关于古今、雅郑等的讨论。而在孔子那里，虽未曾提及"先王之乐"，但他在"礼乐"或"雅乐"与"郑声"的对比中，也展现出了这种音乐美学观念。孔子曰："放郑声，远佞人。郑声淫，佞人殆"（《论语·卫灵公》）③；"乐节礼乐"（《论语·季氏》）④；"恶郑声之乱雅乐也"（《论语·阳货》）⑤。"礼乐"不是"礼"和"乐"的简单相加而是一个完整的概念，指受"礼"统帅的"乐"⑥，"礼乐"即"雅乐""正乐"。故孔子倡导"雅乐"而排斥"郑声"，因为郑声淫荡不合于礼，不能产生道德教化作用。《性自命出》在孔子之后进一步说：

> 郑卫之乐，则非其声而从之也。凡古乐龙心，益乐龙指，皆教其人者也。（第 27—28 简）⑦

《荀子·乐论》曰："郑卫之音，使人之心淫。"⑧《乐记·乐本篇》曰："郑卫之音，乱世之音也，比于慢矣。"⑨ 所以，李学勤先生认为《性自命出》中的"从"应读为"纵"⑩，可从。"古乐"即先王之乐、雅正之乐或礼乐，"益乐"即郑卫之音、淫乐。"指"是"意向"的意思⑪，代表一种欲求或嗜

---

① 荆门市博物馆编：《郭店楚墓竹简》，北京：文物出版社 1998 年版，第 150 页。
② 荆门市博物馆编：《郭店楚墓竹简》，北京：文物出版社 1998 年版，第 150 页。
③ ［魏］何晏注，［宋］邢昺疏：《论语注疏》，［清］阮元校刻：《十三经注疏》（下册），北京：中华书局 1980 年版，第 2517 页。
④ ［魏］何晏注，［宋］邢昺疏：《论语注疏》，［清］阮元校刻：《十三经注疏》（下册），北京：中华书局 1980 年版，第 2522 页。
⑤ ［魏］何晏注，［宋］邢昺疏：《论语注疏》，［清］阮元校刻：《十三经注疏》（下册），北京：中华书局 1980 年版，第 2525 页。
⑥ 蒋孔阳：《先秦音乐美学思想论稿》，《蒋孔阳全集》（第一卷），合肥：安徽教育出版社 1999 年版，第 554-555 页。
⑦ 荆门市博物馆编：《郭店楚墓竹简》，北京：文物出版社 1998 年版，第 180 页。
⑧ ［清］王先谦：《荀子集解》（下册），北京：中华书局 1988 年版，第 381 页。
⑨ ［汉］郑玄注，［唐］孔颖达疏：《礼记正义》，［清］阮元校刻：《十三经注疏》（下册），北京：中华书局 1980 年版，第 1528 页。
⑩ 李学勤：《郭店简与〈乐记〉》，《李学勤文集》，上海：上海辞书出版社 2005 年版，第 439 页。
⑪ 丁原植：《楚简儒家性情说研究》，台北：万卷楼图书有限公司 2002 年版，第 142 页。

欲。"龙",李零先生认为读"动",后又改为读"弄"①。那么,"古乐龙心,益乐龙指"的意思就是"古乐"靠心来弹奏,"益乐"则靠嗜欲来弹奏。笔者认为,"龙"读为"动"或"弄"皆可,甚至"龙"本具有这两种含义。从创作者的角度看,"龙"即"弄",是弹奏的意思;从接受者角度看,"龙"即"动",意为"古乐"在于唤起欣赏者的"心"或"情","益乐"激起欣赏者之"欲"。"教其人"则是指无论"古乐"还是"益乐"都会在欣赏者心中产生一定的影响。从这个意义上讲,《性自命出》传承了孔子倡"雅乐"而斥"郑声"的音乐美学思想,并且进一步认为作为淫乐的"郑卫之乐"会激起人的欲望,它不符合礼,使人情欲高涨和放纵,所以"郑卫之乐"根本就不算是音乐。而"古乐"则由"心"而作,其目的不是"欲"而是动"性"生"情",当然这种"情"是合于"礼"的情,即"乐而不淫,哀而不伤"(《论语·八佾》)②、"发乎情,止乎礼义"(《毛诗序》)③。因此,《性自命出》与孔子一样扬"古乐"("雅乐")而斥"益乐"("淫乐"),否则音乐不仅不能发挥道德教化的功能,还会激起人的无穷之欲,造成"目之好色,耳之乐声,郁陶之气也,人不难为之死"(《性自命出》第43—44简)④ 的严重后果。后来的《乐记》则将"益乐""淫乐"的危害扩大到整个国家,即"益乐""淫乐"不仅可致"人死",还可导致"亡国",如"郑卫之音,乱世之音也,比于慢矣。桑间濮上之音,亡国之音也,其政散,其民流,诬上行私而不可止也。"⑤

综上所述,在《性自命出》《六德》《五行》等代表的儒家音乐美学中,音乐之道德教化功能得以在孔子的基础上进一步发展、丰富与深化,并为《荀子·乐论》《礼记·乐记》奠定了基础。在战国竹简看来,只有"古乐"才能节制欲望,并深入人心而唤起仁、义、圣、智等道德情感,最后实现由正人心到正世道的目的。用清华简《殷高宗问于三寿》中的话来概括就是:"惠民由任,徇句遏淫,宣仪和乐,非坏于湛,四方劝教,滥媚莫感,是名曰音。"(第

---

① 李零:《郭店楚简校读记(增订本)》,北京:中国人民大学出版社2009年版,第146页。

② [魏]何晏注,[宋]邢昺疏:《论语注疏》,[清]阮元校刻:《十三经注疏》(下册),北京:中华书局1980年版,第2468页。

③ [汉]毛亨传,[汉]郑玄笺,[唐]孔颖达疏:《毛诗正义》,[清]阮元校刻:《十三经注疏》(上册),北京:中华书局1980年版,第272页。

④ 李零:《郭店楚简校读记(增订本)》,北京:中国人民大学出版社2009年版,第138页。

⑤ [汉]郑玄注,[唐]孔颖达疏:《礼记正义》,[清]阮元校刻:《十三经注疏》(下册),北京:中华书局1980年版,第1528页。

17—18 简）①

三、"无声之乐，无体之礼"：先秦儒家音乐美学境界论

如前文所述，殷周易代，周公"制礼作乐"，让礼乐制度成为国家行政的准则，但春秋时期，出现了"礼崩乐坏"②，周王朝的统治岌岌可危，原有的礼乐制度遭到了严重破坏。孔子在春秋末期重倡礼乐，希望通过礼乐教化达到正人心而正世道的目的。但孔子重倡礼乐并机械地复古，而是为礼乐注入了"仁"的内涵，即以"仁"释礼乐，如"人而不仁，如礼何？人而不仁，如乐何？"（《论语·八佾》）③ 对此，修海林教授的解释甚为精当："'仁'，为'乐'增添了博爱的精神内容，使'乐'的情感有了心灵的附着，变得更加宏大、充实；'仁'，为'礼'的实施，提出了为人处世、行为规范的要求，使'人'不因等级、地位的差异而疏远、分离。"④ 由此可见，如果没有"仁"，音乐就失去了内在精神和存在价值，无"仁"即无"乐"。孔子以"仁"释礼乐，揭示出礼乐的价值并不在于外在的形式而在于内在的精神。《礼记·孔子闲居》中的"无声之乐，无体之礼"⑤ 正是沿袭孔子美学思想而提出的命题。但是由于人们多认为《礼记》成书于秦汉之际或汉代初期⑥，所以治中国音乐美学史者多将"无声之乐，无体之礼"放入汉代加以考察，严重影响了这一儒家音乐美学观念的学术价值和意义的彰显。如今，上博简《民之父母》的问世，证明了"无声之乐，无体之礼"的观念并非汉代才出现，而是在战国时期就已被提出，是先秦儒家音乐美学思想的重要组成部分，并对后世产生了深远影响。

《民之父母》记载了孔子与弟子子夏间的对话，对话内容以君子如何成为"民之父母"为中心，层层展开，富有理论性和逻辑性，并与《礼记·孔子闲居》《孔子家语·论礼》等传世文献的内容基本相同。我们虽不能确定其中所载

---

① 李学勤主编：《清华大学藏战国楚简》（伍），上海：中西书局 2015 年版，第 151 页。
② ［汉］应劭撰，王利器校注：《风俗通义校注》（下册），北京：中华书局 1981 年版，第 267 页。
③ ［魏］何晏注，［宋］邢昺疏：《论语注疏》，［清］阮元校刻：《十三经注疏》（下册），北京：中华书局 1980 年版，第 2466 页。
④ 修海林：《中国古代音乐美学》，福州：福建教育出版社 2004 年版，第 146 页。
⑤ ［汉］郑玄注，［唐］孔颖达疏：《礼记正义》，［清］阮元校刻：《十三经注疏》（下册），北京：中华书局 1980 年版，第 1617 页。
⑥ 崔大华：《儒学引论》，北京：人民出版社 2001 年版，第 99 页。

孔子之语为孔子本人所说，但从上博简的下葬年代（公元前 308±65 年）① 来推断，《民之父母》应为战国中期甚至以前的儒家著作，反映的是战国前中期的儒家思想，其作者很有可能是子夏的门人。在《民之父母》中，子夏问孔子，君子如何才能成为"民之父母"？孔子答曰："民〔之〕父母乎，必达于礼乐之原，以致'五至'以行'三无'，以横于天下。"（第 1—2 简）② 郑玄《礼记·孔子闲居注》曰："原，犹本也。"③ 在孔子看来，君子要想成为具有为政治民能力的"父母官"，就必须探明礼乐之本质，而礼乐之本质又要通过"五至"、"三无"才能知晓。其中，"三无"指"无声之乐，无体〔之〕礼，无服之丧"（《民之父母》第 5—6 简）④，它彰显着先秦儒家的音乐审美理想与境界追求。

那么，如何理解"三无"的具体内涵呢？《民之父母》中的孔子借"诗"以明之，如：

> 子夏曰："无声之乐，无体之礼，无服之丧，何诗是逅？"孔子曰："善哉！商也，将可？诗矣，'成王不敢康，夙夜基命宥密'，无声之乐。'威仪迟迟，〔不可选也〕'，无体之礼也。'凡民有丧，匍匐救之'，无服〕之丧也。"（第 7—9 简）⑤

"成王不敢康，夙夜基命宥密"出自《诗·周颂·昊天有成命》，此诗描写的是周成王明白来自上苍的命令，不贪图安逸享乐，日夜谋求宽大的政教以安定人心。政教宽大，国泰民安，百姓在这种环境中自然欢乐逸适。《荀子·乐论》曰："夫乐者，乐也。"⑥ 音乐就是给人以快乐，当然这是一种有声之乐。而周成王以自我之仁德，施行宽厚的政教，使百姓获得了快乐，这也就发挥着与音乐相同的功能——"乐（lè）"。因此，《民之父母》将其形容为"无声之

① 参见马承源、朱渊清：《马承源先生谈上博简》，上海大学古代文明研究中心、清华大学思想文化研究所编：《上博馆藏战国楚竹书研究》，上海：上海书店出版社 2002 年版，第 3 页。

② 马承源主编：《上海博物馆藏战国楚竹书》（二），上海：上海古籍出版社 2002 年版，第 154、156 页。

③ 〔汉〕郑玄注，〔唐〕孔颖达疏：《礼记正义》，〔清〕阮元校刻：《十三经注疏》（下册），北京：中华书局 1980 年版，第 1616 页。

④ 马承源主编：《上海博物馆藏战国楚竹书》（二），上海：上海古籍出版社 2002 年版，第 161、163 页。

⑤ 马承源主编：《上海博物馆藏战国楚竹书》（二），上海：上海古籍出版社 2002 年版，第 164-167 页。

⑥ 〔清〕王先谦：《荀子集解》（下册），北京：中华书局 1988 年版，第 379 页。

乐"。后来，《说苑·修文》在此基础上而提出："无声之乐，欢也。"①"威仪迟迟，〔不可选也〕"即《诗·邶风·柏舟》中的"威仪棣棣，不可选也"②，"迟迟"与"棣棣"可通，形容文雅安闲、缓慢徐行之貌。《柏舟》是一首描述一位妇女不得于丈夫，同时又见侮于众妾和亲人的诗，表达了她忧伤委屈之情。但即便如此，她仍坚守妇道，品行端正，没有离弃自己的丈夫。"威仪棣棣"或"威仪迟迟"正是对她这种品行的形容。"选"，通"巽"，怯懦、退让的意思。正是因为这位妇女"威仪棣棣"，所以她无须退让而忍受别人的侮辱与嘲笑。这种"不选"看似无礼，但却被儒家视作一种最高的礼，即"当仁不让"（《论语·卫灵公》）③、"至礼不让"（《大戴礼记·主言》）④。当然，这种"至礼"被《民之父母》称为"无体之礼"。"凡民有丧，匍匐救之"出自《诗·邶风·谷风》，意为只要邻居遇到了困难，我都会尽力去帮助。《民之父母》称其为"无服之丧"，这指向了一种超越个人、家庭利益而到达"兼济天下"的道德精神。"无声之乐，无体之礼，无服之丧"虽各有所指，但其中的基本旨趣却一致，即"乐""礼""丧"都要超越外在的表现形式而指向内在的道德精神，这就是礼乐之"原"，儒家音乐的审美理想与境界追求正蕴含其中。

孔颖达《礼记·孔子闲居疏》曰："无声之乐，无体之礼，无服之丧，此三者皆谓行之在心，外无形状，故可称无也。"⑤ 竹简《五行》的思想有助于我们进一步理解"三无"，如"仁形于内谓之德之行，不形于内谓之行。义形于内谓之德之行，不形于内谓之行。礼形于内谓之德之行，不形于内谓之〔行。智形〕于内谓之德之行，不形于内谓之行。圣形于内谓之德之行，不形于内谓之行。"（第1—4简）⑥"内"就是"心"，只有真正发自内心的仁、义、礼、智、圣的道德行为才算是"德之行"，否则只能被称为"行"。可见，孔颖达所谓"行之在心，外无形状"是强调乐、礼、丧应出自内心之德而不应徒有其表。所以，"无声之乐"即"行之在心""形于内"的德之乐，它的创作起于"德"，对它的欣赏也应超越音乐外在的形式而直指其中蕴含的道德情怀。马一浮先生曾借

---

① ［汉］刘向撰，向宗鲁校证：《说苑校证》，北京：中华书局1987年版，第497页。
② ［汉］毛亨传，［汉］郑玄笺，［唐］孔颖达疏：《毛诗正义》，［清］阮元校刻：《十三经注疏》（上册），北京：中华书局1980年版，第297页。
③ ［魏］何晏注，［宋］邢昺疏：《论语注疏》，［清］阮元校刻：《十三经注疏》（下册），北京：中华书局1980年版，第2518页。
④ ［清］王聘珍：《大戴礼记解诂》，北京：中华书局1983年版，第7页。
⑤ ［汉］郑玄注，［唐］孔颖达疏：《礼记正义》，［清］阮元校刻：《十三经注疏》（下册），北京：中华书局1980年版，第1617页。
⑥ 荆门市博物馆编：《郭店楚墓竹简》，北京：文物出版社1998年版，第149页。

用佛学阐明其中之深意，他说："'无'非虚无，乃是实相。"① "实相"就是最真实的存在。对于儒家音乐美学来说，最真实的存在并不是乐律、乐器及其相互组合而形成的和谐关系，而是透过这些"色相"展现出的深广之德。"德"，或孔子所说的"仁"，才是音乐之"实相"，由对"有声之乐"的欣赏进入对"无声之乐"的体认就可获得那作为音乐之"实相"的"德"。当君子明白了这个道理，践行"三无"，从"有声"进入"无声"，由在场之"乐"体认不在场之"德"就可以使自己"气质不违""威仪逮逮"（《民之父母》第10—11简）②，也可将之"施及孙子""塞于四海"（第12简）③，最终实现"上下同和""以畜万邦"（第13—14简）④ 的美政，真正成为"民之父母"。

要言之，《民之父母》提出了一种不同于道家"大音希声，大象无形"（《老子》四十一章）⑤、"视乎冥冥，听乎无声"（《庄子·天地》）⑥ 的另一种对"无声之乐，无体之礼"的音乐审美追求与理想，这是对孔子以"仁"释礼乐的音乐美学观念的传承与发展，并非"在《论语》中没有明确渊源可寻"⑦。"无声之乐，无体之礼"要求音乐创作和欣赏不能拘泥于音乐的外在表现形式，而应超越在场的形式，去体认作为音乐之"实相"的道德精神，最终进入美善合一的至境。《民之父母》中的这种音乐审美观念，后被收录于《礼记》中，又被《孔子家语》所采录，足见后世儒家对它的重视。《说苑·修文》中的"无体之礼，敬也；无服之丧，忧也；无声之乐，欢也"⑧，《韩诗外传》中的"有声之声，不过百里；无声之声，延及四海"⑨ 等，显然都受到了《民之父母》的影响。

----

① 马一浮：《复性书院讲录》，《马一浮全集》（第一册上），杭州：浙江古籍出版社2013年版，第232页。
② 马承源主编：《上海博物馆藏战国楚竹书》（二），上海：上海古籍出版社2002年版，第169、171页。
③ 马承源主编：《上海博物馆藏战国楚竹书》（二），上海：上海古籍出版社2002年版，第172页。
④ 马承源主编：《上海博物馆藏战国楚竹书》（二），上海：上海古籍出版社2002年版，第173、175页。
⑤ ［魏］王弼注，楼宇烈校释：《老子道德经注校释》，北京：中华书局2008年版，第113页。
⑥ ［清］郭庆藩：《庄子集释》（中册），北京：中华书局2004年版，第411页。
⑦ 徐少华：《楚竹书〈民之父母〉思想源流探论》，《中国哲学史》2005年第4期。
⑧ ［汉］刘向撰，向宗鲁校证：《说苑校证》，北京：中华书局1987年版，第497页。
⑨ 屈守元：《韩诗外传笺疏》，成都：巴蜀书社1996年版，第78页。

四、结语

《性自命出》《六德》《民之父母》《殷高宗问于三寿》等出土竹简文献反映出的战国前中期儒家音乐美学思想，一方面以"性"为音乐存在的哲学始基，以"情"为音乐创作的基元，蕴含着"性-情"为音乐艺术之本体的思想，在孔子与孟子、荀子、《乐记》之间搭建了桥梁，推进了儒家音乐美学的本体论建构；另一方面，在"性-情"本体论基础上，早期儒家音乐美学倡"古乐"斥"益乐"，强调音乐应具有道德教化的功能，最终实现由正人心到正世道的目的，为先秦儒家音乐道德教化论在《荀子·乐论》《礼记·乐记》中的进一步发展奠定了基础。此外，新出竹简文献还展现出不同于道家"大音希声"的儒家音乐审美理想和境界追求——"无声之乐，无体之礼"，要求音乐创作和欣赏不能拘泥于音乐的外在表现形式，而应超越之，去体认那不在场的道德精神，这正是儒家重视和提倡音乐的指归之所在。可以说，战国竹简中的儒家音乐美学思想是对孔子音乐美学的早期开拓，为后世儒家音乐美学的发展奠定了基础，体现出先秦儒家音乐美学被历史长期埋没的一面。重视和运用新近出土文献，并与传世文献相结合，不仅是一种中国传统音乐美学研究的新路径，还有助于进一步"回归历史语境"，把中国音乐美学的深层内涵"讲清楚"①，从而构筑起具有中国特色话语的音乐美学理论体系。

---

① 参见项阳：《回归历史语境"讲清楚"——以新的治史理念把握中国音乐文化的特色内涵》，《中国音乐学》2016 年第 1 期。

第二编 **02**

出土简帛文献中的道家
美学思想研究

第七章　多种版本《老子》的发现与出土

先秦美学是中国美学的源头活水，《老子》美学思想又在先秦美学中占据着重要地位，它是进行中国美学及其发展史研究所绕不开的永恒话题。施昌东、李泽厚、叶朗、蒋孔阳、皮朝纲、敏泽等前辈学人无不在治先秦美学史，甚至中国美学史时，对《老子》美学进行了专门研究与论述①。此外，20世纪80年代初出版的《中国美学史资料选编》选录了含有美学思想的《老子》语句和段落，但由于时代的原因，其中的《老子》以王弼本《老子》为底本②。80年代中期，虽有叶朗、杨安仑等人在治中国美学史时注意到马王堆汉墓帛书《老子》③，但与大多数学者一样，叶朗先生的《老子》美学思想研究仍然以王弼本《老子》为主。70年代以来，马王堆汉墓帛书《老子》（甲、乙）、郭店楚简《老子》（甲、乙、丙）和北大汉简《老子》相继出土与问世，加上河上公本、王弼本等传世本《老子》，不仅一起构成了研究《老子》文献演变规律的"天

---

① 见施昌东《先秦诸子美学思想述评》中的《老、庄的美学思想》（中华书局1979年版）、李泽厚和刘纲纪《中国美学史》（第一卷）第六章《老子的美学思想》（文物出版社1984年版）、叶朗《中国美学史大纲》第一章《老子的美学》（上海人民出版社1985年版）、蒋孔阳《先秦音乐美学思想论稿》中的《评老子"大音希声"和庄周"至乐无乐"的音乐美学思想》（人民文学出版社1986年版）、皮朝纲《中国古代文艺美学概要》第十章第二节《道家文艺美学思想》（四川省社会科学院出版社1986年版）、敏泽《中国美学思想史》（第一卷）第八章《老子的美学思想》（齐鲁书社1987年版）等。

② 北京大学哲学系美学教研室编：《中国美学史资料选编》（上册），北京：中华书局1980年版，第29页。按：叶朗先生总主编的《中国历代美学文库》（先秦卷上）收录的《老子》也是王弼本《老子》，虽提及帛书本、河上公本《老子》但仅用于校正王弼本《老子》。参见叶朗总主编：《中国历代美学文库》（先秦卷上），北京：高等教育出版社2003年版，第323页。

③ 参见叶朗：《中国美学史大纲》，上海：上海人民出版社1985年版，第21页；杨安仑、程俊：《先秦美学思想史略》，长沙：岳麓书社1992年版，第124页。

然实验室"①，也构成了研究《老子》美学思想演变的"天然实验室"。因此，结合多种版本《老子》，将《老子》美学放入这座"天然实验室"中加以重新审视与考察，勾勒出其发生、发展和定型过程是十分重要和必要的工作。而搞清这些出土《老子》文献的成书年代、相互关系以及思想特点等则是进行相关研究的基础。

一、郭店楚墓竹简《老子》

郭店楚简《老子》是迄今所发现的《老子》最早文本，1993 年 10 月出土于湖北省荆门市郭店村的一号楚墓中，共 71 枚竹简。整理者根据竹简形制的不同，将这些《老子》竹简分别命名为甲、乙、丙三组。楚简《老子·甲》有 39 枚，简长 32.3 厘米，楚简《老子·乙》有 18 枚，简长 30.6 厘米，楚简《老子·丙》有 14 枚，简长 26.5 厘米②。三组《老子》的总字数为 2046 字，相当于王弼本《老子》的五分之二③。

据发掘简报可知，郭店一号楚墓"具有战国中期偏晚的特点，其下葬年代当在公元前 4 世纪中期至 3 世纪初"④。我们本着竹简抄写年代必然早于墓主下葬年代，竹简文献成书年代必然早于竹简抄写年代的原则，认为楚简《老子》应该为战国中期以前的文献，这一时段也成为楚简《老子》成书的下限。那它成书的上限又是何时呢？据《史记·老子韩非列传》所载，"老子者，楚苦县厉乡曲仁里人也，姓李氏，名耳，字聃，周守藏室之史也"，孔子曾"问礼于老子"，老子劝孔子"去子之骄气与多欲，态色与淫志"，因为这些都"无益于子之身"⑤。这不仅体现出老子倡导去"欲"保"身"的思想，还暗含老子懂"礼"而并不非"礼"的思想。此外，《史记·老子韩非列传》还透露出"修道德""自隐无名""修道而养寿""无为自化""清静自正"⑥ 为老子之学说。这些思想观念均出现在楚简《老子》中。由此可见，楚简《老子》中的思想与春

---

① 刘笑敢：《简帛本〈老子〉的思想与学术价值——以北大汉简为契机的新考察》，北京大学出土文献研究所编：《古简新知——西汉竹书〈老子〉与道家思想研究》，上海：上海古籍出版社 2017 年版，第 101 页。

② 参见荆门市博物馆编：《郭店楚墓竹简》，北京：文物出版社 1998 年版，第 111 页。

③ 刘祖信、龙永芳编著：《郭店楚简综览》，台北：万卷楼图书股份有限公司 2005 年版，第 18 页。

④ 湖北省荆门市博物馆：《荆门郭店一号楚墓》，《文物》1997 年第 7 期。

⑤ 参见［汉］司马迁：《史记》（第七册），北京：中华书局 1959 年版，第 2139-2140 页。

⑥ ［汉］司马迁：《史记》（第七册），北京：中华书局 1959 年版，第 2141-2143 页。

秋末期老子①本人的思想十分接近。另外，在 20 世纪 30 年代，古史辨派通过传世本《老子》中反对"仁""礼"和"不尚贤"的思想，断定《老子》成书于孔、墨之后，是战国中期或更晚的作品②。而楚简《老子》恰恰没有这样的思想，所以楚简《老子》很有可能是在墨子之前成书的作品。基于此，我们认为，楚简《老子》与《论语》的性质类似，它可能是战国早期的学者对春秋末期老子言论的记录，而不是老子所著的"一本书"③，因为甲、乙、丙三组《老子》的形制、抄写者、抄写时间均不同，故认为郭店楚简《老子》的时代为战国早期的观点④，可从。

要言之，郭店楚简《老子》下葬于公元前 300 年前后，但成书于战国早期，是对春秋末期老子思想的记录，可视作反映老子本人思想观念的文献。

二、马王堆汉墓帛书《老子》

1973 年 12 月，湖南长沙的马王堆三号汉墓中出土了两种抄写于绢帛上的《老子》，整理者把字体较古的《老子》称为甲本，另一种称为乙本。甲本抄写于高 24、长 317 厘米的同一卷帛上，乙本抄写在高 48 厘米的整幅绢帛上，但残损严重⑤。帛书《老子》总字数为 5467 字⑥，比楚简《老子》多出 3400 多字，其体量已与传世本（王弼本、河上公本）相当。可见，帛书《老子》已开始走向定型。

马王堆汉墓是西汉初期轪侯利苍家属的墓葬，三号墓的墓主人为利苍侯的一个没有继承爵位的儿子，其下葬年代为汉文帝前元十二年（前 168）⑦。这当然也是帛书《老子》的下葬年代。帛书《老子》的抄写年代必然早于其下葬年代，这是毋庸置疑的。这一点许多学者也注意到了，并考证出两种版本《老子》的抄写年代。帛书《老子·乙》因避"邦"字讳，故可能抄写于汉高帝刘邦在

---

① 据《史记》可知，老子与孔子同时。另见詹剑峰：《老子其人其书及其道论》第一章《老子其人》，武汉：华中师范大学出版社 2006 年版，第 13-39 页。

② 如张寿林：《老子〈道德经〉出于儒后考》，《古史辨》（第四册），北平：景山书社 1933 年版，第 317-332 页；罗根泽：《老子及〈老子〉书的问题》，《古史辨》（第四册），北平：景山书社 1933 年版，第 449-462 页。

③ ［日］谷中信一：《先秦秦汉思想史研究》，孙佩霞译，上海：上海古籍出版社 2015 年版，第 85 页。

④ 丁四新：《郭店楚墓竹简思想研究》，北京：东方出版社 2000 年版，第 39 页。

⑤ 湖南省博物馆编：《〈马王堆汉墓帛书〉前言》，《马王堆汉墓帛书》（壹），长沙：岳麓书社 2013 年版，第 5—6 页。

⑥ 晓菡：《长沙马王堆汉墓帛书概述》，《文物》1974 年第 9 期。

⑦ 何介钧、张维明编：《马王堆汉墓》，北京：文物出版社 1982 年版，第 9-10 页。

位期间（前 206—前 195）或惠帝吕后时期（前 194—前 180），而帛书《老子·甲》不避汉高帝刘邦、高后吕雉讳，其抄写年代可能为刘邦称帝之前（前 206），或秦楚之际①。

帛书《老子》的下葬年代晚于其抄写年代，其抄写年代又必然晚于其成书年代。帛书《老子》的成书年代为何时呢？经对比可知，帛书《老子》与王弼本《老子》不同的是，帛书《老子》"德经"在前、"道经"在后，与《韩非子·解老》《喻老》所据之《老子》相同。这就说明韩非子见过像帛书《老子》这样的文本，或帛书《老子》这样的《老子》文本在韩非之前就已成书并流行。此外，韩非子在《解老》中还以"书"称《老子》，如：

> 书之所谓治人者，适动静之节，省思虑之费也。所谓事天者，不极聪明之力，不尽智识之任。苟极尽则费神多，费神多则盲聋悖狂之祸至，是以啬之。啬之者，爱其精神，啬其智识也。故曰："治人事天莫如啬。"②
> 树木有曼根，有直根。根者，书之所谓柢也。……柢固则生长，根深则视久，故曰："深其根，固其柢，长生久视之道也。"③
> 书之所谓大道也者，端道也。④

清王先慎曰："'书'，谓《德经》。"⑤ 而《韩非子·解老》所引《老子》的这三句话，均不见于楚简《老子》，但见于帛书《老子》，所以韩非子所谓的"书"应指像帛书《老子》这样的文本。故帛书《老子》应在韩非子之前就已成书。据钱穆先生考证，韩非子的生卒年为公元前 280 年至公元前 233 年⑥，是战国后期人物。《韩非子》一书的部分内容可能是伪作，但大部分是没有问题的⑦。由此可见，帛书《老子》应在战国后期以前成书并流行。除《韩非子》外，《老子》还被《庄子》一书大量引用，如：

> 昔者容成氏、大庭氏、伯皇氏、中央氏、栗陆氏、骊畜氏、轩辕氏、

---

① 周采泉：《马王堆汉墓帛书〈老子甲本〉为秦楚间写本说》，《社会科学战线》1978 年第 2 期。

② ［清］王先慎：《韩非子集解》，北京：中华书局 1998 年版，第 139 页。

③ ［清］王先慎：《韩非子集解》，北京：中华书局 1998 年版，第 141 页。

④ 清代顾广圻认为这句话"解第五十三章'行于大道也'"。参见［清］王先慎：《韩非子集解》，北京：中华书局 1998 年版，第 153 页。

⑤ ［清］王先慎：《韩非子集解》，北京：中华书局 1998 年版，第 139 页。

⑥ 钱穆：《先秦诸子系年》，《钱宾四先生全集》（5），台北：联经出版事业公司 1998 年版，第 698 页。

⑦ 劳思光：《新编中国哲学史》（一），台北：三民书局 1986 年版，第 352 页。

赫胥氏、尊卢氏、祝融氏、伏羲氏、神农氏，当是时也，民结绳而用之，甘其食，美其服，乐其俗，安其居，邻国相望，鸡狗之音相闻，民至老死而不相往来。（《庄子·胠箧》）①

故绝圣弃知，大盗乃止。（《庄子·胠箧》）②

万物云云，各复其根，各复其根而不知。（《庄子·在宥》）③

夫形色名声果不足以得彼之情，则知者不言，言者不知，而世岂识之哉！（《庄子·天道》）④

黄帝曰："彼无为谓真是也，狂屈似之；我与汝终不近也。夫知者不言，言者不知，故圣人行不言之教。道不可致，德不可至。仁可为也，义可亏也，礼相伪也。故曰：'失道而后德，失德而后仁，失仁而后义，失义而后礼。礼者，道之华而乱之首也。'故曰：'为道者日损，损之又损之以至于无为，无为而无不为也。'……"（《庄子·知北游》）⑤

老聃曰："知其雄，守其雌，为天下溪；知其白，守其辱，为天下谷。"（《庄子·天下》）⑥

值得注意的是，《庄子》对《老子》的引用基本都出现在外篇和杂篇中。据刘笑敢先生研究，《庄子》中的《天道》《天地》《天运》《天下》《在宥》《刻意》《缮性》诸篇均是战国黄老派的作品，其作于先秦而非秦汉，"《天道》诸篇是先秦黄老之学发展成熟的反映"⑦。这些《老子》引文一部分见于帛书《老子》而不见于楚简《老子》，一部分既见于楚简《老子》又见于帛书《老子》，但字句与楚简本有差异，而与帛书本相同。由此可知，帛书《老子》应在战国后期以前就已成书，而且是在楚简《老子》基础上发展而成的。另外，不见于楚简《老子》但见于帛书《老子》的"道生一，一生二，二生三，三生

————————

①　[清] 郭庆藩：《庄子集释》（中册），北京：中华书局 2004 年版，第 357 页。
②　[清] 郭庆藩：《庄子集释》（中册），北京：中华书局 2004 年版，第 353 页。
③　[清] 郭庆藩：《庄子集释》（中册），北京：中华书局 2004 年版，第 390 页。
④　[清] 郭庆藩：《庄子集释》（中册），北京：中华书局 2004 年版，第 489 页。
⑤　[清] 郭庆藩：《庄子集释》（中册），北京：中华书局 2004 年版，第 731 页。
⑥　[清] 郭庆藩：《庄子集释》（下册），北京：中华书局 2004 年版，第 1095 页。
⑦　刘笑敢：《庄子后学中的黄老派》，《哲学研究》1985 年第 6 期。

〔万物。万物负阴而抱阳，冲气〕以为和"① 被《文子·九守》所引用②。1973 年，定州汉墓竹简《文子》的出土证明了传世本《文子》并非伪书，《文子》最迟在战国晚期就已成书③。这又一次证明，帛书《老子》当在战国晚期以前成书并流行。

如前文所述，有学者以《老子》之"不尚贤"④ 来推断其成书必在墨子之后，但楚简《老子》并无此思想，但"不上贤，使民不争"⑤ 却出现在了帛书《老子》之中。从这一点上讲，墨子生活时代可视作帛书《老子》成书之上限。墨子生于公元前 480 年，卒于公元前 390 年⑥，是战国前期人物。而墨子著书立说至少应在 30、40 岁时，即公元前 445 年以后⑦。因此，将帛书《老子》视作战国中期的作品⑧较为确当。当然，楚简《老子》是其思想源泉，构成了帛书《老子》内容的核心，帛书《老子》是老子后学或老子学说信奉者根据时代的变化，丰富、深化和修正老子学说的产物，它大约在战国中期成书，在战国中后期开始流行，被当时许多典籍所引用。

三、北京大学藏西汉竹书《老子》

2009 年初，北京大学受赠了一批从海外抢救回归的西汉竹简，总共 3000 多枚，包含近 20 种古代文献，《老子》正在其中。整理者从这批竹简的书法和书体特征上推断，各简的抄写时间和抄写者略有不同，但大体上可以认定为近于

---

① 马王堆汉墓帛书整理小组编：《马王堆汉墓帛书〈老子〉》，北京：文物出版社 1976 年版，第 37 页。

② 《文子·九守》曰："夫精神者所受于天也，骨骸者所禀于地也，道生一，一生二，二生三，三生万物。万物负阴而抱阳，冲气以为和。"参见王利器：《文子义疏》，北京：中华书局 2000 年版，第 112 页。

③ 参见彭裕商：《〈文子校注〉前言》，《文子校注》，成都：巴蜀书社 2006 年版，第 9 页；白奚：《〈文子〉的成书年代问题——由"太一"概念引发的思考》，《社会科学》2018 年第 8 期。

④ ［魏］王弼注，楼宇烈校释：《老子道德经注校释》，北京：中华书局 2008 年版，第 8 页。

⑤ 马王堆汉墓帛书整理小组编：《马王堆汉墓帛书〈老子〉》，北京：文物出版社 1976 年版，第 52 页。

⑥ 钱穆：《先秦诸子系年》，《钱宾四先生全集》（5），台北：联经出版事业公司 1998 年版，第 694 页。

⑦ 许抗生：《帛书老子注译及研究（增订本）》，杭州：浙江人民出版社 1985 年版，第 141 页。

⑧ 许抗生：《帛书老子注译及研究（增订本）》，杭州：浙江人民出版社 1985 年版，第 143 页。

成熟的汉隶，比银雀山汉墓竹简书体稍晚，比定州汉墓竹简书体略为古朴，而且在这批竹简中，除一枚术数简上有"孝景元年"的年号外，未发现汉武帝以后的年号，所以北大汉简的抄写年代主要应在汉武帝后期。① 北大汉简《老子》的抄写年代亦应在此时期。

北大汉简《老子》的完整简、残简共 280 枚，经拼合后，完整简有 218 枚，残简 3 枚，均抄写在长 31.9—32.2 厘米、宽 0.8—0.9 厘米的竹简上，共 5300 多字（含重文）。② 汉简《老子》保存完好，阙文 50 多字，仅占整部《老子》的百分之一，简背写有"老子上经"（第 2 简背）③、"老子下经"（第 124 简背）④，分别对应传世本的《德经》和《道经》，这种分篇与帛书《老子》一致。汉简《老子》的字句、内容有同于楚简《老子》、帛书《老子》而异于传世本《老子》之处，同样也有异于楚简、帛书《老子》而同于传世本《老子》之处。但总体上看，帛书本、汉简本《老子》与传世本《老子》的相同之处远多于相异之处，而汉简《老子》更为接近传世本《老子》。据学者韩巍研究，汉简《老子》是介于楚简本、帛书本与传世本之间的一个"过渡性"版本，四个简帛《老子》古本形成了由战国中期至西汉中期、由萌芽到成熟的完整链条⑤。所以，将汉简《老子》视作已经"经典化"的、相对固定的《老子》文本⑥是可取的。

从《老子》对"仁义"的态度上看，楚简《老子》并无明确反对"仁义"的思想观念，帛书《老子》虽有"绝仁弃义"⑦、"失道而后德，失德而后仁，失仁而后义"⑧ 的言论，但仍然保留了与楚简《老子》一致的观点："故大道

---

① 参见北京大学出土文献所：《北京大学藏西汉竹书概说》，《文物》2011 年第 6 期。

② 参见韩巍：《北大汉简〈老子〉简介》，《文物》2011 年第 6 期。

③ 北京大学出土文献研究所编：《北京大学藏西汉竹书》（贰），上海：上海古籍出版社 2012 年版，第 123 页。

④ 北京大学出土文献研究所编：《北京大学藏西汉竹书》（贰），上海：上海古籍出版社 2012 年版，第 144 页。

⑤ 参见韩巍：《北京大学藏西汉竹书本〈老子〉的文献学价值》，《中国哲学史》2010 年第 4 期。

⑥ 韩巍：《北京大学藏西汉竹书本〈老子〉的文献学价值》，《中国哲学史》2010 年第 4 期。

⑦ 马王堆汉墓帛书整理小组编：《马王堆汉墓帛书〈老子〉》，北京：文物出版社 1976 年版，第 56 页。

⑧ 马王堆汉墓帛书整理小组编：《马王堆汉墓帛书〈老子〉》，北京：文物出版社 1976 年版，第 36 页。

废，安有仁义。智慧出，安有〔大伪〕。六亲不和，安有孝慈。国家昏乱，安有
贞臣。"① 同样，汉简《老子》也认为："故大道废，安有仁义；智慧出，安有
大伪；六亲不和，安有孝慈；国家昏乱，安有贞臣。"（第 167—168 简）② 傅奕
本《老子》则曰："大道废，焉有仁义；智慧出，焉有大伪；六亲不和，有孝
慈；国家昏乱，有贞臣。"③ 从这些语句中可知，楚简本、帛书本、汉简本、傅
奕本《老子》并未将"大道"与"仁义"对立起来，但这种"反论式的表
述"④ 被傅奕本《老子》改了一半，即在保留"大道废，焉有仁义；智慧出，
焉有大伪"的同时，将后两句改为"六亲不和，有孝慈；国家昏乱，有贞臣"。
宋代谢守灏《老君实录》曰："唐傅奕考核众本，勘数其字云：项羽妾本，齐武
平五年彭城人开项羽妾冢得之。"⑤ 可见，傅奕本《老子》至少应为流行于秦朝
时的文本。那么，汉简《老子》"很可能在战国晚期已经完成，西汉时期的变化
很有限"⑥。

简言之，汉简《老子》虽抄写于汉武帝后期，但其完成时代很有可能在战
国晚期，它在帛书《老子》基础上，进一步推动了《老子》趋于成熟，在楚简
本、帛书本与传世本《老子》之间架起了一座桥梁。

四、结语

郭店楚简《老子》下葬于战国中期，但成书于战国早期，是迄今为止发现
的《老子》之最早文本，也是最接近老子本人思想观念的文本。马王堆汉墓帛
书《老子》下葬于西汉前期偏晚，甲本抄写于刘邦称帝之前，乙本抄写于汉太
祖刘邦在位期间，其成书则应在战国中期，并于战国中后期开始流行。北大汉
简《老子》虽抄写于汉武帝后期，但其完成时代很有可能在战国晚期。楚简本、

---

① 马王堆汉墓帛书整理小组编：《马王堆汉墓帛书〈老子〉》，北京：文物出版社 1976 年
　版，第 56 页。

② 北京大学出土文献研究所编：《北京大学藏西汉竹书》（贰），上海：上海古籍出版社
　2012 年版，第 152 页。

③ ［唐］傅奕校定：《道德经古本篇》，《道藏》（第十一册），北京：文物出版社、上海：
　上海书店出版社、天津：天津古籍出版社 1988 年版，第 483 页。

④ ［日］汤浅邦弘：《北大简〈老子〉的性质》，北京大学出土文献研究所编：《古简新
　知——西汉竹书〈老子〉与道家思想研究》，上海：上海古籍出版社 2017 年版，第 146
　页。

⑤ ［宋］谢守灏：《太上老君实录》，《藏外道书》（第十八册），成都：巴蜀书社 1992 年
　版，第 64-65 页。

⑥ 韩巍：《北京大学藏西汉竹书本〈老子〉的文献学价值》，《中国哲学史》2010 年第 4
　期。

帛书本、汉简本与传世本《老子》共同构成了老子学术思想发生、发展、定型的"完整链条"①，为对先秦老子美学进行"历时态"研究提供了可能。这也告诉我们，将多种出土文献《老子》与传世文献《老子》相结合进行研究，其真正价值不在于探讨孰优孰劣、孰应被孰所替代②，因为正如刘成纪教授所言："像郭店和马王堆本的《老子》，即使今天行世的王弼本与其相比是晚出的，而且其思想包含着对老子故意误读甚至歪曲的成分，但它却铸成了后世对老子的理解，形成了在中国哲学、美学和艺术中的实际'效果史'。"③ 因此，简帛本《老子》与传世本《老子》相结合的美学研究的真正价值不在于拘泥于探讨谁对谁错、孰优孰劣，而在于揭示老子美学乃至整个老子学术思想的发生、发展与定型的演变过程。

---

① 韩巍：《北大汉简〈老子〉简介》，《文物》2011 年第 6 期。
② 参见尹振环：《重识老子与〈老子〉——其人其书其术其演变》，北京：商务印书馆 2008 年版，第 120 页。
③ 刘成纪：《先秦两汉艺术观念史》（上卷），北京：商务印书馆 2017 年版，第 32-33 页。

第八章 郭店楚简《老子》的美学思想

在西方美学史上，治美学者多为哲学家，美学是他们哲学体系中的一部分，对世界本体的追问往往决定着对美本体的追问，故鲍桑葵（Bernard Basanquet）说："美学理论是哲学的一个分支。"① 在中国古代，美学思想虽多存于诗、书、画、乐、文等艺术论著之中，但儒道禅哲学观念总是与之如影随形，中国古人的美学思想往往反映着某种或几种中国哲学观念。因此，我们认为："中国美学体系的形成与哲学观念的渗透分不开，可以说，中国美学和中国哲学是一对孪生兄弟。"② 这一点在郭店楚简《老子》美学思想之中尤为突出。郭店楚简《老子》以"道"为世界的本体，并赋予其"自然""无为""无名"等特性，它们成为郭店楚简《老子》美学思想的基础，《老子》美学围绕着这些哲学观念而层层展开，并彰显出先秦道家美学的独特理论品格。

一、"道"之一无所限与"大音希声，天象无形"

黑格尔（G. W. F. Hegel）曾对我国儒道哲学发表过这样的看法："孔子只是一个实际的世间智者，在他那里思辨的哲学是一点也没有的——只有一些善良的、老练的、道德的教训，从里面我们不能获得什么特殊的东西"③，道家则"是以思辨作为它的特性"④。虽然黑格尔的看法还有可商榷之处，但他所揭示出的道家哲学具有思辨性的特点却值得我们重视。这体现在老子哲学中就为"道"的创设，对世界本体的追问。

---

① ［英］鲍桑葵：《美学史》，张今译，北京：商务印书馆 1985 年版，第 1 页。
② 皮朝纲、李天道、钟仕伦：《中国美学体系论》，北京：语文出版社 1995 年版，第 12 页。
③ ［德］黑格尔：《哲学史讲演录》（第一卷），贺麟、王太庆译，北京：商务印书馆 2009 年版，第 130 页。
④ ［德］黑格尔：《哲学史讲演录》（第一卷），贺麟、王太庆译，北京：商务印书馆 2009 年版，第 136 页。

郭店楚简《老子·甲》曰：

> 有状混成，先天地生，敓绣，独立而不改，可以为天下母。未知其名，字之曰道，吾强为之名曰大。大曰折，折曰转，转曰返。（第21—22简）①

在楚简《老子》哲学中，"道"是先于天地的第一存在，不受其他事物的影响而改变，它就是它自己，同时，作为第一存在的"道"不是具体的"物"而是一种浑然无分的状态。"有状混成"说明"道"没有具体的形象，这是对空间的超越，"先天地生"则揭示出"道"具有超越时间的特性。这种超越时空之第一存在本身就是不可言说与名状的，我们用"道"来称呼它，将它命名为"大"，都是勉强而为的。所谓"大曰折，折曰转，转曰返"是指，如果事物发展到极致（"大"），就会开始折败（"折"），折败就会转化（"转"），转化为最开始的那种状态（"返"），即复归于"道"。这揭示出万物的生命由"道"而始（"母"），又向"道"复归（"返"），宇宙万物因"道"而周行不殆、周而复始。后来，庄子哲学将人的生死视作如同春夏秋冬四季交替运行的观点正导源于此，如"察其始而本无生，非徒无生也而本无形，非徒无形也而本无气。杂乎芒芴之间，变而有气，气变而有形，形变而有生，今又变而之死，是相与为春秋冬夏四时行也。"（《庄子·至乐》）② 人的生命生于"道"，又归于"道"，何必为死亡而哭泣伤心呢？死亡无非是"返"于"道"罢了。"道"是世界的本体，是万物的生命起始，又是万物最终的归宿，所以楚简《老子·甲》曰："返也者，道〔之〕动也。弱也者，道之用也。天下之物生于有，〔有〕生于无。"（第37简）③ "道"就是"无"，但它不是一无所有而是一无所限，天地万有之生命基因皆蕴藏在这超越时空的"道"之中。

"道"即"无"，它一无所限、蕴藏万有。以此为基础，楚简《老子·乙》曰："大方无隅，大器曼成，大音希声，天象无形。"（第12简）④ 裘锡圭先生

---

① 荆门市博物馆编：《郭店楚墓竹简》，北京：文物出版社1998年版，第112页。按："状"，《郭店楚墓竹简》读作"道"，李零《郭店楚简校读记（增订本）》读作"状"，今据改；"绣"，《郭店楚墓竹简》读作"穆"，崔仁义《荆门郭店楚简〈老子〉研究》、邓各泉《郭店楚简〈老子〉释读》皆读作"绣"，今据改；"折"，《郭店楚墓竹简》云"待考"，今据廖名春《郭店楚简老子校释》读作"折"；"转"，《郭店楚墓竹简》读作"远"，廖名春《郭店楚简老子校释》读作"转"，今据改。

② ［清］郭庆藩：《庄子集释》（中册），北京：中华书局2004年版，第614-615页。

③ 荆门市博物馆编：《郭店楚墓竹简》，北京：文物出版社1998年版，第113页。

④ 荆门市博物馆编：《郭店楚墓竹简》，北京：文物出版社1998年版，第118页。按："希"，《郭店楚墓竹简》读作"祇"，赵建伟《郭店竹简〈老子〉校释》读作"希"，今据改。

认为，"大器曼成"之"曼"疑当读为"慢"①。这显然是根据王弼本、河上公本《老子》之"大器晚成"② 而得出的看法。但无论是"大器慢成"还是"大器晚成"，"大器"终究要"成"，而"大器"是"道"的一种显现方式，本身是一无所限的超时空存在，如果它最终"成"为"器"，那么，它就沦为了一般之"器"、有限之"器"。此外，从前后文看，将"曼成"读为"慢成"或"晚成"，与大方之"无隅"、大音之"希声"、天象之"无形"不一致。《小尔雅·广诂》曰："曼、末、没，无也。"③ 《广雅·释言》曰："曼、莫，无也。"④《法言·五百》曰："周之人多行，秦之人多病。行有之也，病曼之也。"⑤《法言音义》曰："曼之，莫半切，无也。"⑥ 因此，"大器曼成"应为"大器无成"。在马王堆汉墓帛书《老子·乙》中，"大器曼成"作"大器免成"⑦，帛书《老子·甲》残毁，北大汉简《老子》作"大器勉成"（第15简）⑧。帛书"大器免成"与楚简"大器曼成"意思相同，"免成"就是"无成"，汉简"勉"应是"免"字之误，"勉成"应作"免成"即"无成"⑨。由此可见，楚简本、帛书本、汉简本《老子》所要表达的意思均为"大器无成"。"成"意味着成为物、成为器，"无成"即"有状混成，先天地生"，它说明"大器"如同"道"一样，是一种超越时空的状态，无声无形。另外，许慎《说文解字》曰："天，颠也，至高无上，从一、大。"⑩ "天"含有"大"的意思，与"道"相通，故"天象"即至高无上之象、大道之象。这样的"象"必

---

① 参见荆门市博物馆编《郭店楚墓竹简·老子甲·注释》之"裘按"，北京：文物出版社1998年版，第119页。

② ［魏］王弼注，楼宇烈校释：《老子道德经注校释》，北京：中华书局2008年版，第113页；［汉］河上公章句：《道德真经注》，《道藏》（第十二册），北京：文物出版社、上海：上海书店出版社、天津：天津古籍出版社1988年版，第12页。

③ ［汉］孔鲋撰，［宋］宋咸注：《小尔雅》，北京：中华书局1985年版，第1页。

④ ［魏］张辑：《广雅》，上海：商务印书馆1936年版，第52页。

⑤ 汪荣宝：《法言义疏》（上册），北京：中华书局1987年版，第268页。

⑥ 汪荣宝：《法言义疏》（上册），北京：中华书局1987年版，第268页。

⑦ 国家文物局古文献研究室编：《马王堆汉墓帛书》（壹），北京：文物出版社1980年版，第89页。

⑧ 北京大学出土文献研究所编：《北京大学藏西汉竹书》（贰），上海：上海古籍出版社2012年版，第125页。

⑨ 参见许抗生：《读西汉竹简〈老子〉札记》，北京大学出土文献研究所编：《古简新知——西汉竹书〈老子〉与道家思想研究》，上海：上海古籍出版社2017年版，第1—2页。

⑩ ［汉］许慎撰，［清］段玉裁注：《说文解字注》，上海：上海古籍出版社1981年版，第1页。

然像"道"一样超越空间而"无形"("天象无形")。那么,所谓"大方无隅,大器曼成,大音希声,天象无形"表达的意思就是,最大的方形是没有棱角的,至上的器物是不会被创造完成的,至高的音乐是没有声音的,无上的形象是没有形状的。从中可见出,《老子》美学倡导超越有限的声音、形状,而见出无声无形的无限之存在,即器以见道。

无声之音、无形之象是楚简《老子》美学的审美追求,它们是超越有限声音与形式的无声音和无形式,即"道"。这对审美主体来说,就必须超越感官和知觉。楚简《老子·甲》曰:

> 闭其兑,塞其门,和其光,同其尘,畜其锐,解其纷,是谓玄同。(第27—28 简)①

《淮南子·道应训》有"塞民于兑"② 之说,汉高诱《注》曰:"兑,耳目鼻口也。《老子》曰'塞其兑'是也。"③ 而"兑"与"门"同义,故"闭其兑,塞其门"指关闭人的感官,超越知觉。与此同时,不露锋芒,混同俗世,化解纷争,这样人才能进入与"道"玄同的境界。易言之,当人超越了感官的束缚、知觉的局限,就能在尘出尘、与世无争,最终由人及天、与道冥合。此外,"道"之一无所限还要求对"言"进行超越。其实,所谓"未知其名,字之曰道,吾强为之名曰大"(楚简《老子·甲》第 21—22 简)④ 就以透露出语言和言说在无限之"道"面前的无力。《周易·系辞上》中的"书不尽言,言不尽意"⑤ 就揭示出有限之言无法表达无限之意,更不用提"道"了。所以,对"道"本身来说,"道恒无名也"(楚简《老子·甲》第 18 简)⑥,对人来说,则"知之者弗言,言之者弗知"(楚简《老子·甲》第 27 简)⑦。其中的"之"即"道"。但这并不是说懂得"道"的人不说话,而是指真正懂得"道"的人不会用语言去描绘它,用语言去描绘它的人不是真正懂得"道"的人。因此,楚简《老子》美学倡导对"言"的超越,因为"言"是有限的,"道"是

---

① 荆门市博物馆编:《郭店楚墓竹简》,北京:文物出版社 1998 年版,第 112–113 页。按:"畜其锐",《郭店楚墓竹简》云"简文待考",今据廖名春《郭店楚简老子校释》读作"畜其锐"。

② 刘文典:《淮南鸿烈集解》(上册),北京:中华书局 1989 年版,第 418 页。

③ 刘文典:《淮南鸿烈集解》(上册),北京:中华书局 1989 年版,第 418 页。

④ 荆门市博物馆编:《郭店楚墓竹简》,北京:文物出版社 1998 年版,第 112 页。

⑤ [魏]王弼、[晋]韩康伯注,[唐]孔颖达疏:《周易正义》,[清]阮元校刻:《十三经注疏》(上册),北京:中华书局 1980 年版,第 82 页。

⑥ 荆门市博物馆编:《郭店楚墓竹简》,北京:文物出版社 1998 年版,第 112 页。

⑦ 荆门市博物馆编:《郭店楚墓竹简》,北京:文物出版社 1998 年版,第 112 页。

无限的，有限之"言"无法言说无限之"道"，"道"具有不可言说与名状的性质。所以，圣人施行的是"不言之教"（楚简《老子·甲》第 17 简）①，从口中说出的道理是"淡呵其无味"（楚简《老子·丙》第 5 简）②，人们也应该由此而"味无味"（楚简《老子·甲》第 14 简）③。

总之，在郭店楚简《老子》中，"道"是宇宙万物的本体，它超越形象、声音与言语，这造就了先秦道家美学对希声之"音"、无形之"象"、无味之"味"的追求。对审美主体而言，则需要超越感官知觉、语言名状，从有限见出无限，以在场体验不在场，最终进入一种与"道"玄同的境界。楚简《老子》美学就是一种"生命超越之学"④。

二、"道"之浑然整全与"美与恶，相去何若"

"道"是《老子》哲学、美学的本体范畴，具有无声无形、无味无名的特性，它不为感官知觉所把握，不能被语言所名状。楚简《老子·乙》再一次强调了"闭其门，塞其兑"（第 13 简）⑤ 的重要性。但值得注意的是，人在关闭感官知觉的同时，也关闭了获得知识的大门，因为"人关于世界的知识最初是以形象、感觉和知觉的形式产生的"⑥。因此，楚简《老子》哲学、美学倡导超越感官知觉也为其哲学、美学打上了"去智"的烙印。

楚简《老子》所要去的"智"不是圣人之"智"而是众人之"智"，类似于佛教中的"俗谛"，它指人所孜孜追求的知识。楚简《老子·乙》曰："学者日益，为道者日损。"（第 3 简）⑦ "学"所日益增加的正是知识，而"为道"所要减损的也是知识。楚简《老子》倡导的是后者，是一种"损道"。知识是一种区分，是认识主体与被认识客体之间的对立，而"道"是"有状混成，先天地生"的，是一种无分别的浑然整全。只有当人"损"去了知识，泯灭了区分，消除了物我之间的对立，才有可能见出宇宙万物的本真（"道"），进入与"道"冥合的境界。楚简《老子·乙》曰："是以建言有之：明道如𦳊，夷道〔如纇，进〕道若退。上德如谷，大白如辱，广德如不足，健德如〔偷，质真如

---

① 荆门市博物馆编：《郭店楚墓竹简》，北京：文物出版社 1998 年版，第 112 页。
② 荆门市博物馆编：《郭店楚墓竹简》，北京：文物出版社 1998 年版，第 121 页。
③ 荆门市博物馆编：《郭店楚墓竹简》，北京：文物出版社 1998 年版，第 112 页。
④ 朱良志：《中国美学十五讲》，北京：北京大学出版社 2006 年版，第 2 页。
⑤ 荆门市博物馆编：《郭店楚墓竹简》，北京：文物出版社 1998 年版，第 118 页。
⑥ ［苏］B. B. 波果斯洛夫斯基、［苏］A. Г. 科瓦列夫等主编：《普通心理学》，魏庆安等译，北京：人民教育出版社 1981 年版，第 114 页。
⑦ 荆门市博物馆编：《郭店楚墓竹简》，北京：文物出版社 1998 年版，第 118 页。

渝。〕"（第10—11简）① 楚简《老子》不是要人们追求一种"曹""额""退"之道，也不是倡导人们的品格应低下污浊、怠惰无恒，楚简《老子》旨在通过"明"与"曹"、"夷"与"额"、"进"与"退"等的对举，揭示出在"道"的境域中一切都是了无分别、浑然整全的，用《庄子·秋水》中的话讲就是"以道观之，物无贵贱"②。正是在这个意义上，楚简《老子·甲》发表了对"美""丑"的看法，如：

　　天下皆知美之为美也，恶已；皆知善，此其不善已。有无之相生也，难易之相成也，长短之相形也，高下之相盈也，音声之相和也，先后之相随也。（第15—16简）③

楚简《老子》认为，当天下都知道美之所以为美时，丑就产生了，都知道善之所以为善时，恶也出现了，美丑、善恶与有无、难易、长短、高下、音声、前后等一样是"相反相因的观念"，并且"在对待关系中彰显出来"的④。的确，楚简《老子》说明了世间之美丑、善恶等观念是相辅相成、相倚而生的，但这并不是《老子》美学的根本旨趣。楚简《老子》美学是要通过这些相辅相成、相倚而生的观念说明，在"道"的境域中或观照下，美丑、善恶等观念都是玄同为一、浑然无待的，人也不应以分别的态度求"美"去"丑"，因为美丑始终属于世间。楚简《老子》美学所真正追求的是超越世间美丑、善恶、音声、前后、高下及其对立的浑全之"道"。这个"道"才是至高无上之美、宇宙之美，即《庄子》所说的天地之"大美"⑤。所以，楚简《老子·乙》曰："绝学无忧，唯与呵，相去几何？美与恶，相去何若？人之所畏，亦不可以不畏。"（第4—5简）⑥ 当人去除了知识的态度、泯灭了区分的见解，世间之美丑还存在吗？美丑之对立还有意义吗？人还需要去"丑"求"美"吗？当美丑之分消解以后，人就进入了"玄同"之境、"大道"之境、"无忧"之境。这体现出楚简《老子》美学虽以本体之道为核心，但终究落实于人的特点，所以，"《老子》是一部人生哲学与人生美学"⑦。

----

① 荆门市博物馆编：《郭店楚墓竹简》，北京：文物出版社1998年版，第118页。
② ［清］郭庆藩：《庄子集释》（中册），北京：中华书局2004年版，第577页。
③ 荆门市博物馆编：《郭店楚墓竹简》，北京：文物出版社1998年版，第112页。
④ 陈鼓应：《老子今注今译及评介》，台北：台湾商务印书馆1978年版，第52页。
⑤ ［清］郭庆藩：《庄子集释》（中册），北京：中华书局2004年版，第735页。
⑥ 荆门市博物馆编：《郭店楚墓竹简》，北京：文物出版社1998年版，第118页。
⑦ 李天道：《老子美学思想的当代意义》，北京：中国社会科学出版社2008年版，第16页。

　　楚简《老子》美学倡导人们去除知识的遮蔽，泯灭分别的见解，这是"道"之浑全性质所决定的。而去除知识、泯灭区分又导向了"去欲"，因为知识就是一种区分，当人以区分的眼光观照外物时，外物之高低贵贱、美丑善恶、利害得失一一呈现在目前，人们对高、贵、美、善、利等的欲望追求也随之而生。所以，知识带来区分，区分激起欲望，"去智"必然导向"去欲"。这就是楚简《老子·甲》倡导的"至虚""守中"（第24简）①。"至虚"就是"视素保朴，少私寡欲"（第2简）②，即消除欲望得失而让内心处于平静素朴的状态，"守中"就是持守虚静于心中③。楚简《老子·甲》曰：

　　　　至虚，恒也；守中，笃也。万物旁作，居以须复也。天道员员，各复其根。（第24简）④

　　"复"与"根"皆指"道"。当人以虚静无欲之心胸映照世界时，天地万物周行运作皆合于"道"，并复归于"道"，整个宇宙化为艺术的宇宙、审美的宇宙，彰显出天地之"大美"。

　　要言之，"道"为宇宙万物之本体，它浑然整全、了无分别，在"道"的境域中，世间的善恶美丑及其对立是没有意义的。所以，人不应有美丑之分别见，去追求"美"贬斥"丑"，而应超越分别、超越美丑去求作为天地之"大美"的"道"。当然，求"道"的前提之一是"至虚""守中"和"少私寡欲"。

三、"道"之自然无为与"大巧若拙"

　　"道"是宇宙万物的本体，它无形无状、无声无味，不为感官知觉所把握，不为语言所名状，同时，它浑然整一，不为世俗知识所了解。因为在楚简《老子》美学看来，要想把握、体会"道"，必须"去智""去欲"，故楚简《老子·丙》曰："是以〔圣〕人欲不欲，不贵难得之货；学不学，复众之所过。是以能辅万物之自然，而弗敢为。"（第12—14简）⑤ 不欲之欲、不学之学就是"去欲""去智"，而"去欲""去智"能够辅助万物自然地运行与生长，圣人也因此"弗敢为"。可见，《老子》美学之"去欲""去智"又引出了"自然"

---

① 荆门市博物馆编：《郭店楚墓竹简》，北京：文物出版社1998年版，第112页。
② 荆门市博物馆编：《郭店楚墓竹简》，北京：文物出版社1998年版，第111页。
③ 魏启鹏：《楚简〈老子〉柬释》，台北：万卷楼图书有限公司1999年版，第22页。
④ 荆门市博物馆编：《郭店楚墓竹简》，北京：文物出版社1998年版，第112页。
⑤ 荆门市博物馆编：《郭店楚墓竹简》，北京：文物出版社1998年版，第121页。

"无为"的观念。

在楚简《老子》哲学中，"自然"是"道"的特性之一，如"人法地，地法天，天法道，道法自然。"（楚简《老子·甲》第22—23简）① "自然"不是外在于我们的自然界，"法自然"也不是遵循自然规律②。自，己也，然，如此也。"自然"就是自己本来如此的意思。"道法自然"不是"道"要效法一个外在于它的自然，而是说"道"就是它自己，"道"遵循自己的意志运行，它不受外物的影响，不为外物所动，它"是其所是"。这与"人""地""天"相区别，因为"地"是"人"效法的对象，"天"是"地"效法的对象，"道"是"天"效法的对象，"人""地""天"都会受到另一物的影响，而"道"不需要效法其他的东西，它就是它自己（"自然"）。这符合"道"作为第一存在的性质。质言之，"道"是"人""地""天"应效法对象，"自然"是"人""地""天"应遵循的法则，"法道"就是"法自然"。当人以"道"之"自然"为效法对象时，人就不会有介入外物、占有外物、控制外物的念头，会让外物"是其所是"地存在与运行，所以能"辅万物之自然"，而对人自身来说就应该"弗敢为"，即"无为"。所以"自然"与"无为"并行不悖，皆是"道"的特性，如"道恒无为也"（楚简《老子·甲》第13简）③。楚简《老子·乙》所谓"学者日益，为道者日损。损之又损，以至无为也，无为而无不为"（第3—4简）④ 说明，"无为"不是什么都不做的无所作为，而是不应以功利欲望、利害计较的目的和态度去妄为。楚简《老子·甲》曰："为之者败之，执之者远之。是以圣人无为故无败，无执故无失。"（第10—11简）⑤ "为"就是带有功利欲望的刻意为之，即妄为，这种"为"给人带来的是失败和灾难，故"有为即为祸"⑥。楚简《老子》所要"无"的正是这种"为"，所以真正懂得"道"的圣人是"无为"的，"无为"就"无败"。楚简《老子》美学倡导人们应像"道"那样"自然""无为"，这不仅因为它们是"道"的特性，还因为"自然""无为"有益于社会、天地的发展和运行，如：

---

① 荆门市博物馆编：《郭店楚墓竹简》，北京：文物出版社1998年版，第112页。

② 如尹振环：《重识老子与〈老子〉——其人其书其术其演变》，北京：商务印书馆2008年版，第103页。

③ 荆门市博物馆编：《郭店楚墓竹简》，北京：文物出版社1998年版，第112页。

④ 荆门市博物馆编：《郭店楚墓竹简》，北京：文物出版社1998年版，第118页。

⑤ 荆门市博物馆编：《郭店楚墓竹简》，北京：文物出版社1998年版，第111页。

⑥ ［法］马伯乐：《道家学派》，《马伯乐汉学论著选译》，伭晓笛、盛丰等译，北京：中华书局2014年版，第13页。

我无为而民自化。(楚简《老子·甲》第 32 简)①

道恒无为也，侯王能守之，而万物将自化。化而欲作，将镇之以无名之朴。(楚简《老子·甲》第 13 简)②

"自化"就是"自然而然""是其所是"地运行、发展和演化。当人们以自然无为的态度做人行事时，人伦社会、自然造化就会"自化"。这不仅符合"道"的性质与要求，还让人伦社会、自然造化呈现出"自然""无为"的景象，这种景象就是一种大道之美。

"自然""无为"不仅是"道"的特性，也是人们应当遵循的法则和追求的境界，其中还蕴含着规避人为、人工的思想。于是，楚简《老子·乙》提出了"大巧若拙"（第 14 简）③的命题，以示对审美创作的要求。"巧"是刻意为之的人工、人为，是经过一定的学习、训练而获得的技能、技法，是与"自然""无为"相悖的"为"。但对于审美创作而言，毫无技法、技巧（"为"）是不可能创作出优秀的艺术品，所以楚简《老子》美学不是否定"巧"，认为"巧"不重要，而是化"巧"为"大巧"。"大巧"与"大方""大器""大音"类似，是"道"在"巧"中的落实与显现，是大道之巧、自然之巧和无为之巧。那怎样才能达到"大巧"的高度呢？楚简《老子》认为，其关键在于"拙"。"拙"即"不巧"④"钝也"⑤，即未经过学习、训练的状态，与"素""朴"相通。所谓"视素保朴，少私寡欲"（楚简《老子·甲》第 2 简）⑥暗含着"拙"超越功利欲望、知识技巧的性质。楚简《老子·甲》曰：

绝智弃辩，民利百倍。绝巧弃利，盗贼无有。绝伪弃虑，民复季子。（第 1 简）⑦

"季子"即"稚子"，指婴儿。"拙"的状态正是一种无知无畏、无欲无求、自然无为、是其所是的婴儿状态，婴儿象征着"道"。所以"拙"就是要像婴

---

① 荆门市博物馆编：《郭店楚墓竹简》，北京：文物出版社 1998 年版，第 113 页。

② 荆门市博物馆编：《郭店楚墓竹简》，北京：文物出版社 1998 年版，第 112 页。

③ 荆门市博物馆编：《郭店楚墓竹简》，北京：文物出版社 1998 年版，第 118 页。

④ ［汉］许慎撰，［清］段玉裁注：《说文解字注》，上海：上海古籍出版社 1981 年版，第 607 页。

⑤ ［魏］张辑：《广雅》，上海：商务印书馆 1936 年版，第 33 页。

⑥ 荆门市博物馆编：《郭店楚墓竹简》，北京：文物出版社 1998 年版，第 111 页。

⑦ 荆门市博物馆编：《郭店楚墓竹简》，北京：文物出版社 1998 年版，第 111 页。按："季子"，《郭店楚简》读作"孝慈"，廖名春《郭店楚简老子校释》认为"季"不必改字为训，"孝慈"当出于后人改造，故书当作"季子"，今从之。

儿那样无欲无求，不为知识所羁绊，不为技法所束缚，"拙"的状态就是"道"的状态。楚简《老子》美学反对人工、人为之"巧"而倡如拙之"大巧"，实乃纳"巧"于"大巧"，让人超越知识技法、欲望功利，在自然无为的自由状态中进行审美创作，用苏轼的话来讲就是"出新意于法度之中，寄妙理于豪放之外"（《书吴道子画后》）①。用这种"大巧"创作出的艺术品彰显的是一种"拙"境，艺术家在创作过程中也因此进入了一种"拙"境，而这种"拙"境就是复归于"道"的玄同境界。

　　总之，在"道"之自然无为的特性基础上，楚简《老子》美学提出了"大巧若拙"的命题，以倡导审美创作对功利欲望、知识技法的超越，如拙之"大巧"是大道之巧、自然之巧和无为之巧，所以它与造化同功②。通过"大巧"所创作出的艺术彰显的是大道之美，艺术家在创作过程中也因此进入一种与"道"玄同的境界。

四、"道"之囊括万有与"故大道废，安有仁义"

　　商周鼎革，原来的"神道社会"被"人道社会"所取代③，礼乐制度成为周王朝治国行政、宗教祭祀以及人民日常生活的准则。但到了春秋中期以后，王室衰微，诸侯崛起，列国间战争频繁，周天子形同虚设，周初建立的礼乐制度被破坏殆尽，是谓"礼崩乐坏"④。孔子所谓的"礼乐征伐自诸侯出"（《论语·季氏》）⑤ 正是对这种局势的描绘，"礼崩乐坏"也被儒家认为是乱世的根本原因。道家则认为乱世的根本原因不是"礼崩乐坏"，而是"大道"的废弛。

　　面对"礼崩乐坏"，孔子重倡礼乐，但他不是机械地复古，而是应时代的要求，为礼乐注入了新的内涵——"仁"。孔子曰："礼云礼云，玉帛云乎哉？乐云乐云，钟鼓云乎哉？"（《论语·阳货》）⑥ 又曰："人而不仁，如礼何？人而

---

① ［宋］苏轼：《苏东坡全集》（第三册），上海：大东书局 1937 年版，第 79 页。

② 徐复观：《中国艺术精神》，台北：台湾学生书局 1966 年版，第 57 页。

③ 陈致平：《中华通史》（第一册），台北：黎明文化事业股份有限公司 1986 年版，第 16 页。

④ ［汉］应劭撰，王利器校注：《风俗通义校注》（下册），北京：中华书局 1981 年版，第 267 页。

⑤ ［魏］何晏注，［宋］邢昺疏：《论语注疏》，［清］阮元校刻：《十三经注疏》（下册），北京：中华书局 1980 年版，第 2521 页。

⑥ ［魏］何晏注，［宋］邢昺疏：《论语注疏》，［清］阮元校刻：《十三经注疏》（下册），北京：中华书局 1980 年版，第 2525 页。

不仁，如乐何?"(《论语·八佾》)① 这说明礼乐不能徒有其形式、外表，礼乐应该具有"仁"的内涵才有意义，才能发挥相应的功效。那什么是"仁"呢?《论语》记载了孔子许多论"仁"的话语，如"巧言令色，鲜矣仁"(《论语·学而》)②；"苟志于仁矣，无恶也"(《论语·里仁》)③；"君子去仁，恶乎成名?"(《论语·里仁》)④；"夫仁者，己欲立而立人，己欲达而达人"(《论语·雍也》)⑤；"克己复礼为仁"(《论语·颜渊》)⑥ 等。孔子每一次论"仁"都只揭示了"仁"的一个侧面。台湾学者罗光总结道:"仁在对自己本身的修养，应该是端重，在言语上，木讷少言；在行动上，恭正不苟，端重的标准则是礼，所以守礼便是仁，在视听言行上，出处遵守礼的规则。"⑦ 因此，"仁"就是儒家道德哲学的总原则与根本精神，它不仅是礼乐的意义与价值所在，是由正人心到正世道的关键所在，它还是儒家理想人格之"君子"的一种必要品格。除"仁"意外，"义"也被孔子视作"君子"的另一品格，如"君子喻于义，小人喻于利"(《论语·里仁》)⑧ 孔子弟子有子曰:"信近于义，言可复也。"(《论语·学而》)⑨ 邢昺《疏》曰:"于事合宜为义。"⑩ 可见，"义"其实是一种"度"，在儒家哲学中体现为"礼"。所以，"义"即"礼义"，"礼"之抽象与普遍化之"宜"⑪。郭店楚简《五行》发展了孔子的仁义思想。在楚简《五行》中，构成君子人格的五种道德中就有"仁""义"两种

① [魏]何晏注，[宋]邢昺疏:《论语注疏》，[清]阮元校刻:《十三经注疏》(下册)，北京:中华书局1980年版，第2466页。
② [魏]何晏注，[宋]邢昺疏:《论语注疏》，[清]阮元校刻:《十三经注疏》(下册)，北京:中华书局1980年版，第2457页。
③ [魏]何晏注，[宋]邢昺疏:《论语注疏》，[清]阮元校刻:《十三经注疏》(下册)，北京:中华书局1980年版，第2471页。
④ [魏]何晏注，[宋]邢昺疏:《论语注疏》，[清]阮元校刻:《十三经注疏》(下册)，北京:中华书局1980年版，第2471页。
⑤ [魏]何晏注，[宋]邢昺疏:《论语注疏》，[清]阮元校刻:《十三经注疏》(下册)，北京:中华书局1980年版，第2479页。
⑥ [魏]何晏注，[宋]邢昺疏:《论语注疏》，[清]阮元校刻:《十三经注疏》(下册)，北京:中华书局1980年版，第2502页。
⑦ 罗光:《儒家哲学的体系》，台北:台湾学生书局1983年版，第242页。
⑧ [魏]何晏注，[宋]邢昺疏:《论语注疏》，[清]阮元校刻:《十三经注疏》(下册)，北京:中华书局1980年版，第2471页。
⑨ [魏]何晏注，[宋]邢昺疏:《论语注疏》，[清]阮元校刻:《十三经注疏》(下册)，北京:中华书局1980年版，第2458页。
⑩ [魏]何晏注，[宋]邢昺疏:《论语注疏》，[清]阮元校刻:《十三经注疏》(下册)，北京:中华书局1980年版，第2458页。
⑪ 李泽厚:《论语今读》，北京:生活·读书·新知三联书店2004年版，第123页。

道德，同时，楚简《五行》曰："知而行之，义也"（第27简）①；"知而安之，仁也"（第28简）②。"仁""义"就是知道君子之道是什么并且安适乐意地践行之的意思。孟子则将"仁""义"合并，成为儒家哲学的一个概念③，并与"礼""智"一道成为人性本身具有的道德品质，如"仁义礼智，非由外铄我也，我固有之也，弗思耳矣。"（《孟子·告子上》）④ 自此以后，"仁义"逐渐成为儒家哲学所倡导与重视的重要道德观念。

日本学者谷中信一认为："在古代中国思想中，占据中心地位的始终是政治思想。"⑤ 对这一观点虽然可以继续讨论，但至少这种观点揭示出政治在古代中国思想中的重要性。"仁义"被儒家哲学所倡，以此为基础的礼乐才有意义，其目的指向了政治（"治国""平天下"），因为具有道德内涵的礼乐才能真正发挥维系人伦道德、安定国家社会的效用。这种重视政治的倾向也在楚简《老子》思想中有所展现。楚简《老子》虽聚焦于对世界本体的追问，建立了以"道"为核心的本体论，但与此同时，楚简《老子》也关注现实，将天下大乱的现实归因于"大道废"，如楚简《老子·丙》曰：

> 故大道废，安有仁义。六亲不和，安有孝慈。邦家昏〔乱，安〕有正臣。（第2—3简）⑥

在楚简《老子》看来，"仁义""孝慈""正臣"的缺失，造成了国家社会、人伦纲常的混乱。这一点与儒家类似。但同时，楚简《老子》对此并不满足，而在儒家思想基础上，对"仁义""孝慈""正臣"的缺失进行了进一步追问，得出了"仁义""孝慈""正臣"缺失的原因在于"大道废""六亲不和"和"邦家昏〔乱〕"的结论，其中"大道"的废弛是根因。正是由于

---

① 荆门市博物馆编：《郭店楚墓竹简》，北京：文物出版社1998年版，第150页。

② 荆门市博物馆编：《郭店楚墓竹简》，北京：文物出版社1998年版，第150页。

③ 如《孟子·梁惠王上》曰："王何必曰利？亦有仁义而已矣。"《孟子·滕文公下》曰："仁义充塞，则率兽食人，人将相食。"《孟子·离娄下》曰："人之所以异于禽于兽者几希，庶民去之，君子存之。舜明于庶物，察于人伦，由仁义行，非行仁义也。"参见〔清〕阮元校刻：《十三经注疏》（下册），北京：中华书局1980年版，第2665页、第2714页、第2727页。

④ 〔汉〕赵岐注，〔宋〕孙奭疏：《孟子注疏》，〔清〕阮元校刻：《十三经注疏》（下册），北京：中华书局1980年版，第2749页。

⑤ 〔日〕谷中信一：《〈老子〉经典化过程（process）的研究——从郭店〈老子〉到北大简〈老子〉》，张雪禾译，北京大学出土文献研究所编：《古简新知——西汉竹书〈老子〉与道家思想研究》，上海：上海古籍出版社2017年版，第260页。

⑥ 荆门市博物馆编：《郭店楚墓竹简》，北京：文物出版社1998年版，第121页。

"大道"的废弛,社会上才出现了"六亲不和""邦家昏〔乱〕"的现象,而"仁义""孝慈"也随之消逝,"正臣"也不会出现。那么,救世就不能像儒家那样停留在"仁义"等道德品质的培养和塑造上,而应找回废弛、消逝的"道"。"道"是天下"母",是囊括万有的第一存在,人伦社会中的道德自然也在其中。因此,"大道废,安有仁义"不是反对仁义,而是将"仁义"纳入"道"的体系中,强调"道"是"仁义"之基础与根本,以"道"为体,以"仁义"为用,立体显用。当统治者寻找回那废弛的"大道"时,以"道"("自然""无为"等)治国教民,六亲不再"不和",邦家不再"昏乱",仁义、孝慈等道德才会随之出现。所以,"安"作"哪里"解,不应表示承接关系①。

孔子曰:"里仁为美"(《论语·里仁》)②;"仁者不忧"(《论语·子罕》)③。郭店楚简《五行》曰:"闻道而悦者,好仁者也。"(第 49 简)④ 孟子以"仁义"为美⑤,同时也认为:"仁义忠信,乐善不倦,此天爵也。"(《孟子·告子上》)⑥ 可见,儒家美学不仅将"仁义"视作一种道德品质,还将之视作"美",当然这种"美"是儒家美学所追求的"善-美","善-美"的获得能给人以"无忧"之"乐"。楚简《老子·乙》美学则提出:"绝学无忧。"(第 4 简)⑦"绝学"就是对知识区分、利害得失的超越,从而进入"自然""无为"的状态(与"道"玄同)。这种状态的获得就是个人精神境界的提升,在这种境界之中,人才能获得真正、永恒的快乐。所以,"大道废,安有仁义"揭示出,先秦《老子》美学以"道-美"为最高追求,将仁义道德纳入"道"的体系中,倡导人们不应拘泥于道德情感的获得,而应超越之,将刻意为之而获得的仁义之"乐"化入自然无为的大道之"乐",从而进入集真善美为一体的"玄同"之境。

---

① 如廖名春:《郭店楚简老子校释》,北京:清华大学出版社 2002 年版,第 515 页。

② 〔魏〕何晏注,〔宋〕邢昺疏:《论语注疏》,〔清〕阮元校刻:《十三经注疏》(下册),北京:中华书局 1980 年版,第 2471 页。

③ 〔魏〕何晏注,〔宋〕邢昺疏:《论语注疏》,〔清〕阮元校刻:《十三经注疏》(下册),北京:中华书局 1980 年版,第 2491 页。

④ 荆门市博物馆编:《郭店楚墓竹简》,北京:文物出版社 1998 年版,第 151 页。

⑤ 《孟子·公孙丑下》载孟子语曰:"齐人无以仁义与王言者,岂以仁义为不美也?"参见〔清〕阮元校刻:《十三经注疏》(下册),北京:中华书局 1980 年版,第 2694 页。

⑥ 〔汉〕赵岐注,〔宋〕孙奭疏:《孟子注疏》,〔清〕阮元校刻:《十三经注疏》(下册),北京:中华书局 1980 年版,第 2753 页。

⑦ 荆门市博物馆编:《郭店楚墓竹简》,北京:文物出版社 1998 年版,第 118 页。

值得注意的是，除郭店楚简《老子》外，马王堆汉墓帛书《老子·甲本》曰："故大道废，案有仁义。智慧出，案有大伪。六亲不和，案有孝慈。邦家昏乱，案有贞臣。"① 帛书《老子·乙本》曰："故大道废，安有仁义。智慧出，安有□□。六亲不和，案有孝兹。国家昏乱，安有贞臣。"② 傅奕本《老子》曰："大道废，焉有仁义。知慧出，焉有大伪。六亲不和，有孝慈。邦家昏乱，有贞臣。"③ 由此可见，《老子》以"道"统摄"仁义"，化仁义之"乐"为自然无为之"乐"的美学思想，至少应是从战国中期延续至汉初，是先秦道家美学原原本本的思想。从这个意义上讲，认为先秦道家美学是作为儒家美学的对立面出现的，它把人为的礼乐仁义等道德看作一种罪恶的渊薮而加以批判的观点④，值得我们重新审视。

五、结语

郭店一号楚墓的下葬年代为公元前 4 世纪中期至公元前 3 世纪初⑤，属于战国中期或偏晚的楚国墓葬，那么，出土于其中的楚简《老子》便是流行于战国中期甚至中期以前的文献，其中蕴含的是真真正正的先秦老子美学思想。楚简《老子》以"道"为本体，并赋予"道"诸如"自然""无为""无名"等特性，决定着《老子》美学的倾向与理论品格。从审美理想上看，楚简《老子》提出"大音希声，天象无形"的命题，以倡导超越有限的形式、声音而追求无声之音、无形之象、无味之味；从审美心胸上看，楚简《老子》要求人们"视素保朴，少私寡欲"，在"至虚""守中"的心境中，荡去欲望、泯灭分别，超越尘世的美丑、善恶之别，从而进入那浑然整全的"道"境；从审美创作上看，楚简《老子》在"道"之"自然""无为"特性基础上提出"大巧若拙"的命题，揭示出审美创作应对功利欲望、知识技法进行超越，如拙之"大巧"就是大道之巧、自然之巧和无为之巧。此外，在对待仁义道德的态度方面，楚简《老子》并非否定仁义，而是立足于"道"，将仁义道德纳入"道"的体系中，以"道"统摄仁义，

---

① 国家文物局古文献研究室编：《马王堆汉墓帛书》（壹），北京：文物出版社 1980 年版，第 11 页。

② 国家文物局古文献研究室编：《马王堆汉墓帛书》（壹），北京：文物出版社 1980 年版，第 96 页。

③ ［唐］傅奕校定：《道德经古本篇》，《道藏》（第十一册），北京：文物出版社、上海：上海书店、天津：天津古籍出版社 1988 年版，第 483 页。

④ 参见敏泽：《中国美学思想史》（上卷），长沙：湖南教育出版社 2004 年版，第 204、214 页。

⑤ 湖北省荆门市博物馆：《荆门郭店一号楚墓》，《文物》1997 年第 7 期。

化"善-美"为"道-美",化仁义之"乐"为自然无为之"乐",从而进入集真善美为一体的"玄同"之境。总之,郭店楚简《老子》美学思想是属于先秦时期的道家美学思想,"道"不仅是《老子》哲学的本体范畴,也是其美学的本体范畴,《老子》美学以"道"为核心向四周延伸展开。

第九章　简帛文献与先秦《老子》美学思想的拓展

如果说楚简《老子》是最近原本《老子》的文本①，那么，楚简《老子》美学思想就可视作最原原本本的老子美学思想，楚简《老子》虽不及传世本（如河上公本、王弼本）的五分之二，但已形成了老子美学的核心观念，为老子美学的进一步发展奠定了基础。而马王堆汉墓帛书《老子》与西汉竹简《老子》中的美学思想正是以楚简《老子》为基础，吸收战国中期以后的相关思想，丰富、深化了楚简《老子》美学思想，推动了老子美学走向定型。

一、本体之"道"向本体宇宙论之"道"的演进

"道"在楚简《老子》中，是以宇宙万物之本体的身份出场的，它既是《老子》哲学的本体范畴，也是其美学的本体范畴。牟宗三先生说："中文说一物之存在不以动字'是'来表示，而是以'生'字来表示。'生'就是一物之存在。……此种存有论亦函着宇宙生生不息之动源之宇宙，故吾常亦合言而曰本体宇宙论。"② 可是，牟先生所说的"本体宇宙论"并未在楚简《老子》中充分展现，因为除对"道"之"有状混成，先天地生""独立不改，可以为天下母"（第21简）③ 性质和特点进行揭示外，楚简《老子》还未涉及宇宙生成论，"道"还只是宇宙万物的本体。关于宇宙万物如何生成，"道"在其中的作用、地位等问题，是在帛书、汉简《老子》中才开始被追问的。

楚简《老子》侧重于揭示"道"之本体意义，而其宇宙生成论的意义还未得到展现。我们知道，《老子》哲学思想在战国中期演化为两脉：一派以庄周为

---

① ［日］池田知久：《道家思想的新研究——以〈庄子〉为中心》（上册），王启发、曹峰译，郑州：中州古籍出版社2009年版，第70页。

② 牟宗三：《圆善论》，《牟宗三先生全集》（22），台北：联经出版事业公司2003年版，第327-328页。

③ 荆门市博物馆编：《郭店楚墓竹简》，北京：文物出版社1998年版，第112页。

代表；一派以稷下黄老道家为代表①。前者主要发扬了《老子》自然无为、清心寡欲的思想，后者则立足《老子》，吸收多种学说，将"道"运用于人间，为统治者提供统治之术，成为汉初黄老之治的重要理论来源。但是，无论是庄周学派，还是稷下黄老学派，他们有一共通之处——在"道"本体基础上，进行宇宙生成论的构建，如"夫道，有情有信，无为无形……神鬼神帝，生天生地"（《庄子·大宗师》)②；"夫道之为宗也，有形者皆生焉"（《文子·符言》)③；"道生万物，理于阴阳，化为四时，分为五行，各得其所"（《文子·自然》)④。这就说明，道家之"道"并非悬置于万物之上、独立于万物之外的本体，而是参与宇宙万物的化生过程，具有"生生"的功能，最终成为牟宗三先生所说的"本体宇宙论"范畴。此外，具有浓厚的黄老道家色彩的《太一生水》⑤则以"太一"为基础，构建了独特的宇宙生成论模式，如：

> 太一生水，水反辅太一，是以成天。天反辅太一，是以成地。天地〔复相辅〕也，是以成神明。神明复相辅也，是以成阴阳。阴阳复相辅也，是以成四时。四时复〔相〕辅也，是以成沧热。沧热复相辅也，是以成湿燥。湿燥复相辅也，成岁而止。故岁者，湿燥之所生也。湿燥者，沧热之所生也。沧热者，〔四时之所生也〕。四时者，阴阳之所生。阴阳者，神明之所生也。神明者，天地之所生也。天地者，太一之所生也。是故太一藏于水，行于时，周而或〔始，以己为〕万物母。一缺一盈，以己为万物经。此天之所不能杀，地之所不能埋，阴阳之所不能成，君子知此之谓〔□，不知者谓□〕。（第1—8简）⑥

《庄子·列御寇》中有"太一形虚"⑦之说，《庄子·天下》载："以本为精，以物为粗，以有积为不足，澹然独与神明居，古之道术有在于是者。关尹、老聃闻其风而悦之，建之以常无有，主之以太一，以濡弱谦下为表，以空虚不

---

①　黄钊主编：《道家思想史纲》，长沙：湖南师范大学出版社1991年版，第88页。
②　[清]郭庆藩：《庄子集释》（上册），北京：中华书局2004年版，第246—247页。
③　王利器：《文子义疏》，北京：中华书局2000年版，第206页。
④　王利器：《文子义疏》，北京：中华书局2000年版，第345页。
⑤　参见曹峰：《〈太一生水〉"天道贵弱"篇的思想结构——兼论与黄老道家的关系》，《清华大学学报》（哲学社会科学版）2015年第3期。
⑥　荆门市博物馆编：《郭店楚墓竹简》，北京：文物出版社1998年版，第125页。按："始，以己为"，简文原缺，今据李零《郭店楚简校读记（增订本）》补；"埋"，《郭店楚墓竹简》读作"螯"，今据李零《郭店楚简校读记（增订本）》改；"□，不知者谓□"，简文原缺，今据李零《郭店楚简校读记（增订本）》补。
⑦　[清]郭庆藩：《庄子集释》（下册），北京：中华书局2004年版，第1047页。

毁万物为实。"① 成玄英《疏》曰："太者广大之名，一以不二为称。言大道旷荡，无不制围，扩囊万有，通而为一，故谓之太一也。"② 可见，在战国中期及以后，"太一"就是"道"的代名词，《天下》属《庄子》杂篇，乃庄子后学之作，其中杂有战国黄老思想③。这就说明，战国中期及以后的黄老道家，以"太一"为宇宙万物的本体，同时，"太一"化生宇宙万物，是宇宙万物的生命本源，它代替"道"而成为本体宇宙论范畴。这种思想在战国末期的《吕氏春秋》④ 中得以进一步发展，如其《大乐篇》曰："道也者，至精也，不可为形，不可为名，强为之谓之太一"⑤；"太一出两仪，两仪出阴阳。阴阳变化，一上一下，合而成章。……万物所出，造于太一，化于阴阳"⑥。

帛书、汉简《老子》虽抄写于西汉前期，但其中蕴含的思想却流行于战国中晚期⑦。一方面，帛书、汉简《老子》传承了楚简《老子》之"道"本论，同样认为："有物混成，先天地生。寂呵寥呵！独立而不改，可以为天地母。吾未知其名也，字之曰道。吾强为之名曰大。"⑧ 另一方面，帛书、汉简《老子》又在此基础上，对"道"进行了拓展，让它成为宇宙生成论范畴，如：

　　道生一，一生二，二生三，三生万物。万物负阴而抱阳，冲气以为和。⑨

---

① ［清］郭庆藩：《庄子集释》（下册），北京：中华书局 2004 年版，第 1093 页。

② ［清］郭庆藩：《庄子集释》（下册），北京：中华书局 2004 年版，第 1094 页。

③ 参见刘笑敢：《庄子后学中的黄老派》，《哲学研究》1985 年第 6 期。

④ 萧萐父、李锦全主编的《中国哲学史》（上册）认为："如秦统一前夕，秦相吕不韦招致宾客著了《吕氏春秋》一书，显然以黄老道家的思想路线为中心，兼采儒、墨、名、法及阴阳家言，提供了一个实现封建主义的政治统一和思想统一的初步方案。"（萧萐父、李锦全主编：《中国哲学史》（上册），北京：人民出版社 1982 年版，第 286 页。）此说虽还有继续讨论的空间，但至少可以提醒我们，《吕氏春秋》一书的思想与黄老思想颇有相似，是一部受到了黄老思想影响的著作。

⑤ 许维遹：《吕氏春秋集释》（上册），北京：中华书局 2009 年版，第 111 页。

⑥ 许维遹：《吕氏春秋集释》（上册），北京：中华书局 2009 年版，第 108-109 页。

⑦ 参见尹振环：《楚简老子辨析——楚简与帛书〈老子〉的比较研究》，北京：中华书局 2001 年版，第 54-60 页；韩巍：《北京大学藏西汉竹书〈老子〉的文献学价值》，《中国哲学史》2010 年第 4 期。

⑧ 马王堆汉墓帛书整理小组编：《马王堆汉墓帛书〈老子〉》，北京：文物出版社 1979 年版，第 58 页。按："寂呵寥呵"，汉简《老子》作"寂寥"；"独立而不改"，汉简《老子》下有"遍行而不殆"；"未"，汉简《老子》作"不"；"字之"，汉简《老子》作"其字"。

⑨ 马王堆汉墓帛书整理小组编：《马王堆汉墓帛书〈老子〉》，北京：文物出版社 1979 年版，第 37 页。按："而"，汉简《老子》无，其余皆同。

　　"一"即"气","二"即阴阳二气,"三"即阴阳二气及其相互摩荡,万物就在阴阳二气及其相互摩荡中产生。所以,到帛书、汉简《老子》那里,"道"不仅是宇宙万物的本体,它还是宇宙万物的生命本源,万物皆由之化生。帛书、汉简《老子》也因此更加形象地将"道"形容为"玄牝",如:

　　　　浴神不死,是谓玄牝。玄牝之门,是谓天地之根。绵绵呵若存,用之不勤。(帛书《老子·乙》)①

　　"浴神",河上公本《老子》同,汉简《老子》与王弼本《老子》均作"谷神"②。唐陆德明《经典释文·老子音义》曰:"谷,古木反,中央无者也。《河上本》作浴,浴者,养也。"③ 河上公《道德真经注》曰:"谷,养也。"④ 所以,"浴神"即"谷神",指生养宇宙万物之神,即"道"。许慎《说文解字》曰:"牝,畜母也。"⑤ "牝"即生养宇宙万物的母亲,"玄"是对"牝"的玄妙功能的描述,"玄牝"亦即"道"。故苏辙《老子解》曰:"谓之'谷神',言其德也。谓之'玄牝',谓其功也。牝生万物,而谓之玄焉。言见其声而不见其所生也。"⑥ "浴神""谷神"与"玄牝"同出而异名,皆指"道",它们本身永恒不灭,是宇宙万物的生命本源("母"),延绵不绝,永恒存在,化生万物之功用无穷无尽。质言之,"道"发展到帛书、汉简《老子》那里,已成为一个本体宇宙论范畴。

　　"道"不仅是宇宙万物的本体,它还化生宇宙万物,是宇宙万物的生命本源。但到了帛书、汉简《老子》那里,在"道"之外,又提出了"德"范畴,以示养成万物之功能,如帛书《老子·乙》曰:"道生之,德畜之,物形之,而器成之。是以万物尊道而贵德。"⑦ 汉简《老子》除"器成之"作"势成之"

---

① 马王堆汉墓帛书整理小组编:《马王堆汉墓帛书〈老子〉》,北京:文物出版社 1979 年版,第 53 页。

② 北京大学出土文献研究所编:《北京大学藏西汉竹书》(贰),上海:上海古籍出版社 2012 年版,第 146 页;[魏] 王弼注,楼宇烈校释:《老子道德经注校释》,北京:中华书局 2008 年版,第 16 页。

③ [唐] 陆德明:《经典释文》,北京:中华书局 1983 年版,第 356 页。

④ [汉] 河上公章句:《道德真经注》,《道藏》(第十二册),北京:文物出版社、上海:上海书店出版社、天津:天津古籍出版社 1988 年版,第 2 页。

⑤ [汉] 许慎撰,[清] 段玉裁注:《说文解字注》,上海:上海古籍出版社 1981 年版,第 50 页。

⑥ [宋] 苏辙:《老子解》,《老子解及其他二种》,上海:商务印书馆 1939 年版,第 5 页。

⑦ 马王堆汉墓帛书整理小组编:《马王堆汉墓帛书〈老子〉》,北京:文物出版社 1979 年版,第 39 页。

（第 37 简）① 外，其余无不同。"德"其实早在楚简《老子·乙》中就已出现，如"上德如谷，大白如辱，广德如不足，建德如〔偷〕"（第 11 简）②；"修之身，其德乃真。修之家，其德有余。修之乡，其德乃长。修之邦，其德乃丰。修之天〔下，其德乃博〕"（第 16—17 简）③，只不过这种"德"指人的道德，还不具有形而上的意味，或曰"人之德"而非"天之德"④，还不是与"道"一同生养万物的"德"。在楚简《老子》之后，《庄子》将"人之德"推向了"天之德"，如"夫不恬不愉，非德也。非德也而可长久者，天下无之"（《在宥》）⑤；"故形非道不生，生非德不明。存形穷生，立德明道，非王德者邪"（《天地》）⑥；"道者，德之钦也；生者，德之光也"（《庚桑楚》）⑦。可见，"德"逐渐与"道"靠拢，具有了与"道"相当的作用和地位，并与"道"携手化生万物。《庄子·天地》甚至直接指出："泰初有无，无有无名；一之所起，有一而未形。物得以生，谓之德；未形者有分，且然无间，谓之命；留动而生物，物成生理，谓之形；形体保神，各有仪则，谓之性。性修反德，德至同于初。同乃虚，虚乃大。合喙鸣，喙鸣合，与天地为合。其合缗缗，若愚若昏，是谓玄德，同乎大顺。"⑧"德"如同"道"一样，可以化生万物，是万物存在之基。《庄子》中的这些篇章是黄老道家的作品，或带有黄老思想倾向的庄子后学的作品，因此，"德"之地位的提高、作用的丰富是靠黄老道家完成的。此外，黄老文献《管子·心术上》曰："德者，道之舍，物得以生，知得以职道之精。故德者，得也。得也者，其谓所得以然也。以无为之谓道，舍之之谓德。故道之与德无间，故言之者不别也。"⑨"德"是"道"在具体之物中的落实，对于具体之物而言，"德"就是"道"，所以"物"得"德"以生。从这个意义上说，"道"与"德"是一种体用关系，而"体用可分而实不二"⑩。这种黄老道家思想对《老子》后学产生了影响，一方面，他们在"道"之外，提出

---

① 北京大学出土文献研究所编：《北京大学藏西汉竹书》（贰），上海：上海古籍出版社 2012 年版，第 129 页。

② 荆门市博物馆编：《郭店楚墓竹简》，北京：文物出版社 1998 年版，第 118 页。

③ 荆门市博物馆编：《郭店楚墓竹简》，北京：文物出版社 1998 年版，第 118 页。

④ 参见吴根友：《道家思想及其现代诠释》，上海：上海交通大学出版社 2018 年版，第 280-281 页。

⑤ ［清］郭庆藩：《庄子集释》（中册），北京：中华书局 2004 年版，第 364 页。

⑥ ［清］郭庆藩：《庄子集释》（中册），北京：中华书局 2004 年版，第 411 页。

⑦ ［清］郭庆藩：《庄子集释》（下册），北京：中华书局 2004 年版，第 810 页。

⑧ ［清］郭庆藩：《庄子集释》（中册），北京：中华书局 2004 年版，第 424 页。

⑨ 黎翔凤：《管子校注》（中册），北京：中华书局 2004 年版，第 770 页。

⑩ 熊十力：《体用论》，上海：上海书店出版社 2009 年版，第 70 页。

"德"这一范畴，"道"使万物得以生，"德"使万物得以养，"道""德"不仅化生万物，还畜养万物，两者协同合作，宇宙万物才能生生不息、周而复始；另一方面，"道"与"德"并非两物，因为在"道生之，德畜之"之后，帛书、汉简《老子》又曰：

> 道生之，畜之，长之，遂之，亭〔之，毒之，养之，覆。生而〕弗有也，为而弗恃也，长而弗宰也，此之为玄德。（帛书《老子·甲》）①
> 故道生之畜之，长之育之，成之熟之，养之覆之。故生而弗有，为而弗恃，长而弗宰，是谓玄德。（汉简《老子》第38—39简）②

这就说明，"德"不是与"道"不同的另一物，而是"道"的一种畜养万物的功能（"畜"），"道"是体，"德"是用，从畜养万物的角度看，"德"就是"道"。同时，"德"的提出，也进一步凸显出"道"之生养万物的功能，强化了"道"作为天下之"母"的形象，因为母亲不仅生育子女，还养育子女。

哈佛大学东亚系教授迈克尔·普鸣（Michael Puett）形象地描绘道："在宇宙的层面上，'道'接近于今天物理学家所说的宇宙大爆炸之前存在的东西，也就是在群星和银河出现之前、在宇宙分化之前存在的东西。"③ 其实，在宇宙大爆炸前，并无任何"东西"存在，宇宙只是一片混沌，即"有状混成"，即"无"。"道"生养万物就是一个由"无"到"有"的过程，而"一"在这过程中起到了关键作用。"一"是战国中期及以后的黄老道家哲学的重要范畴。《黄老帛书·成法》曰："一者，道其本也。"④ "一"成为"道"中的根本性元素。所以，《庄子·在宥》载广成子言曰："我守其一以处其和，故我修身千二百岁矣，吾形未尝衰。"⑤《管子·白心》也曰："内固之一，可为长久，论而用之，可以为天下王。"⑥ 可见，"一"具有"道"一样的性质，是生命的本源，人们

---

① 马王堆汉墓帛书整理小组编：《马王堆汉墓帛书〈老子〉》，北京：文物出版社 1979 年版，第 4 页。
② 北京大学出土文献研究所编：《北京大学藏西汉竹书》（贰），上海：上海古籍出版社 2012 年版，第 129 页。
③ ［美］迈克尔·普鸣、［美］克里斯蒂娜·格罗斯-洛：《哈佛中国哲学课》，胡洋译，北京：中信出版社 2017 年版，第 92 页。
④ 国家文物局古文献研究室编：《马王堆汉墓帛书》（壹），北京：文物出版社 1980 年版，第 72 页。
⑤ ［清］郭庆藩：《庄子集释》（中册），北京：中华书局 2004 年版，第 381 页。
⑥ 黎翔凤：《管子校注》（中册），北京：中华书局 2004 年版，第 806-807 页。

应该"抱一"(《庄子·庚桑楚》)①、"守一"(《管子·内业》)②。只有"抱一"、"守一",人们才能超越有限,进入"寥天一"(《庄子·大宗师》)③ 的无限之境。楚简《老子》未对"一"进行哲学阐释,随着战国黄老道家思想的发展、兴盛及对《老子》哲学的影响,《老子》吸收了"一"的哲学观念,将"一"纳入了宇宙生成论之中,"一"成为宇宙万物得以生成的关键与基础。如前文所引:

> 道生一,一生二,二生三,三生〔万物。万物负阴而抱阳,冲气〕以为和。(帛书《老子·甲》)④

"道"是无,"一"是有,"道生一"即从无到有,但"一"具体指什么呢?《淮南子·天文训》曰:"道始于一,一而不生,故分而为阴阳,阴阳合和而万物生。故曰:'一生二,二生三,三生万物。'"⑤ "道"生万物,首先化生出"气","一"即"气"。但有学者却认为:"'道生一'之'一'乃指'天'。"⑥ 如果"一"即"天",那么,《老子》所谓"天得一以清"⑦ 不就为"天"得"天"以清了吗?以"天"释"一"显然不妥。印度德里大学中日系教授谭中先生认为:"道所生的'一'就是宇宙。"⑧ 谭先生之"宇宙"与"气"相合,它是"有",但不是个别具体之"有"而是宇宙全体之"有",全体之"有"化为阴阳,阴阳和合、有无相生而为万物,万物都背阴向阳,在阴阳相互摩荡中呈现为一片和谐的景象。所以,"一"是"道"首先化生的大全之物,是宇宙万物得以生成的关键,无"道"则无"一",无"一"则"道"不能直接化生宇宙万物。在帛书、汉简《老子》的本体宇宙论体系中, "一"几乎就是"道",如:

---

① [清]郭庆藩:《庄子集释》(下册),北京:中华书局2004年版,第785页。
② 黎翔凤:《管子校注》(中册),北京:中华书局2004年版,第948页。
③ [清]郭庆藩:《庄子集释》(上册),北京:中华书局2004年版,第275页。
④ 马王堆汉墓帛书整理小组编:《马王堆汉墓帛书〈老子〉》,北京:文物出版社1979年版,第37页。
⑤ 何宁:《淮南子集释》(上册),北京:中华书局1998年版,第244页。按:"道始于一",原文作"道曰规始于一"。何宁《集解》载:"王念孙云:'曰规'二字与上下文义不相属,此因上文'故曰规生矩杀'而误衍也。《宋书·律历志》作'道始于一',无'曰规'二字。"故今删之。
⑥ 吴根友:《道家思想及其现代诠释》,上海:上海交通大学出版社2018年版,第267页。
⑦ 马王堆汉墓帛书整理小组编:《马王堆汉墓帛书〈老子〉》,北京:文物出版社1979年版,第1页。
⑧ [美]谭中:《简明中国文明史》,北京:新世界出版社2017年版,第44页。

昔之得一者，天得一以清，地得〔一〕以宁，神得一以灵，谷得一以盈，侯〔王得一〕以为天下正。（帛书《老子·甲》）①

昔得一者，天得一以清，地得一以宁，神得一以灵，谷得一以盈，侯王得一以为正。（汉简《老子》第 6—7 简）②

河上公本、王弼本《老子》也有此段话。天得到"一"就清明，地得到"一"就安宁，神得到"一"就灵验，深谷得到"一"就充盈，侯王得到"一"就可成为天下的君长。可以说，"一"不仅是天道，它还是人道，不仅与"道"一同化生万物，还落实于人间，是维系国家安宁、社会和谐的规律，是天地神人四方和谐的保障。

由以上论述可知，楚简《老子》哲学经其后学的发展，融入了战国黄老道家思想，为本体之"道"注入了宇宙生成论的内容，使"道"成为本体宇宙论范畴。同时，楚简《老子》后学又围绕"道"，提出了"德""一"等范畴，丰富了《老子》的"道"论体系，凸显出"道"之生养万物的功能。虽然，帛书、汉简《老子》对楚简《老子》思想有所发展与推进，但始终不变的就是，"道"为老子哲学的核心，是宇宙万物的本体、生命及规律，故曰："道者，万物之注也，善人之葆也，不善人之所保也……虽有共之璧以先四马，不若坐而进此。"（帛书《老子》）③ 虽然有人驾着四马之车，进献贵重精美的大璧，那还不如用此"道"来进献。这也就说明，老子美学不是求"美"，当然也不是求"丑"，而是以宇宙万物的本体、生命及规律的"道"为最高追求，"道"才是超越世俗之美丑的真正的美，才是宇宙中的"大美"。

二、"道"之性质的丰富

楚简《老子》将"道"设置为宇宙万物的本体，并赋予其"自然""无为"等特性。同时，"道"还不可被语言所描绘，故曰："有状混成，先天地生，敓绣，独立而不改，可以为天下母。未知其名，字之曰道，吾强为之名曰大。"

---

① 马王堆汉墓帛书整理小组编：《马王堆汉墓帛书〈老子〉》，北京：文物出版社 1979 年版，第 1 页。

② 北京大学出土文献研究所编：《北京大学藏西汉竹书》（贰），上海：上海古籍出版社 2012 年版，第 124 页。

③ "注"，汉简、河上公、王弼本《老子》均作"奥"。高明先生认为："帛书甲、乙本'奥'字均作'注'，当读为'主'。"（高明：《帛书老子校注》，北京：中华书局 1996 年版，第 127 页。）《礼记·礼运》曰："故人以为奥也。"郑玄《注》曰："奥，尤主也。"（〔清〕阮元校刻：《十三经注疏》（下册），北京：中华书局 1980 年版，第 1425 页。）故"注""奥"可通。

(楚简《老子·甲》第21—22简)① 帛书、汉简以及王弼本《老子》均有这样的思想，但它们又强化和丰富了"道"之"无名"的特性，提出：

> 道，可道也，非恒道也。名，可名也，非恒名也。无名，万物之始也。有名，万物之母也。〔故〕恒无欲也，以观其眇；恒有欲也，以观其所徼。两者同出，异名同谓，玄之又玄，众妙之〔门〕。(帛书《老子·甲》)②

帛书《老子》认为，可以言说的"道"不是永恒的"道"，可以命名的"名"不是永恒的"名"，言下之意即永恒的"道"和"名"是对语言的超越。这一点与楚简《老子》"道恒无名"(第18简)③ 的思想相通。但帛书《老子》并非单纯地褒扬"无名"，因为"无名，万物之始也。有名，万物之母也"。可见，"无名"与"有名"的地位相差无几。如前文所述，受战国黄老道家思想的影响，帛书《老子》提出"德"这一范畴，其地位与"道"相当，参与宇宙万物的化生过程，"德"凸显出"道"畜养万物的功能。所以，"无名"可看作"道"化生万物之"始"，"有名"则是化生之后畜养万物之"母"，"无名""有名"如同"道""德"一样是不二之体用关系。"名"就是对事物的命名，命名就是一种区分，当事物有了高低贵贱、善恶美丑的区分，人就会产生相应的欲望。所以，"有名"即"有欲"，"无名"即"无欲"。"有名"与"无名"之关系如同"道"与"德"一样是一种体用关系，那么"有欲"与"无欲"之关系也因此得以调和，而不再像楚简《老子》中那样紧张与对立。"眇"指难以察觉，似"道"之混沌，"徼"就是"归终"④，即万物之最终归宿。"无欲"可观察到最初之"道"，"有欲"可观察到万物最终归宿之"道"，"有名""无名""有欲""无欲"十分玄妙，名称不同，所指则一，是一物之两面。申言之，帛书《老子》虽强化了"道"超越言说名称的特点，但同时也丰富了这一思想，因为对于"有名""无名""有欲""无欲"，"道"并不偏废其一而是超越之，"道"是一种无"有名"、无"无名"无"有欲"无"无欲"的浑然整

---

① 荆门市博物馆编：《郭店楚墓竹简》，北京：文物出版社1998年版，第112页。按："状"，《郭店楚墓竹简》读作"道"，李零《郭店楚简校读记(增订本)》读作"状"，今据改；"绣"，《郭店楚墓竹简》读作"穆"，崔仁义《荆门郭店楚简〈老子〉研究》、邓各泉《郭店楚简〈老子〉释读》皆读作"绣"，今据改。

② 马王堆汉墓帛书整理小组编：《马王堆汉墓帛书〈老子〉》，北京：文物出版社1979年版，第19页。

③ 荆门市博物馆编：《郭店楚墓竹简》，北京：文物出版社1998年版，第112页。

④ 〔魏〕王弼注，楼宇烈校释：《老子道德经注校释》，北京：中华书局2008年版，第16页。

全。"名，可名也"，汉简《老子》作"名，可命也"（第 124 简）①，其余一致。河上公本、王弼本《老子》"恒"作"常"②，"两者同出，异名同谓"作"此两者同出而异名，同谓之玄"③。可以说，帛书、汉简、河上公、王弼本《老子》除个别字句不同外，其基本思想观念是一致的。如果说楚简《老子》为"道"之不可言说、超越语言奠定了基础，那么，帛书、汉简《老子》则强化和丰富了这一思想，并推动《老子》哲学走向定型。

"道"是自然无为、浑然整全的状态，所以它无法被语言所描绘、言说，当"道"落实于"音""象""器"时，就形成了"大音"、"天象"（或"大象"）、"大器"等概念。它们因"道"之特性而呈现出"希声""无形""免成"的特点，这也进一步揭示出"道"超越感官知觉的特性。到了帛书、汉简《老子》之中，这一"道"论思想得以进一步展开，如帛书《老子·乙》曰：

> 视之而弗见，〔命〕之曰微。听之而弗闻，命之曰希。捪之而弗得，命之曰夷。三者不可致诘，故混而为一。一者，其上不谬，其下不忽。寻寻呵，不可命也，复归于无物。是谓无状之状，无物之象。是谓忽恍。随而不见其后，迎而不见其首。执今之道，以御今之有。以知古始，是谓道纪。④

汉简《老子》曰：

> 视而弗见，命之曰夷；听而弗闻，命之曰希；搏而弗得，命之曰微。三也，不可致计，故混而为一。三也，其上不皦，其下不忽。台台微微，不可命，复归于无物。是谓无状之状，无物之象，是谓惚恍。随而不见其后，迎而不见其首。执古之道，以御今之有，以知古始，是谓道纪。（第 155—158 简）⑤

---

① 北京大学出土文献研究所编：《北京大学藏西汉竹书》（贰），上海：上海古籍出版社 2012 年版，第 144 页。

② ［汉］河上公章句：《道德真经注》，《道藏》（第十二册），北京：文物出版社、上海：上海书店出版社、天津：天津古籍出版社 1988 年版，第 1 页；［魏］王弼注，楼宇烈校释：《老子道德经注校释》，北京：中华书局 2008 年版，第 1 页。

③ ［汉］河上公章句：《道德真经注》，《道藏》（第十二册），北京：文物出版社、上海：上海书店出版社、天津：天津古籍出版社 1988 年版，第 1 页；［魏］王弼注，楼宇烈校释：《老子道德经注校释》，北京：中华书局 2008 年版，第 2 页。

④ 马王堆汉墓帛书整理小组编：《马王堆汉墓帛书〈老子〉》，北京：文物出版社 1979 年版，第 55 页。

⑤ 北京大学出土文献研究所编：《北京大学藏西汉竹书》（贰），上海：上海古籍出版社 2012 年版，第 150 页。

　　两种版本的个别字句有差异，但基本意思却相同。马叙伦先生认为："纪借为基。"①"道纪"指"道"中最为基本的元素。这一段话所要揭示的重点即在于此。一方面，帛书、汉简《老子》指出，"夷""希""微"分别指视而不见、听而不闻、抚摸而不得。这不仅是对"天象无形""大音希声""大器免成"等的解释，也是对"道"之特性的补充说明。另一方面，"夷""希""微"三者本质上是"一"，"一"不是一无所有而是一无所限，不可用语言进行言说，它本来就是"无"，故曰"无状之状，无物之象"。这也是对"有状混成"之"道"的引申。此外，"道"不只是本体，它还是自然、社会应遵循的规律，所以《老子》曰："执古之道，以御今之有。"这样就可以明白与掌握社会的发生、发展的过程与规律。质言之，"道"超越感官知觉、语言名状，它无形无味、无声无色，是一无所限的第一存在，但这种第一存在可以用于人类社会而成为人们应遵循的规律，即天道不离人道，人道合于天道，这种观念被帛书、汉简以及王弼本《老子》称之为"道纪"。当"道"落实于人道时，当人伦社会遵循"道"而运行、发展时，人类的政治就成为一种"大制无割"②、"方而不割"③的美政。

　　"道"虽具有种种超越性的特点，但随着《老子》后学的发展，使之在帛书、汉简《老子》中逐步与人间相联，它不仅是宇宙万物的本体、生命本源，它还是天地造化、人伦社会所要遵循的规律。多种版本的《老子》都讲道："譬道之在天下也，犹川谷之与江海也。"④"道"并非与现象世界、世俗社会相割裂的超越性存在，而是就在世界之中，它如同川谷之水一样源源不断地灌注于江海之中，世间之物也源源不断地受到"道"的灌注，"道"就在"万物"之中。从这个意义上讲，《老子》之"道"与"万物"不是"两个世界的理论"⑤，而是如同众沤与大海水一样，相异但实不分的"一个世界"。

---

① 马叙伦：《老子校诂》（上册），北京：中华书局1974年版，第178页。
② 马王堆汉墓帛书整理小组编：《马王堆汉墓帛书〈老子〉》，北京：文物出版社1979年版，第26页。
③ 北京大学出土文献研究所编：《北京大学藏西汉竹书》（贰），上海：上海古籍出版社2012年版，第133页。
④ 马王堆汉墓帛书整理小组编：《马王堆汉墓帛书〈老子〉》，北京：文物出版社1979年版，第28页。按："与"，楚简本、汉简本、河上公本同，王弼本作"于"。
⑤ ［日］池田知久：《道家思想的新研究——以〈庄子〉为中心》（上册），王启发、曹峰译，郑州：中州古籍出版社2009年版，第207页。

三、"上善若水"，"故几于道矣"

水是自然界中的最普通、最常见之物，但同时它又是与宇宙万物之生命息息相关之物，"它既是生命之源，又是文明之源、文化之源，是人类文明的一面镜子"①。因此，中西方先哲们都对"水"进行了理性反思。公元前 6 世纪，米利都学派的泰勒斯（Thales）就提出了"大地是安置在水上的""水为万物之原"② 的"水"本原论。在我国，"水"早在甲骨文、金文中就已出现，写作"𣱱"（甲九〇三洹水泉）③、"𣲰"（《同簋》）④，"甲金文水字所从之𠂤像水流之形，其旁之点像水滴，故其本义为水流，引伸为凡水之称"⑤。"水"为象形字，指自然界中的水，故甲骨文中有"今水""有水""商水""非水"等水名。此外，甲骨文、金文之"水"还指洪水，有时用作动词，表示涨洪水、发大水之义，如"壬子卜亡水"（《南辅》九〇）、"癸丑卜贞：今岁亡大水"（《金》三七七）⑥。正是由此，人们开始对"水"进行了一系列宗教活动——"告水"，以祈求消弭洪水之灾，如"辛巳卜其告水入于上甲。"（《粹》一四八）⑦ 由此可见，对古人来说，"水"不仅仅是自然界中的滋养万物的一物，它还是一种神秘力量或其背后有一股神秘力量控制着它，这为"水"由形而下走向形而上奠定了基础。楚简《老子》虽没有明确提到"水"，但其中有"譬道之在天下也，犹小谷之与江海"（《老子·甲》第 20 简）⑧ 的话来形容"道"灌注于天下万物的特点。到了帛书、汉简《老子》中，"水"被认为"几于道"⑨，"水"属于一种"哲学的自然观"⑩，成为道家哲学的一个重要概念。

---

① 张盛文：《生态文明视野下的水文化研究》，厦门：厦门大学出版社 2012 年版，第 9 页。
② 转引自［古希腊］亚里士多德：《形而上学》，吴寿彭译，北京：商务印书馆 1959 年版，第 7 页。
③ 中国科学院考古研究所编辑：《甲骨文编》，北京：中华书局 1965 年版，第 431 页。
④ 容庚编著：《金文编》，北京：中华书局 1985 年版，第 727 页。
⑤ 方述鑫、林小安、常正光、彭裕商编著：《甲骨金文字典》，成都：巴蜀书社 1993 年版，第 807 页。
⑥ 参见徐中舒主编：《甲骨文字典》，成都：四川辞书出版社 1989 年版，第 1183、1184 页。
⑦ 郭沫若：《殷契粹编》，北京：科学出版社 1965 年版，第 394 页。
⑧ 荆门市博物馆编：《郭店楚墓竹简》，北京：文物出版社 1998 年版，第 112 页。
⑨ 马王堆汉墓帛书整理小组编：《马王堆汉墓帛书〈老子〉》，北京：文物出版社 1979 年版，第 20 页；北京大学出土文献研究所编：《北京大学藏西汉竹书》（贰），上海：上海古籍出版社 2012 年版，第 147 页。
⑩ 陈霞：《道家哲学引论》，北京：中国社会科学出版社 2017 年版，第 34 页。

我们知道,《老子》哲学在战国中期开始分化为庄周学派（《庄子》内篇）和黄老学派,而黄老学派除将老子之"道"落实于人间,倡导天道与人道的结合外,也开始注重"水",以"水"喻"道",将"水"纳入了宇宙生成论之中。如黄老道家文献《太一生水》① 曰:

> 太一生水,水反辅太一,是以成天。天反辅太一,是以成地。天地〔复相辅〕也,是以成神明。神明复相辅也,是以成阴阳。阴阳复相辅也,是以成四时。四时复〔相〕辅也,是以成沧热。沧热复相辅也,是以成湿燥。湿燥复相辅也,成岁而止。故岁者,湿燥之所生也。湿燥者,沧热之所生也。沧热者,〔四时之所生也〕。四时者,阴阳之所生〔也〕。阴阳者,神明之所生也。神明者,天地之所生也。天地者,太一之所生也。是故太一藏于水,行于时,周而又〔始,以己为〕万物母;一缺一盈,以己为万物经。(第1—7简)②

屈原有一首诗名为《东皇太一》,"五臣"《注》云:"太一,星名,天之尊神,祠在楚东,以配东帝,故云东皇。"③ 屈原开篇就用"吉日兮辰良,穆将愉兮上皇。抚长剑兮玉珥,璆锵鸣兮琳琅"④ 来对"东皇太一"进行赞颂,彰显出"太一"神的至高无上之地位。但在《太一生水》中,"太一"虽同样具有至高无上的地位,但它已褪去了神学元素,它不是神而是宇宙万物的生命本源,是一个哲学概念。所谓"〔以己为〕万物母""以己为万物经"揭示出,"太一"如老子之"道"那样,是先于天地的宇宙万物的本体、生命及规律,这正如庞朴先生所言:"宇宙发生之原,在此取名为太一。'一'者数之始,体之全;'太'者大于大,最于最。则'太一'在时间上指最早最早的时候,空间上指最源最源的地方。"⑤ 质言之,"太一"即"道"。但与老子之"道"不同的是,"太一"首先化生出的是"水","水"反过来辅助"太一"而生"天","天"

① 曹峰认为:"用天道来指导人事的政治思想显然和黄老道家最为接近。……《太一生水》上下两篇看似在讲宇宙生成和地理形貌,最后的落脚点都还是在人事",因此,"《太一生水》上下两篇显然具有比较浓厚的黄老道家色彩"。参见曹峰:《近年出土黄老思想文献研究》,北京:中国社会科学出版社2015年版,第400-408页。

② 荆门市博物馆编:《郭店楚墓竹简》,北京:文物出版社1998年版,第125页。按:"始,以己为",简文原缺,今据李零《郭店楚简校读记（增订本）》补。

③ 〔宋〕洪兴祖:《楚辞补注》,北京:中华书局1983年版,第57页。

④ 〔宋〕洪兴祖:《楚辞补注》,北京:中华书局1983年版,第55页。

⑤ 庞朴:《古墓新知》,《庞朴文集》(第二卷),济南:山东大学出版社2005年版,第31页。

反过来辅助"太一"而生"地"。"天""地"相互辅助而生"神""明"（即日月）①，"神""明"相互辅助而生"阴""阳"，"阴""阳"相互辅助而生春夏秋冬"四时"，"四时"相互辅助而生"沧""热"（即寒暑），"沧""热"相互辅助而生"湿""燥"，"湿""燥"相互辅助而成"四时一终"② 之"岁"。"太一"是"无"，"天地"及其后的"神明""阴阳"等为"有"，而"水"为"无"生"有"之中介，相当于"道生一"之"一"、"道生之，德畜之"之"德"。"道""太一"化生万物，"水"乃其中不可或缺之一环。可以说，在《太一生水》宇宙生成论中，"太一"是"水"之体，"水"是"太一"之用，体用名为二而实不相离也，"水"几于"太一"。

"水"几于"太一"的思想同样体现在《庄子》杂篇之中，如"小夫之知，不离苞苴竿牍，敝精神乎蹇浅，而欲兼济道物，太一形虚。若是者，迷惑于宇宙，形累不知太初。彼至人者，归精神乎无始而甘冥乎无何有之乡。水流乎无形，发泄乎太清。悲哉乎！汝为知在毫毛，而不知大宁！"（《列御寇》）③ 从"水"的性质上讲，它是"无形"的，其运动是自然无为的，与"形虚"之"太一"相契合，故"水"即"太一""道"，人们应该效法"水"。《管子·水地》则明确提出：

> 地者，万物之本原，诸生之根菀也。……水者，地之血气，如筋脉之通流者也。④
>
> 是以水者，万物之准也。⑤
>
> 人，水也。男女精气合而水流形。⑥
>
> 水者何也？万物之本原也，诸生之宗室也，美恶贤不肖愚俊之所产也。⑦

显然，战国黄老道家思想中"水"几于"道"，它是宇宙万物的生命本源和应遵循的规律。这种尚"水"观念在战国中期及以后的道家思想中屡次出现，帛书、汉简《老子》的形成过程正伴随着这种观念，也吸收了这种观念，"水"

---

① 参见王博：《美国达慕思大学郭店〈老子〉国际学术讨论会纪要》，陈鼓应主编：《道家文化研究》（第17辑），北京：生活·读书·新知三联书店1999年版，第10页。

② ［晋］郭璞注：《尔雅》，北京：中华书局1985年版，第71页。

③ ［清］郭庆藩：《庄子集释》（下册），北京：中华书局2004年版，第1047页。

④ 黎翔凤：《管子校注》（中册），北京：中华书局2004年版，第813页。

⑤ 黎翔凤：《管子校注》（中册），北京：中华书局2004年版，第814页。

⑥ 黎翔凤：《管子校注》（中册），北京：中华书局2004年版，第815页。

⑦ 黎翔凤：《管子校注》（中册），北京：中华书局2004年版，第831页。

的作用与价值也得以在《老子》之中进一步凸显。

帛书《老子·乙》曰：

> 天下莫柔弱于水，〔而攻坚强者莫之能先〕，以其无以易之也。柔之胜
> 刚也，弱之胜强也，天下莫弗知也，而〔莫之能行〕也。故圣人之言云，
> 曰：受国之诟，是谓社稷之主。受国之不祥，是谓天下之王。正言若反。①

所谓"以其无以易之也"指"水"具有不可替代性，即独一无二，"天下
莫柔弱于水"则指"水"乃天下至柔、至弱之物。楚简《老子·甲》曰："返
也者，道〔之〕动也。弱也者，道之用也。"（第 37 简）②；"含德之厚者，比于
赤子，猬虿虺蛇弗螫，攫鸟猛兽弗扣，骨弱筋柔而捉固。未知牝牡之合然怒，
精之至也。终日乎而不忧，和之至也，和曰常，知和曰明。益生曰祥，心使气
曰强，物壮则老，是谓不道"（第 33—35 简）③。"赤子"就是初生的婴儿，猬、
蝎、毒蛇以及凶猛的野兽都不会伤害他，他筋骨柔弱但拳头握得却很牢固。在
《老子》看来，他代表着与"物壮"相对的柔弱，柔弱就是"道之用"，强壮就
是"不道"。帛书、汉简《老子》曰："人之生也柔弱，其死也筋韧坚强。万
〔物草〕木之生也柔脆，其死也枯槁。故曰：坚强死之徒也；柔弱生之徒也。
〔是〕以兵强则不胜，木强则烘。故强大居下，柔弱居上。"④ 可见，"柔弱"就
是"生"，"坚强"就是"死"，"生"即"道"，"死"即"不道"。所以，天下
至柔至弱之"水"不是"没有生命却能自发运动"⑤ 之物，而是它本身就充满
生机，同时也能滋养万物，"水"就是"道"。基于此，帛书、汉简《老子》曰：

> 上善似水。水善利万物而有静，居众人之所恶，故几于道矣。（帛书
> 《老子·甲》）⑥

① 马王堆汉墓帛书整理小组编：《马王堆汉墓帛书〈老子〉》，北京：文物出版社 1979 年
　 版，第 47 页。按："柔之胜刚"，帛书甲本缺，帛书乙本、汉简本均作"水之胜刚"，
　 王弼本、傅奕本作"柔之胜刚"，今据改。
② 荆门市博物馆编：《郭店楚墓竹简》，北京：文物出版社 1998 年版，第 113 页。
③ 荆门市博物馆编：《郭店楚墓竹简》，北京：文物出版社 1998 年版，第 113 页。
④ 高明：《帛书老子校注》，北京：中华书局 1996 年版，第 197-200 页。
⑤ ［美］艾兰：《水之道与德之端——中国早期哲学思想的本喻》，张海晏译，上海：上海
　 人民出版社 2002 年版，第 45 页。
⑥ 马王堆汉墓帛书整理小组编：《马王堆汉墓帛书〈老子〉》，北京：文物出版社 1979 年
　 版，第 20 页。

"有静"，帛书乙本、汉简本作"有争"①，"有争"与下文"夫唯不争，故无尤"② 矛盾，故"有静"为是。后世恐见帛书乙本、汉简本之"有争"不妥，改"有争"为"不争"，故河上公本、王弼本《老子》作"水善利万物而不争"③。"静"就是自然而然、无为无不为，"水"正是在"静"中滋养万物，而滋养万物就是"德"，"德"乃"道"之用，故曰"水"几于"道"。《老子》之"水"与《太一生水》中的"水"相通。这进一步说明，"水"不是没有生命却能自发运动的物质，而是有生命，且能滋养万物的元素，"水"是"道之用"，它参与宇宙万物的化生过程，"水"相当于"德""一"。楚简《老子》后学吸收黄老思想，以天下最普遍、最普通之"水"来比喻"道"、言说"道"，让"水"具有"德""一"一样的作用和地位，这其实与战国黄老道家将"道"从"感官无法感知、语言无法表达、知识无法论证的对象变成人人可以触摸、亲近的对象"④ 的理论路径相一致。

在先秦儒家美学中，"水"占有重要地位，如孔子曰："知者乐水，仁者乐山；知者动，仁者静；知者乐，仁者寿。"（《论语·雍也》）⑤ 为什么智者会以"水"为乐呢？《大戴礼记·劝学》载孔子语曰："夫水者，君子比德焉。偏与之而无私，似德；所及者生，所不及者死，似仁；其流行痺下倨句，皆循其理，似义；其赴百仞之溪，不疑，似勇；浅者流行，深渊不测，似智；弱约危通，似察；受恶不让，似贞；苞裹不清以入，鲜洁以出，似善化；必出，量必平，似正；盈不求概，似厉；折必以东西，似意，是以见大川必观焉。"⑥ "水"因象征着儒家所倡导的"仁""义""勇""智"等道德而为君子所"乐"，即"比德"。那么，儒家美学倡导对"水"的审美其实是对"水"所象征的道德观念之审美，可称之为"善-美"。而道家美学以"水"为尚，却不是因为它所象

---

① 马王堆汉墓帛书整理小组编：《马王堆汉墓帛书〈老子〉》，北京：文物出版社 1979 年版，第 53 页；北京大学出土文献研究所编：《北京大学藏西汉竹书》（贰），上海：上海古籍出版社 2012 年版，第 147 页。

② 马王堆汉墓帛书整理小组编：《马王堆汉墓帛书〈老子〉》，北京：文物出版社 1979 年版，第 21 页。

③ ［汉］河上公章句：《道德真经注》，《道藏》（第十二册），北京：文物出版社、上海：上海书店出版社、天津：天津古籍出版社 1988 年版，第 2 页；［魏］王弼注，楼宇烈校释：《老子道德经注校释》，北京：中华书局 2008 年版，第 20 页。

④ 曹峰：《近年出土黄老思想文献研究》，北京：中国社会科学出版社 2015 年版，第 17 页。

⑤ ［魏］何晏注，［宋］邢昺疏：《论语注疏》，［清］阮元校刻：《十三经注疏》（下册），北京：中华书局 1980 年版，第 2479 页。

⑥ ［清］王聘珍：《大戴礼记解诂》，北京：中华书局 1983 年版，第 135-136 页。

征的道德观念，"上善若水"揭示出"水"是对"仁""义""勇""智"等一般之"善"的超越，"水"之"上善"指向了本体之"道"，"水"具有柔弱、自然、无为的特性，参与"道"化生万物、滋养万物，它是"道之用"，充满着勃勃生机。因此，道家美学以"水"为尚，彰显出对"道－美"的追求，"道"才是天地之"大美"。

四、对"仁""义""礼""智"等的否定

在郭店楚简《老子》美学思想中，并无明确反对和否定"仁""义""礼""智"的思想观念，而是将"仁""义"等纳入"道"的体系中，让道家思想成为这些道德观念的基础与根据。我们知道，《老子》哲学在战国中期分化成两派：一为庄周学派；一为黄老学派。庄周学派主要继承了《老子》自然无为、至虚守静的观念，从而倡导逍遥自由、齐物无待的人生态度，黄老学派则着重发挥了《老子》中的政治思想，将天道落实于人道，为帝王提供"君人南面之术"（《汉书·艺文志》）[1]。蒙文通先生曾说："总的来说，北方的道家不反对仁义，南方的道家反对仁义，在这一根本差别下，处处都有殊异了。"[2] 蒙先生所谓的"道家"实为战国时期的黄老道家，其中北方道家指田骈、接子、环渊等人为代表的稷下黄老道家，传世文献《管子》中的《心术上》《心术下》《白心》《内业》四篇构成了稷下黄老学体系，是稷下黄老道家的代表作[3]；南方道家的思想则包含在《庄子》外篇、杂篇之中，《鹖冠子》《文子》同样也是该派的代表作。

在《管子》中，儒家之礼乐仁义等不仅没有被反对和否定，反而被视作治国安邦、修身养性的重要手段，与道、德、法相互配合、同等重要，如"义者，谓各处其宜也。礼者，因人之情，缘义之理，而为之节文者也。故礼者，谓有理也。理也者，明分以谕义之意也。故礼出乎义，义出乎理，理因乎宜者也。法者，所以同出不得不然者也。故杀僇禁诛以一之也，故事督乎法，法出乎权，权出乎道"（《心术上》）[4]；"形不正，德不来，中不静，心不治。正形摄德，天仁地义，则淫然而自至"（《内业》）[5]。而《庄子》外篇、杂篇却持有与

① ［汉］班固：《汉书》（第六册），北京：中华书局1962年版，第1732页。
② 蒙文通：《略论黄老学》，《蒙文通全集》（二），成都：巴蜀书社2015年版，第56-57页。
③ 参见丁原明：《黄老学论纲》，济南：山东大学出版社1997年版，第142页。
④ 黎翔凤：《管子校注》（中册），北京：中华书局2004年版，第770页。
⑤ 黎翔凤：《管子校注》（中册），北京：中华书局2004年版，第937页。

《管子》完全相反的观点，认为仁义礼智是人心不古、世风日下的罪魁祸首，与"道"相悖，如"屈折礼乐，呴俞仁义，以慰天下之心者，此失其常然也"（《骈拇》）①；"礼乐遍行，则天下乱矣"（《缮性》）②。《庄子·在宥》更为详细地指出："而且说明邪？是淫于色也；说聪邪？是淫于声也；说仁邪？是乱于德也；说义邪？是悖于理也；说礼邪？是相于技也；说乐邪？是相于淫也；说圣邪？是相于艺也；说知邪？是相于疵也。"③ 可见，儒家所倡导的"仁""义""礼""乐""圣""知"等道德观念都被《庄子》外篇、杂篇完全否定和反对，反映出战国中期以后反对仁义礼智等儒家观念的南方黄老道家思想。

以《庄子》外、杂篇为代表的南方黄老道家反对和否定儒家仁义礼智等观念，这种黄老思想被《老子》后学所采纳，如帛书《老子》就将楚简《老子》之"绝智弃辩""绝伪弃虑"（第 1 简）④ 分别发展为"绝圣弃知""绝仁弃义"（帛书《老子·甲》）⑤，使道家哲学与儒家哲学明确对立。同时，帛书《老子·乙》还说：

> 上德不德，是以有德。下德不失德，是以无德。上德无为而无不为也。上仁为之而无以为也。上义为之而有以为也。上礼为之而莫之应也，则攘臂而扔之。故失道而后德，失德而后仁，失仁而后礼。夫礼者，忠信之薄也，而乱之首也。⑥

在帛书《老子》看来，失去"道"后，"德"就出现了，失去"德"后，"仁"就出现了，失去"仁"后，"义"就出现了，失去"义"后，"礼"就出现了。于是，"礼"就是忠信衰落的标志，是社会动乱的祸首。这一点与《庄子》外、杂篇的思想一致，传世文献《文子·精诚》中也有类似的观点，如："是故道散而为德，德溢而为仁义，仁义立而道德废。"⑦ 此外，帛书《老子》在否定和反对仁义礼的同时，倡导人们追求"上礼""上义""上仁""上德"，当然其最终目标是"上德"。因为"上礼"之人按"礼"的规范来作为，但当

---

① ［清］郭庆藩：《庄子集释》（中册），北京：中华书局 2004 年版，第 321 页。

② ［清］郭庆藩：《庄子集释》（中册），北京：中华书局 2004 年版，第 548 页。

③ ［清］郭庆藩：《庄子集释》（中册），北京：中华书局 2004 年版，第 367 页。

④ 荆门市博物馆编：《郭店楚墓竹简》，北京：文物出版社 1998 年版，第 111 页。

⑤ 马王堆汉墓帛书整理小组编：《马王堆汉墓帛书〈老子〉》，北京：文物出版社 1979 年版，第 23 页。

⑥ 马王堆汉墓帛书整理小组编：《马王堆汉墓帛书〈老子〉》，北京：文物出版社 1979 年版，第 36 页。

⑦ 王利器：《文子义疏》，北京：中华书局 2000 年版，第 78 页。

他得不到别人的响应时，就会扬起手臂，强制人们遵从；"上义"之人有所作为，其总是为着一定的目的而为；"上仁"之人虽无一定的目的，但始终有所作为。唯独"上德"之人"无所为"，并在"无所为"中"无不为"，这就是"道"，因为"道常无为而无不为"（《老子》三十七章）①。汉简《老子》、王弼本《老子》中都有这段话，除有个别用字的差异外，并无大的不同。质言之，从帛书、汉简《老子》开始，老子哲学以"道"否定儒家之仁义礼智等观念，而非纳仁义礼智于"道"论体系中，儒道思想对立就此而逐渐明晰。

杜维明先生说："似乎探讨'仁'这个概念的最好办法是首先把它看作是儒学价值体系中最高层次的道德，换言之，'仁'为那些在儒家社会中起整合作用的所有其他的伦理规范提供了'意义'。"② 所以，在儒家"仁""义""礼""智"等道德观念中，"仁"最为根本。孔子虽常论及"仁"，并从各个方面言说了"仁"，但"仁"之根本在于"孝弟"："君子务本，本立而道生。孝弟也者，其为仁之本与！"（《论语·学而》）③ 朱熹《论语集注》曰："善事父母为孝，善事兄长为弟。"④ 可见，"仁"其实是一种以血缘纽带为基础的道德品质，所谓"仁者爱人"⑤ 之"爱"其实一种"爱有差等"⑥ 之"爱"。帛书《老子》将这种有"差等"之"仁"视作一般之"仁"，应该受到否定和超越，从而成就一种无差别的"至仁"，因为"至仁无亲"（《庄子·天运》）⑦。"无亲"就是无亲疏远近之区分，"至仁无亲"揭示出最高的"仁"是以物我齐同、道通为一的态度去爱人，这才是一种真正的泛爱万物之"仁"，与"道"之浑全、不割相一致，"无亲"之至仁就是"大制不割"之道。以此为基础，帛书《老子·乙》曰：

天地不仁，以万物为刍狗。圣人不仁，〔以〕百姓为刍狗。天地之间，

---

① ［魏］王弼注，楼宇烈校释：《老子道德经注校释》，北京：中华书局2008年版，第90页。

② ［美］杜维明：《仁与修身——儒家思想论集》，胡军、丁民雄译，北京：生活·读书·新知三联书店2013年版，第5页。

③ ［魏］何晏注，［宋］邢昺疏：《论语注疏》，［清］阮元校刻：《十三经注疏》（下册），北京：中华书局1980年版，第2457页。

④ ［宋］朱熹：《四书章句集注》，北京：中华书局1983年版，第48页。

⑤ 《论语·颜渊》载："樊迟问仁。子曰：'爱人。'"参见［清］阮元校刻：《十三经注疏》（下册），北京：中华书局1980年版，第2504页。

⑥ ［宋］黎靖德编：《朱子语类》（第四册），北京：中华书局1986年版，第1313页。

⑦ ［清］郭庆藩：《庄子集释》（中册），北京：中华书局2004年版，第498页。

其犹橐籥与？虚而不淈，动而愈出。多闻数穷，不若守于中。①

苏辙《老子解》曰："结刍为狗，设之于祭祀，尽饰以奉之，夫岂爱之，适时然也。既事而弃之，行者践之，夫岂恶之，亦适然也。"② 钱锺书先生说："刍狗万物，乃天地无心而'不相关'、'不省记'，非天地忍心'异心'而不悯惜。"③ 因此，天地、圣人之"不仁"并不是说天地、圣人残忍而不怜悯万物、百姓，而是揭露出《老子》哲学反对儒家那种"爱有差等"之"仁"而倡导"无亲"之"至仁"。天地和圣人将万物、百姓视作"刍狗"，而在祭祀时，"刍狗"十分重要珍贵，祭祀结束后，"刍狗"一文不值，但不管珍贵也好，一文不值也罢，都是"刍狗"之自性、自然，人们在不同的场合对其不同的态度也是"适然"。所谓"天地不仁，以万物为刍狗。圣人不仁，以百姓为刍狗"就是要人们超越区别对待的态度（"仁"），以齐生死、等万物的心胸（"至仁无亲"）映照万物，让万物自然而然、是其所是，在彰显万物之天然本性的同时也彰显了人自我的天然本性。这也就是庄子美学追求的"天地与我并生，而万物与我为一"（《庄子·齐物论》）④。

如果说儒家美学以"仁"为美、以"礼"为美，帛书、汉简《老子》美学则通过否定儒家之"仁""义""礼""智"等观念来显现道家美学的独特追求——"道"。《庄子·刻意》曰："若夫不刻意而高，无仁义而修，无功名而治，无江海而闲，不道引而寿，无不忘也，无不有也，淡然无极而众美从之。此天地之道，圣人之德也。"⑤ 可见，道家美学倡导超越世俗之仁义礼智、功名利禄，在自然无为、平淡寡欲中，观照万物之美，塑造自我之美，这样的美是集天下所有之美于一身的"众美""至美"和"大美"，是超越了儒家之"善-美"的"道-美"。当然，我们也应该注意到，在倡导否定和超越儒家之"仁""义""礼""智"时，帛书、汉简《老子》依然保留了与楚简《老子》一致的观点："故大道废，安有仁义。智慧出，安有〔大伪〕。六亲不和，安有孝慈。

---

① 马王堆汉墓帛书整理小组编：《马王堆汉墓帛书〈老子〉》，北京：文物出版社 1979 年版，第 53 页。
② ［宋］苏辙：《老子解》，《老子解及其他二种》，上海：商务印书馆 1939 年版，第 4 页。
③ 钱锺书：《管锥编》（第二册），北京：生活·读书·新知三联书店 2007 年版，第 652 页。
④ ［清］郭庆藩：《庄子集释》（上册），北京：中华书局 2004 年版，第 79 页。
⑤ ［清］郭庆藩：《庄子集释》（中册），北京：中华书局 2004 年版，第 537 页。

国家昏乱，安有贞臣。"① 可见，在战国中后期《老子》哲学、美学中既有否定
"仁""义""礼""智"的思想，也有纳"仁""义"于"道"论体系中的思
想。而到了河上公本、王弼本《老子》中，才完全出现彻底否定儒家"仁"
"义"观念的思想，不仅倡导"绝圣弃智""绝仁弃义"②，还将楚简、帛书、
汉简《老子》之言改为："大道废，有仁义；智慧出，有大伪；六亲不和，有孝
慈；国家昏乱，有忠臣。"③ 质言之，老子美学对仁义等态度是一个发展变化的
过程，楚简《老子》是原本，帛书、汉简《老子》为发展过渡，最终在河上
公、王弼本《老子》之中定型。

五、其他美学观念和命题的提出

老子美学从楚简《老子》发展到帛书、汉简《老子》，经历了近百年的时
间，一些审美观念得以进一步凝练、深化与明确，推进了老子美学最终走向
定型。

（一）对"五色""五味""五音"等的否定

在《老子》看来，"道"是浑然整全的状态，它超越感官知觉、语言名状
而呈现出无形、无色、无味之特性。因此，帛书《老子·乙》曰：

> 五色使人目盲，驰骋田猎使人心发狂，难得之货使人行妨，五味使人
> 之口爽，五音使人耳〔聋〕。是以圣人之治也，为腹而不为目。故去彼
> 取此。④

汉简《老子》与之同，河上公本、王弼本调动了一些句子的先后顺序和改
动了个别字词，但基本意思相同。青、赤、黄、白、黑为"五色"，酸、苦、
甘、辛、咸为"五味"，宫、商、角、徵、羽为"五音"。可是，在楚简《老

---

① 马王堆汉墓帛书整理小组编：《马王堆汉墓帛书〈老子〉》，北京：文物出版社 1979 年
版，第 56 页；北京大学出土文献研究所编：《北京大学藏西汉竹书》（贰），上海：上
海古籍出版社 2012 年版，第 152 页。

② ［汉］河上公章句：《道德真经注》，《道藏》（第十二册），北京：文物出版社、上海：
上海书店出版社、天津：天津古籍出版社 1988 年版，第 6 页；［魏］王弼注，楼宇烈校
释：《老子道德经注校释》，北京：中华书局 2008 年版，第 45 页。

③ ［汉］河上公章句：《道德真经注》，《道藏》（第十二册），北京：文物出版社、上海：
上海书店出版社、天津：天津古籍出版社 1988 年版，第 5-6 页；［魏］王弼注，楼宇
烈校释：《老子道德经注校释》，北京：中华书局 2008 年版，第 43 页。

④ 马王堆汉墓帛书整理小组编：《马王堆汉墓帛书〈老子〉》，北京：文物出版社 1979 年
版，第 54 页。

子·甲》看来，"道"具有"敚绣"（第 21 简）① 的特点。许慎《说文解字》曰："绣，五采备也"②；"敚，强取也"③。段玉裁《注》曰："此是争敚正字。后人假夺为敚，夺行而敚废矣。"④ 所以"敚绣"即"夺绣"，意为丧失五彩，"五色"必然与"道"对立。楚简《老子·丙》曰："道〔之出言〕，淡呵其无味也。视之不足见，听之不足闻，而不可既也。"（第 4—5 简）⑤ 故"五味""五声"必然受到《老子》哲学、美学的贬斥。此外，由于"道"之无色、无味、无形的特性，楚简《老子·甲》倡导人们"闭其兑，塞其门"（第 27简）⑥，以超越感官欲望、知识区分的态度去体验那至上之"道"。而"五色""五味""五声"不仅需要人们利用感官去把握、认识，它们还会激起感官欲望、割裂本来浑然整全的世界，所以《老子》美学要去"五色""五味""五声"。"驰骋田猎"指纵情于打猎，这是一种游戏，"难得之货"指"金银珠玉"（河上公《道德真经注·检欲》）⑦。《老子》美学反对这两者主要是因为它们让人放纵情欲、贪得无厌，与道家"至虚""守静"之精神相违背。

当然，我们还应注意到，我国古代的"五音""五味""五声"与礼息息相关，如《大戴礼记·曾子天圆》曰：

> 圣人立五礼以为民望，制五衰以别亲疏；和五声以导民气，合五味之调以察民情；正五色之位，成五谷之名，序五牲之先后贵贱。诸侯之祭，牲牛，曰太牢；大夫之祭，牲羊，曰少牢；士之祭，牲特豕，曰馈食；无禄者稷馈，稷馈者无尸，无尸者厌也；宗庙曰刍豢，山川曰牺牷，割列禳瘗，是有五牲。⑧

清代王聘珍《注》曰："五礼，谓春官宗伯所掌吉、凶、宾、军、嘉五礼也。……五衰，五服也。……贾《疏》云：'兼解五服。五服，谓斩衰、齐衰、

---

① 邓各泉：《郭店楚简〈老子〉释读》，长沙：湖南人民出版社 2005 年版，第 128 页。
② ［汉］许慎撰，［清］段玉裁注：《说文解字注》，上海：上海古籍出版社 1981 年版，第 649 页。
③ ［汉］许慎撰，［清］段玉裁注：《说文解字注》，上海：上海古籍出版社 1981 年版，第 124 页。
④ ［汉］许慎撰，［清］段玉裁注：《说文解字注》，上海：上海古籍出版社 1981 年版，第 124 页。
⑤ 荆门市博物馆编：《郭店楚墓竹简》，北京：文物出版社 1998 年版，第 121 页。
⑥ 荆门市博物馆编：《郭店楚墓竹简》，北京：文物出版社 1998 年版，第 112 页。
⑦ ［汉］河上公章句：《道德真经注》，《道藏》（第十二册），北京：文物出版社、上海：上海书店、天津：天津古籍出版社 1988 年版，第 3 页。
⑧ ［清］王聘珍：《大戴礼记解诂》，北京：中华书局 1983 年版，第 101–102 页。

大功、小公、缌麻也。亲者服重，疏者服轻。'"① 可见，"五音""五味""五声"可与"五礼""五服"一一对应。所以，《老子》美学对"五音""五味""五声"等的反对也蕴含着其反对区别亲疏贵贱之"礼"的思想观念。质言之，"道"浑然整全、不可分割，"五音""五味""五声""驰骋田猎""难得之货"与"道"之性质背道而驰，故必然受到《老子》美学的反对和贬斥。

（二）"涤除玄鉴"

审美活动是一种超越的活动，它一方面是对主客两分的认识论模式的超越，因为审美活动的目的不是认识客体，获得知识，而是在主客同一之中，获得情感体验；另一方面，审美活动还是一种超越欲望功利的活动，因为审美本身不是感官享乐、欲望满足，而是一种精神享受，所以康德说："每个人都必须承认，关于美的判断哪怕掺杂着一丝利害感都会是十分偏狭的，因而就不是纯粹的鉴赏判断了。"② 虽然道家美学审的不是世俗之"美"，而是超越世俗之"美"的"道"，但在道家看来，只有排除知识的态度，超越欲望功利的观念，才能真正实现与"道"冥合。这种功夫在河上公本、王弼本《老子》中凝练为"涤除玄览"③。

但值得注意的是，"涤除玄览"，楚简《老子》中无，帛书《老子·甲》作"涤除玄蓝"④，帛书《老子·乙》作"涤除玄监"⑤，而汉简《老子》作"涤除玄鉴"（第145简）⑥。《庄子·天道》曰："圣人之心静乎！天地之鉴也，万物之镜也。"⑦ "鉴""镜"对举，"鉴"指"镜"。《淮南子·修务训》有"诚得清明之士，执玄鉴于心，照物明白，不为古今易意"⑧ 之说，汉高诱《注》

---

① ［清］王聘珍：《大戴礼记解诂》，北京：中华书局1983年版，第101页。
② ［德］康德：《判断力批判》，曹俊峰译，《康德美学文集》，北京：北京师范大学出版社2003年版，第452页。
③ ［汉］河上公章句：《道德真经注》，《道藏》（第十二册），北京：文物出版社、上海：上海书店出版社、天津：天津古籍出版社1988年版，第3页；［魏］王弼注，楼宇烈校释：《老子道德经注校释》，北京：中华书局2008年版，第23页；
④ 马王堆汉墓帛书整理小组编：《马王堆汉墓帛书〈老子〉》，北京：文物出版社1979年版，第21页。
⑤ 马王堆汉墓帛书整理小组编：《马王堆汉墓帛书〈老子〉》，北京：文物出版社1979年版，第54页。
⑥ 北京大学出土文献研究所编：《北京大学藏西汉竹书》（贰），上海：上海古籍出版社2012年版，第148页。
⑦ ［清］郭庆藩：《庄子集释》（中册），北京：中华书局2004年版，第457页。
⑧ 何宁：《淮南子集释》（下册），北京：中华书局1998年版，第1362-1363页。

曰："玄，水也。鉴，镜也。"① 另外，甲骨文"监"字写作人向皿中水照面，实即"鉴"之本字②。因此，"鉴""监"相通，均指"镜"。而帛书《老子·甲》之"玄蓝"当为"玄监"之误。一言以蔽之，"涤除玄鉴"才是先秦《老子》提出的美学命题。后世可能误"鉴"、"监"为"览"，所以在河上公本、王弼本《老子》中作"涤除玄览"。许慎《说文解字》曰："览，观也。"③"玄"在《老子》哲学中是对"道"的描述。那么，"玄览"就是"览玄"，就是对"道"的观照。但据《老子》哲学，"道"是超越感官知觉、语言名状的，它无形无声、无色无味，是无法被"观"的。从这个意义上讲，"涤除玄览"不符合《老子》思想，而"涤除玄鉴"更为合适。

"涤除"者，"涤除邪饰"（王弼《老子道德经注》）④，"当洗其心，使洁净也"（河上公《道德真经注·能为》）⑤。"邪饰"就是"礼"对人身之修饰，"洗心"就是去除知识之心、分别之心和欲望之心，这都是"涤除"的内容。当人们"涤除"了内心的知识区分、欲望得失，突破了礼教对自我的束缚，就可让心灵成为像"道"一样明净的镜子（"玄鉴"），这才是人的天然本性、生命本真。当人们用"玄鉴"之心映照万物时，万物显现给我们的也是其天然本性、生命本真。所以"涤除"是工夫，"玄鉴"是境界，这种境界是明朗自我与明朗万物相统一的"天人合一"之境。用台湾学者黄淑基的话说就是，这是一种"不受物限的形上精神美"，是一种"达到自由的超然意境"，"这才是人们所应追求的真正'美'的境界"⑥。

六、结语

经以上考察可知，《老子》一书是在历史的长河中逐渐形成的一个文本，因此，老子美学也是在历史中逐渐凝练、丰富和深化的，从郭店楚简《老子》到马王堆汉墓帛书《老子》、西汉竹简《老子》，再到河上公本、王弼本《老子》

---

① 何宁：《淮南子集释》（下册），北京：中华书局 1998 年版，第 1363 页。

② 参见高明：《帛书老子校注》，北京：中华书局 1996 年版，第 265 页。

③ ［汉］许慎撰，［清］段玉裁注：《说文解字注》，上海：上海古籍出版社 1981 年版，第 408 页。

④ ［魏］王弼注，楼宇烈校释：《老子道德经注校释》，北京：中华书局 2008 年版，第 23 页。

⑤ ［汉］河上公章句：《道德真经注》，《道藏》（第十二册），北京：文物出版社、上海：上海书店出版社、天津：天津古籍出版社 1988 年版，第 3 页。

⑥ 黄淑基：《中国艺术哲学》（先秦卷），台北：洪叶文化事业有限公司 2006 年版，第 102 页。

正体现出这一过程。首先，在"道"论方面，经《老子》后学的发展，"道"不再只是宇宙万物的本体，而成为兼有本体论和宇宙生成论的本体宇宙论范畴，同时，除楚简《老子》赋予"道"的"自然""无为""无名"等特性外，帛书、汉简《老子》还围绕"道"提出了"一""德""水"等概念，以凸显"道"之化生万物、畜养万物的功能，为把握超越之"道"提供了途径，基本使得《老子》之"道"论确立和定型。其次，在对待儒家之仁义礼智等的态度方面，楚简《老子》并没有明确反对之，只是将其纳入"道"论体系中，彰显道家思想的优先性，让道家之"道"成为儒家道德观念的基础和前提，而在帛书、汉简《老子》中，对仁义礼智的否定已被明确提出，儒道两家及其美学思想的对立也开始显现，成为楚简《老子》美学与河上公本、王弼本《老子》美学之间的一座桥梁。再次，经过《老子》后学的努力，楚简《老子》中的一些审美观念被深化、凝练为具体、明确的美学命题，如"涤除玄鉴""五色使人目盲""五味使人之口爽，五音使人耳〔聋〕"等，使老子美学在战国中期以后逐步走向成熟。总之，多种《老子》文献的出土与问世，不仅为我们了解和研究先秦老子美学之原貌提供了契机，还为我们全面展现了老子美学动态发展、演变的过程，而在这一过程中，黄老思想发挥着重要的作用①。

---

① 据日本学者谷中信一考证："若先就结论而言，黄老思想或许实际上促进了《老子》五千言的形成。换言之，不是从《老子》五千言中产生了黄老思想，而是黄老思想孕育了《老子》五千言。"（［日］谷中信一：《先秦秦汉思想史研究》，孙佩霞译，上海：上海古籍出版社 2015 年版，第 87 页。）这一论断不仅值得肯定，而且同样适用于《老子》美学思想的发展、形成过程。

第十章　帛书《黄帝四经》与先秦 黄老道家的美学思想

　　"黄老"合称虽于西汉初年才出现①，但黄老道家或道家黄老学派及其思想早在战国时期就已经产生，《史记》所载"申子之学本于黄老而主刑名"（《老子韩非列传》)②；"慎到，赵人。田骈、接子，齐人。环渊，楚人。皆学黄老道德之术，因发明序其指意"（《孟子荀卿列传》)③；"韩非者，韩之诸公子也。喜刑名法术之学，而其归本于黄老"（《老子韩非列传》)④ 等皆说明了这一点。但长期以来，由于黄老道家文献的亡佚，其学术思想难为人所知，故使治中国哲学史、美学史者常忽略它的存在，最终造成黄老道家美学在先秦道家美学研究中的缺失。1973 年，长沙马王堆汉墓中出土了一批珍贵的帛书，其中，在帛书《老子》乙本卷前有《经法》《十大经》《称》《道原》四篇古佚书。经唐兰先生考证，这四篇古佚书正是《汉书·艺文志》所录的《黄帝四经》⑤，其成书年代为战国中期偏早⑥。帛书《黄帝四经》是先秦道家黄老学派的最早著作，是老子思想在战国的发展与创新。它的发现与出土不仅揭开了先秦黄老道家学术思想的序幕，为后世黄老哲学思想奠定了基础，它还是研究黄老道家美学思想的宝贵材料，为我们重新审视先秦道家美学的流变轨迹与理论

---

① 如《史记·孝武本纪》载："会窦太后治黄老言，不好儒术，使人微得赵绾等奸利事，召案绾、臧，绾、臧自杀，诸所兴为者皆废。"《史记·曹相国世家》载："闻胶西有盖公，善治黄老言，使人厚币请之。既见盖公，盖公为言治道贵清静而民自定，推此类具言之。参于是避正堂，舍盖公焉。其治要用黄老术，故相齐九年，齐国安集，大称贤相。"参见［汉］司马迁：《史记》，北京：中华书局 1959 年版，第 452、2029 页。

② ［汉］司马迁：《史记》（第七册），北京：中华书局 1959 年版，第 2146 页。

③ ［汉］司马迁：《史记》（第七册），北京：中华书局 1959 年版，第 2347 页。

④ ［汉］司马迁：《史记》（第七册），北京：中华书局 1959 年版，第 2146 页。

⑤ 参见唐兰：《〈黄帝四经〉初探》，《文物》1974 年第 10 期。

⑥ 据王葆玹考证，帛书《黄帝四经》的成书年代为公元前 374 年至公元前 357 年之间，即齐国稷下学宫初设时期。参见王葆玹：《黄老与老庄》，北京：中国人民大学出版社 2012 年版，第 48—53 页。

格局提供了契机。

一、"道有原而无端","合之而涅于美"

黄老道家是在战国中期偏早形成的一个道家支派,故其学说——黄老之学——可视作老子学说在战国时期的发展与创新。司马谈《论六家要旨》所谓"因阴阳之大顺,采儒墨之善,撮名法之要"① 正揭示出黄老之学立足老学而融入儒墨法等思想的特点。黄老之学与老学虽有所不同,它对老学进行了发展与创新,但黄老道家毕竟还是道家②,其理论本源于老学,黄老之学与老学之间必定存在着前赴后继的关系。而这种关系集中体现在黄老道家提出的"道"本论上。

代表春秋末期老子本人思想的郭店楚简《老子》曰:"有状混成,先天地生,敚绣,独立不改,可以为天下母。未知其名,字之曰道,吾强为之名曰大。"(楚简《老子·甲》第21—22简)③ "道"是先于天地的生命本源,是老子哲学的本体论范畴。《黄帝四经》传承了这一思想并使之更加细化与生动,如《道原》曰:

> 恒先之初,迥同太虚。虚同为一,恒一而止。湿湿梦梦,未有明晦。神微周盈,精静不熙。故未有以,万物莫以。故无有形,大迥无名。天弗能覆,地弗能载。小以成小,大以成大。盈四海之内,又包其外。在阴不腐,在阳不焦。一度不变,能适蚑蛲。鸟得而飞,鱼得而游,兽得而走,万物得之以生,百事得之以成。人皆以之,莫知其名。人皆用之,莫见其形。④

这一段材料是对"道"之特质的论述。"道"是先于天地的混沌("太虚"),"未有明晦""无有形""大迥无名"说明它超越时间、空间及语言名

---

① ［汉］司马迁:《史记》(第十册),北京:中华书局1959年版,第3289页。

② 蒙文通:《略论黄老学》,《蒙文通全集》(第二卷),成都:巴蜀书社2015年版,第50页。

③ 荆门市博物馆编:《郭店楚墓竹简》,北京:文物出版社1998年版,第112页。按:"状",《郭店楚墓竹简》读作"道",李零《郭店楚简校读记(增订本)》读作"状",今据改;"绣",《郭店楚墓竹简》读作"穆",崔仁义《荆门郭店楚简〈老子〉研究》、邓各泉《郭店楚简〈老子〉释读》皆读作"绣",今据改。

④ 国家文物局古文献研究室编:《马王堆汉墓帛书》(壹),北京:文物出版社1980年版,第87页。按:"恒先",《马王堆汉墓帛书》(壹)读作"恒无",陈鼓应《黄帝四经今注今译》、余明光《黄帝四经新注新译》、魏启鹏《马王堆汉墓帛书〈黄帝书〉笺证》均读作"恒先",今据改。

状。"道"还是万事万物的生命本源、存在之基("万物得之以生,百事得之以成"),是事物的自然属性和天然本性("小以成小,大以成大""鸟得而飞,鱼得而游,兽得而走")。此外,《黄帝四经·道原》又曰:"是故上道高而不可察也,深而不可测也。显明弗能为名,广大弗能为形。独立不偶,万物莫之能令。天地阴阳,〔四〕时日月,星辰云气,蚑行蛲动,戴根之徒,皆取生,道弗为益少;皆反焉,道弗为益多。坚强而不可撌,柔弱而不可化。精微之所不能至,稽极之所不能过。"① 这就说明"道"不仅是自然万物的生命本源,它还是自然万物运行、生长的根本规律。可以说,老子之"道"论在《黄帝四经》中得以充分传承和发扬。

《黄帝四经》对老子之"道"进行了传承和发扬,但同时又加以了创新和发展。《黄帝四经·经法·道法》曰:

> 道生法。法者,引得失以绳,而明曲直者也。故执道者,生法而弗敢犯也,法立而弗敢废〔也〕。□能自引以绳,然后见知天下而不惑矣。②

"法"并不是法律,而是人类社会中的各项法度③。"道生法"的思想为老子所无,因为老子之"道"更多地倾向于一种自然之"道"、宇宙之"道"。《黄帝四经》在此之外则赋予"道"社会层面的内涵,让其成为人类社会规则("法")的总根源。在楚简《老子·甲》中,"名"并不被重视,因为"道恒无名"(第 18 简)④,"道"是"无名之朴"(第 13 简)⑤。孔子则十分重视"名",他说:"名不正,则言不顺;言不顺,则事不成;事不成,则礼乐不兴;礼乐不兴,则刑罚不中;刑罚不中,则民无所措手足。"(《论语·子路》)⑥ 在孔子哲学中,"名"是天下兴亡、社会安定的基础与关键。所以,孔子倡导"正名"⑦,即辨正名分,使其名实相副。黄老道家越出了老子,吸收了"名"的思想,将之视作与"法"几乎同等重要的维系社会运行、国家安定的关键因素,

---

① 国家文物局古文献研究室编:《马王堆汉墓帛书》(壹),北京:文物出版社 1980 年版,第 87 页。

② 国家文物局古文献研究室编:《马王堆汉墓帛书》(壹),北京:文物出版社 1980 年版,第 43 页。

③ 陈鼓应:《黄帝四经今注今译》,北京:中华书局 2016 年版,第 51 页。

④ 荆门市博物馆编:《郭店楚墓竹简》,北京:文物出版社 1998 年版,第 112 页。

⑤ 荆门市博物馆编:《郭店楚墓竹简》,北京:文物出版社 1998 年版,第 112 页。

⑥ 〔魏〕何晏注,〔宋〕邢昺疏:《论语注疏》,〔清〕阮元校刻:《十三经注疏》(下册),北京:中华书局 1980 年版,第 2506 页。

⑦ 〔魏〕何晏注,〔宋〕邢昺疏:《论语注疏》,〔清〕阮元校刻:《十三经注疏》(下册),北京:中华书局 1980 年版,第 2506 页。

如《黄帝四经》曰："形名立，则黑白之分已"（《经法·道法》）①；"名形已定，物自为正"（《经法·道法》）②；"循名复一，民无乱纪"（《十大经·成法》）③；"〔名〕正者治，名奇者乱"（《十大经·前道》）④。"名"是辨别是非黑白的基本标准，标准既立，万事万物随之归于"正""治"而不会"乱"。此外，黄老道家进一步提出了"美恶有名"（《黄帝四经·经法·四度》）⑤ 的命题，让"名"进入了美学之域。它说明世间美丑各有名分，不容混淆，"王公执〔之〕以为天下正"（《黄帝四经·经法·四度》）⑥，即美丑之名实相副是国家安定、社会和谐的保障之一，黄老道家美学也因此具有了政治属性。既然黄老道家认为"美丑有名"，那么美丑的客观存在则是这一命题提出的必要前提。《黄帝四经·十大经·果童》曰："夫天有〔恒〕干，地有恒常。合〔此干〕常，是以有晦有明，有阴有阳。夫地有山有泽，有黑有白，有美有恶。"⑦可见，事物的美丑及其区分如阴阳昼夜一样是客观存在的法则（"恒干""恒常"）。

在黄老道家看来，世间的美丑是客观存在的，且各有其"名"，"名"就是区分美丑的标准。但黄老道家并未就此止步，它进一步揭示了"美"的存在论根源，如《黄帝四经·十大经·前道》曰：

> 道有原而无端，用者实，弗用者蘿。合之而涅于美，循之而有常。⑧

---

① 国家文物局古文献研究室编：《马王堆汉墓帛书》（壹），北京：文物出版社 1980 年版，第 43 页。

② 国家文物局古文献研究室编：《马王堆汉墓帛书》（壹），北京：文物出版社 1980 年版，第 44 页。

③ 国家文物局古文献研究室编：《马王堆汉墓帛书》（壹），北京：文物出版社 1980 年版，第 72 页。

④ 国家文物局古文献研究室编：《马王堆汉墓帛书》（壹），北京：文物出版社 1980 年版，第 76 页。

⑤ 国家文物局古文献研究室编：《马王堆汉墓帛书》（壹），北京：文物出版社 1980 年版，第 51 页。

⑥ 国家文物局古文献研究室编：《马王堆汉墓帛书》（壹），北京：文物出版社 1980 年版，第 51 页。按："之"，底本原缺，今据陈鼓应《黄帝四经今注今译》补。

⑦ 国家文物局古文献研究室编：《马王堆汉墓帛书》（壹），北京：文物出版社 1980 年版，第 66 页。按："夫天有〔恒〕干"，底本原作"夫天有干"，今据陈鼓应《黄帝四经今注今译》改；"此干"，底本原缺，今据陈鼓应《黄帝四经今注今译》补。

⑧ 国家文物局古文献研究室编：《马王堆汉墓帛书》（壹），北京：文物出版社 1980 年版，第 76 页。

陈鼓应读"蘁"为"款"或"窾"①。《庄子·达生》曰:"款启寡闻之民也。"② 李轨《注》曰:"款,空也;启,开也;如空之开,所见小也。"③《淮南子·原道训》曰:"窾者主浮。"④ 高诱《注》曰:"窾,空也。"⑤ "道有原而无端,用者实,弗用者蘁"讲的是,"道"是宇宙万物的生命本源及规律,虽有其原但又无边无际,人们使用它时则"实",不使用时则"空"。"合之而涅于美"揭示出,万事万物合于"道"就会向"美"转化。申言之,合于"道"则"美",不合于"道"则"丑"("恶"),"道"就是"美"之所以为"美"的"名"。故黄老道家以"道"为美,"道"是黄老道家美学思想的本体论范畴。

我们知道,老庄美学亦以"道"为本体,认为"道"是天地间的"大美",但其"道-美"更多地指向了一种人生境界。黄老道家美学虽同样以"道"为本体,但其中置入了"法""名"等思想,使"道"具有了强烈的入世倾向,所以黄老道家美学以"道"为美则倾向于一种社会美,具有政治美学特性。因为在"合之而涅于美"之后,《黄帝四经·十大经·前道》紧接着说:"古之坚者,道是之行。知此道,地且天,鬼且人。以居军其军〔强〕,以居国其国昌。"⑥ 统治者治军、治国合于"道"则军强国昌,这种军强国昌在《黄帝四经》看来就是"美"!质言之,《黄帝四经》提出"合之而涅于美",其侧重点在倡导统治者之治术合于"道"而使国家、军队、社会趋于或呈现为"美"。

二、"华之属,必有核,核中必有意"

台湾学者黄汉光认为,道家黄老之学是一种政治哲学,政治哲学在整个黄老学说中居于主导地位⑦。这一论断是不无道理的。因为《汉书·艺文志》早已点明道家黄老之学乃"君人南面之术"⑧。由于黄老之学是一种政治哲学,故而黄老美学亦多指向政治,如《黄帝四经》提出的"合之而涅于美"的最终落脚点就在政治,彰显出一种政治美学精神。此外,这种美学精神还体现在《黄

---

① 陈鼓应:《黄帝四经今注今译》,北京:中华书局 2016 年版,第 366 页。
② 〔清〕郭庆藩:《庄子集释》(中册),北京:中华书局 2004 年版,第 666 页。
③ 〔清〕郭庆藩:《庄子集释》(中册),北京:中华书局 2004 年版,第 666 页。
④ 何宁:《淮南子集释》(上册),北京:中华书局 1998 年版,第 35 页。
⑤ 何宁:《淮南子集释》(上册),北京:中华书局 1998 年版,第 35 页。
⑥ 国家文物局古文献研究室编:《马王堆汉墓帛书》(壹),北京:文物出版社 1980 年版,第 76 页。按:"强",底本原缺,今据陈鼓应《黄帝四经今注今译》补。
⑦ 黄汉光:《黄老之学析论》,台北:鹅湖出版社 2000 年版,第 113 页。
⑧ 〔汉〕班固:《汉书》(第六册),北京:中华书局 1962 年版,第 1732 页。

帝四经》对"声华实寡"的反对和对"言行一致"的倡导上。

《黄帝四经·经法·四度》曰：

> 声华〔实寡〕者，庸也。顺者，动也。正者，事之根也。执道循理，
> 必从本始，顺为经纪，禁伐当罪，必中天理。①

这是《黄帝四经》对统治者个人修为所提出的要求。"声"不是声音、音乐，而是指统治者的名声、声誉。所谓"声华实寡"就是名声华美而少有实际的意思，即名不副实。而这种人是平庸之人。但"实"具体指什么呢？《黄帝四经·经法·论》曰："物各〔合其道者〕，谓之理。理之所在，谓之〔顺〕。"②故"顺者，动也"就是说统治者之"动"应遵循"道"。《经法·论》又曰："〔正〕生静。"③ 而"静"是"道"的特性，因为"道恒无为也"（楚简《老子·甲》第 13 简）④。那么，"正者，事之根也"即"静"为万物之本，与王弼本《老子》所谓的"归根曰静"⑤ 相通。这就是说，统治者无论"动"还是"静"都应遵循"道"，为人做事都必须从这个"本"开始。从这个意义上讲，"声华实寡"之"实"指的是统治者应遵循的"道"，其"动""静"不遵循"道"就是"实寡"，名声华美而"实寡"的人就是平庸之人。那这是不是说黄老道家美学就是以"道"否定"华"（即"美"）呢？当然不是！《黄帝四经·经法·四度》曰："声溢于实，是谓灭名。"⑥ 一个人的名声大于实际会反过来毁掉自己的名声。由此可见，黄老道家美学不是要以"道"否定"美"，而是否定那种名实不相符的"美"。当统治者为人做事合于"道"时，他的华美之"声"并不溢于"实"而是合于"实"，这种"华""美"是值得肯定的。这与《黄帝四经·十大经·前道》提出的"合之而涅于美"的思想具有一致性。

华美之"声"必须合于"道"而不溢于"实"才能成为真正的"美"，这

---

① 国家文物局古文献研究室编：《马王堆汉墓帛书》（壹），北京：文物出版社 1980 年版，第 51 页。按："实寡"，底本原缺，今据《黄帝四经·经法·亡论》"声华实寡，危国亡土"补。

② 国家文物局古文献研究室编：《马王堆汉墓帛书》（壹），北京：文物出版社 1980 年版，第 53 页。按："合其道者"、"顺"，底本原缺，今据陈鼓应《黄帝四经今注今译》补。

③ 国家文物局古文献研究室编：《马王堆汉墓帛书》（壹），北京：文物出版社 1980 年版，第 53 页。

④ 荆门市博物馆编：《郭店楚墓竹简》，北京：文物出版社 1998 年版，第 112 页。

⑤ ［魏］王弼注，楼宇烈校释：《老子道德经注校释》，北京：中华书局 2008 年版，第 35 页。

⑥ 国家文物局古文献研究室编：《马王堆汉墓帛书》（壹），北京：文物出版社 1980 年版，第 51 页。

种名实相副的"美"是受到黄老道家所肯定的。在此基础上,《黄帝四经·称》进一步提出:

> 实谷不华,至言不饰,至乐不笑。华之属,必有核,核中必有意。①

这种美学观显然受到了老子美学的影响。楚简《老子》认为"道"具有"敚绣"的特点。"敚绣"就是夺去五采,故老子美学以"淡呵其无味"(楚简《老子·丙》第 5 简)② 为追求,倡导"恬淡为上"(楚简《老子·丙》第 7 简)③。在这种思想影响下,《黄帝四经》认为饱满的谷物不需要华美的外表,深切的语言不需要美丽的修饰,最大的快乐不需要用笑声来表达。这与老子美学中的"大音希声,天象无形"(楚简《老子·乙》第 12 简)④、"大巧若拙,大呈若诎"(楚简《老子·乙》第 14 简)⑤ 具有异曲同工之妙。"核中必有意"中的"意"读为"薏",本指莲心,这里泛指一般花卉之薏⑥。因此,"华之属,必有核,核中必有意"是说花的内理是核,核里面是仁儿。当然,这是表面之义。它的深层之义则是"美"或"华"不在于其外表的装饰,而在于其最本质、最内在的元素——"道"。"道"乃"美"之本,是"美"之所以为"美"的本质。这也进一步说明"声华"只要合于"道"、不溢于"实"就是值得肯定的,就是"美"。

如果说"声"之"华""美"必须以"道"为本、与"实"相副的话,那么《黄帝四经》中的"言"则需要与"行"相一致。这一点与老子美学颇为不同。楚简《老子·甲》曰:"道恒无名也。"(第 18 简)⑦ 语言无法对"道"进行名状。在"道"的面前,"言"显得十分无力与渺小。所以,老子美学倡导"居无为之事,行不言之教"(楚简《老子·甲》第 17 简)⑧,认为"知之者弗

---

① 国家文物局古文献研究室编:《马王堆汉墓帛书》(壹),北京:文物出版社 1980 年版,第 82 页。
② 荆门市博物馆编:《郭店楚墓竹简》,北京:文物出版社 1998 年版,第 121 页。
③ 荆门市博物馆编:《郭店楚墓竹简》,北京:文物出版社 1998 年版,第 121 页。
④ 荆门市博物馆编:《郭店楚墓竹简》,北京:文物出版社 1998 年版,第 118 页。按:"希",《郭店楚墓竹简》读作"祗",赵建伟《郭店竹简〈老子〉校释》读作"希",今据改。
⑤ 荆门市博物馆编:《郭店楚墓竹简》,北京:文物出版社 1998 年版,第 118 页。
⑥ 魏启鹏:《马王堆汉墓帛书〈黄帝书〉笺证》,北京:中华书局 2004 年版,第 212-213 页。
⑦ 荆门市博物馆编:《郭店楚墓竹简》,北京:文物出版社 1998 年版,第 112 页。
⑧ 荆门市博物馆编:《郭店楚墓竹简》,北京:文物出版社 1998 年版,第 112 页。

言，言之者弗知"（楚简《老子·甲》第 27 简）①。这种思想发展到庄子美学中就体现为"天地有大美而不言"（《庄子·知北游》）② 命题的提出。《黄帝四经》对老子关于"言"的思想是有所传承的，如"事必有言，言有害，曰不信，曰不知畏人，曰自诬，曰虚夸，以不足为有余。"（《经法·道法》）③ 可见，黄老与老子一样，认识到了"言"之"有害"的特点，但黄老所谓的"言"特指"以不足为有余"的"虚夸"之言。因此，从总体上看，黄老道家美学并不是对所有"言"都持否定态度，黄老否定的是虚妄浮夸之"言"，而那种与"行"保持一致的"言"是受到黄老道家肯定与倡导的，"言""行"保持一致是黄老道家美学所赞扬的人的可贵品质。《黄帝四经·十大经·行守》曰：

> 言之壹，行之壹，得而勿失。〔言〕之采，行之熙，得而勿以。是故言者心之符〔也〕，色者心之华也，气者心之浮也。有一言，无一行，谓之诬。故言寺首，行志卒。直木伐，直人杀。④

在黄老道家看来，"言"是人的内心的表达，"行"是"志"的结果，如果"有一言，无一行"就是欺骗，这样的人是不能任用的。而"言之壹，行之壹"即言行一致的人，统治者应该加以重用，万不可失。可见，与老庄美学不同，黄老美学认为合于"行"的"言"是值得肯定与赞扬的，"言行一致"是人的一种可贵的品质。其实，在先秦儒家美学中，"言行一致"的思想较为浓厚，被认为是一种"君子"品质，如郭店楚简《缁衣》曰："可言不可行，君子弗言；可行不可言，君子弗行"（第 30—31 简）⑤；"君子道人以言，而恒以行"（第 32 简）⑥；"言从行之，则行不可匿"（第 34 简）⑦。这种思想发展到荀子那里最终成为"圣人"的一种品格："圣人也者，本仁义，当是非，齐言行，不失毫厘，无它道焉，已乎行之矣。"（《荀子·儒效》）⑧ 由此可见，作为道家分支的

---

① 荆门市博物馆编：《郭店楚墓竹简》，北京：文物出版社 1998 年版，第 112 页。
② ［清］郭庆藩：《庄子集释》（中册），北京：中华书局 2004 年版，第 735 页。
③ 国家文物局古文献研究室编：《马王堆汉墓帛书》（壹），北京：文物出版社 1980 年版，第 43 页。
④ 国家文物局古文献研究室编：《马王堆汉墓帛书》（壹），北京：文物出版社 1980 年版，第 78 页。
⑤ 荆门市博物馆编：《郭店楚墓竹简》，北京：文物出版社 1998 年版，第 130 页。
⑥ 荆门市博物馆编：《郭店楚墓竹简》，北京：文物出版社 1998 年版，第 130 页。
⑦ 荆门市博物馆编：《郭店楚墓竹简》，北京：文物出版社 1998 年版，第 130 页。
⑧ ［清］王先谦：《荀子集解》（上册），北京：中华书局 1988 年版，第 142 页。

黄老学派具有与战国儒家共通的审美旨趣——"言""行"一致。

简言之，"声""言"本在老子美学中受到轻视，甚至反对，而到黄老美学中，只要"声"之"华"合于"道""言"合于"行"就值得肯定与宣扬，而合于"道""行"的"声""言"就是名实相副的"声""言"，就是"美"。这是黄老道家"华之属，必有实，实中必有核，核中必有意"的美学原则的体现。但值得注意的是，黄老道家反对"声华实寡"的根因是因为"声华实寡，危国亡土"（《黄帝四经·经法·亡论》）①，而所倡的"言""行"一致本质上是统治者的用人之术。因此，对"声华实寡"的反对和对"言行一致"的倡导同样说明了黄老道家美学应该是一种政治美学。

三、"唯圣人能尽天极，能用天当"

在老子看来，知识的态度、分别的见解是对世间万物的割裂，让世间万物呈现出高低贵贱、善恶美丑之别，从而激起了人们追求高贵善美之物的欲望。而天下大乱正是由于"欲"，故楚简《老子·甲》曰："罪莫厚于甚欲，咎莫惨于欲得，祸莫大乎不知足。"（第5—6简）② 因此，老子美学倡导一种"欲不欲"（楚简《老子·丙》第13简）③ 的圣人境界。黄老美学与老子美学一样，认为"欲"乃是祸根，如"生有害，曰欲，曰不知足"（《黄帝四经·经法·道法》）④、"嗜欲无穷，死"（《黄帝四经·称》）⑤，"纵心欲"乃"三凶"之一（《黄帝四经·经法·亡论》）⑥。

面对祸根之"欲"，楚简《老子·甲》曰："人多智，而奇物滋起。法物滋彰，盗贼多有。"（第30—31简）⑦"奇物"就是不正之物，"法物"即"好物""珍好之物"⑧。所以，老子美学进一步指出："五色使人目盲，驰骋田猎使人

---

① 国家文物局古文献研究室编：《马王堆汉墓帛书》（壹），北京：文物出版社1980年版，第55页。
② 荆门市博物馆编：《郭店楚墓竹简》，北京：文物出版社1998年版，第111页。
③ 荆门市博物馆编：《郭店楚墓竹简》，北京：文物出版社1998年版，第121页。
④ 国家文物局古文献研究室编：《马王堆汉墓帛书》（壹），北京：文物出版社1980年版，第43页。
⑤ 国家文物局古文献研究室编：《马王堆汉墓帛书》（壹），北京：文物出版社1980年版，第82页。
⑥ 国家文物局古文献研究室编：《马王堆汉墓帛书》（壹），北京：文物出版社1980年版，第55页。
⑦ 荆门市博物馆编：《郭店楚墓竹简》，北京：文物出版社1998年版，第113页。
⑧ ［汉］河上公章句：《道德真经注》，《道藏》（第十二册），北京：文物出版社、上海：上海书店出版社、天津：天津古籍出版社1988年版，第16页。

〔心发狂〕。难得之货，使人之行妨，五味使人之口爽，五音使人之耳聋。"（帛书《老子·甲》）① 这种思路在《黄帝四经》中也有所体现，如《经法·四度》曰："黄金珠玉藏积，怨之本也。女乐玩好燔材，乱之基也。"② 可见，这些"奇物""法物"同样被黄老道家美学所反对。但与老子美学不同的是，黄老美学所真正反对的是"过极失当"（《经法·国次》）③ 地对"奇物""法物"进行追求与享乐，即"过极失当"之欲，如《黄帝四经·经法·六分》曰：

> 知王术者，驱骋驰猎而不禽荒，饮食喜乐而不湎康，玩好嬛好而不惑心，俱与天下用兵，费少而有功，〔战胜而令行。故福生于内〕，则国富而民〔昌。圣人其留，天下〕其〔与。不〕知王术者，驱骋驰猎则禽荒，饮食喜乐而湎康，玩好嬛好则惑心，俱与天下用兵，费多而无功，战胜而令不〔行。故福〕失〔于内，财去而仓廪〕空虚，与天〔相逆〕，则国贫而民荒。〔至〕圣之人弗留，天下弗与。④

由以上材料可知，黄老道家美学并非像老子美学那样一味地否定"驱骋驰猎""饮食喜乐""玩好嬛好"等，而是强调追求和享受这些"奇物""法物"时，不能"过极失当"，这样才能"不禽荒""不湎康""不惑心"。也就是说，黄老道家美学讲究一种"度"。

在一定的"度"之内，进行"驱骋驰猎""饮食喜乐""玩好嬛好"等活动是被黄老美学所接受的，但超越了"度"就是"过极失当"，应该受到遏制和批判。"极"就是"天极"，"当"就是"天当"。《国语·越语下》载："无过天极，究数而止。"⑤ 韦昭《注》曰："极，至也。究，穷也。无过天道之所至，穷其数而止也。"⑥ "天极"就是天道所达到的极限，而"天当"就是与"天道"相符⑦。那么，黄老道家美学中的"度"就是"道"，超越了这个"度"

---

① 马王堆汉墓帛书整理小组编：《马王堆汉墓帛书〈老子〉》，北京：文物出版社1976年版，第21页。

② 国家文物局古文献研究室编：《马王堆汉墓帛书》（壹），北京：文物出版社1980年版，第52页。

③ 国家文物局古文献研究室编：《马王堆汉墓帛书》（壹），北京：文物出版社1980年版，第45页。

④ 国家文物局古文献研究室编：《马王堆汉墓帛书》（壹），北京：文物出版社1980年版，第49-50页。按：底本残缺严重，今据陈鼓应《黄帝四经今注今译》补。

⑤ ［三国·吴］韦昭注：《国语》（三），上海：商务印书馆1937年版，第237页。

⑥ ［三国·吴］韦昭注：《国语》（三），上海：商务印书馆1937年版，第237页。

⑦ 余明光：《黄帝四经与黄老思想》，哈尔滨：黑龙江人民出版社1989年版，第246-247页。

就违背了"道",即"过极失当"。而《黄帝四经·经法·国次》曰:"过极失〔当〕,天将降殃。人强胜天,慎避勿当。天反胜人,因与俱行。先屈后伸,必尽天极,而毋擅天功。"① 可见,"过极失当"会使灾祸降临。此外,"过极失当"还与天人关系有关联。当"人强胜天"时,人应该避免过当的行为,当"天反胜人"时,人就应该顺应自然("天")。做到了这两点,人的行为就完全符合了天道运行的规律,即进入了"与道为一""天人合一"的境界。而《黄帝四经·经法·国次》曰:"唯圣人能尽天极,能用天当。"② 因此,黄老道家美学倡导的"与道为一""天人合一"的境界其实就是一种"圣人"境界。由于黄老道家美学以"道"为美,"道"是美之所以为美的本质,故"与道为一""天人合一"的"圣人"境界就是一种至高的审美境界。

无论老庄还是黄老,"道"被认为是超越时间空间、语言名状的无形之象、无声之音,它是超越众美之"大美""至美"。"圣人"不仅是一种与"道"为一的至美境界,其本身还是一种工夫。黄宗羲曰:"工夫所至,即其本体。"(《〈明儒学案〉自序》)③"圣人"就是一个即本体即工夫的概念。《黄帝四经·道原》曰:

> 故唯圣人能察无形,能听无〔声〕。知虚之实,后能大虚。乃通天地之精,通同而无间,周袭而不盈。服此道者,是谓能精。明者固能察极,知人之所不能知,服人之所不能得。是谓察稽知极。圣王用此,天下服。④

"圣人"知晓虚静的本质和内涵,故可使内心处于"大虚"的状态。"大虚"就可洞察天地之精华,使内心周密完备而不自满,进而与天地万物融合为一而了无隔阂。这也就是庄子美学所追求的"天地与我并生,而万物与我为一"(《庄子·齐物论》)⑤ 的境界。也正是由于此,圣人能"察无形""听无声",即把握那至精至微的本体之"道"。所以,成为"圣人"的工夫也是一种审美的工夫,而这种审美的工夫所达到的圣人境界就是一种审美的至境("道"

---

① 国家文物局古文献研究室编:《马王堆汉墓帛书》(壹),北京:文物出版社 1980 年版,第 45 页。

② 国家文物局古文献研究室编:《马王堆汉墓帛书》(壹),北京:文物出版社 1980 年版,第 45 页。

③ [清] 黄宗羲:《明儒学案》(上册),《黄宗羲全集》(第七册),杭州:浙江古籍出版社 2012 年版,第 3 页。

④ 国家文物局古文献研究室编:《马王堆汉墓帛书》(壹),北京:文物出版社 1980 年版,第 87 页。

⑤ [清] 郭庆藩:《庄子集释》(上册),北京:中华书局 2004 年版,第 79 页。

境）。当然，黄老之学是一种政治哲学，其"圣人"与成"圣"的最终落脚点仍然在政治上。《黄帝四经·道原》所谓"圣王用此，天下服"，揭示出"圣人"境界其实是为统治者设置的理想境界。当统治者通过成"圣"的工夫达到了"圣人"境界后，就成为一个"执道者"，而"执道者之观于天下〔也〕，见正道循理，能举曲直，能举终始。故能循名究理。刑名出声，声实调合，祸灾废立，如影之随形，如响之随声，如衡之不藏重与轻。故唯执道者能虚静公正，乃见〔正道〕，乃得名理之诚"（《黄帝四经·经法·名理》）①。可见，成"圣""执道"的目的是由统治者正己而正天下，让天下"正道循理""循名究理"，即最终实现名实相副的"美政"。

综上所述，黄老虽与老庄一样，讲究人格境界的提升，黄老之"圣人"与老庄之"圣人""至人""神人"等具有相通之处，均指向了一种与"道"为一、天人合一的审美境界。但与老庄不同的是，黄老道家的"圣人"境界与成"圣"工夫的最终落脚点在于政治，"圣人"是统治者的理想的人生境界，其成"圣"是为了"美政"的实现。所以，黄老道家美学是一种政治美学。

四、结语

帛书《黄帝四经》的出土为我们揭开了先秦黄老道家的面纱，让先秦道家的发展轨迹与理论格局更加清晰和明了，让不同于庄子美学的黄老道家美学得以展现在我们面前。从《黄帝四经》中可见出，黄老道家美学与老子美学一样，以"道"为本，"道"是美之所以为美的本质，但黄老道家之"道"具有浓厚的社会层面的内涵，这为黄老道家美学成为一种政治美学定下了基调；黄老道家美学反对"声华实寡"、倡导"言行一致"，反映出黄老道家认为的"美"（或"华"）之根本在于内在的"道"；黄老道家美学追求的"圣人"境界和成"圣"工夫实为一种审美的境界和审美的修养，与老庄推崇的"圣人""真人""至人"等一致，但黄老之"圣人"的最终落脚点却在于"美政"的实现。这无不说明黄老道家美学是一种政治美学，它"用美学方式来实现自己的政治目的"②，是老子美学在战国时期的发展与创新，它与庄子美学组成了先秦道家美学的两翼。20 世纪以来，大量简帛文献在我国境内发现与出土，

---

① 国家文物局古文献研究室编：《马王堆汉墓帛书》（壹），北京：文物出版社 1980 年版，第 58 页。按："也""正道"，底本原缺，今据陈鼓应《黄帝四经今注今译》补。

② 张法：《政治美学：历史源流与当代理路》，《文艺争鸣》2014 年第 4 期。

其中不乏关涉儒道学派重要问题的佚籍，如本书所论及的黄老道家文献就是一例。因此，利用出土简帛文献进行美学研究和对出土简帛文献中的美学思想进行研究，无疑具有重要价值与意义。基于此，继续深入开展中国简帛美学的研究，建立中国简帛美学这一简帛学与美学的交叉学科，又显得十分必要与重要。

第十一章　其他道家简帛文献中的美学思想

近年来，大量出土的简帛文献对先秦美学的研究具有重要的意义与价值，填补了先秦秦汉美学史上的一些空白，如孔孟之间的子思美学就得力于郭店楚简和上博简的发现。此外，出土简帛文献对先秦道家美学同样具有这样的意义和价值。随着多种版本的《老子》、马王堆汉墓帛书《黄帝四经》、定州汉简《文子》、上博简《恒先》以及清华简《汤处于汤丘》《汤在啻门》等文献的出土，突破了以往总以老庄美学代替整个先秦道家美学的研究模式，让先秦道家美学的另一派——黄老道家美学——得以展现在我们眼前。本章将以上博简《恒先》、定州汉简《文子》和清华简《汤处于汤丘》为中心，进行先秦道家美学新论。

一、上博简《恒先》中的文艺发生论和本质论

《恒先》是上博简中备受关注的先秦佚籍之一，共13简，500余字。据李学勤先生研究，《恒先》在词语的运用上接近于《庄子》外、杂篇，故可推断其成书年代在战国中、晚期之间①。《恒先》全文分为上下两篇，上篇论天道，下篇言人事，具有很强的黄老思想特征，因为"从天道到人道是黄老道家思想展开的必由之路"②。作为文艺及其发生、本质的问题属人事，但在《恒先》中，该问题又与天道紧密相连，宇宙生成论是其文艺发生论和本质论的基础。

对宇宙万物之本体的追问是道家永恒的话题。楚简《老子》与《太一生水》分别提出了"道"和"太一"作为宇宙万物的本体，上博简《恒先》则提

---

① 李学勤：《楚简〈恒先〉首章释义》，《中国哲学史》2004年第3期。

② 曹峰：《近年出土黄老思想文献研究》，北京：中国社会科学出版社2015年版，第34页。

出"恒先"作为宇宙万物的本体①。上博简《恒先》曰：

> 恒先无有，朴、静、虚。朴，大朴；静，大静；虚，大虚。（第1
> 简）②

楚简《老子·甲》曰："有状混成，先天地生，敓绣，独立而不改，可以为天下母。未知其名，字之曰道，吾强为之名曰大。"（第21—22简）③ 从时间上看，本体之"道"具有先于天地的特点。这就是上博简《恒先》中提到的"先"："先者有善、有治、无乱。"（第8简）④ "先"指宇宙万物尚未形成的那段时间，是《恒先》作者所设置的理想状态。在"先"之前加上"恒"就更加凸显出"先"的超越性、永恒性和根源性，如同帛书《老子》中的"恒道""恒名"⑤。"恒先"就成为一个本体论范畴，它是先于天地万物的混沌状态，故曰"恒先无有"（第1简）⑥。在老子哲学中，"大"即"道""大器""大音"都象征着"道"，那么"恒先"之朴、静、虚就不是一般的朴、静、虚而是绝对之朴、静、虚，显示出"恒先"至大无形、宁静空虚的特性。"恒先"是宇宙万物的本体，它的产生靠的是它自己而非他物，所以"恒先"是自足的，但同时它又不自满，如上博简《恒先》曰：

> 自厌不自忍，或作。有或焉有气，有气焉有有，有有焉有始，有始焉

---

① 有学者认为，《恒先》中的本体论范畴应该是"恒"而非"恒先"。（如王葆玹：《黄老与老庄》，北京：中国人民大学出版社2012年版，第87-88页。）但因帛书《黄帝四经·道原》中已有"恒先之初，迵同太虚"之说，再加上上博简《恒先》第3简背面有"恒先"二字作为该文献的标题，故笔者认为《恒先》中的本体论范畴应该为"恒先"而非"恒"。

② 马承源主编：《上海博物馆藏战国楚竹书》（三），上海：上海古籍出版社2003年版，第288页。按："朴"，整理者读作"质"，邢文《楚简〈恒先〉释文分章》读作"朴"，今据改。

③ 荆门市博物馆编：《郭店楚墓竹简》，北京：文物出版社1998年版，第112页。按："状"，《郭店楚墓竹简》读作"道"，李零《郭店楚简校读记（增订本）》读作"状"，今据改；"绣"，《郭店楚墓竹简》读作"穆"，崔仁义《荆门郭店楚简〈老子〉研究》、邓各泉《郭店楚简〈老子〉释读》皆读作"绣"，今据改。

④ 马承源主编：《上海博物馆藏战国楚竹书》（三），上海：上海古籍出版社2003年版，第295页。

⑤ 马王堆汉墓帛书整理小组编：《马王堆汉墓帛书〈老子〉》，北京：文物出版社1976年版，第19页。

⑥ 马承源主编：《上海博物馆藏战国楚竹书》（三），上海：上海古籍出版社2003年版，第288页。

有往者。(第1简)①

《集韵·艳韵》曰："厌,于艳切,足也。"② 李学勤读"忍"为"牣"③。《玉篇·牛部》曰："牣,而振切,满也,益也。"④ "自厌不自忍"即"恒先"自足而又不自满。"或"读作"域",北大汉简《老子》曰："天大,地大,道大,王亦大。域中有四大,而王居一焉。"(第188—189简)⑤ 河上公《注》曰："八极之内有四大,王居其一也。"⑥ "域"即"八极"。《淮南子·原道训》高诱注："八极,八方之极也,言其远。"⑦ 故"域"指宇宙,但它偏重于作为空间的"宇"。"焉"在这里是副词,表示两件事接连发生,相当于"于是"。所以简文说的是,"恒先"是先于天地的混沌,它一无所有又一无所限,它首先转化为"域",即宇宙之大全。这就是楚简《老子·甲》讲的"〔有〕生于无"(第37简)⑧,只不过此"有"是大全之有、宇宙之总体。"域"形成后,"气"在其中产生了。但上博简《恒先》曰："气是自生,恒莫生气。气是自生自作。"(第2简)⑨ 诚如日本学者浅野裕一所言："气就不是由别的事物作为它的母体而出生的,而是它自己出生、自己到处活动的。"⑩ 但值得注意的是,"气"的自生自作需要在"恒先"化生的"域"中进行,"恒先""域"是"气"自生自作的基因平台,离开了"恒先""域","气"无法自生、自作,所以"气"的自生自作是在"域"中进行的,是一种"有待"的自生自作,故曰"有或焉有气"。上博简《恒先》又曰："浊气生地,清气生天。气信神哉,云云相生。

---

① 马承源主编:《上海博物馆藏战国楚竹书》(三),上海:上海古籍出版社2003年版,第288页。

② 〔宋〕丁度等编:《集韵》(上册),上海:上海古籍出版社1985年版,第626页。

③ 李学勤:《楚简〈恒先〉首章释义》,《中国哲学史》2004年第3期。

④ 〔南朝·梁〕顾野王:《宋本玉篇》,北京:中国书店1983年据清张氏泽存堂刻本影印,第428页。

⑤ 北京大学出土文献研究所编:《北京大学藏西汉竹书》(贰),上海:上海古籍出版社2012年版,第156页。

⑥ 〔汉〕河上公章句:《道德真经注》,《道藏》(第十二册),北京:文物出版社、上海:上海书店出版社、天津:天津古籍出版社1988年版,第8页。

⑦ 刘文典:《淮南鸿烈集解》(上册),北京:中华书局1989年版,第1页。

⑧ 荆门市博物馆编:《郭店楚墓竹简》,北京:文物出版社1998年版,第113页。

⑨ 马承源主编:《上海博物馆藏战国楚竹书》(三),上海:上海古籍出版社2003年版,第289页。

⑩ 〔日〕浅野裕一:《战国楚简研究》,〔日〕佐藤将之监译,台北:万卷楼图书股份有限公司2004年版,第158页。

信盈天地……"（第4简）① 可见，"气"是宇宙万物的生命本源，"气"化生天地万物，即"有气焉有有"。"有"指天地万物，它们是世间具体的存在。而天地万物生成后，自然有它们生命的开始与消亡，即"始"与"往"。但"往"指的是向生命之"气"的复归，即帛书《老子》所谓的"复归于无物"② "复归于无极"③ "复归于朴"④。这就是上博简《恒先》所创构的宇宙生成论："恒先"→"或"→"气"→"有"→"始"→"往"。总体上看，这就是"有"（"或""气""有"）生于"无"（"恒先"）的过程。"气"虽自生自作，但它需要在"恒先"化生的基因平台（"或"）中才能自生自作，才能化生天地间的具体之"有"，所以"恒先"是宇宙万物之本体，"气"是天地万物之生命本源，《恒先》中的"恒先"不能等同于老子之"道"⑤，"气"也不能等同之⑥，老子之"道"兼具"恒先"与"气"的功能与性质，既是万物的本体亦是万物的生命本源。

在上博简《恒先》的哲学思想中，文艺及其相关问题属于"有"的层面，所以《恒先》曰：

> 有出于或，生出于有，音出于生，言出于音，名出于言，事出于名。（第5—6简）⑦

《恒先》在此省掉了"气"这一环节，用"有出于或"概括了天地万物在"域"中生成的过程。"生出于有"中的"生"，有学者认为它指人的生命⑧，

---

① 马承源主编：《上海博物馆藏战国楚竹书》（三），上海：上海古籍出版社2003年版，第291页。

② 马王堆汉墓帛书整理小组编：《马王堆汉墓帛书〈老子〉》，北京：文物出版社1976年版，第22页。

③ 马王堆汉墓帛书整理小组编：《马王堆汉墓帛书〈老子〉》，北京：文物出版社1976年版，第26页。

④ 马王堆汉墓帛书整理小组编：《马王堆汉墓帛书〈老子〉》，北京：文物出版社1976年版，第59页。

⑤ 如廖名春：《上博藏楚竹书〈恒先〉新释》，《中国哲学史》2004年第3期。

⑥ 如欧阳祯人：《从简帛中挖掘出来的政治哲学》，武汉：武汉大学出版社2010年版，第284-286页。

⑦ 马承源主编：《上海博物馆藏战国楚竹书》（三），上海：上海古籍出版社2003年版，第292-293页。

⑧ 如王中江：《简帛文明与古代思想世界》，北京：北京大学出版社2011年版，第70页；任蜜林：《〈恒先〉章句疏证》，《中国哲学史》2016年第1期。

也有学者认为"生"应读作"性"①。从《恒先》的宇宙生成论中可见出，"恒先"转化为"域"，在"域"中，"气"自生自作并化生天地与万物，当然也包括人，"有"代表着包括人在内的天地万物，因此，"有"应该生于"气"、出于"气"。如果将"生"理解为人的生命，那么"生出于有"就与《恒先》的宇宙生成论相矛盾，因为人的生命是不可能出于"有"的。因此，读"生"为"性"更具有合理性，指人之所以为人的本质。"音出于生"中的"音"应读作"意"。《管子·内业》有"彼心之心，音以先言。音然后形，形然后言"② 之语，《心术下》又有"我无安心。心之中又有心，意以先言。意然后刑，刑然后思，思然后知"③ 之语。王念孙《读书杂志·管子第八》曰："两'音'字亦读为'意'，谓意在言之先，意然后形，形然后言也。"④ 另外，《鹖冠子·环流》曰："有一而有气，有气而有意，有意而有图，有图而有名，有名而有形，有形而有事，有事而有约。"⑤ 由此可见，"音出于生，言出于音"之"音"并非指声音⑥，而应读作"意"。许慎《说文解字》曰："意，志也。从心音，察言而知意也。"⑦《左传·昭公二十五年》载："是故审则宜类，以制六志。"⑧杜预《注》曰："为礼以制好恶喜怒哀乐六志，使不过节。"⑨ 孔颖达《疏》曰："此六志，《礼记》谓之六情。在已为情，情动为志，情志一也，所从言之异耳。"⑩ "意"就是"志"，指人的内心情感。那么，"音出于生"即"意出于性""情出于性"。据郭店楚简《性自命出》可知："凡人虽有性，心无定志，

---

① 如李零：《上博楚简〈恒先〉语译》，《中华文史论丛》2006 年第 1 期；吴根友：《上博楚简〈恒先〉篇哲学思想探析》，丁四新主编：《楚地简帛文献思想研究》（二），武汉：湖北教育出版社 2004 年版，第 69 页。

② 黎翔凤：《管子校注》（中册），北京：中华书局 2004 年版，第 938 页。

③ 黎翔凤：《管子校注》（中册），北京：中华书局 2004 年版，第 786 页。

④ ［清］王念孙：《读书杂志》（第八册），上海：商务印书馆 1930 年版，第 22 页。

⑤ ［宋］陆佃解：《鹖冠子》，台北：台湾商务印书馆 1978 年版，第 19 页。

⑥ 如郭梨华：《出土文献与先秦儒道哲学》，台北：万卷楼图书股份有限公司 2008 年版，第 185 页。

⑦ ［汉］许慎撰，［清］段玉裁注：《说文解字注》，上海：上海古籍出版社 1981 年版，第 502 页。

⑧ ［周］左丘明传，［晋］杜预注，［唐］孔颖达疏：《春秋左传正义》，［清］阮元校刻：《十三经注疏》（下册），北京：中华书局 1980 年版，第 2108 页。

⑨ ［周］左丘明传，［晋］杜预注，［唐］孔颖达疏：《春秋左传正义》，［清］阮元校刻：《十三经注疏》（下册），北京：中华书局 1980 年版，第 2108 页。

⑩ ［周］左丘明传，［晋］杜预注，［唐］孔颖达疏：《春秋左传正义》，［清］阮元校刻：《十三经注疏》（下册），北京：中华书局 1980 年版，第 2108 页。

待物而后作……喜怒哀悲之气，性也"（第1—2简）①；"凡动性者，物也"（第10—11简）②。所以，"音出于生"暗含人的情感产生于物对"性"的刺激，只不过"物"在《恒先》中尚未明确凸显。"言出于音"则说明言语是对人的内在情感的表达，情感可视作"言"的本质。"名"是对事物的命名，它出于"言"。黄怀信《鹖冠子汇校集注》曰："事，人所为也。"③ 因此，"事出于名"揭示出，对事物进行命名就是对事物进行区分，事物被区分就产生高低贵贱、善恶美丑之别，人的欲望由此而起，一切人事（政治、军事、法律等）也因之而产生。上博简《恒先》的文艺发生论和本质论正包含在这由天道到人事的推衍之中——"音出于生，言出于意"，即情感产生于外物对人之"性"的刺激，言语是对内在情感的表达。

上博简《恒先》与《尚书·舜典》之"诗言志"④、《荀子·乐论》之"夫乐者，乐也，人情之所必不免也，故人不能无乐。乐则必发于声音，形于动静"⑤ 共同奠定了我国文艺发生论的基础，揭示出文艺的本质就是对内在情感的表达。后世所谓"诗者，志之所之，在心为志，发言为诗"（《毛诗序》）⑥、"凡音者，生人心者也。情动于中，故形于声。声成文，谓之音"（《礼记·乐记》）⑦、"人禀七情，应物斯感，感物吟志，莫非自然"（《文心雕龙·明诗》）⑧、"情动形言，取会风骚之意"（《书谱》）⑨ 等无不导源于《尚书》《恒先》《荀子·乐论》提出的文艺发生论与本质论。

二、清华简《汤处于汤丘》中的美学思想

战国到秦汉时期存在着一个影响广泛的学术派别——黄老道家学派，但历

---

① 荆门市博物馆编：《郭店楚墓竹简》，北京：文物出版社1998年版，第179页。
② 荆门市博物馆编：《郭店楚墓竹简》，北京：文物出版社1998年版，第179页。
③ 黄怀信：《鹖冠子汇校集注》，北京：中华书局2004年版，第72页。
④ ［汉］孔安国传，［唐］孔颖达疏：《尚书正义》，［清］阮元校刻：《十三经注疏》（上册），北京：中华书局1980年版，第131页。
⑤ ［清］王先慎：《荀子集解》（下册），北京：中华书局1988年版，第379页。
⑥ ［汉］毛亨传，［汉］郑玄笺，［唐］孔颖达疏：《毛诗正义》，［清］阮元校刻：《十三经注疏》（上册），北京：中华书局1980年版，第269页。
⑦ ［汉］郑玄注，［唐］孔颖达疏：《礼记正义》，［清］阮元校刻：《十三经注疏》（下册），北京：中华书局1980年版，第1527页。
⑧ ［南朝·梁］刘勰著，范文澜注：《文心雕龙注》（上册），北京：人民文学出版社1958年版，第65页。
⑨ ［唐］孙过庭：《书谱》，上海书画出版社、华东师范大学古籍整理研究室选编点校：《历代书法论文选》，上海：上海书画出版社1979年版，第128-129页。

来由于黄老文献的缺失，人们对它的理论思想的了解并不清晰与深入，故治先秦哲学史、思想史往往忽略之。1973 年出土的马王堆汉墓帛书《黄帝四经》却打破了这一局面，让黄老思想的真实面目得以呈现于我们眼前。近年又有清华简《汤处于汤丘》《汤在啻门》等黄老文献的发现①，再一次推动了黄老思想的研究，同时也为先秦黄老美学的研究提供了宝贵材料。

丁原明认为："从原始道家到黄老学产生的逻辑演化，大致是沿着本体论上的道论到气论、天人观上的否定人道到肯定人道、价值观上的否定社会价值到肯定社会价值的路径而展开的。"② 因此，清华简《汤处于汤丘》具有黄老之学的特征，应属战国黄老道家文献。章太炎先生曾说："黄老足以治天下，庄氏足以乱天下。"③ 可见，黄老学派与老庄学派是有所差异，是一种"综合各家的变调老学"④，但黄老道家毕竟是道家的一个分支，所以老子美学必然对黄老美学产生一定的影响。对清华简《汤处于汤丘》来说，这一影响体现在它接受和吸收老子美学之"朴"观念上。楚简《老子·甲》认为"朴"是本体之"道"的特性，它虽然微不足道，但天地不敢使役它，侯王也要遵守它，即"道恒无名，朴虽微，天地弗敢臣，侯王如能守之，万物将自宾。"（第 18 简）⑤ "名"是名状、命名，其目的是区分万物，而"道恒无名"所揭示的是"道"不像具体之物那样可以被语言所名状与区分，因为它是先天地而生的一片混沌，这就是"朴"。所以，明代释德清曰："朴，乃无名之譬。木之未制成器者，谓之朴。若制而成器，则有名矣。"⑥ 帛书《老子·乙》曰："朴散为器。"⑦ 这进一步说明"朴"超越了形下之"器"而通向了形上之"道"。在这样的理论下，老子美学倡导人们"视素保朴，少私寡欲"（楚简《老子·甲》第 2 简）⑧，去除私欲、

---

① 刘成群从思想观念角度对清华简《汤处于汤丘》《汤在啻门》进行了研究，认为这两篇文献大致处于早期黄老文献向后来较成熟的黄老文献过渡的节点上。参见刘成群：《清华简与古史甄微》，上海：上海古籍出版社 2016 年版，第 236-238 页。

② 丁原明：《黄老学论纲》，济南：山东大学出版社 1997 年版，第 28-29 页。

③ 章太炎：《訄书（初刻本）》，《章太炎全集》（第一辑），上海：上海人民出版社 2014 年版，第 8 页。

④ 陈丽桂：《战国时期的黄老思想》，台北：联经出版事业股份有限公司 1991 年版，第 30 页。

⑤ 荆门市博物馆编：《郭店楚墓竹简》，北京：文物出版社 1998 年版，第 112 页。

⑥ ［明］释德清：《老子道德经解》，沐恩弟子张永俭居士汇编：《憨山大师法汇初集》（第九册），香港：香港佛经流通处 1997 年印行，第 91 页。

⑦ 马王堆汉墓帛书整理小组编：《马王堆汉墓帛书〈老子〉》，北京：文物出版社 1976 年版，第 59 页。

⑧ 荆门市博物馆编：《郭店楚墓竹简》，北京：文物出版社 1998 年版，第 111 页。

追求素朴，随即由人复天、与道冥合、复归于"朴"（即"道"）。

"道"即"朴"，人们应该立志"复归于朴"（帛书《老子·乙》)①，这就要求人们"不贵难得之货"（楚简《老子·丙》第 13 简)②。"难得之货"即"奇物""法物"（楚简《老子·甲》第 31 简)③，它们会激起人的欲望，使"人多知""盗贼多有"（楚简《老子·甲》第 30、31 简)④，而"欲"乃众祸之门。所以，"欲不欲，不贵难得之货"（楚简《老子·丙》第 13 简)⑤ 为老子美学所强调与推崇。在清华简《汤处于汤丘》中，商汤问伊尹："有夏之德何若哉？"伊尹回答："有夏之德，使货以惑，春秋改则，民人趣忒，刑无攸赦，民人皆督偶离，夏王不得其图。"（第 11—13 简)⑥ 夏桀众叛亲离的主要原因之一是"使货以惑"，即沉溺于"奇物""法物"而扰乱了自己的心志。这与老子美学"不贵难得之货"的思想恰恰相反，所以他"不得其图"。基于此，伊尹劝谏商汤曰：

> 古之先圣人所以自爱，不事问，不处疑；食时不嗜饕，五味皆哉，不有所重；不服过文，器不雕镂；不虐杀；与民分利，此以自爱也。（第 15—16 简)⑦

伊尹认为，不重蹈夏桀的覆辙就要像古时的先君那样"自爱"。"自爱"包括不懂即问直至无疑、不虐杀和与民共享利益而不贪财。此外，"自爱"还包括吃饭不贪，五味皆可，不过分偏重其中的一味，所穿的衣服不过分华美以及使用的器具不过分雕刻装饰。

在老子美学中，"道"是"敚绣"的，与"道"相通的"大音"是"希声"的，"道"给人以无味之味，所以"道"是超越了五色、五音、五味的无色之色、无音之音和无味之味。因此，帛书《老子·甲·道经》曰："五色使人目盲，驰骋田腊使人〔心发狂〕。难得之货，使人之行妨，五味使人之口爽，五

---

① 马王堆汉墓帛书整理小组编：《马王堆汉墓帛书〈老子〉》，北京：文物出版社 1976 年版，第 59 页。

② 荆门市博物馆编：《郭店楚墓竹简》，北京：文物出版社 1998 年版，第 121 页。

③ 荆门市博物馆编：《郭店楚墓竹简》，北京：文物出版社 1998 年版，第 113 页。

④ 荆门市博物馆编：《郭店楚墓竹简》，北京：文物出版社 1998 年版，第 113 页。

⑤ 荆门市博物馆编：《郭店楚墓竹简》，北京：文物出版社 1998 年版，第 113 页。

⑥ 李学勤主编：《清华大学藏战国竹简》（伍），上海：中西书局 2015 年版，第 135 页。

⑦ 李学勤主编：《清华大学藏战国竹简》（伍），上海：中西书局 2015 年版，第 135-136 页。

音使人之耳聋。"① 五色、五音、五味与"道"相悖，属于"器"，它们扰乱人心、激起欲望。清华简《汤处于汤丘》对老子的这种美学思想有所传承与吸收，但同时又有所创新。许慎《说文解字》曰："饕，贪也。"② 所谓"食时不嗜饕，五味皆哉，不有所重"并非像老子美学那样否定、拒绝"五味"，而是要求不过分地追求"味"，如同后世朱熹所说的"饮食者，天理也；要求美味，人欲也。"（《朱子语类·学七·力行》）③ 清华简《汤处于汤丘》反对的正是那种贪求美味的"人欲"。"不服过文"讲的是不穿过分华美的衣服，而不像老子美学那样完全否定"五色"。当然"器不雕镂"与老子美学较为一致，"雕镂"即雕刻，是人为、人工，"不雕镂"即无为、自然，那么，"器不雕镂"就是不用人工、人为去加工改造"器"而让"器"自然而然、是其所是，即"大器曼成"（楚简《老子·乙》第12简）④、"大器勉成"（北大简《老子》第15简）⑤。所以，"器不雕镂"蕴含着清华简《汤处于汤丘》对"大器"的审美追求。

另外，《左传·哀公元年》载子西言曰："昔阖庐食不二味，居不重席，室不崇坛，器不彤镂，宫室不观，舟车不饰，衣服财用，择不取费。"⑥ 其中的"器不彤镂"即"器不雕镂"⑦，其基本思想与清华简《汤处于汤丘》相通。刘向《说苑·反质》载墨子言曰："纣为鹿台、槽邱、酒池、肉林，宫墙文画，彤琢刻镂，锦绣被堂，金玉珍玮，妇女优倡，钟鼓管弦，流漫不禁，而天下愈竭，故卒身死国亡，为天下戮。非惟锦绣絺纻之用耶"⑧；"故食必常饱，然后求美；衣必常暖，然后求丽；居必常安，然后求乐"⑨。《韩非子·解老》曰："和氏之璧不饰以五采，隋侯之珠不饰以银黄，其质至美，物不足以饰之。夫物之待饰

---

① 马王堆汉墓帛书整理小组编：《马王堆汉墓帛书〈老子〉》，北京：文物出版社1976年版，第21页。

② ［汉］许慎撰，［清］段玉裁注：《说文解字注》，上海：上海古籍出版社1981年版，第221-222页。

③ ［宋］黎靖德编：《朱子语类》（第一册），北京：中华书局1986年版，第224页。

④ 荆门市博物馆编：《郭店楚墓竹简》，北京：文物出版社1998年版，第118页。

⑤ 北京大学出土文献研究所编：《北京大学藏西汉竹书》（贰），上海：上海古籍出版社2012年版，第125页。

⑥ ［周］左丘明传，［晋］杜预注，［唐］孔颖达疏：《春秋左传正义》，［清］阮元校刻：《十三经注疏》（下册），北京：中华书局1980年版，第2155页。

⑦ 参见杨伯峻：《春秋左传注》（第四册），北京：中华书局1981年版，第1608页。

⑧ ［汉］刘向撰，向宗鲁校证：《说苑校证》，北京：中华书局1987年版，第515-516页。

⑨ ［汉］刘向撰，向宗鲁校证：《说苑校证》，北京：中华书局1987年版，第516页。

而后行者，其质不美也。"① 可见，对审美、艺术和装饰的限制是春秋战国时期的一种审美思潮。清华简《汤处于汤丘》吸收和顺应了这种思潮，对饮食、服饰、器物等过分地追求、装饰进行了否定和批判，只不过清华简《汤处于汤丘》的这种美学观念是在道家哲学、美学理论体系下进行创构的，"道"是其理论依据，而不像墨子、韩非子美学思想那样是以实用、功利为前提条件的。即便如此，清华简《汤处于汤丘》以老子之"道"为基本依据提出"食时不嗜饕""不服过文""器不雕镂"的美学思想，其目的是使商汤达到古之先君所具有的品质——"自爱"，而不要像夏桀那样放纵欲望、失去民心、自取灭亡，从而实现清华简《汤在啻门》中所说的"美德""美事""美役""美政""美刑"②。从这个角度讲，黄老道家美学是一种政治美学，它从审美的角度为统治者提供一种政术，故认为"道家美学是中国的基础美学，儒学美学是中国的应用美学"③ 的观点就值得重新讨论了。因为道家美学中的黄老一系，虽其美学实现以"道"为基础，但它的最终落脚点却在政治、在人事，黄老道家"用美学方式来实现自己的政治目的"，"让自己的政治目的具有审美的感召力"④，它实质上是一种应用美学，体现出道家美学应用性的一面。

三、定州汉简《文子》中的美学思想

《文子》一书乃道家、道教之重要典籍，在唐朝时备受重视，文子被尊为通玄真人，《文子》则尊称为《通玄真经》。但由于其四分之三的内容见于《淮南子》⑤，故柳宗元说："然考其书，盖驳书也。其浑而类者少，窃取他书以合之者多。"（《辩文子》）⑥ 因此，在中国哲学史、思想史研究中，《文子》一书鲜有提及，更不用说中国美学史研究了。1973 年，河北定县（今定州）的 40 号汉墓中出土了一批竹简，其中有 277 枚竹简属于《文子》文献，约 2790 字⑦。据考古学家考证，此汉墓的墓主人为西汉中山怀王刘修，卒于汉宣帝五凤三年

---

① ［清］王先慎：《韩非子集解》，北京：中华书局 1998 年版，第 133 页。
② 李学勤主编：《清华大学藏战国竹简》（伍），上海：中西书局 2015 年版，第 142–143 页。
③ 潘知常：《中国美学精神（修订本）》，南京：江苏人民出版社 2017 年版，第 161 页。
④ 张法：《政治美学：历史源流与当代理路》，《文艺争鸣》2017 年第 4 期。
⑤ 参见丁原植：《文子新论》，台北：万卷楼图书有限公司 1999 年版，第 9 页。
⑥ ［唐］柳宗元：《柳宗元集》（第一册），北京：中华书局 1979 年版，第 109 页。
⑦ 刘来成：《定州西汉中山怀王墓竹简〈文子〉的整理和意义》，《文物》1995 年第 12 期。

（前55），墓中竹简所记最晚的时间为五凤二年四月十日①。这一时间也是汉简《文子》抄写年代的下限。另据香港学者何志华研究，传世本《文子·道德篇》中的"弗养则背叛"在汉简《文子》中作"不养则民倍反"，疑汉简《文子》避西汉昭帝刘弗陵（前94—前74）之讳，故汉简《文子》可能抄写于昭帝在位期间②。总之，将汉简《文子》视作抄写于西汉中期偏晚的文献应当不误。

我们知道，竹简文献的成书年代必然早于该文献的抄写年代，而前者更具有思想史研究的价值。那么，汉简《文子》的成书年代为何时呢？目前学界有两种观点，一种认为它成书于西汉初年③，另一种认为它是战国时期的作品④。从汉简《文子》的思想观念上看，后者较为合理。汉简《文子》虽是道家文献，但其中多处论及儒家之"仁""义""礼"，并将这三者与"德"视作治理国家的"四〔经〕"⑤。此外，与汉简《文子》0567、2321号简对应的传世本《文子·道德》曰："仁绝义灭，诸侯背叛，众人力政，强者凌弱，大者侵小，民人以攻击为业，灾害生，祸乱作，其亡无日，何期无祸也。"⑥可见，汉简《文子》并不像帛书《老子》、北大汉简《老子》和王弼本《老子》那样否定仁、义、礼，认为"失道而后德，失德而后仁，失仁而后义，失义而后礼。夫礼者，忠信之薄而乱之首"⑦，从而倡导"绝仁弃义""绝圣弃智"⑧！但汉简《文子》对儒家仁、义、礼的态度却与郭店楚简《老子》相一致，其中并无"绝仁弃义"的思想⑨，同时楚简《老子》还提出"故大道废，安有仁义。六亲不和，安有孝慈"（《老子·丙》第1—2简)⑩的观点，这就将仁义纳入了

---

①　河北省文物研究所：《河北定县40号汉墓发掘简报》，《文物》1981年第8期。

②　何志华：《自序》，《〈文子〉著作年代新证》，香港：香港中文大学出版社2004年版，第9页。

③　如张丰乾：《出土文献与文子公案》，北京：社会科学文献出版社2007年版，第154-174页。

④　如李定生、徐慧君：《文子要诠》，上海：复旦大学出版社1988年版，第3-4页。

⑤　河北省文物研究所定州汉简整理小组：《定州西汉中山怀王墓竹简〈文子〉释文》，《文物》1995年第12期。

⑥　王利器：《文子疏义》，北京：中华书局2009年版，第248页。

⑦　〔魏〕王弼注，楼宇烈校释：《老子道德经注校释》，北京：中华书局2008年版，第93页。

⑧　〔魏〕王弼注，楼宇烈校释：《老子道德经注校释》，北京：中华书局2008年版，第45页。

⑨　"绝圣弃智，民利百倍；绝仁弃义，民复孝慈；绝巧弃利，盗贼无有"在楚简《老子·甲》中作"绝智弃辩，民利百倍。绝巧弃利，盗贼无有。绝伪弃虑，民复孝慈"。荆门市博物馆编：《郭店楚墓竹简》，北京：文物出版社1998年版，第111页。

⑩　荆门市博物馆编：《郭店楚墓竹简》，北京：文物出版社1998年版，第121页。

"道"论体系中，让"道"成为仁义之基础，为仁义在"道"之下留有存在的空间。自帛书《老子》以后，"绝仁弃义""夫礼者，忠信之薄，而乱之首"的思想被老子后学广泛接受，北大汉简《老子》、王弼本《老子》均传承之，并在老子哲学中定型。《庄子》也接受了这种思想，尤其在外、杂篇中，这种思想十分突出，如"屈折礼乐，呴俞仁义，以慰天下之心者，此失其常然也"（《骈拇》）①；"道德不废，安取仁义！性情不离，安用礼乐"（《马蹄》）②。可以说，从帛书《老子》开始，反对和否定儒家之仁义礼乐等的思想被老庄哲学所接受，而汉简《文子》的思想却与之不同，它与代表老子本人思想的楚简《老子》相一致，是对楚简《老子》思想的传承。帛书《老子》应为战国中期形成的作品③，那么汉简《文子》至少应该在战国中期就已出现，而不应该成书于"绝仁弃义"、"夫礼者，忠信之薄，而乱之首"等思想被广为接受和流传于道家之中的战国中后期，甚至西汉初年。由此可见，认为汉简《文子》是战国时期的作品更具有合理性。

汉简《文子》是先秦道家文献，传世本《文子·道德》中与之相对应的内容亦当如是④。由于汉简《文子》残毁严重、脱文颇多，并非善本，故本文采用传世本《文子·道德》中与之相对应的内容论述其美学思想。与楚简《老子》一样，《文子·道德》也将"道"视作宇宙万物的本体和生命本源，如：

> 夫道者，德之元，天之根，福之门，万物待之而生，待之而成，待之而宁。⑤

这其实是"道"为"天下母"⑥ 思想的拓展。此外，《文子·道德》曰："君臣有道则忠惠，父子有道则慈孝，士庶有道则相爱。"⑦ "道"还是一种政术，它可使国家、社会、家庭出于和谐的状态，故《文子·道德》曰："道之于

---

① ［清］郭庆藩：《庄子集释》（中册），北京：中华书局 2004 年版，第 321 页。
② ［清］郭庆藩：《庄子集释》（中册），北京：中华书局 2004 年版，第 336 页。
③ 许抗生：《帛书老子注译及研究（增订本）》，杭州：浙江人民出版社 1985 年版，第 143 页。
④ 李学勤说："将竹简这九章同今传本《道德》篇仔细对勘，发现一个有趣的情形，就是今传本凡作问答题的诸章，都在竹简内有对应的文字；而只作老子曰的各章，除'老子曰：民有道所行'一章外，都没有对应的文字。"（李学勤：《试论八角廊简〈文子〉》，《文物》1996 年第 1 期。）可见，汉简《文子》与传世本《文子·道德》篇相对应的内容，除问答的主客有所不同外，问答内容还是可以对应的。
⑤ 王利器：《文子疏义》，北京：中华书局 2009 年版，第 219 页。
⑥ 荆门市博物馆编：《郭店楚墓竹简》，北京：文物出版社 1998 年版，第 112 页。
⑦ 王利器：《文子疏义》，北京：中华书局 2009 年版，第 219 页。

人，无所不宜也"①；"夫失道者，奢泰骄佚，慢倨矜傲，见馀自显自明，执雄坚强，作难结怨，为兵主，为乱首"②。

在楚简《老子》中，不仅没有"绝仁弃义""绝圣弃智"的思想，仁义还被纳入到了"道"论体系之中，成为老子哲学、美学的一部分。《文子》美学亦如此，不过它进一步说：

> 故物生者道也，长者德也，爱者仁也，正者义也，敬者礼也。③

儒家之仁义礼与道家之道德在此协同合作、成就万物。"道"是万物的生命本源，"德"是万物生长的动力，这指向的是自然层面。在社会这一层面中，"仁"使人相互关爱，"义"使人正直，"礼"使人相互恭敬。可以说，在"道"生成万物之后，"德""仁""义""礼"四者长养万物，维持万事万物的秩序，使之处于和谐的状态之中。故《文子·道德》曰："此四者，文之顺也，圣人之所以御万物也。"④ 在孔子美学中，"文"是对自我的装饰，这种装饰与礼乐紧密相关："文之以礼乐。"（《论语·宪问》)⑤ 所以，"文"就是儒家所认可的"美"。孔子赞赏尧曰："巍巍乎，其有成功乎也。焕乎，其有文章！"（《论语·泰伯》)⑥ 章太炎先生说："盖君臣、朝廷、尊卑、贵贱之序，车舆、衣服、宫室、饮食、嫁娶、丧祭之分，谓之文。八风从律，百度得数，谓之章。"⑦ 可见，"文"即礼，凡是符合"礼"的思想行为、文艺器物都是美的。《文子·道德》所谓"文之顺"也就是"礼"之顺、"美"之顺，在"道"的基础上，施行"德""仁""义""礼"就是按照"美"的规律治国行政，圣人因此才能统御万物。《文子·道德》又曰：

> 君子无德则下怨，无仁则下争，无义则下暴，无礼则下乱。四经不立，谓之无道。无道不亡者，未之有也。⑧

---

① 王利器：《文子疏义》，北京：中华书局 2009 年版，第 219 页。
② 王利器：《文子疏义》，北京：中华书局 2009 年版，第 219-220 页。
③ 王利器：《文子疏义》，北京：中华书局 2009 年版，第 225 页。
④ 王利器：《文子疏义》，北京：中华书局 2009 年版，第 225 页。
⑤ ［魏］何晏注，［宋］邢昺疏：《论语注疏》，［清］阮元校刻：《十三经注疏》（下册），北京：中华书局 1980 年版，第 2511 页。
⑥ ［魏］何晏注，［宋］邢昺疏：《论语注疏》，［清］阮元校刻：《十三经注疏》（下册），北京：中华书局 1980 年版，第 2487 页。
⑦ 章太炎：《国故论衡（校定本）》，《章太炎全集》（第三辑），上海：上海人民出版社 2017 年版，第 218 页。
⑧ 王利器：《文子疏义》，北京：中华书局 2009 年版，第 225 页。

在道家美学中，"道"就是"大美"①、"至美"②。在文子美学看来，这大道之美要靠"德""仁""义""礼"之"四经"才能实现，即在"道-美"中融入了仁义礼的内涵，彰显出文子美学融摄儒家的特色。由此可见，文子美学传承了楚简《老子》美学，走出了一条与帛书《老子》和庄子美学不同的一条先秦道家美学之路，它应属于先秦黄老道家美学③。

四、结语

上博简《恒先》、定州汉简《文子》以及清华简《汤处于汤丘》《汤在啻门》等文献的出土与问世，推动了先秦道家美学的研究，它们展现出不同于庄子美学的另一种先秦道家美学——黄老美学。上博简《恒先》中的文艺发生论和本质论是老子美学的重大发展，让道家美学与儒家美学（《荀子·乐论》《乐记》等）一样具有属于自己的文艺发生论和本质论。清华简《汤处于汤丘》中的美学思想不同于老庄美学，而是典型的黄老道家美学，它并非像老子美学那样完全否定"五色""五味"，而是强调不过分追求华美与装饰，在有限度的审美和享受之中，统治者才能实现"自爱"，才能实现"美政"。定州汉简《文子》说明了传世本《文子·道德》篇应是先秦文献，它传承了楚简《老子》的美学思想，并不反对和否定儒家之仁义礼，而是将仁义礼纳入了"道"论体系中，给予它们较高的地位，仁义礼与"道"一同为实现天下太平、国家安定、社会和谐的"美政"④发挥重要的作用。总之，近年出土的道家竹简文献为我们展现出不同于庄子美学的另一种道家美学——黄老美学，为先秦道家美学的整体面貌的展现发挥着积极作用。

---

① ［清］郭庆藩：《庄子集释》（中册），北京：中华书局2004年版，第735页。
② ［清］郭庆藩：《庄子集释》（中册），北京：中华书局2004年版，第714页。
③ 《文子》以"道"为本位，融合百家，把道德与仁义结合起来以治国，体现出黄老之学的特点。（参见丁原明：《黄老学论纲》，济南：山东大学出版社1997年版，第231-234页。）故《文子》中蕴含的美学思想是一种不同于庄子美学的黄老美学。
④ 骆冬青说："政治的目标与美学的目标是一致的，那就是创造更好的秩序，使人的生活更为和谐自由，使人真正成为人。"（参见骆冬青：《论政治美学》，《南京师大学报》（社会科学版）2003年第3期）所以，天下太平、国家安定、社会和谐的实现就是"美政"的实现。

第十二章　简帛文献与早期儒道美学之关系

　　公元前 770 年，平王东迁，东迁后的周王朝被称为东周，东周分为春秋和战国两个时期，是我国历史上一个剧变的时代。社会的剧变刺激着人们站在自己的立场上，对传统与现实、政治与自然进行重新思考，故随即出现了"百家争鸣"的局面。在"百家争鸣"中，思想迭出、学派林立，但"自汉代以来，在我国两千多年的历史中，先秦诸家中只有儒、道两家成为传统文化中的两大主流思想，或可称之为中国传统文化的两大支柱"①。《史记·老子韩非列传》曰："世之学老子者则绌儒学，儒学亦绌老子。'道不同不相为谋'，岂谓是邪？"② 这虽是司马迁对战国末年及西汉初年儒道对立、互斥关系的概括，但这提醒我们不仅应该研究儒道各自的思想观点是什么，还应重视儒道两家的关系。近年来，随着简帛《老子》、楚简《太一生水》、简帛《五行》、楚简《性自命出》、楚简《缁衣》等儒道简帛文献的大量发现与出土，为我们展现出去孔、老未远的战国前期儒道思想的面貌，同时，也为我们对早期儒道美学（即春秋末期、战国前期的儒道美学）之关系进行重新审视提供了契机。

一、以"仁"为美与以"道"为美

　　殷人具有浓厚的宗教观念，他们相信有一位至高无上的天神——"帝"——主宰着自然与人类社会中的一切，如"贞今三月帝令多雨"③、"贞帝其降旱"④、"帝其乍王祸"⑤。可见，自然灾害、人的祸福皆由"帝"所降。殷

---

① 李景明、唐明贵：《〈儒道比较研究〉导言》，《儒道比较研究》，北京：中华书局 2003 年版，第 3 页。
② ［汉］司马迁：《史记》（第七册），北京：中华书局 1959 年版，第 2143 页。
③ 叶玉森：《殷虚书契前编集释》（卷三），上海：大东书局 1934 年版，第 19 页。
④ 郭沫若主编，胡厚宣总编辑：《甲骨文合集》（第四册），曹锦炎、沈建华编著：《甲骨文校释总集》（卷四），上海：上海辞书出版社 2006 年版，第 1231 页。
⑤ 郭沫若主编，胡厚宣总编辑：《甲骨文合集》（第五册），曹锦炎、沈建华编著：《甲骨文校释总集》（卷五），上海：上海辞书出版社 2006 年版，第 1686 页。

周易代，周人制定了一套礼乐制度来维系自己的统治，即"制礼作乐"①。用法国学者程艾兰（Anne Cheng）的话总结就是："商、周之间的过渡，可说从宗教意识向以宇宙为本质的礼仪意识的逐渐转化为特征。"② 但进入春秋以后，"王室之微，诸侯之不臣"③，原有的礼乐制度无法维系周王朝的统治，社会上出现了"礼崩乐坏"④ 的局面。所以孔子感慨道："天下有道，则礼乐征伐自天子出；天下无道，则礼乐征伐自诸侯出。"（《论语·季氏》）⑤

孔子在春秋末期，欲通过恢复周制以实现救世，而恢复周制主要是恢复西周的礼乐制度。但孔子不是简单地复古而是有所创新，为礼乐注入了"仁"的内涵。孔子曰："人而不仁，如礼何？人而不仁，如乐何？"（《论语·八佾》）⑥；"礼云礼云，玉帛云乎哉？乐云乐云，钟鼓云乎哉？"（《论语·阳货》）⑦ 礼乐不应徒有其表而无"仁"之内涵，否则就会沦为空洞的形式。那么，"仁"是什么呢？孔子多次对其弟子解释过"仁"，但并未给出明确的定义，如"苟志于仁矣，无恶也"（《论语·里仁》）⑧；"仁者先难而后获，可谓仁矣"（《论语·雍也》）⑨；"夫仁者，己欲立而立人，己欲达而达人。能近取譬，可谓仁之方也已"（《论语·雍也》）⑩；"志士仁人，无求生以害仁，有杀

---

① ［汉］郑玄注：［唐］孔颖达疏：《礼记正义》，［清］阮元校刻：《十三经注疏》（下册），北京：中华书局 1980 年版，第 1488 页。

② ［法］程艾兰：《中国思想史》，冬一、戎恒颖译，开封：河南大学出版社 2017 年版，第 44 页。

③ ［清］顾栋高：《春秋大事表》卷十七上《春秋宾礼表叙》，清光绪戊子年（1888）陕西求友斋刻本。

④ ［汉］应劭撰，王利器校注：《风俗通义校注》（下册），北京：中华书局 1981 年版，第 267 页。

⑤ ［魏］何晏注，［宋］邢昺疏：《论语注疏》，［清］阮元校刻：《十三经注疏》（下册），北京：中华书局 1980 年版，第 2521 页。

⑥ ［魏］何晏注，［宋］邢昺疏：《论语注疏》，［清］阮元校刻：《十三经注疏》（下册），北京：中华书局 1980 年版，第 2466 页。

⑦ ［魏］何晏注，［宋］邢昺疏：《论语注疏》，［清］阮元校刻：《十三经注疏》（下册），北京：中华书局 1980 年版，第 2525 页。

⑧ ［魏］何晏注，［宋］邢昺疏：《论语注疏》，［清］阮元校刻：《十三经注疏》（下册），北京：中华书局 1980 年版，第 2471 页。

⑨ ［魏］何晏注，［宋］邢昺疏：《论语注疏》，［清］阮元校刻：《十三经注疏》（下册），北京：中华书局 1980 年版，第 2479 页。

⑩ ［魏］何晏注，［宋］邢昺疏：《论语注疏》，［清］阮元校刻：《十三经注疏》（下册），北京：中华书局 1980 年版，第 2479 页。

身以成仁"（《论语·卫灵公》）① 等。可以说，"仁"是儒家所倡导的，甚至
比生命更加重要的道德品质，而"作为一个个人道德的概念，'仁'被用来描述
人们借着道德上的自我修养而到达的最高的人生境界"②。所以，孔子曰："克
己复礼为仁。"（《论语·颜渊》）③ 朱熹《集注》曰："仁者，本心之全德。
克，胜也。己，谓身之私欲也。复，反也。礼者，天理之节文也。为仁者，所
以全其心之德也。"④ "仁"就是一种不断地超越自我之私欲，让自我身心内外
全都合于"礼"（"理"）的最高人生境界。"仁"包容了儒家所倡导的各种道
德，是所有道德品质的汇集点⑤。同时，孔子还说："里仁为美。"（《论语·里
仁》）⑥ 朱熹《集注》曰："里有仁厚之俗为美。"⑦ 从表面上看，孔子倡导应
选择与具有仁义之德的人居住在一起，并将之视作一件美好、愉悦的事情。从
更深层的意义上看，孔子不仅认为"仁"应该是人身的处所，更应该是精神的
安顿之所。当人的精神"里"于"仁"时，即达到了"仁"的境界，也就达到
了真善美的境界。⑧ 人也可从这种精神境界中获得持久无上之快乐，因为"仁
者不忧"（《论语·宪问》）⑨、"不仁者不可以久处约，不可以长处乐"（《论
语·里仁》）⑩。质言之，孔子美学以"仁"为美，"仁"不只是道德的境界，
还是集真善美为一体的自由的审美境界。如果说"仁"是"礼"的精神内涵，

---

① ［魏］何晏注，［宋］邢昺疏：《论语注疏》，［清］阮元校刻：《十三经注疏》（下册），
北京：中华书局 1980 年版，第 2517 页。

② ［美］杜维明：《仁与修身——儒家思想论集》，胡军、丁民雄译，北京：生活·读书·
新知三联书店 2013 年版，第 6 页。

③ ［魏］何晏注，［宋］邢昺疏：《论语注疏》，［清］阮元校刻：《十三经注疏》（下册），
北京：中华书局 1980 年版，第 2502 页。

④ ［宋］朱熹：《四书章句集注》，北京：中华书局 1983 年版，第 131 页。

⑤ 如《论语·学而》载："有子曰：'……孝弟也者，其为仁之本与！'"《论语·颜渊》
载："樊迟问仁。子曰：'爱人。'"《论语·子路》载："子曰：'刚毅、木讷，近
仁。'"《论语·阳货》载："子张问仁于孔子。孔子曰：'能行五者于天下，为仁矣。'
请问之。曰：'恭、宽、信、敏、惠。恭则不侮，宽则得众，信则人任焉，敏则有功，
惠则足以使人。'"参见［清］阮元校刻：《十三经注疏》（下册），北京：中华书局
1980 年版，第 2457、2504、2508、2524 页。

⑥ ［魏］何晏注，［宋］邢昺疏：《论语注疏》，［清］阮元校刻：《十三经注疏》（下册），
北京：中华书局 1980 年版，第 2471 页。

⑦ ［宋］朱熹：《四书章句集注》，北京：中华书局 1983 年版，第 69 页。

⑧ 参见南怀瑾：《论语别裁》（上册），上海：复旦大学出版社 1990 年版，第 172 页。

⑨ ［魏］何晏注，［宋］邢昺疏：《论语注疏》，［清］阮元校刻：《十三经注疏》（下册），
北京：中华书局 1980 年版，第 2512 页。

⑩ ［魏］何晏注，［宋］邢昺疏：《论语注疏》，［清］阮元校刻：《十三经注疏》（下册），
北京：中华书局 1980 年版，第 2471 页。

那么"礼"就是"仁"的外在显现，"仁"内"礼"外，"仁"体"礼"用，孔子以"仁"为美亦即以"礼"为美。

进入战国以后，子思子传承了孔子的这种思想，如郭店楚简《缁衣》①曰：

> 上好仁则下之为仁也争先。（第10—11简）②

> 长民者教之以德，齐之以礼，则民有劝心，教之以政，齐之以刑，则民有免心。故慈以爱之，则民有亲，信以结之，则民不倍；恭以莅之，则民有逊心。（第23—26简）③

一方面，"仁"被视作统治者应该具有的道德品质，这样才能让天下人争先恐后去"为仁"。另一方面，"礼""慈""信"也在此被提及，即美政的实现需要"仁"与其他道德品质、手段相互配合，这是子思子对孔子思想的发展。郭店楚简《五行》曰：

> 五行：仁形于内谓之德之行，不行于内谓之行。义形于内谓之德之行，不形于内谓之行。礼形于内谓之德之行，不形于内谓之〔行。智形〕于内谓之德之行，不形于内谓之行。圣形于内谓之德之行，不形于内谓之行。（第1—4简）④

"五行"就是"仁""义""礼""智""圣"五种道德品质，当然它们必须要"行于内"才能称得上真正的"德"。此外，楚简《五行》又曰："德之行五，和谓之德，四行和谓之善。善，人道也。德，天道也"（第4—5简）⑤；"五行皆形于内时行之，谓之君〔子〕"（第6—7简）⑥。孔子认为，"仁"是"君子"的品质⑦，楚简《五行》则在此基础上认为，"仁""义""礼""智""圣"五种道德发自内心且经常践行的人才是"君子"。这五种道德融会贯通于

---

① 《隋书·经籍志》载："《中庸》、《表记》、《防记》、《缁衣》皆取《子思子》。"参见〔唐〕魏征、〔唐〕令狐德棻：《隋书》（第二册），北京：中华书局1973年版，第288页。

② 荆门市博物馆编：《郭店楚墓竹简》，北京：文物出版社1998年版，第129页。

③ 荆门市博物馆编：《郭店楚墓竹简》，北京：文物出版社1998年版，第130页。按："免"，整理者云"此字待考"，李零《郭店楚简校读记（增订本）》读作"免"，今从之。

④ 荆门市博物馆编：《郭店楚墓竹简》，北京：文物出版社1998年版，第149页。

⑤ 荆门市博物馆编：《郭店楚墓竹简》，北京：文物出版社1998年版，第149页。

⑥ 荆门市博物馆编：《郭店楚墓竹简》，北京：文物出版社1998年版，第149页。

⑦ 《论语·里仁》载："君子去仁，恶乎成名？君子无终食之间违仁，造次必于是，颠沛必于是。"参见〔清〕阮元校刻：《十三经注疏》（下册），北京：中华书局1980年版，第2471页。

心，就是天道。因此，在楚简《五行》看来，"仁""义""礼""智""圣"五种道德所成就的"君子"就是"天道"的象征，"君子"就是一种"天地境界"①。同时，楚简《五行》曰："不乐无德。"（第 21 简）② 帛书《五行·说》曰："不乐无德。乐也者流体，机然忘寒，忘寒，德之至也。乐而后有德。"③这就说明，除"仁""义""礼""智""圣"五种道德外，"乐"还是成就"君子"必不可少的元素，或者说，"君子"之境也包含了"乐"，"君子"不仅是一种道德的境界，还是审美的境界。虽然，战国早期的儒家发展了孔子美学，但其核心仍然是以"仁"为美、以"礼"为美，战国早期的儒家美学正是在此基础上构筑而成的。

针对儒家这些观念，传世本《老子》认为："大道废，有仁义；智慧出，有大伪；六亲不和，有孝慈；国家昏乱，有忠臣"④；"故失道而后德，失德而后仁，失仁而后义，失义而后礼。夫礼者，忠信之薄而乱之首"⑤。所以，《老子》哲学倡导："绝圣弃智，民利百倍；绝仁弃义，民复孝慈；绝巧弃利，盗贼无有。"⑥ 也正是因为此，老子被视作儒学的批判者和反对者⑦，先秦儒道美学之关系也变得十分紧张与对立。但随着多种版本《老子》的出土与发现，这种儒道美学关系就值得重新审视与探讨。郭店楚简《老子》（甲、乙、丙）共 2046个字，相当于传世本《老子》的五分之二⑧，但它并非五千言《老子》的摘抄或节录本，而是正在形成中的《老子》文本，它虽下葬于战国中期，但其成书应该在战国早期，它最为接近春秋末期老子本人的思想⑨。在楚简《老子》中，

---

① 冯友兰：《新原人》，《贞元六书》（下册），北京：中华书局 2014 年版，第 605 页。

② 荆门市博物馆编：《郭店楚墓竹简》，北京：文物出版社 1998 年版，第 150 页。

③ 国家文物局古文献研究室编：《马王堆汉墓帛书》（壹），北京：文物出版社 1980 年版，第 20 页。

④ ［魏］王弼注，楼宇烈校释：《老子道德经注校释》，北京：中华书局 2008 年版，第 43 页。

⑤ ［魏］王弼注，楼宇烈校释：《老子道德经注校释》，北京：中华书局 2008 年版，第 93 页。

⑥ ［魏］王弼注，楼宇烈校释：《老子道德经注校释》，北京：中华书局 2008 年版，第 45 页。

⑦ 参见侯外庐：《中国古代思想学说史》，上海：文风书局 1946 年版，第 158-162 页。

⑧ 刘祖信、龙永芳编著：《郭店楚简综览》，台北：万卷楼图书股份有限公司 2005 年版，第 18 页。

⑨ 关于楚简《老子》成书于战国早期和楚简《老子》是最接近老子原来思想的古本的考证，可分别参见丁四新的《郭店楚墓竹简思想研究》（北京：东方出版社 2000 年版，第 39 页。）和尹振环的《重识老子与〈老子〉——其人其书其术其演变》（北京：商务印书馆 2008 年版，第 124 页）。

恰恰没有"故失道而后德，失德而后仁，失仁而后义，失义而后礼。夫礼者，忠信之薄，而乱之首"这样尖锐的语句，而"绝圣弃智""绝仁弃义""绝巧弃利"在楚简《老子·甲》中为"绝智弃辩""绝巧弃利""绝伪弃虑"（第 1 简）①。这就说明，《老子》原本并无明确反对、否定儒家仁义礼智的思想，"绝智弃辩""绝巧弃利""绝伪弃虑"都是因"道"之性质而提出的命题。此外，传世本《老子》中的"大道废，有仁义；智慧出，有大伪；六亲不和，有孝慈；国家昏乱，有忠臣"在楚简《老子·丙》中为：

> 故大道废，安有仁义。六亲不和，安有孝慈。邦家昏〔乱〕，安有正臣。（第 2—3 简）②

其中的"安"相当于"岂""怎么""哪里"，意为大道废止了，哪里还有仁义，家庭不和睦，哪里还有孝慈，国家混乱，哪里还有忠臣。这就说明，"大道"是施行仁义的前提和基础，《老子》哲学不是要反对和否定仁义，而是将仁义纳入"大道"之中，让作为天地之母的"道"也成为人伦社会之母。这样的思想观念，在帛书《老子》和汉简《老子》中保留了下来③。这说明，"大道废，安有仁义"的思想观念是符合《老子》思想原貌的。但同时，帛书、汉简《老子》却将楚简《老子》中的"绝智弃辩""绝巧弃利""绝伪弃虑"改为"绝圣弃知""绝仁弃义""绝巧弃利"④。帛书、汉简《老子》一方面并不反对仁义而是将仁义纳入其"道"论体系中，但另一方面又明确表明"绝圣弃知""绝仁弃义"的态度。这体现出战国中期以后，《老子》的信奉者们结合历史时代因素对《老子》原有的思想所进行的改造和加工，帛书、汉简《老子》成为由楚简《老子》到传世本《老子》间的过渡环节。

从楚简《老子》透露出，早期儒道关系并不那么紧张和对立，《老子》并不反对仁义，同时楚简《老子》也没有明确反对"礼"的言论，反而还借用

---

① 荆门市博物馆编：《郭店楚墓竹简》，北京：文物出版社 1998 年版，第 111 页。

② 荆门市博物馆编：《郭店楚墓竹简》，北京：文物出版社 1998 年版，第 121 页。

③ 如帛书《老子·乙》曰："故大道废，安有仁义。智慧出，安有〔大伪〕。六亲不和，安有孝慈。国家昏乱，安有贞臣。"（国家文物局古文献研究室编：《马王堆汉墓帛书》（壹），北京：文物出版社 1980 年版，第 96 页）。汉简《老子》曰："故大道废，安有仁义；智慧出，安有大伪；六亲不和，安有孝慈；国家昏乱，安有贞臣。"（第 167—168 简）（北京大学出土文献研究所编：《北京大学藏西汉竹书》（贰），上海：上海古籍出版社 2012 年版，第 152 页）。

④ 国家文物局古文献研究室编：《马王堆汉墓帛书》（壹），北京：文物出版社 1980 年版，第 96 页；北京大学出土文献研究所编：《北京大学藏西汉竹书》（贰），上海：上海古籍出版社 2012 年版，第 152 页。

"丧礼"来表达对战争的看法，如楚简《老子·丙》曰：

> 夫乐〔杀，不可〕以得志于天下。故吉事上左，丧事上右。是以偏将军居左，上将军居右，言以丧礼居之也。故杀〔人众〕，则以哀悲莅之，战胜则以丧礼居之。（第7—10 简）①

在楚简《老子》看来，"兵"始终是不祥之器，它带来的一定是灾祸和痛苦，所以君子是不得已而用之，即便打了胜仗，也应以悲痛的心情来对待，用丧礼的方式来处理。这反映出，楚简《老子》善于运用"礼"去解决现实中的问题，自然不会有"夫礼者，忠信之薄，而乱之首"的言论。这种思想观念在《文子·道德》②中得以传承，如："君子无德则下怨，无仁则下争，无义则下暴，无礼则下乱。四经不立，谓之无道。无道不亡者，未之有也。"③ 这就是《文子》吸收儒家思想而提出的"四经"学说。"德""仁""义""礼"之"四经"是天下太平、社会安定的保障，是君子的统御万物之术。此外，《文子·道德》又曰："夫道者，德之元，天之根，福之门，万物待之而生，待之而成，待之而宁"④；"故物生者道也，长者德也，爱者仁也，正者义也，敬者礼也"⑤。可见，《文子》的理路与楚简《老子》相同，一方面肯定儒家那套伦理道德具有的价值，另一方面又将之吸收、容纳于"道"论体系中，让"道"成为德、仁、义、礼的根据和基础。

总之，据儒道出土简帛文献可知，早期儒道之关系并没有那么紧张和对立。从对"仁义"等的态度来看，早期道家美学与儒家美学并不是批判与被批判的关系，而是一种包容与被包容的关系，儒家的以"仁"为美被吸纳于道家的以"道"为美之中。

二、"好美如好缁衣"与"美与恶，相去何若"

孔子以"仁"为美、以"礼"为美，这为儒家之美丑观打上了道德的烙

---

① 荆门市博物馆编：《郭店楚墓竹简》，北京：文物出版社 1998 年版，第 121 页。
② 1973 年，河北定州的西汉中山怀王刘修墓中出土了竹简《文子》，共 277 枚，2790 字，其中 87 枚竹简所载的 1000 余字可与传世本《文子·道德》对应。（参见河北省文物研究所定州汉简整理小组：《定州西汉中山怀王墓竹简〈文子〉的整理和意义》，《文物》1995 年第 12 期。）由此可推断，与汉简《文子》对应的传世本《文子·道德篇》应为《文子》中的原始资料，是战国时代的作品。（参见丁原植：《文子新论》，台北：万卷楼图书有限公司 1999 年版，第 220 页。）
③ 王利器：《文子疏义》，北京：中华书局 2000 年版，第 225 页。
④ 王利器：《文子疏义》，北京：中华书局 2000 年版，第 219 页。
⑤ 王利器：《文子疏义》，北京：中华书局 2000 年版，第 225 页。

印，故"尽善尽美"① 被视作艺术的最高审美标准和理想。在上博简《缁衣》中，这种美丑观念得以进一步彰显，如：

> 好美如好缁衣，恶恶如恶巷伯。则民咸服而刑不刜。（第1简）②

"缁衣"是古代士卿所穿的黑色的正服，"巷伯"指宦官、寺人。据《诗》中《缁衣》与《巷伯》两诗可知，前者表达的是好贤、礼贤的精神，后者则是对小人之谗佞的揭露。所以，"好美如好缁衣，恶恶如恶巷伯"揭示出儒家之美丑观与道德紧密相连。孔子曰："回也，其心三月不违仁，其余则日月至焉而已矣"（《论语·雍也》）③；"贤哉，回也！一箪食，一瓢饮，在陋巷。人不堪其忧，回也不改其乐。贤哉，回也"（《论语·雍也》）④。通过孔子对颜回的评论可知，"贤"与"仁"相连。另外，《论语·述而》载："冉有曰：'夫子为卫君乎？'子贡曰：'诺。吾将问之。'入，曰：'伯夷、叔齐何人也？'曰：'古之贤人也。'曰：'怨乎？'曰：'求仁而得仁，又何怨'。出，曰：'夫子不为也。'"⑤ 可以说，贤人就是仁人。因此，上博简《缁衣》以"缁衣"为美的思想其实是对孔子以"仁"为美的传承。孔子曰："君子而不仁者有矣夫，未有小人而仁者也。"（《论语·宪问》）⑥ 虽然君子中也有不仁者，但小人中绝对没有仁者，"小人"即非"仁"。那么，"恶恶如恶巷伯"揭示的就是以"非仁"为丑。简言之，上博简《缁衣》以"缁衣"为美、以"巷伯"为丑是对孔子的以"仁"为美思想的发展，进一步强化了儒家美学所追求的"美"应具有道德内涵，即"尽善尽美"。

另外，从楚简上的"美"字的写法上看，"美"也具有"善"的内涵。在楚简中，"美"写作"**㝵**""**敚**""**頯**""**媺**"，都是"媺"的异体字。《说文解

---

① 《论语·八佾》载："子谓《韶》，'尽美矣，又尽善也'。谓《武》，'尽美矣，未尽善也'。"参见［清］阮元校刻：《十三经注疏》（下册），北京：中华书局1980年版，第2469页。

② 马承源主编：《上海博物馆藏战国楚竹书》（一），上海：上海古籍出版社2001年版，第174页。

③ ［魏］何晏注，［宋］邢昺疏：《论语注疏》，［清］阮元校刻：《十三经注疏》（下册），北京：中华书局1980年版，第2478页。

④ ［魏］何晏注，［宋］邢昺疏：《论语注疏》，［清］阮元校刻：《十三经注疏》（下册），北京：中华书局1980年版，第2478页。

⑤ ［魏］何晏注，［宋］邢昺疏：《论语注疏》，［清］阮元校刻：《十三经注疏》（下册），北京：中华书局1980年版，第2482页。

⑥ ［魏］何晏注，［宋］邢昺疏：《论语注疏》，［清］阮元校刻：《十三经注疏》（下册），北京：中华书局1980年版，第2510页。

字》中无此字，《集韵·旨韵》曰："嫩，善也，通作美。"① 钱大昕《十驾斋养新录》卷二《嫩》曰："师氏：掌以嫩诏王。嫩，古美字……"② 《周礼》中保留了这个古字，如：

> 师氏掌以嫩诏王。(《地官司徒·师氏》)③
>
> 察其嫩恶而诛赏。(《地官司徒·鄙师》)④
>
> 以地之嫩恶为之等。(《地官司徒·旅师》)⑤
>
> 皆以地嫩恶为轻重之法而行之。(《地官司徒·土均》)⑥
>
> 季冬，陈玉，以贞来岁之嫩恶。(《春官宗伯·天府》)⑦
>
> 受其入征者，辨其物之嫩恶与其数量，楬而玺之。(《秋官司寇·职金》)⑧
>
> 行夫掌邦国传遽之小事、嫩恶而无礼者。(《秋官司寇·行夫》)⑨

"掌以嫩诏王"，郑玄《注》曰："告王以善道也。"⑩ 即以"善"为"嫩"，这与《集韵》的解释一致，"嫩"具有道德内涵，是一种"善-美"，它正是孔子所倡导的那种"尽善尽美"之美，而非徒有其表的美。关于"美"，许慎《说文解字》曰："美：甘也。从羊大。羊在六畜主给膳也。美与善同意。"⑪ 显然，羊大为美偏重于感官感受，类似于今天所讲的美丽、漂亮。这正是孔子所

---

① [宋] 丁度等编：《集韵》(上册)，上海：上海古籍出版社 1985 年版，第 321 页。

② [清] 钱大昕：《十驾斋养新录》，上海：商务印书馆 1935 年版，第 25 页。

③ [魏] 郑玄注，[唐] 贾公彦疏：《周礼注疏》，[清] 阮元校刻：《十三经注疏》(上册)，北京：中华书局 1980 年版，第 730 页。

④ [魏] 郑玄注，[唐] 贾公彦疏：《周礼注疏》，[清] 阮元校刻：《十三经注疏》(上册)，北京：中华书局 1980 年版，第 742 页。

⑤ [魏] 郑玄注，[唐] 贾公彦疏：《周礼注疏》，[清] 阮元校刻：《十三经注疏》(上册)，北京：中华书局 1980 年版，第 745 页。

⑥ [魏] 郑玄注，[唐] 贾公彦疏：《周礼注疏》，[清] 阮元校刻：《十三经注疏》(上册)，北京：中华书局 1980 年版，第 746 页。

⑦ [魏] 郑玄注，[唐] 贾公彦疏：《周礼注疏》，[清] 阮元校刻：《十三经注疏》(上册)，北京：中华书局 1980 年版，第 776 页。

⑧ [魏] 郑玄注，[唐] 贾公彦疏：《周礼注疏》，[清] 阮元校刻：《十三经注疏》(上册)，北京：中华书局 1980 年版，第 881 页。

⑨ [魏] 郑玄注，[唐] 贾公彦疏：《周礼注疏》，[清] 阮元校刻：《十三经注疏》(上册)，北京：中华书局 1980 年版，第 899 页。

⑩ [魏] 郑玄注，[唐] 贾公彦疏：《周礼注疏》，[清] 阮元校刻：《十三经注疏》(上册)，北京：中华书局 1980 年版，第 730 页。

⑪ [汉] 许慎撰，[清] 段玉裁注：《说文解字注》，上海：上海古籍出版社 1981 年版，第 146 页。

反对的"美"。综言之，"'媺'字不曾用以表达外在可见的美色，而单指内在的善性"①，早期儒家所好之"媺"是一种"善-美"，而不善之美则是丑。这正是郭店楚简《语丛一》提出"有仁有智，有义有礼，有美有善"（第16、15简）② 的意义之所在。

楚简《老子》同样关注美丑问题，不过它是将美丑放在"道"的境域中加以探讨的。楚简《老子·甲》曰：

> 天下皆知美之为美也，恶已；皆知善，此其不善已。有无之相生也，难易之相成也，长短之相形也，高下之相盈也，音声之相和也，先后之相随也。（第15—16简）③

楚简《老子》首先肯定了天下的确存在着"美""丑""善""恶"及其区分，但是一切美丑善恶都如有无、难易、长短、高下、音声、先后那样，相互依存又相互转化，所以美丑善恶是不真实的，人们对美丑善恶的区分也是无意义的。所以，楚简《老子》倡导人们超越世俗的见解、分别的态度，"超越相对的美，进入绝对的美"④，这"绝对的美"就是无美无丑的"道"，"道"才是人们应追求的终极目标和最高的精神境界。楚简《老子·甲》将"道"描绘为："有状混成，先天地生，敓绣，独立而不改，可以为天下母。"（第21简）⑤ "道"是一种超越时间和空间的混沌状态，它无名无形、无声无色，所以"道"的境界也是一种"大制无割"（帛书《老子·乙》）⑥ 的境界。那么，在"道"的境域中，一切分别、对待都荡然无存，所以楚简《老子·乙》曰："美与恶，相去何诺?"（第4简）⑦《庄子·齐物论》中的"举莛与楹，厉与西施，恢恑憰怪，道通为一"⑧ 正是对楚简《老子》这种美丑观念的发扬。质言之，楚简

---

① [俄] 郭静云：《亲仁与天命——从〈缁衣〉看先秦儒学转化成"经"》，台北：万卷楼图书股份有限公司 2010 年版，第 31 页。

② 刘钊：《郭店楚简校释》，福州：福建人民出版社 2005 年版，第 180 页。

③ 荆门市博物馆编：《郭店楚墓竹简》，北京：文物出版社 1998 年版，第 112 页。

④ 冯沪祥：《中国古代美学思想》，台北：台湾学生书局 1990 年版，第 136 页。

⑤ 荆门市博物馆编：《郭店楚墓竹简》，北京：文物出版社 1998 年版，第 112 页。按："状"，《郭店楚墓竹简》读作"道"，李零《郭店楚简校读记（增订本）》读作"状"，今据改；"绣"，《郭店楚墓竹简》读作"穆"，崔仁义《荆门郭店楚简〈老子〉研究》、邓各泉《郭店楚简〈老子〉释读》皆读作"绣"，今据改。

⑥ 国家文物局古文献研究室编：《马王堆汉墓帛书》（壹），北京：文物出版社 1980 年版，第 97 页。

⑦ 荆门市博物馆编：《郭店楚墓竹简》，北京：文物出版社 1998 年版，第 118 页。

⑧ [清] 郭庆藩：《庄子集释》（上册），北京：中华书局 2004 年版，第 70 页。

《老子》美学以"道"为哲学始基，倡导超越世俗的美丑及其区分，从而进入一种无美无丑的大道之境，"道"才是真正的美。

简言之，儒家美学以"仁"为美、以"礼"为美，将道德视作美丑的区分标准，符合仁、贤等道德观念的就是"美"，否则就是"丑"；道家美学以"道"为美，世俗的美丑及其区分是不真实和无意义的，超越美丑及其区分的"道"才是真正的美。从这个意义上说，早期儒道美学呈现出不同旨趣，儒家追求的是"善-美"，道家追求的是"道-美"。

三、"无声之乐"与"大音希声"

在孔子看来，没有"仁"的内涵，礼乐就会沦为空洞的形式，"仁"是礼乐"意义"之所在。《论语·述而》载："子在齐闻《韶》，三月不知肉味。曰：'不图为乐之至于斯也！'"① 孔子以"三月不知肉味"赞美《韶乐》不是因为它的外在形式，而是因为它"尽美矣，又尽善也"（《论语·八佾》）②，即"能够体现仁义道德于其五声之中的和谐、八音之间的节奏，以及其歌词之寓意、舞容之象征等"③。所以，孔子美学认为，音乐等艺术应具有道德内涵，道德是音乐之所以为音乐的保障。

上博简《民之父母》在战国前期对孔子的这种美学思想进行拓展与升华，提出"无声之乐"的音乐审美追求。在上博简《民之父母》中，子夏向孔子询问，如何才能成为"民之父母"，孔子回答说，必须要明白"礼乐之原"（第2简）④，即礼乐的本质。而礼乐的本质是什么呢？孔子认为是"五至""三无"，"无声之乐"乃"三无"之一。上博简《民之父母》载：

> "成王不敢康，夙夜基命宥密"，无声之乐。（第8简）⑤

"成王不敢康，夙夜基命宥密"出自《诗·周颂·昊天有成命》。贾谊《新书·礼容语下》曰："夫《昊天有成命》，颂之盛德也。……文王有大德而功未

---

① ［魏］何晏注，［宋］邢昺疏：《论语注疏》，［清］阮元校刻：《十三经注疏》（下册），北京：中华书局1980年版，第2482页。

② ［魏］何晏注，［宋］邢昺疏：《论语注疏》，［清］阮元校刻：《十三经注疏》（下册），北京：中华书局1980年版，第2469页。

③ ［美］顾史考：《郭店楚简先秦儒书宏微观》，上海：上海古籍出版社2012年版，第113页。

④ 马承源主编：《上海博物馆藏战国楚竹书》（二），上海：上海古籍出版社2002年版，第156页。

⑤ 马承源主编：《上海博物馆藏战国楚竹书》（二），上海：上海古籍出版社2002年版，第166页。

就，武王有大功而治未成，及成王承嗣，仁以临民，故称'昊天'焉。……成王质仁圣哲，能明其先，能承其亲，不敢惰懈，以安天下，以敬民人。"① 可见，《昊天有成命》是一首祭祀周成王的诗，记述了他继文王、武王之后，不图安逸而行宽厚仁德之政。"成王不敢康，夙夜基命宥密"正是此诗的核心内容，集中体现了成王之仁德。《民之父母》中的"孔子"以此诗诠释"无声之乐"说明"无声之乐"与道德（"仁"）紧密相关。此外，"无声之乐"肯定与"有声之乐"相对。孔颖达《礼记正义·孔子闲居疏》曰："'无声之乐，无体之礼，无服之丧'，此三者皆谓行之在心，外无形状，故称'无'也。"② 所谓"行之在心"与楚简《五行》之"形于内"③ 相似，指发自内心的道德情感，"外无形状"则指音乐应超越音高、音强等外在形式（"有声之乐"）。那么，"行之在心""外无形状"的"无声之乐"就是一种道德精神的体现、人格境界的彰显。上博简《民之父母》载：

> 孔子曰："'五至'乎，志之所至者，诗亦至焉；诗之〔所〕至者，礼亦至焉；礼之所至者，乐亦至焉；乐之所至者，哀亦至焉，哀乐相生。君子以正，此之谓'五至'。"（第3—5简）④

"志"历来与诗歌创作紧密相连，如"诗言志"（《尚书·舜典》）⑤、"诗者，志之所之也。在心为志，发言为诗"（《毛诗序》）⑥。而在上博简《民之父母》那里，"志"不仅与诗相连，它还成了诗、礼、乐以及情感产生的共同源泉。朱自清先生说："这种'志'，这种怀抱是与'礼'分不开的，也就是与政治、教化分不开的。"⑦ 而"仁"又是"礼"的核心内涵和意义所在，所以音乐创作者应该通过"乐"彰显他的"仁"德，欣赏者也应通过"乐"体会其中蕴含的"仁"。质言之，战国早期儒家美学对"无声之乐"的追求揭示出，"仁"

---

① ［汉］贾谊撰，阎振益、钟夏校注：《新书校注》，北京：中华书局2000年版，第379页。
② ［汉］郑玄注，［唐］孔颖达疏：《礼记正义》，［清］阮元校刻：《十三经注疏》（下册），北京：中华书局1980年版，第1617页。
③ 荆门市博物馆编：《郭店楚墓竹简》，北京：文物出版社1998年版，第149页。
④ 马承源主编：《上海博物馆藏战国楚竹书》（二），上海：上海古籍出版社2002年版，第158-161页
⑤ ［汉］孔安国传，［唐］孔颖达疏：《尚书正义》，［清］阮元校刻：《十三经注疏》（上册），北京：中华书局1980年版，第131页。
⑥ ［汉］毛亨传，［汉］郑玄笺，［唐］孔颖达疏：《毛诗正义》，［清］阮元校刻：《十三经注疏》（上册），北京：中华书局1980年版，第269页。
⑦ 朱自清：《诗言志辨》，上海：开明书店1947年版，第3页。

德乃音乐之本质、音乐意义之所在，人们应该运用"有声之乐"彰显道德精神，或通过"有声之乐"体会其代表的人格境界，"无声之乐"就是道德精神的彰显、人格境界的展现。

如果说儒家美学以"仁"为基础，提出了他们超越"有声之乐"而追求"无声之乐"的审美理想，那么道家美学则以"道"为本体，提出了另一种对"有声之乐"的超越——"大音希声"（楚简《老子·乙》第12简）①。在楚简《老子》哲学中，"道"是先于天地的宇宙万物之本体，天下万物都由之而生，故"道"被称为"天下母"（楚简《老子·甲》第21简）②。"大音"就是大道之音，是众音之本。楚简《老子·乙》曰：

> 有状混成，先天地生，敓绣，独立而不改，可以为天下母。未知其名，字之曰道，吾强为之名曰大。（第21—22简）③

作为宇宙万物本体的"道"不是"物"，而是先天地生的混沌之"状"，因此，"道"无形无声。那么，对"道"的把握就不能靠感官知觉，故楚简《老子·甲》倡导："闭其兑，塞其门。"（第27简）④ 易言之，对"道"的把握应该超越眼耳鼻舌等感官知觉。从这个意义上讲，"大音"必然"希声"，否则"大音"就沦为可以被感官所知觉的一般之"音"。楚简《老子》美学对"希声"之"大音"的追求体现出超越感官知觉、功利欲望的自由精神。楚简《老子·甲》曰："道恒无为也。"（第13简）⑤"希声"之"大音"也应由"无为"而作。而上博简《性情论》曰："《诗》，有为为之也。《书》，有为言之也。《礼》《乐》，有为举之也。圣人比其类而论会之，观其先后而逆顺之，体其义而节取之，理其情而出入之，然后复以教。教所以生德于中者也。"（第9—10简）⑥ 可见，儒家美学倡导音乐应该"有为"而作，即为了道德教化之目的而创作。"有为"而作的音乐是"五音"，"无为"而作的音乐是"大音"。上博简

---

① 荆门市博物馆编：《郭店楚墓竹简》，北京：文物出版社1998年版，第118页。
② 荆门市博物馆编：《郭店楚墓竹简》，北京：文物出版社1998年版，第112页。
③ 荆门市博物馆编：《郭店楚墓竹简》，北京：文物出版社1998年版，第112页。按："状"，《郭店楚墓竹简》读作"道"，李零《郭店楚简校读记（增订本）》读作"状"，今据改；"绣"，《郭店楚墓竹简》读作"穆"，崔仁义《荆门郭店楚简〈老子〉研究》、邓各泉《郭店楚简〈老子〉释读》皆读作"绣"，今据改。
④ 荆门市博物馆编：《郭店楚墓竹简》，北京：文物出版社1998年版，第112页。
⑤ 荆门市博物馆编：《郭店楚墓竹简》，北京：文物出版社1998年版，第112页。
⑥ 马承源主编：《上海博物馆藏战国楚竹书》（一），上海：上海古籍出版社2001年版，第232-234页。

《容成氏》曰："辨为五音，以定男女之声。"（第 16 简）① "大音"正是对这种道德教化之"五音"的超越。所以，儒家之"无声之乐"是对人伦道德精神的展现，"无为"而作的"大音"则是"道"的显现，是自然无为、素朴寡欲精神的彰显。从这个意义上讲，认为"'无声之乐，无体之礼，无服之丧'等语，亦无不是道家的一种表现法"② 的观点，是值得商榷的。

总之，"无声之乐"与"大音希声"体现出战国早期的儒道美学均倡导超越在场的"有声之乐"而追求不在场的"无声之乐"，这是儒道两家美学的共同旨趣。但由于儒道两家哲学基础的不同，儒家美学以"仁"为音乐的本质，"无声之乐"便指向了"有声之乐"所包含的道德（"仁"）精神，而道家美学以"道"为音乐的本体，"希声"之"大音"就是"道"在音乐艺术中的落实，它是自然无为、素朴寡欲精神的彰显。但是，无论是"无声之乐"还是"大音希声"都是超越有限艺术形式的无限意蕴，是人的精神境界在音乐艺术中的折射。

四、以"水"比德与以"水"显道

蒙文通先生说："汉族在上世既沿海以北至伊儦，南至会稽，溯河以西至梁山、华山，是沿海岸线与河流而发展。中国上古文化之产生，当即资于此种地利。"③ 因此，中国文化自古就与"水"结下了不解之缘，先秦儒道两家也通过"水"思考宇宙、人生问题。

早在孔子那里，"水"就被视作道德的象征和审美的对象，如《论语·雍也》载："子曰：'知者乐水，仁者乐山；知者动，仁者静；知者乐，仁者寿。'"④ 孔子曰："里仁为美。择处不仁，焉得知。"（《论语·里仁》）⑤ 与"仁"为邻、与"仁"相伴则为"美"，否则不会得到"知"，"仁""知"紧密相连。孔子又曰："不仁者不可以久处约，不可以长处乐。仁者安仁，知者利

仁。"(《论语·里仁》)① 朱熹《集注》曰："利，犹贪也，盖深知笃好而必欲得之也。"② 可见，"仁者"自然地践行"仁"，"知者"笃好地追求"仁"。践行者必然是追求者，追求者必然会践行之。所以，"仁者"与"知者"仅有动静之别，他们非两人，而是一个人求仁、得仁之两个阶段。那么，"水"就不仅仅是智慧的象征，它仍然象征着"仁"，"仁"在儒家美学看来就是"美"，"水"自然就成为"知者"的审美对象，即"乐（yào）水"。同时，在"乐（yào）水"的过程中，"知者"获得了审美的愉悦，即"乐（lè）"，因为"仁"让人"长处乐"。由于美是"有价值的乐感对象"③，"水"也因此成为"知者"的审美对象，"水"在儒家美学看来就是"美"。

　　孔子认为，"水"因象征"仁"而给人以"乐（lè）"，此外，"水"还象征着君子人格。《论语·子罕》载："子在川上，曰：'逝者如斯夫！不舍昼夜。'"④ 康有为《注》曰：

　　　　天运而不已，水流而不息，物生而不穷，运乎昼夜未尝已也，往过来续无一息也。是以君子法之，自强不息，及其至也，纯亦不已焉。⑤

　　可见，"水"之流动不息、昼夜不停启示着君子应该自觉努力地提升自己的道德修养。"水"与君子"自强不息"的人格相为表里。进入战国以后，子思子在《表记》中进一步发展了这种思想，他说：

　　　　君子不以辞尽人。故天下有道，则行有枝叶；天下无道，则辞有枝叶。是故君子于有丧者之侧，不能赙焉，则不问其所费；于有病者之侧，不能馈焉，则不问其所欲；有客，不能馆，则不问其所舍。故君子之接如水，小人之接如醴；君子淡以成，小人甘以坏。《小雅》曰："盗言孔甘，乱是用餤。"⑥

　　子思子认为，君子与有丧事的人在一起，如果没有钱财资助他，就不会问

---

① ［魏］何晏注，［宋］邢昺疏：《论语注疏》，［清］阮元校刻：《十三经注疏》（下册），北京：中华书局1980年版，第2471页。

② ［宋］朱熹：《四书章句集注》，北京：中华书局1983年版，第69页。

③ 祁志祥：《乐感美学》，北京：北京大学出版社2016年版，第53页。

④ ［魏］何晏注，［宋］邢昺疏：《论语注疏》，［清］阮元校刻：《十三经注疏》（下册），北京：中华书局1980年版，第2491页。

⑤ 康有为：《论语注》，蒋贵麟主编：《康南海先生遗著汇刊》（六），台北：宏业书局1987年版，第242页。

⑥ ［汉］郑玄注，［唐］孔颖达疏：《礼记正义》，［清］阮元校刻：《十三经注疏》（下册），北京：中华书局1980年版，第1643页。

他办丧事的花费；与生病的人在一起，如果无力馈赠他，就不会问他需要什么；有客人来访，如果不能住在自己家里，就不会问他住哪里。所谓"君子之接如水，小人之接如醴"就是君子之言行一致，小人言过其实。"水"就代表君子言行一致的品质。这与上博简《缁衣》中的"可言不可行，君子弗言；可行不可言，君子弗行"（第16简）① 一致。总之，早期儒家美学因"水"的自然属性，将"水"视作道德（"仁"）的象征，能够体现君子"自强不息""言行一致"的精神品格，从而将自然之"水"转化为审美之"水"。

早期道家同样关注"水"，但在楚简《老子》中，恰恰没有关于"水"的言说。"上善似水。水善利万物而有静，居众之所恶，故几于道矣"②、"天下莫〔柔弱于水，而攻〕坚强者莫之能〔先〕也，以其无〔以〕易〔之也〕"③ 等是在成书于战国中期的帛书《老子》④ 中才出现的。而在战国前期，道家对"水"的讨论是在郭店楚简《太一生水》⑤ 中得以展开的。楚简《太一生水》曰：

> 太一生水，水反辅太一，是以成天。天反辅太一，是以成地。天地〔复相辅〕也，是以成神明。神明复相辅也，是以成阴阳。阴阳复相辅也，是以成四时。四时复〔相〕辅也，是以成沧热。沧热复相辅也，是以成湿燥。湿燥复相辅也，成岁而止。（第1—4简）⑥

"太一"是天地造化的本体，它化生万物，但在化生的过程中，"水"发挥着基础性作用。如果没有"水"，"太一"无法直接化生天地万物。可见，在整

---

① 马承源主编：《上海博物馆藏战国楚竹书》（一），上海：上海古籍出版社2001年版，第192页。

② 国家文物局古文献研究室编：《马王堆汉墓帛书》（壹），北京：文物出版社1980年版，第10页。

③ 国家文物局古文献研究室编：《马王堆汉墓帛书》（壹），北京：文物出版社1980年版，第6-7页。

④ 许抗生：《帛书老子注译及研究（增订本）》，杭州：浙江人民出版社1985年版，第143页。

⑤ 《庄子·天下》载："以本为精，以物为粗，以有积为不足，澹然独与神明居，古之道术有在于是者。关尹、老聃闻其风而悦之。建之以常无有，主之以太一，以濡弱谦下为表，以空虚不毁万物为实。关尹曰：'在己无居，形物自著。其动若水，其静若镜，其应若响。芴乎若亡，寂乎若清，同焉者和，得焉者失。未尝先人而常随人。'"（参见〔清〕郭庆藩：《庄子集释》（下册），北京：中华书局2004年版，第1093-1094页）。可见，关尹学说与"太一""水""神明"密切相关，尤其"太一"乃关尹学说之核心。故《太一生水》很有可能是关尹遗说。

⑥ 荆门市博物馆编：《郭店楚墓竹简》，北京：文物出版社1998年版，第125页。

个生成论中，"水"与"太一"一同化生天地造化，"水"几于"太一"。紧接着，楚简《太一生水》又逆向描述了天地造化的化生过程，如：

> 故岁者，湿燥之所生也。湿燥者，沧热之所生也。沧热者，〔四时之所生也〕。四时者，阴阳之所生。阴阳者，神明之所生也。神明者，天地之所生也。天地者，太一之所生也。（第4—6简）①

经对比可知，1—4简描绘了"太一→水→天地→神明→阴阳→四时→沧热→湿燥→岁"的过程，而4—6简却只有"岁→湿燥→沧热→四时→阴阳→神明→天地→太一"，中间缺少了"水→太一"的环节。这恐怕不是楚简《太一生水》的抄写者粗心而漏抄了"天地者，水之所生也。水者，太一之所生也"这句话。那这是为什么呢？楚简《太一生水》在逆向描绘完天地造化生成过程后，又曰：

> 是故太一藏于水，行于时，周而或〔始，以己为〕万物母。一缺一盈，以己为万物经。此天之所不能杀，地之所不能埋，阴阳之所不能成，君子知此之谓〔□，不知者谓□〕。（第6—8简）②

"太一"就是"道"，它是万物之母，也是万物运行的根本规律。同样，"太一"也是"无"，因为"天下万物生于有，有生于无"（《老子》四十章）③。而"水"相当于"道生一"的"一"，"一"是"有"，但不是具体之"有"（"天下万物"）而是众有之"有"，众有之"有"随即化生具体之"有"（"天下万物"）。因此，"太一"与"水"的关系如同"道"与"一"的关系一样，是"无"与"有"（众有之"有"）的关系，是"无"转化、显现为"有"，类似于《老子》中的"有无相生"④。因此，"太一"与"水"不是两物而是一物之体用，"太一"是体，"水"是用，即用显体，即体现用，"水"之周而复始、滋养万物的特性就是"太一"之用，故曰"太一藏于水"。这就是楚简《太一生水》没有"天地者，水之所生也。水者，太一之所生也"这句话的缘

---

① 荆门市博物馆编：《郭店楚墓竹简》，北京：文物出版社1998年版，第125页。
② 荆门市博物馆编：《郭店楚墓竹简》，北京：文物出版社1998年版，第125页。按："始，以己为"，简文原缺，今据李零《郭店楚简校读记（增订本）》补；"埋"，《郭店楚墓竹简》读作"釐"，今据李零《郭店楚简校读记（增订本）》改；"□，不知者谓□"，简文原缺，今据李零《郭店楚简校读记（增订本）》补。
③ ［魏］王弼注，楼宇烈校释：《老子道德经注校释》，北京：中华书局2008年版，第110页。
④ ［魏］王弼注，楼宇烈校释：《老子道德经注校释》，北京：中华书局2008年版，第6页。

故。"水"是"太一"之用，"太一"是"水"之体，体用名为二而实不相离，"太一"乃是"超越的"而非"超绝的"范畴①，几于"太一"的"水"也沾染上了超越的品格，它近乎于宇宙之"大象"、天地之"大美"。明代万育英《三命通会》卷一引《灵枢经》曰："太一者，水之尊号，先天地之母，后万物之源。"② 这正是对《天一生水》哲学思想的提炼。

综上所述，早期儒家美学以"水"比德，认为"水"象征着人类的道德品质，能够体现出君子的人格修养，所以自然之"水"转化为审美之"水"；早期道家美学则以"水"显道，"水"的特性正是"道"或"太一"化生、畜养万物功能的折射，所以"水"几于"道"、几于"太一"、几于天地之"大美"。如果说儒家美学以"水"比德是"自然的人化"③，那么，道家美学以"水"显道则是自然的"道"化。两者虽有不同，但都共同指向了人生境界的提升。

五、结语

由新出土简帛文献可知，战国早期儒道美学之关系不能简单地用一家批判或否定另一家来概括，因为在对待仁义等道德的态度方面，楚简《老子》的确没有明确拒绝和否定之，而是将儒家之仁义纳入其"道"论体系中，让"道"成为仁义道德前提与基础，试图用以"道"为美统摄儒家之以"仁"为美。刘笑敢先生说："竹简本《老子》中没有'绝圣弃智''绝仁弃义'这样的词句，不足以说明《老子》思想与儒家没有根本不同。"④ 因此，早期道家美学并不反对和拒绝仁义道德，但儒道美学之间仍然存在着差异，如在美丑观方面，儒家以道德为标准，以"缁衣"为美、以"巷伯"为丑，能否符合儒家那套伦理道德就成为判定美丑的标准，而早期道家则认为世俗的美丑及其区分是无意义的，超越美丑的"道"才是天地之大美；在音乐审美方面，早期儒道美学均倡导超越音乐的有限形式，把握其背后的无限意蕴，即"无声之乐"和"希声"之"大音"，只不过儒家落实于音乐所蕴含的道德精神，道家追求的是自然无为、素朴寡欲的精神。此外，"水"均为早期儒道美学的审美对象，但对儒家而言，

---

① 参见方东美：《原始儒家道家哲学》，台北：黎明文化事业股份有限公司 1983 年版，第 16 页。

② ［明］万育英：《三命通会》（上册），北京：中医古籍出版社 2008 年版，第 13 页。

③ 参见李泽厚：《美学四讲》，《美学三书》，合肥：安徽文艺出版社 1999 年版，第 494 页。

④ 刘笑敢：《孔老同异》，曹峰编：《出土文献与儒道关系》，桂林：漓江出版社 2012 年版，第 15 页。

"水"因象征人伦道德而成"美"，对道家而言，"水"几于"太一""道"而成天地之大美，这就是儒家以"水"比德与道家以"水"显道之差异。虽然早期儒道美学存在些许差异，但它们之间也存在共同的审美旨趣，那就是通过对艺术、自然的审美，超越有限，进入无限，让自我之心灵得到净化、自我之情感得到陶冶、自我之境界得到提升，而儒家美学指向"仁"，道家美学则指向"道"。

第三编 **03**

出土简帛文献中的其他
美学思想

第十三章　银雀山汉墓竹简中的审美观念

　　1972 年 4 月，山东省临沂市的银雀山西汉一号墓和二号墓中出土了 7500 余枚竹简。其中，一号墓中出土的竹简内容为《孙子兵法》十三篇、孙子佚文五篇、《孙膑兵法》十六篇、《尉缭子》五篇、《六韬》十四篇、《守法守令等十三篇》、论政论兵文章五十篇以及关于阴阳、时令、占候的文章十二篇，二号墓出土的竹简内容为《汉武帝元光元年历谱》。据李学勤等专家考证，银雀山汉墓墓主的下葬年代约在汉武帝初年，距今两千一百多年①。我们本着墓中竹简的抄写年代必然早于墓主的下葬年代，竹简所载文献的成书时代必然早于竹简的抄写年代的观点而认为，银雀山汉墓竹简大多应为两千一百多年前的先秦古籍。其中少部分竹简内容见于传世文献，而大部分是佚籍。从银雀山汉墓竹简的发现、出土到现在已经 40 多年了，专家学者对它们的研究呈现出多学科、多领域的态势，涉及中国古代兵学、文字学、简册制度以及历法等领域，同时，也取得了丰硕的成果。但是，对银雀山汉墓竹简的研究还有拓展与深化的空间，如从美学、文艺学角度，对其中蕴含的审美观念的归纳、总结与研究就是其一。虽然，银雀山汉简并非专门论述美学或文艺理论的文献，但它在论述军事、政治、占卜等问题时隐约反映出当时人们的审美观念。因此，从银雀山汉简中总结、归纳出当时人们的审美观念，一方面可以拓宽汉简等出土文献的研究领域和角度，另一方面可以为我们进行先秦两汉的美学思想、审美观念的研究增添新内容与新材料。

一、以音乐、文采等为"末作"

　　我们知道，人的五官之中，只有眼睛和耳朵才是审美感官，而对审美对象进行审美感知不能脱离人的审美感官。银雀山汉简《尉缭子》曰："耳之生聪，

----

　　① 李学勤：《论银雀山简〈守法〉、〈守令〉》，《文物》1989 年第 9 期。

目之生明。"（第472简）① "聪"则可辨音律，"明"则可察形体，所以"聪"之耳与"明"之目是审美活动得以进行的保障之一。但是，在汉简《尉缭子》看来，过度追求眼、耳之感官享乐会让人"心狂""目盲"和"耳聋"。所以，汉简《尉缭子》曰："然使心狂者，谁也？难得之货也。使耳聋者，谁也？曰□〔□□也。使目盲〕者，谁也？曰〔曼〕泽好色也。〔夫心狂、目盲、〕耳聋，〔以上三悖率人者难矣。〕"（第472—474简）②《尉缭子》的这一思想恐从《老子》而来。《老子》十二章曰："五色令人目盲，五音令人耳聋，五味令人口爽，驰骋畋猎令人心发狂，难得之货令人行妨。"③ 汉简《尉缭子》的"使耳聋者，谁也？曰□"之后残缺，据《银雀山汉墓竹简（壹）》，残缺部分为"□□□也。使目盲"④，共七字。"也"之前三字加上"曰"后面一字，乃"使人耳聋"之物。我们虽不能明确推断出此物为何，但据《老子》可知，汉简《尉缭子》所认为的"使人耳聋"之物可能为"五音"之类的东西。"难得之货"可令人新奇，"五音""〔曼〕泽好色"之物可使人获得美的享受，然而汉简《尉缭子》认为，"难得之货""五音"之类的东西和"〔曼〕泽好色"会让人们的"心狂""目盲"和"耳聋"。因此，去除"难得之货""五音"与"〔曼〕泽好色"而追求一种类似于《老子》的"自然"之美，就为汉简《尉缭子》审美观念的特质与指向。

先秦儒家倡导一种功利主义的审美观，认为文艺必须要具有政治教化的功效，维护统治，导人向善。在众多文艺之中，儒家尤其重视音乐，因为"礼乐刑政，其极一也，所以同民心而出治道也"（《乐记·乐本篇》）⑤。但是在银雀山汉简《晏子》中，却呈现了一种与传统儒家美学相对的审美观念。汉简《晏子春秋》曰："今之君轻国重乐，薄于民而后于养……"⑥ 显然，晏子并不认同

---

① 银雀山汉墓竹简整理小组编：《银雀山汉墓竹简（壹）·释文注释》，北京：文物出版社1985年版，第77页。

② 银雀山汉墓竹简整理小组编：《银雀山汉墓竹简（壹）·释文注释》，北京：文物出版社1985年版，第77页。

③ ［魏］王弼注，楼宇烈校释：《老子道德经注校释》，北京：中华书局2008年版，第27-28页。

④ 银雀山汉墓竹简整理小组编：《银雀山汉墓竹简（壹）·释文注释》，北京：文物出版社1985年版，第80页。

⑤ ［汉］郑玄注，［唐］孔颖达疏：《礼记正义》，［清］阮元校刻：《十三经注疏》（下册），北京：中华书局1980年版，第1527页。

⑥ 骈宇骞：《银雀山汉墓竹简〈晏子春秋〉校释》，北京：书目文献出版社1988年版，第80页。

国君"轻国重乐"的行为。也正由于此,晏子才反对齐景公对孔子"欲封之以尔稽"① 的做法。晏子本着"声乐繁充而世德滋衰"② 的观点,认为周王朝衰退的主要原因之一就是音乐的过盛,而"今孔丘盛声乐以侈世,饰弦歌鼓舞以聚徒"③。所以,孔子如果被齐景公"封之以尔稽",不会让国富民强,而只会导致"盛为声乐以淫愚其民"④ 的后果。于是,齐景公"厚其礼而留其封,敬见不问起道"⑤。从晏子说服齐景公的言语中,我们可以窥见晏子"非乐"的审美观念。晏子认为,正是由于孔子过分强调音乐的地位,才让国君沉溺于音乐等文艺的享乐而轻视国事和民众。而"声乐繁充而世德滋衰"这一美学命题正是晏子"非乐"之审美观念的集中体现。

银雀山汉简《王法篇》主要论述了王者之道的问题,其中也包括了一些如何富国强兵的方法,具体来讲就是国君要"外示之以利,内为禁邪除害"(第898 简)⑥。在对这一问题展开论述的过程中,透露出了汉简《王法篇》与《墨子》《韩非子》相近的审美观念。《墨子》并非反对文艺,而是反对在没有满足人民衣食住行等物质需要的情况下进行文艺活动,因为《墨子》认为:"食必常饱,然后求美;衣必常暖,然后求丽;居必常安,然后求乐。"⑦ 简言之,《墨子》倡导一种"先质而后文"⑧ 的美学观。《韩非子》与《墨子》的美学观有一致的地方,《韩非子·外储说右上》曰:"夫瓦器至贱也,不漏可以盛酒。虽有千金之玉卮,至贵而无当,漏不可盛水,则人孰注浆哉!"⑨ 这说明,《韩非子》注重的是器物的实用功效,而器物上的纹饰不仅没有用处,反而有"文害用""文害法"和"文害德"的作用。汉简《王法篇》将文采装饰等看作是

---

① 骈宇骞:《银雀山汉墓竹简〈晏子春秋〉校释》,北京:书目文献出版社 1988 年版,第81 页。

② 骈宇骞:《银雀山汉墓竹简〈晏子春秋〉校释》,北京:书目文献出版社 1988 年版,第84 页。

③ 骈宇骞:《银雀山汉墓竹简〈晏子春秋〉校释》,北京:书目文献出版社 1988 年版,第85 页。

④ 骈宇骞:《银雀山汉墓竹简〈晏子春秋〉校释》,北京:书目文献出版社 1988 年版,第87 页。

⑤ 骈宇骞:《银雀山汉墓竹简〈晏子春秋〉校释》,北京:书目文献出版社 1988 年版,第88 页。

⑥ 银雀山汉墓竹简整理小组编:《银雀山汉墓竹简(壹)·释文注释》,北京:文物出版社 1985 年版,第142 页。

⑦ [清] 孙诒让:《墨子闲诂》(下册),北京:中华书局 2001 年版,第658 页。

⑧ [清] 孙诒让:《墨子闲诂》(下册),北京:中华书局 2001 年版,第658 页。

⑨ [清] 王先慎:《韩非子集解》,北京:中华书局 1998 年版,第321 页。

"末作"，是"国之大害，治之大伤"（第899 简）①，必须要禁止，如"诸雕文、刻镂、黼黻、纂组、针线之事，及为末作。"（第 898—899 简）② 如果让这些文采装饰放任自流，则"垂拱倚立谈语，皆勿得为也"（第 899 简）③。接着，汉简《王法篇》曰："臣闻今世垂拱牟农粟而食者二人，随农者一人，与农者三人，然世审节之而以足。尝试使三人一岁俱出末耨之端，是有三岁余食也。二岁俱出末〔耨之〕端，是有六岁余食也。三岁俱出末耨之端，是有十岁余食也。"（第 899—901 简）④ 显然，汉简《王法篇》反对"雕文、刻镂、黼黻、纂组、针线之事"，并不是因为这些文采装饰不能给人以美的享受，而是因为这些物品不是人民的物质生活必需品，同时，从事这些物品的生产还会占用人们的劳动时间，所以不得不禁止。这一思想体现出汉简《王法篇》与《墨子》《韩非子》相通的审美观念，即在满足了人民物质生活需要的基础上，再进行文采装饰的创作，以满足人们的审美需求。所以，相对于物质生产来讲，汉简《王法篇》将文采装饰等看作是"末作"是具有一定的合理性的。

银雀山汉简《曹氏阴阳》曰："华文繁章害五色。"（第 1709 简）⑤ 接着又曰："夫大道上文天，为天五刑；下以□土，为土五美；中以□人，为人五德。"（第 1713—1714 简）⑥ 盖"五色"与"五刑""五美""五德"相对应，皆为"大道"之具体体现。而"大道"乃一切美之事物的本体。如果国君按照"大道"来管理国家、行使权力，那么此王就可称为"圣王"。汉简《曹氏阴阳》曰："圣王行于天下，风雨不暴，雷霆不蒸，寒暑不忒，民不文饰，白丹发，朱草生，凤鸟下，游龙见。凡美之类，从圣王起。"（第 1685—1686 简）⑦ 可见，君王按照"大道"行事，则国家风调雨顺、人民和谐相处，所以世间一切美的

---

① 银雀山汉墓竹简整理小组编：《银雀山汉墓竹简（壹）·释文注释》，北京：文物出版社 1985 年版，第 142 页。

② 银雀山汉墓竹简整理小组编：《银雀山汉墓竹简（壹）·释文注释》，北京：文物出版社 1985 年版，第 142 页。

③ 银雀山汉墓竹简整理小组编：《银雀山汉墓竹简（壹）·释文注释》，北京：文物出版社 1985 年版，第 142 页。

④ 银雀山汉墓竹简整理小组编：《银雀山汉墓竹简（壹）·释文注释》，北京：文物出版社 1985 年版，第 142-143 页。

⑤ 银雀山汉墓竹简整理小组编：《银雀山汉墓竹简（贰）·释文注释》，北京：文物出版社 2010 年版，第 209 页。

⑥ 银雀山汉墓竹简整理小组编：《银雀山汉墓竹简（贰）·释文注释》，北京：文物出版社 2010 年版，第 209 页。

⑦ 银雀山汉墓竹简整理小组编：《银雀山汉墓竹简（贰）·释文注释》，北京：文物出版社 2010 年版，第 206 页。

事物都是由圣王创造出来的。汉简《曹氏阴阳》指出，在"圣王行于天下"后，"民不文饰"。也就是说，如果圣王不按照"大道"来行事，人民就会"文饰"。而过分地"文饰"就会伤害到"五色"，"五色"是"大道"的具体体现，所以"文饰"害"大道"。因此，汉简《曹氏阴阳》从维护国家安定、人民团结、自然和谐的方面，要求去除"华文繁章"以免伤害"大道"之美，同时，国君也要按照"大道"来管理国家，这样人与人、人与社会以及人与自然的和谐之美才会得以显现。

简言之，银雀山汉简将音乐、舞蹈以及文采装饰都看作是"末作"，要求君王和人们不要沉溺其中，因为这些"末作"不能给人们带来物质生活上的帮助，反而会让国家衰败、世风淫逸。

二、崇尚"无形"

"道"是中国哲学、美学的核心范畴之一。在先秦时期，各家有各家之"道"。老庄将"道"看作是宇宙万物的本体及其规律，人的生命也来自"道"，死后也归于"道"。孔子的"道"一方面是人们日常生活所必须遵循的规则，它体现为"礼"，另一方面是指宇宙的最高真理。无论哪一家的"道"都具有相似的特点，就是它不能被看见也不能被听见。《老子》曰："大音希声，大象无形"[1]；"无状之状，无物之象"[2]；"道之为物，惟恍惟惚。惚兮恍兮，其中有象；恍兮惚兮，其中有物。窈兮冥兮，其中有精"[3]。《庄子·大宗师》曰："夫道，有情有信，无为无形；可传而不可受，可得而不可见。"[4] 孔子的弟子子贡说："夫子之文章，可得而闻也。夫子之言性与天道，不可得而闻也。"（《论语·公冶长》）[5] 荀子曰："夫道者，体常而尽变，一隅不足以举之。"（《荀子·解蔽》）[6] 这些都说明"道"的特征。

除此以外，兵家也有兵家之"道"，而且兵家之"道"同样具有与道家、

① ［魏］王弼注，楼宇烈校释：《老子道德经注校释》，北京：中华书局2008年版，第113页。
② ［魏］王弼注，楼宇烈校释：《老子道德经注校释》，北京：中华书局2008年版，第31页。
③ ［魏］王弼注，楼宇烈校释：《老子道德经注校释》，北京：中华书局2008年版，第52页。
④ ［清］郭庆藩：《庄子集释》（上册），北京：中华书局2004年版，第246页。
⑤ ［魏］何晏注，［宋］邢昺疏：《论语注疏》，［清］阮元校刻：《十三经注疏》（下册），北京：中华书局1980年版，第2474页。
⑥ ［清］王先谦：《荀子集解》（下册），北京：中华书局1988年版，第393页。

儒家相似的特点。银雀山汉简《六韬》曰："道在不可见，〔事在不〕可闻，胜在不可知。"（第 685 简）① "道在不可见"并不是说我们不能用眼睛看见"道"，而是"道"根本无法被看见，因为"道"是无形的。也正是由于"道"之无形，"道"才能化生有形，才能兼怀众形。银雀山汉简《孙子兵法·虚实》曰："故善将者形人而无形。"（第 58 简）② 善战的将领是"形"人于"无形"的，是以"无形"胜"有形"。"无形"是道，"有形"是器，道是体，器是用。所以，"形人而无形"是按照"道"的规律领兵打仗，它遵从道的"无形"。接着，银雀山汉简《孙子兵法·虚实》认为："形兵之极，至于无形。"（第 64 简）③ "形兵"的最高境界不是"形"而是那个道之"无形"，因为"无形，则深间弗能窥也，智者弗能谋也"（第 64 简）④。人的智谋是有限的、分别的，"无形"则是无限的、浑全的，有限的、分别的智谋是无法探究无限的、浑全的"无形"之奥秘的。汉简《孙子兵法》也将道之"无形"称作"水"之形，它说："兵形象水。"（第 65—66 简）⑤ 兵之"形"犹如"水"之形，而水之"形"就是"无形"。当"兵无成势，无恒形"（第 66 简）⑥ 时，就达到了兵法的最高境界，即道或神。汉简《孙子兵法》曰："兵无成势，无恒形，能与敌化之谓神。"（第 66—67 简）⑦ "神"就是无形胜有形，而这个"胜"不是让无形消灭有形。"胜"是一种"化"，是让有形"化"入无形之中，无形兼怀有形。同样，在汉简《孙子兵法》看来，消灭敌人并不是兵法的最上乘，兵法的最上乘是"神"，"神"是"化"，是一种"化"敌为友、"化"他为我。用兵之"无形"正是达到这个"神""化"的必要方法。

从整体上看，银雀山汉简并非一部"专著"而是众多著作的汇编，但是崇

① 银雀山汉墓竹简整理小组编：《银雀山汉墓竹简（壹）·释文注释》，北京：文物出版社 1985 年版，第 114 页。
② 银雀山汉墓竹简整理小组编：《银雀山汉墓竹简（壹）·释文注释》，北京：文物出版社 1985 年版，第 12 页。
③ 银雀山汉墓竹简整理小组编：《银雀山汉墓竹简（壹）·释文注释》，北京：文物出版社 1985 年版，第 12 页。
④ 银雀山汉墓竹简整理小组编：《银雀山汉墓竹简（壹）·释文注释》，北京：文物出版社 1985 年版，第 12 页。
⑤ 银雀山汉墓竹简整理小组编：《银雀山汉墓竹简（壹）·释文注释》，北京：文物出版社 1985 年版，第 12 页。
⑥ 银雀山汉墓竹简整理小组编：《银雀山汉墓竹简（壹）·释文注释》，北京：文物出版社 1985 年版，第 12 页。
⑦ 银雀山汉墓竹简整理小组编：《银雀山汉墓竹简（壹）·释文注释》，北京：文物出版社 1985 年版，第 12 页。

尚"无形"的思想却贯穿整个银雀山汉简的兵书。银雀山汉简《奇正》同样也提到了"有形"与"无形"的问题,它说:"形以应形,正也;无形而制形,奇也。"(第1183简)①　"正"就是有形,"奇"就是无形。汉简《奇正》曰:"以一形之胜胜万形,不可。"(第1181简)②　"一形"虽然战胜了"万形",但却是一种"有形"胜"有形",所以"不可"。但是《奇正》并不是单纯地贬低"有形"而崇尚"无形"。汉简《奇正》追求的是一种打破了"有形"与"无形"界限的"无有形无无形"的境界,即"奇正无穷"(第1184简)③。"奇正无穷"才能以无形胜万形。"无形"除了被用在兵法上,还被用到人身上。银雀山汉简《定心固气》曰:"天能亡其形,不能夺其志。君能杀其身,不能易其事。"(第2138—2139简)④　"形"和"身"都是有形的,"志"与"事"相对于前者而言是无形的。上天和国君可以随意毁掉一个人的有形之"形""身",但却无法消灭其无形的"志"和"事"。这就说明,"有形"是短暂的、有限的,"无形"是永恒的、无限的。汉简《定心固气》所推崇的正是那永恒无限的无形之"志""事"。在这永恒无限的"无形"中才能体现出人的"至美"。

银雀山汉简的兵法崇尚"无形",其实就是追求作为宇宙万物的本体及其生命的"道"。"道"是超越有形的无形,但它并不脱离有形,它是有形寓于无形之中的形。所以,银雀山汉简对"无形"的崇尚通向了文艺创作,通向了审美。我们知道,中国艺术精神不是着眼于艺术作品的物质形象,而是通过艺术作品之"形"去探求其中的内在意蕴,从求得艺术之内在意蕴去证得生命的存在、人生的价值,此内在意蕴就是"道"。从"有形"到"无形",再到打破有无之界,是兵法和艺术的最高境界。我们亦可以将兵法的这种境界称为有形与无形的合一、在场与不在场的混同、物与我的融合的审美境界。

三、"恬淡随意"

《庄子·大宗师》里记载了女偊的一段话,女偊说:"吾犹守而告之,三日而后能外天下;已外天下矣,吾又守之,七日而后能外物;已外物矣,吾又守

---

① 银雀山汉墓竹简整理小组编:《银雀山汉墓竹简(贰)·释文注释》,北京:文物出版社2010年版,第155页。

② 银雀山汉墓竹简整理小组编:《银雀山汉墓竹简(贰)·释文注释》,北京:文物出版社2010年版,第155页。

③ 银雀山汉墓竹简整理小组编:《银雀山汉墓竹简(贰)·释文注释》,北京:文物出版社2010年版,第155页。

④ 银雀山汉墓竹简整理小组编:《银雀山汉墓竹简(贰)·释文注释》,北京:文物出版社2010年版,第252页。

之，九日而后能外生；已外生矣，而后能朝彻；朝彻，而后能见独；见独，而后能无古今。无古今，而后能入于不死不生。"① 这段话其实描绘的是悟"道"和与"道"为一的过程。其中的"独"就是"道"，因为"道"是独立无待的。要"见独"就必须要"朝彻"，即让自己的内心如同初升的太阳一样澄明，而要"朝彻"就必须"外天下""外物"和"外生"。"外天下""外物"和"外生"就是让人消除功名利禄的追求，超越生死的束缚。只有这样，人才能"见独"，即悟"道"。因此，"独"或"道"就染上了无功利、无目的的色彩。

在银雀山汉简《六韬》看来，圣人就具有这种无功利、无目的之"独"的特点，它说："圣人独知独闻独见。乐哉！圣人。"（第 640 简）②"独知""独闻""独见"就是一种消除了主观欲望、功利得失的"知""闻""见"，只有运用这样的"知""闻""见"才能真正地把握那宇宙万物的本体及其规律的"道"，才能获得"悟道"的快乐，所以"乐哉！圣人"。熊十力先生曾说："独者，谓私欲初萌时，而隐微中有一点微明，不甘随顺私欲去者，此之谓独。"③所以，"独"就是荡去私欲，了别得失。汉简《六韬》曰："恬淡随意，好道无极。"（第 687 简）④"恬淡随意"就是"独"，只有"独"才能悟道，才能获得"好道无极"的至美和至乐。因此，汉简《六韬》推崇圣人的"独"的境界，人只有通过"独"才能悟"道"，才能获得最高的快乐。

银雀山汉简《定心固气》也在探讨这样的问题，它说："心不动，气不移。实者，心定气固也。虚者，心怵惕，气从而不返者也。"（第 2133—2134 简）⑤"心"指人的情感，"气"指人的生命本根。"心定气固"就是"心不动，气不移"。这个"心不动"并不是要人们去除情感，做一个冷血动物，而是要人们不因世俗利益的得失而高兴或悲伤，就是一种"心全志而不慕名誉"（汉简《定心固气》第 2137 简）⑥ 的境界。"心不动"就是要像陶渊明一样"纵浪大化中，

---

① ［清］郭庆藩：《庄子集释》（上册），北京：中华书局 2004 年版，第 252 页。
② 银雀山汉墓竹简整理小组编：《银雀山汉墓竹简（壹）·释文注释》，北京：文物出版社 1985 年版，第 107 页。
③ 熊十力：《读经示要》，北京：中国人民大学出版社 2009 年版，第 71 页。
④ 银雀山汉墓竹简整理小组编：《银雀山汉墓竹简（壹）·释文注释》，北京：文物出版社 1985 年版，第 114 页。
⑤ 银雀山汉墓竹简整理小组编：《银雀山汉墓竹简（贰）·释文注释》，北京：文物出版社 2010 年版，第 252 页。
⑥ 银雀山汉墓竹简整理小组编：《银雀山汉墓竹简（贰）·释文注释》，北京：文物出版社 2010 年版，第 252 页。

不喜亦不惧"（《形影神赠答诗》）①，这也就是汉简《六韬》所讲的"恬淡随意"（第 687 简）②的状态。只有当一个人"心定"了，他的生命才会保持健康和旺盛，即"气不移"。"心定"是"气固"的基础，"气固"是"心定"的目的。与"心定气固"相反的就是"心怵惕，气从而不返者也"（汉简《定心固气》第 2133—2134 简）③，汉简《定心固气》将前者称为"实"，后者称为"虚"。汉简《定心固气》就是要去"虚"而求"实"，追求一种恬淡随意、怡然自得的境界，这样才能"隐居而不失其志，践轩到戈，制万乘之众而不易其气"（第 2138 简）④。

　　无论是《庄子》还是汉简《六韬》《定心固气》，都倡导人们消除主观的利害计较而追求一种独立无待、恬淡随意的心境。银雀山汉简《听有五患》则具体从"听"这一方面来说明整部银雀山汉简的这一思想。汉简《听有五患》主要论述了能影响人们"听"话的五种因素，两种在外，三种在内，它说："内之二患何也？曰：中心不虚，耳目不间，虽闻善言，不褚于心，内二患也。外三患何？曰：贵其势，因听其言；美其色，因听言；亲其身，因听言。"（第 1510—1512 简）⑤"外患"就是"中心不虚"和"耳目不间"，其实就是自己心中怀有成见，心不在焉地听别人讲话，别人的善言无法深入心中，犹如耳旁风。"内患"就是"贵其势""美其色"和"亲其身"，这些都是人抱以了功利的目的。因为对方有权有势或是相貌美丽才"听其言"，而"贵、美、亲，不必智；贱、恶、疏，不必愚"（汉简《听有五患》第 1512 简）⑥，这样去"听"必然会导致无法获得正确的信息。因此，汉简《听有五患》认为"外患除"（第 1513 简）⑦的方法为："听〔贵如〕听贱，听美如听恶，听亲如听疏。"（第

---

① 逯钦立校注：《陶渊明集》，香港：中华书局香港分局 1987 年版，第 37 页。
② 银雀山汉墓竹简整理小组编：《银雀山汉墓竹简（壹）·释文注释》，北京：文物出版社 1985 年版，第 114 页。
③ 银雀山汉墓竹简整理小组编：《银雀山汉墓竹简（贰）·释文注释》，北京：文物出版社 2010 年版，第 252 页。
④ 银雀山汉墓竹简整理小组编：《银雀山汉墓竹简（贰）·释文注释》，北京：文物出版社 2010 年版，第 252 页。
⑤ 银雀山汉墓竹简整理小组编：《银雀山汉墓竹简（贰）·释文注释》，北京：文物出版社 2010 年版，第 186 页。
⑥ 银雀山汉墓竹简整理小组编：《银雀山汉墓竹简（贰）·释文注释》，北京：文物出版社 2010 年版，第 186 页。
⑦ 银雀山汉墓竹简整理小组编：《银雀山汉墓竹简（贰）·释文注释》，北京：文物出版社 2010 年版，第 186 页。

1512—1513 简)① 这不是要让人们不分贵贱、美恶和亲疏，而是要人们以无分别的心态去面对它们，打破它们的界限。人的无分别心是达到"恬淡随意"的方法，当贵贱美丑的界限消失时，呈现出来的就是一个浑全的"道"境。在"道"的境域中，哪里还有贵美亲与贱恶疏的分别啊！以无分别之心去"听"，就是听"道"。此分别、欲望、利益之"外患"既除，"内患"自然消失。当人们消除了分别、荡去了欲望，自然会全神贯注地"虚心"而"听"，此"听"之内容，亦为"道"矣。

银雀山汉简中的"独""恬淡随意""心定气固"以及除去"五患"都在倡导人应该以无功利、无目的以及无分别之心去映照万物，因为如果我们以充满欲望的念头去映照这个世界，用沾满灰尘的眼睛去看待这个世界时，我们所得到的世界是不真实的。我们只有以"恬淡随意"之心，才能悟得那宇宙万物的天然本真之"道"，才能在悟"道"之时获得那"至美至乐"的愉悦。此愉悦并非生理上的快感与满足，而是一种精神上的享受。这种精神上的享受就是审美的享受，这种愉悦之情也是一种审美愉悦。所以，银雀山汉简中的"恬淡随意""心定气固"等命题、范畴与审美活动中审美主体之审美心胸理论相通，它们是银雀山汉简审美观念的理论呈现与集中体现。

四、结语

银雀山汉墓竹简虽然不是专门的关于美学或文艺理论的文献，而是以兵法、政论、占候等为主的文献，但是它们在论述兵法、政论等问题时，无意触碰到了审美创作、审美理想以及审美心胸等问题，体现出当时人们的审美观念，并且还可以与中国审美理论相互印证。银雀山汉墓竹简虽然不是一部完整的"专著"，它是多种书籍的汇编，缺乏一定的系统性和完整性。但是经过总结、归纳和提炼之后，我们发现这些不同主题的汉简文献中包含有彼此相容的并与审美理论能够相通的观点、学说和思想。这说明银雀山汉简所承载的先秦、秦汉古籍一定意义上体现出当时人们的共同审美追求和审美理想，是当时人们的审美观念的反映，也是我们进行中国古代审美观念研究不可多得的珍贵材料。

---

① 银雀山汉墓竹简整理小组编：《银雀山汉墓竹简（贰）·释文注释》，北京：文物出版社 2010 年版，第 186 页。

第十四章　出土秦简中的美学思想

秦简指的是战国时期的秦国至秦代的埋藏于秦地的简牍。相对于汉简、楚简而言，秦简的出土与问世姗姗来迟，20世纪70年代中期出土的湖北云梦睡虎地秦简是我国秦简的首次出土。但此后，秦简在我国开始陆续被发现与出土，如八九十年代出土的天水放马滩秦简、云梦龙岗秦简、湖北江陵王家台秦简、湖北江陵岳山秦简等。近年来，湖南大学岳麓书院从香港购藏了一批秦简，北京大学也获赠了一批秦代简牍。从目前的情况看，秦简的数量已经十分巨大，秦简的内容也十分丰富，涉及法律、政治、军事、数术、数学等，为研究战国末期的秦国和秦代的政治、法律、社会、文化等提供了珍贵的新材料。但目前所出土的秦简尚无书籍类文献，在楚简、汉简中常见的六艺类、诸子类文献并不见于秦简。正由于此，秦简对中国美学、艺术学研究的价值与意义并未被充分揭示。经过文本细读发现，秦简中关于"为吏之道""善女子之方"的文献，指向了人的审美境界和审美人格的塑造，从而有利于善治美政的实现，含有一种伦理—政治美学思想；在一些秦简数学文献中，谈论"数"的地位、价值、意义以及"数"与音乐、乐器等关系的内容，体现出秦国、秦代较为独特的美学思想。可以说，秦简的出土改变了长期以来绕开秦代的"先秦两汉美学"的研究模式，同样为中国美学史、中国艺术学史的研究提供了新材料，为真正开展秦汉美学研究奠定了基础。

一、"为吏之道"与伦理—政治美学

中华美学是在独特的自然、经济、政治、人文环境中孕育生成的，具有不同于西方思辨美学的特质——重视人生，它"是为了探寻使人们的生活与生存如何成为艺术似的审美创造，它是以一个特殊的层面、特殊的角度来体现中国人对人生的思考和解决人生根本问题的努力，体现着中国人对于人的生存意义、存在价值与人生境界的思考和追寻"①。儒家美学赞扬的"仁",道家美学推崇的"道"以及佛教禅宗美学追求的"禅"无不是对人的生存意义与价值追问的结果,都是至高的人生境界。所以,中华传统美学是一种人生美学。从现实层面看,人生包含生命和生活,而工作是人生活的重要组成部分。睡虎地秦简《为吏之道》、岳麓秦简《为吏治官及黔首》中谈论的"为吏之道"——如何成为理想的官吏——就指向了人生美学,只不过这种人生美学是"吏"这一特定人群的人生美学。

睡虎地秦简《为吏之道》于 1975 年 12 月至 1976 年 1 月出土于湖北云梦睡虎地 11 号秦墓之中,它的抄写时间上限为魏安厘王二十五年(前 252),下限为秦始皇统一六国之前②。岳麓秦简《为吏治官及黔首》是湖南大学岳麓书院于 2007 年 12 月从香港收购的秦简文献之一,它的抄写年代下限为秦始皇三十五年(前 212)③。这两种秦简文献的内容、主旨大体相同,但后者在某些地方更为详细与合理,如在岳麓秦简《为吏治官及黔首》中,"五失"后有"五者毕至,是谓过主"(第 40 简正)④ 的总结语,睡虎地秦简《为吏之道》则无。王家台秦简《为政之常》、北大秦简《从政之经》有部分内容与睡虎地秦简《为吏之道》、岳麓秦简《为吏治官及黔首》相同或相近。可见,关于"为吏之道"的文献流行于战国末期的秦国至秦代之初,其中蕴含的美学思想反映的是周秦之际的美学思想。

睡虎地秦简《为吏之道》的第一段话是对"为吏之道"的概括性论述,如:

> 凡为吏之道,必精洁正直,慎谨坚固,审悉毋私,微密纤察,安静毋苛,审当赏罚。严刚毋暴,廉而毋刖,毋复期胜,毋以忿怒决。宽容忠信,和平毋怨,悔过勿重。慈下勿陵,敬上勿犯,听谏勿塞。审知民能,善度民力,劳以率之,正以矫之。反赦其身,止欲去愿。中不方,名不章;外不圆。尊贤养孽,原野如延。断割不刖。怒能喜,乐能哀,智能愚,壮能衰,勇能屈,刚能柔,仁能忍,强良不得。审耳目口,十耳当一目。安乐

---

① 皮朝纲主编,钟仕伦、李天道副主编:《审美与生存——中国传统美学的人生意蕴及其现代意义》,成都:巴蜀书社 1999 年版,第 28 页。

② 谭家健:《云梦秦简〈为吏之道〉漫论》,《文学评论》1990 年第 5 期。

③ 肖永明:《读岳麓书院藏秦简〈为吏治官及黔首〉札记》,《中国史研究》2009 年第 3 期。

④ 朱汉民、陈松长主编:《岳麓书院藏秦简》(壹),上海:上海辞书出版社 2010 年版,第 126 页。

必戒，毋行可悔。以忠为干，慎前虑后。君子不病也，以其病病也。同能而异。毋穷穷，毋岑岑，毋衰衰。临财见利，不取苟富；临难见死，不取苟免。欲富太甚，贫不可得；欲贵太甚，贱不可得。毋喜富，毋恶贫，正行修身，祸去福存。①

我们可以从三个方面来理解这段话。理想的官吏在个人品质方面，应该"精洁正直""慎谨坚固""审悉毋私""宽容忠信"，即清白正直、谨慎坚强、大公无私、宽裕忠信；在个人情感方面，应该"和平毋怨""安乐必戒"，保持内心平和而不淫逸享乐；在为人处世方面，应该"微密纤蔡，安静毋苛，审当赏罚""慈下勿陵，敬上勿犯"等，即行动明察秋毫，赏罚分明，对下仁慈而不欺凌，对上尊敬而不冒犯，做到外圆内方。无论是个人品质、情感，还是为人处世，都属于"吏"的个人修养，做到了以上几个方面，就可实现"正行修身，祸去福存"，即美好、幸福的生活状态。

除对"为吏之道"进行概括性论述外，睡虎地秦简《为吏之道》、岳麓秦简《为吏治官及黔首》还具体对为吏的"五善""五失""五过""五则"进行了说明。我们先谈谈"五失""五过""五则"，这是官吏的五种失职、五种过错和五种准则。岳麓秦简《为吏治官及黔首》曰：

吏有五失：一曰视黔首渠鹜，二曰不安其朝，三曰居官善取，四曰受令不偻，五曰安其家忘官府。五者毕至，是谓过主。（第 34 简正—第 40 简正）②

吏有五过：一曰夸而央，二曰贵而企，三曰擅折割，四曰犯上不知其害，五曰贱士贵货贝。（第 41 简正—第 46 简正）③

吏有五则：一曰不察所亲则违数至，二曰不知所使则以权索利，三曰举事不当则黔首骂指，四曰喜言惰行则黔首毋所比，五曰善非其上则身及于死。（第 47 简正—第 52 简正）④

在老百姓面前趾高气扬、玩忽职守，利用职权巧取豪夺，不迅速执行上级

---

① 睡虎地秦墓竹简整理小组编：《睡虎地秦墓竹简》，北京：文物出版社 1990 年版，第 167-168 页。

② 朱汉民、陈松长主编：《岳麓书院藏秦简》（壹），上海：上海辞书出版社 2010 年版，第 124-126 页。

③ 朱汉民、陈松长主编：《岳麓书院藏秦简》（壹），上海：上海辞书出版社 2010 年版，第 127-129 页。

④ 朱汉民、陈松长主编：《岳麓书院藏秦简》（壹），上海：上海辞书出版社 2010 年版，第 129-132 页。

的命令，因私忘公，这就是为吏的五种过失。过分夸耀，神气十足，好搞分裂，以下犯上而不知危害，过于重视金钱而轻视有才能的人，这就是为吏的五种过错。不明察亲近自己的人就不断报怨，不明白自己的使命就斤斤计较利益，办事不妥而使百姓斥责，喜欢说而不去做使百姓不会亲近，非议皇上则会有杀身之祸。那么，"察所亲"，"知所使"，"举事当"，言行一致以及非"非其上"就是为吏的五种准则。

睡虎地秦简《为吏之道》、岳麓秦简《为吏治官及黔首》反对"五过""五失"以及不遵守"五则"的行为，因为"五者毕至，是谓过主"（岳麓秦简《为吏治官及黔首》第 40 简正）①，"过主"即"祸主"②。因此，睡虎地秦简《为吏之道》、岳麓秦简《为吏治官及黔首》倡导的是"五善"，即：

> 吏有五善：一曰忠信敬上，二曰精廉无谤，三曰举事审当，四曰喜为善行，五曰恭敬多让。五者毕至，必有天当。（第 27 简正—第 33 简正）③

忠诚守信，恭敬尊长，清廉而不诽谤他人，做事周密妥当，爱做善事，讲礼仪而谦虚礼让，这就是为吏之"五善"。官吏做到了"五善"，就一定会有"天当"。"天当"，睡虎地秦简《为吏之道》作"大赏"④，北大秦简《从政之经》作"天赏"⑤。"大赏"与"天赏"同，因为典籍中冠以"大"字之词，"大"常训作"天"。⑥ 马王堆汉墓帛书《经法·四度》曰："外内皆顺，命曰天当，功成而不废，后不逢殃。"⑦ "天当"就是一种功成名就、毫无灾祸、内外通达的自由人生境界，而自由的人生境界就是审美的人生境界，因为"审美

---

① 朱汉民、陈松长主编：《岳麓书院藏秦简》（壹），上海：上海辞书出版社 2010 年版，第 126 页。
② 朱汉民、陈松长主编：《岳麓书院藏秦简》（壹），上海：上海辞书出版社 2010 年版，第 126 页。
③ 朱汉民、陈松长主编：《岳麓书院藏秦简》（壹），上海：上海辞书出版社 2010 年版，第 121-123 页。按："事"，原作"吏"，今据睡虎地秦简《为吏之道》改。
④ 睡虎地秦墓竹简整理小组编：《睡虎地秦墓竹简》，北京：文物出版社 1990 年版，第 168 页。
⑤ 朱凤瀚：《三种"为吏之道"题材之秦简简文对读》，中国文物遗产研究院编：《出土文献研究》（第十四辑），上海：中西书局 2015 年版，第 3 页。
⑥ 朱凤瀚：《三种"为吏之道"题材之秦简简文对读》，中国文物遗产研究院编：《出土文献研究》（第十四辑），上海：中西书局 2015 年版，第 4 页。
⑦ 国家文物局古文献研究室编：《马王堆汉墓帛书》（壹），北京：文物出版社 1980 年版，第 51 页。

是自由的生存方式"①。

睡虎地秦简《为吏之道》、岳麓秦简《为吏治官及黔首》都倡导官吏以"五善"为目标，戒除安逸享乐，提升自我而达到"天当"的境界。当官吏做到了"五善"，就成为睡虎地秦简《语书》所谓的"良吏"而非"恶吏"②，不仅可"除安兴利，慈爱万姓"（睡虎地秦简《为吏之道》）③，还可"以此为人君则鬼，为人臣则忠，为人父则慈，为人子则孝；能审行此，无官不治，无志不彻，为人上则明，为人下则圣"（睡虎地秦简《为吏之道》）④，最终实现全天下的善治美政，因为"君鬼臣忠，父慈子孝，政之本也；志彻官治，上明下圣，治之纪也"（睡虎地秦简《为吏之道》）⑤。这是一种由伦理之美走向政治之美的伦理—政治美学思想。⑥

二、"善女子之方"与女性的人格之美

如果说睡虎地秦简《为吏之道》、岳麓秦简《为吏治官及黔首》将"五善"视作官吏的道德修养目标展现的是男性的人格之美，那么，北大秦简《教女》在"善女子之方"与"不善女子之方"的对比中则建构了女性的人格之美。北大秦简《教女》是2010年北京大学入藏的一批秦简中的文献，共15枚竹简，851字，全用秦隶抄写。它虽抄写于秦始皇时期，但反映的是战国晚期的秦国至秦代的妇女伦理观念。⑦ 2015年3月，朱凤瀚先生发表《北大藏秦简〈教女〉初识》一文，公布了《教女》的全部释文，兹将关于"善女子之方"的部分释文录如下：

> 昔者帝降息女殷晦之野，殷人将亡，以教其女曰：凡善女子之方，固

① 杨春时：《作为第一哲学的美学——存在、现象与审美》，北京：人民出版社2015年版，第174页。
② 睡虎地秦墓竹简整理小组编：《睡虎地秦墓竹简》，北京：文物出版社1990年版，第15页。
③ 睡虎地秦墓竹简整理小组编：《睡虎地秦墓竹简》，北京：文物出版社1990年版，第170页。
④ 睡虎地秦墓竹简整理小组编：《睡虎地秦墓竹简》，北京：文物出版社1990年版，第169页。
⑤ 睡虎地秦墓竹简整理小组编：《睡虎地秦墓竹简》，北京：文物出版社1990年版，第169-170页。
⑥ "伦理—政治美学"是余开亮教授对先秦儒家美学的总结与概括，本书借以说明秦简中的美学思想。参见余开亮：《儒家伦理—政治美学与当代美育理论的建构》，《首都师范大学学报》（社会科学版）2019年第3期。
⑦ 北京大学出土文献研究所：《北京大学藏秦简牍概述》，《文物》2012年第6期。

不敢刚。因安从事，唯审与良。西东螽若，色不敢猖。疾绩从事，不论□明。善依夫家，以自为光。百姓贤之，父母尽明。疾诈就爱，如陛在堂。虽与夫治，勿敢疾当。丑言匿之，善言是杨。中毋妒心，又毋奸肠。亦从臣妾，若□笑殃。居处安乐，臣妾莫亡。今夫威公，固有严刚。与妇子言，弗肯善当。今夫圣妇，自教思长。曰：崖石在山，尚临中堂。松柏不落，秋尚反黄。羊矢并下，或短或长。水最平矣，尚有溃惶。老人悲心，虽恶何伤。晨为之鬻，昼为之羹。老人唯怒，戒勿敢谤。夫与妻，如表与里，如阴与阳。女子不作，爱为死亡。唯爱大至，如日朝光。男子之虑，藏之心肠。茀然更志，如发饥粱。暮卧早起，人妇恒常。洁身正行，心贞以良。慎毋刚气，和弱心肠。慈爱妇妹，友与弟兄，有妻如此，可与久长。有曰：善女子固自正。夫之义，不敢以定。屈身受令，旁言百姓。威公所诏，顷耳以听。中心自谨，唯端与正。外貌且美，中实沉静。莫亲于身，莫久于敬。没身之事，不可曰幸。自古先人，不用往圣。我曰恭敬，尚恐不定。监所不远，夫在街廷。衣彼颜色，不顾子甥。不能自令，毋怨天命。毋诟父母，宁死自屏。①

从以上材料可知，"善女子"在气质方面应具有"柔"而非"刚"的特点，要有和顺、安宁和慈爱之心，如"凡善女子之方，固不敢刚。因安从事，唯审与良。西东螽若，色不敢猖"；"洁身正行，心贞以良。慎毋刚气，和弱心肠。慈爱妇妹，友与弟兄"。所以，作为妻子的她与丈夫的关系为："夫与妻，如表与里，如阴与阳。女子不作，爱为死亡。唯爱大至，如日朝光。"虽然，"善女子"为阴、为柔，在家庭中从属于丈夫，但"孤阴则不生，独阳则不长"（《幼学琼林·夫妇》）②，如果她不振作而有所作为，仁爱就会消失。其言下之意就是，"善女子"作为女性虽位于从属地位，但也应在此基础上有所作为，发挥作用，帮助丈夫排忧解难。可见，女性并没有被完全贬低，在日常生活中还是具有一定的地位和作用。

那是不是具有以上气质或品质就是北大秦简《教女》所说的"善女子"呢？答案是否定的。北大秦简《教女》曰："中心自谨，唯端与正。外貌且美，中实沉静。"所谓"中心自谨，唯端与正"指的是内心要自律，心思要端正。申

---

① 朱凤瀚：《北大藏秦简〈教女〉初识》，《北京大学学报》（哲学社会科学版）2015 年第 2 期。

② ［清］程登吉编，［清］邹圣脉增：《幼学琼林》，杭州：浙江古籍出版社 1998 年版，第 61 页。

言之，应自觉恪守前文所述的"善女子之方"，以使自己的思想观念保持端正。与此同时，女子还要让自己的外貌显得美丽，即"外貌且美"。两者结合才是真正的"善女子"。孔子曾以"文质彬彬"来要求君子，如"质胜文则野，文胜质则史。文质彬彬，然后君子。"（《论语·雍也》）①"质"是内在道德，"文"是外在修饰，前者为"善"，后者为"美"，只有"文""质"相得益彰才能成为"君子"。《慎子·威德》曰："毛嫱、西施，天下之至姣也。衣之以皮倛，则见者皆走；易之以玄緆，则行者皆止。由是观之，则玄緆，色之助也。姣者辞之，则色厌矣。"② 毛嫱、西施都是人们公认的美人，但当她们穿上兽皮和粗麻布衣时，人们看到她们就会马上跑开；当她们换上细布麻衣时，过路人又会驻足欣赏她们的美貌。可见，"色"是细布麻衣资助的结果。从孔子、慎到的观点中可见，美丽的外表或表现形式对人格美来说并不是可有可无的，而是有助于内在之德的彰显。依此而论，北大秦简《教女》中的"善女子"应该是内在道德修养与美丽得体的外貌相结合的女子，达到了"文质彬彬""尽善尽美"的标准。

与"善女子"相对的是"不善女子"，她除不具备"善女子"的种种道德品质外，还有不勤奋，不知礼，爱卖弄风骚等缺点，如北大秦简《教女》曰："告子不善女子之方，既不作务，议不已。口舌不审，失戏男子。才晦而卧，日中不起。不能清居，数之领里。抱人婴儿，嘛人顑枲。鬴人飱浆，挠人淫□。"③"不善女子"虽有种种缺点，但她依然对"美"有强烈的追求，如：

> 男子视之，益埤笑喜。曰：我诚好美，最吾邑里。泽沐长顺，梳首三袂之。衣数以之□者，意之父母。（北大秦简《教女》）④

当有男子注意她时，她就会喜笑颜开，并说：我果真很美，位居乡里第一。而且她花很多时间在梳妆打扮上，毫不避讳父母。有学者认为："关于女性对美的追求，《教女》也提出了批评。……像反复梳洗，多次更衣，过分打扮，衣着

---

① ［魏］何晏注，［宋］邢昺疏：《论语注疏》，［清］阮元校刻：《十三经注疏》（下册），北京：中华书局1980年版，第2479页。

② 许富宏：《慎子集校集注》，北京：中华书局2013年版，第7页。

③ 朱凤瀚：《北大藏秦简〈教女〉初识》，《北京大学学报》（哲学社会科学版）2015年第2期。

④ 朱凤瀚：《北大藏秦简〈教女〉初识》，《北京大学学报》（哲学社会科学版）2015年第2期。

鲜丽，等等，都被认为不应该，甚至是罪过。"① 此说大体正确，但结合前文总结的"善女子"之内善外美的特质来看，《教女》并非对"美"或女性追求"美"进行批判，它批判的是无道德修养的外表之美，认为女子不应该不重视自我的内在修养而一味追求外表的打扮，"不善女子"正是这样的人，她"尽美"而"未尽善"。北大秦简《教女》就从反面（"不善女子之方"）论述了"善女"美善合一、文质彬彬的品质，反映出《教女》所宣扬的女性人格之美为一种内善外美相统一的"善—美"。这与儒家美学相通。

三、"天下之物，无不用数者"与"数"本论美学

在中国古人看来，宇宙是"由无限的广大空间和无穷的绵长的时间所构成的时空"②。同时，中国古人很早就对宇宙如何生成的问题进行追问，如《老子》曰："天下万物生于有，有生于无"③；"道生一，一生二，二生三，三生万物"④。《周易·系辞上》曰："易有太极，是生两仪，两仪生四象，四象生八卦，八卦定吉凶，吉凶生大业。"⑤《吕氏春秋·大乐》曰："太一出两仪，两仪出阴阳。……万物所出，造于太一，化于阴阳。"⑥ 这些宇宙生成论虽有所差异，但无不借用数字来阐发，数字在其中代表宇宙生成过程中的某些重要且必备的元素或环节。北大秦简《鲁久次问数于陈起》则在具体的数字，如一、二、三基础上提炼出"数"这一概念，建构起较为独特的数本论哲学。

《鲁久次问数于陈起》是北大秦简中的《算书甲种》开篇的独立文章，共32 枚竹简，800 余字⑦。有学者运用文字学方法，证明它是战国后期的抄本，且有一种楚文字的底本⑧。《鲁久次问数于陈起》记载的是鲁久次与陈起之间关于"数"的问答，并通过陈起之口揭示出"数"的地位、价值和作用，其中有多

---

① 夏增民：《北大秦简〈教女〉与秦代性别关系的建构》，《山西师大学报》（社会科学版）2017 年第 6 期。
② 刘绍基：《中国哲学新论》，台北：世界书局 1985 年版，第 131 页。
③ ［魏］王弼注，楼宇烈校释：《老子道德经校释》，北京：中华书局 2008 年版，第 110页。
④ ［魏］王弼注，楼宇烈校释：《老子道德经校释》，北京：中华书局 2008 年版，第 117页。
⑤ ［魏］王弼、［晋］韩康伯注，［唐］孔颖达疏：《周易正义》，［清］阮元校刻：《十三经注疏》（上册），北京：中华书局 1980 年版，第 82 页。
⑥ 许维遹：《吕氏春秋集释》（上册），北京：中华书局 2009 年版，第 108-109 页。
⑦ 韩巍：《北大秦简中的数学文献》，《文物》2012 年第 6 期。
⑧ 田炜：《谈谈北京大学藏秦简〈鲁久次问数于陈起〉的一些抄写特点》，《中山大学学报》（社会科学版）2016 年第 5 期。

处涉及艺术，体现出战国时期并延续至秦代的以"数"为本的独特美学思想。

北大秦简《鲁久次问数于陈起》的开篇就在"语"与"数"的对比中，阐明"数"的重要性，如：

> 鲁久次问数于陈起曰："久次读语、计数弗能并彻，欲彻一物，何物为急？"陈起对之曰："子为弗能并彻，舍语而彻数，数可语也，语不可数也。"①

鲁久次在学习"读语"和"计数"时不能兼通，所以他想放弃其中一个，于是问陈起应舍弃哪一个。陈起回答："舍语而彻数。""语"指诸子百家的著作，"数"指含数、历、律、度、易、卜在内的中国古代"数学"整体。② 韩巍将它们形象地比喻为文科和理科③。陈起站在数学家的立场上重"理"轻"文"，认为"数"可涵盖"语"，"语"却不可替代"数"，足见"数"受到该文献作者的重视。

接着，北大秦简《鲁久次问数于陈起》记载了鲁久次与陈起围绕"天下之物，孰不用数"这一问题的问答。陈起首先曰：

> 天下之物，无不用数者。夫天所盖之大也，地所生之众也，岁四时之至也，日月相代也，星辰之往与来也，五音六律生也，毕用数。④

天所覆盖之广大，地所生养之众多，四季变化，日月交替，星辰运行，以及五音六律的产生，都用到了"数"。这是从天地造化、自然万物的高度来证明"数"的重要地位。陈起又曰：

> 子其近计之：一日之役必先知食数，一日之行必先知里数，一日之田必先知亩数，此皆数之始也。⑤

人们身边的日常生产劳动离不开"数"，如一天的劳役应先知道粮食的总数，一天的出行应先知道路程的总数，一天的耕作应知道田地的亩数。陈起还曰：

> 今夫疾之发于体之树也，自足、胕、踝、膝、股、髀、尻、脊、

---

① 韩巍：《北大藏秦简〈鲁久次问数于陈起〉初读》，《北京大学学报》（哲学社会科学版）2015 年第 2 期。

② 郭世荣：《〈陈起〉篇的四个问题》，《自然科学史研究》2015 年第 2 期。

③ 韩巍：《北大秦简中的数学文献》，《文物》2012 年第 6 期。

④ 韩巍：《北大秦简中的数学文献》，《文物》2012 年第 6 期。

⑤ 韩巍：《北大秦简中的数学文献》，《文物》2012 年第 6 期。

背、肩、膺、手、臂、肘、臑、耳、目、鼻、口、颈、项，苟知其疾发之日，早暮之时，其瘳与死毕有数，所以有数故可医。①

人体中的疾病，无论是在哪个部位，只要知道疾病发生的早晚、日期，那么能否治愈都会有其"数"，有"数"就可医治。陈起从自然、社会、人体三个方面揭示出"数"无处不在，"数"是自然运行、万物生长、生产劳动、个人健康不可脱离之物，故曰："天下之物，无不用数者。"②"数"其实已成为宇宙万物、天地造化的本质。

天地造化、自然万物都离不开"数"，它们的运行、变化的本质都是"数"。其中，"五音六律生也，毕用数"指向了美学。"五音"是宫、商、角、徵、羽的合称，"六律"即六阳律和六阴律，具体指黄钟、大吕、太簇、夹钟、姑洗、仲吕、蕤宾、林钟、夷则、南吕、无射、应钟，它们是古代的定音器。"五音""六律"合在一起代表"乐"。而古代"乐"是广义的音乐，包含诗、舞、乐等艺术。北大秦简《鲁久次问数于陈起》认为"五音六律"产生于"数"，其本质是"数"的变化及其相互关系。因此，"数"就是艺术的本体和本质，"五音六律"生于"数"，离"数"则无"五音六律"。

另外，陈起在回答鲁久次的第三个问题"临官莅政，度兴事，何数为急"时，又进一步涉及艺术的审美理想，如：

> 磬钟竽瑟，六律五音，非数无以和之。③

"和"或"中和"几千年来一直受到我国美学家、艺术家的推崇与重视。《左传·昭公二十年》载："若以水济水，谁能食之？若琴瑟之专壹，谁能听之？"④《左传·昭公元年》载："烦手淫声，慆堙心耳，乃忘平和，君子弗听也。"⑤《尚书·舜典》载："诗言志，歌永言，声依永，律和声。八音克谐，无相夺伦，神人以和。"⑥《国语·郑语》载："声一无听，色一无文，味一无果，

---

① 韩巍：《北大秦简中的数学文献》，《文物》2012年第6期。
② 韩巍：《北大秦简中的数学文献》，《文物》2012年第6期。
③ 韩巍：《北大秦简中的数学文献》，《文物》2012年第6期。
④ ［周］左丘明传，［晋］杜预注，［唐］孔颖达疏：《春秋左传正义》，［清］阮元校刻：《十三经注疏》（下册），北京：中华书局1980年版，第2094页。
⑤ ［周］左丘明传，［晋］杜预注，［唐］孔颖达疏：《春秋左传正义》，［清］阮元校刻：《十三经注疏》（下册），北京：中华书局1980年版，第2025页。
⑥ ［汉］孔安国传，［唐］孔颖达疏：《尚书正义》，［清］阮元校刻：《十三经注疏》（上册），北京：中华书局1980年版，第131页。

物一不讲。"① 一方面，相同的、毫无变化的音调组合在一起不能产生美感；另一方面，过分强烈的音调（"淫"）又会激起人的欲望而违背道德。这两者都与"和""中和"相背。《中庸》曰："喜怒哀乐之未发，谓之中；发而皆中节，谓之和；中也者，天下之大本也；和也者，天下之达道也。致中和，天地位焉，万物育焉。"②"和""中和"就是"真善美的和谐统一，也是情与理、感性与理性、审美与道德的和谐统一的理想境界"③。而北大秦简《鲁久次问数于陈起》将"和"之美的本质视为各种乐器以及乐音间的数量关系，凸显出"数"的美学价值与意义。"和"本质上就是一种"数"。

关于"数"的美学意义，不只北大秦简《鲁久次问数于陈起》有所涉及，其他出土秦简文献也有这样的思想，如放马滩秦墓竹简《日书乙种·占黄钟》曰："中数中律，是谓〔有〕同，无所不利，大吉。不中数不中〔律〕，是〔谓〕不和，中〔恐而外〕危。中数不中律，是谓□□□其后〔乃〕成。中律不中数，是谓前有难后喜。"④ 放马滩秦墓竹简《日书乙种·阴阳钟》曰："凡投黄钟不合音数者，是谓天绝纪也。"⑤ 它亦将艺术之和谐审美理想归结为"数"。睡虎地秦简《秦律十八种·工律》曰："为器同物者，其小大、短长、广亦必等。"⑥ 制造器物必须在大小、长短和宽度方面均等。这体现出《秦律十八种》要求器物制造以标准为美的思想，此标准的本质亦是一种数量关系。总之，出土秦简文献中显示出与儒道美学不同旨趣的以"数"为本的美学思想。

四、结语

虽然出土秦简多为法律、文书、日书、算书等文献，缺少诸子类、诗赋类书籍，但其中亦蕴含着独特的美学思想。睡虎地秦简《为吏之道》、岳麓秦简《为吏治官及黔首》等倡导官吏养成"五善"的品格，从而达到"天当"的人

① 徐元诰：《国语集解》，北京：中华书局 2002 年版，第 472 页。

② ［汉］郑玄注，［唐］孔颖达疏：《礼记正义》，［清］阮元校刻：《十三经注疏》（下册），北京：中华书局 1980 年版，第 1625 页。

③ 皮朝纲、李天道、钟仕伦：《中国美学体系论》，北京：语文出版社 1995 年版，第 139 页。

④ 陈伟主编：《秦简牍合集》（释文注释修订本·第 4 辑），武汉：武汉大学出版社 2016 年版，第 114 页。

⑤ 陈伟主编：《秦简牍合集》（释文注释修订本·第 4 辑），武汉：武汉大学出版社 2016 年版，第 117 页。

⑥ 睡虎地秦墓竹简整理小组编：《睡虎地秦墓竹简》，北京：文物出版社 1990 年版，第 43 页。

生境界，此种境界为功成名就、毫无灾祸、内外通达的自由的审美境界，如果每位官吏都进入"天当"的境界，那么善治美政就可实现。这是一种伦理—政治美学思想。北大秦简《教女》在"善女子"与"不善女子"的对比中，倡导妇女应该以道德修养为基础打扮自己、追求美貌，做到美善合一、文质彬彬，这才是真正的"善女子"，也揭示出《教女》宣扬的女性人格之"美"其实是一种"善—美"。北大秦简《鲁久次问数于陈起》把"数"提高到艺术本体与本质的地位，艺术产生于"数"，艺术的审美理想也是一种数量关系，构建起了较为独特的"数"本论美学。总之，这批出土秦简都是战国末期秦国和流行于秦代之初的文献，体现出秦国、秦代美学思想的特点，为秦代美学研究增添了新材料，推进了先秦秦汉美学思想研究的进程。

第十五章　西北简牍文献中的审美观念

从近代第一批简牍的发现到海昏侯汉墓竹简的出土已经一个多世纪了。在这一个多世纪里，我国境内共出土了 30 多万枚简牍，横跨十几个省区。从地点上看，近代第一批木简的出土地点为我国西北地区的尼雅遗址；从数量上看，我国西北地区出土的简牍数量巨大，仅居延汉简和居延新简就分别有一万余枚①和一万九千六百多枚②。西北简牍绝大多数为"文书"，涉及西北地区的政治、军事、经济等多个方面，这批"文书"的出土推进了汉代西北地区相关领域的研究。但是，正是由于西北简牍文献多为"文书"而少见"典籍"，才使得数量巨大的西北简牍几乎未曾对我国美学、文艺学、艺术学研究发挥任何作用。经过对西北简牍检索与细读，发现了一些有关道德、礼乐、工艺的残篇断简，它们通向了美学、艺术学，能够一定程度地体现出汉代西北地区的审美观念。

一、"背人（仁）忘义，唯色是存"

中国传统文化是一种崇尚伦理道德的文化，伦理道德在传统社会中发挥着极为重要的作用。梁漱溟先生曾说："融国家于社会人伦之中，纳政治于礼俗教化之中，而以道德统括文化，或至少是在全部文化中道德气氛特重，确为中国的事实。……说至此，我们尽可确言道德气氛特重为中国文化之一大特征。"③正由于此，即便在美学领域中，也有许多诸如"有德者必有言"（《论语·宪

---

① 陈公柔、徐苹芳：《关于居延汉简的发现和研究》，《考古》1960 年第 1 期。
② 甘肃居延考古队：《居延汉代遗址的发掘和新出土的简册文物》，《文物》1978 年第 1 期。
③ 梁漱溟：《中国文化要义》，上海：上海人民出版社 2011 年版，第 22-23 页。

问》)①、"诗非一艺也，德之章，心之声也"（《赵竹谭诗集序》）②、"诗品出于人品"（《艺概·诗概》）③ 等观念存在。这无不体现出中华文化、中华美学之崇德精神。这种精神在一些西北简牍文献中亦有所体现，如：

　　☑有德，人人有士君子之☑（《居延汉简》第 131·56 简）④

　　☑□汝言欲行，……德（《居延新简·破城子探方四九》第 64A 简）⑤

　　西北简牍中的"德"具体指的是什么呢？在孔子思想中，"德"就是指孝悌、忠恕、恭敬、刚毅等道德，但这些道德统摄于"仁"，"仁"在具体境域中变现为具体的道德。所以，"仁"是全德之名，是德之总相。⑥ 那么，孔子之德就可归结为"仁"。统观西北简牍，其中有多处提及"仁"，如：

　　☑叩头言：仁者，前有记在亭中，得之不（《居延新简·破城子探方四九》第 46A 简）⑦

　　☑移与通佩共食之，仁不☑（《居延新简·破城子探方五二》第 171 简）⑧

　　将军仁恩，忧劳百姓元元。遣守千人迎水部掾三人（《居延新简·破城子探方六五》第 35 简）⑨

　　将军仁恩，不忍诛伤。（《居延新简·破城子探方六五》第 197 简）⑩

　　加恩仁恕，务以爱利省约为首。毋行暴殴击。（《居延新简·破城子房

---

① ［魏］何晏注，［宋］邢昺疏：《论语注疏》，［清］阮元校刻：《十三经注疏》（下册），北京：中华书局 1980 年版，第 2510 页。

② ［宋］赵孟坚：《彝斋文编》，《景印文渊阁四库全书》（第一一八一册），台北：台湾商务印书馆 1986 年版，第 330 页。

③ ［清］刘熙载：《艺概》，上海：上海古籍出版社 1978 年版，第 82 页。

④ 中国社会科学院考古研究所编：《居延汉简甲乙编》（下册），北京：中华书局 1980 年版，第 92 页。

⑤ 甘肃文物考古研究所、甘肃省博物馆、文化部古文献研究室、中国社会科学院历史研究所编：《居延新简——甲渠候官与第四燧》，北京：文物出版社 1990 年版，第 148 页。

⑥ 陈来：《仁学本体论》，北京：生活·读书·新知三联书店 2014 年版，第 119 页。

⑦ 甘肃文物考古研究所、甘肃省博物馆、文化部古文献研究室、中国社会科学院历史研究所编：《居延新简——甲渠候官与第四燧》，北京：文物出版社 1990 年版，第 146 页。

⑧ 甘肃文物考古研究所、甘肃省博物馆、文化部古文献研究室、中国社会科学院历史研究所编：《居延新简——甲渠候官与第四燧》，北京：文物出版社 1990 年版，第 240 页。

⑨ 甘肃文物考古研究所、甘肃省博物馆、文化部古文献研究室、中国社会科学院历史研究所编：《居延新简——甲渠候官与第四燧》，北京：文物出版社 1990 年版，第 421 页。

⑩ 甘肃文物考古研究所、甘肃省博物馆、文化部古文献研究室、中国社会科学院历史研究所编：《居延新简——甲渠候官与第四燧》，北京：文物出版社 1990 年版，第 433 页。

屋二二》第 246 简）①

由此可见，这些西北简牍被烙上了儒家思想的印迹，"仁"在西北简牍之"德"中占据着重要位置。

关于"仁"是什么的问题，孔子也未曾给出明确的定义，而是运用描述性的语言从不同侧面对它进行揭示。从现有的出土文献看，西北简牍同样如此，不过我们可从西北简牍对"仁"的具体运用中推知"仁"之含义。《居延汉简》载：

☑ 夷狄贪而不仁，怀侠二心，请伪（第 387·7 简）②

首先，在《居延汉简》看来，夷狄是"不仁"的代名词。这其实是对孔子思想的传承，孔子认为中原华夏以外的诸族由于没有受到礼乐教化，他们肯定不会具有"仁"的品质，故曰："夷狄之有君，不如诸夏之亡也。"（《论语·八佾》）③ 其次，"贪"即"不仁"。《论语·子罕》载："子罕言利，与命，与仁。"④《论语·宪问》载："宪问耻。……'克、伐、怨、欲不行焉，可以为仁矣？'子曰：'可以为难矣，仁则吾不知也。'"⑤ 董仲舒进一步强调："仁人者正其道不谋其利，修其理不急其功，致无为而习俗大化，可谓仁圣矣。"（《春秋繁露·对胶西王越大夫不得为仁》）⑥ 可见，"利""欲"等对利益、欲望的贪婪都是与"仁"相悖的。《论语·子路》载："樊迟问仁。子曰：'居处恭，执事敬，与人忠。虽之夷狄，不可弃也。'"⑦《论语·阳货》又载："子张问仁于孔子。孔子曰：'能行五者于天下，为仁矣。'请问之。曰：'恭、宽、信、敏、惠。恭则不侮，宽则得众，信则人任焉，敏则有功，惠则足以使人。'"⑧ 其中

---

① 甘肃文物考古研究所、甘肃省博物馆、文化部古文献研究室、中国社会科学院历史研究所编：《居延新简——甲渠候官与第四燧》，北京：文物出版社 1990 年版，第 493 页。

② 中国社会科学院考古研究所编：《居延汉简甲乙编》（下册），北京：中华书局 1980 年版，第 233 页。

③ ［魏］何晏注，［宋］邢昺疏：《论语注疏》，［清］阮元校刻：《十三经注疏》（下册），北京：中华书局 1980 年版，第 2466 页。

④ ［魏］何晏注，［宋］邢昺疏：《论语注疏》，［清］阮元校刻：《十三经注疏》（下册），北京：中华书局 1980 年版，第 2489 页。

⑤ ［魏］何晏注，［宋］邢昺疏：《论语注疏》，［清］阮元校刻：《十三经注疏》（下册），北京：中华书局 1980 年版，第 2510 页。

⑥ 苏舆：《春秋繁露义证》，北京：中华书局 1992 年版，第 268 页。

⑦ ［魏］何晏注，［宋］邢昺疏：《论语注疏》，［清］阮元校刻：《十三经注疏》（下册），北京：中华书局 1980 年版，第 2507 页。

⑧ ［魏］何晏注，［宋］邢昺疏：《论语注疏》，［清］阮元校刻：《十三经注疏》（下册），北京：中华书局 1980 年版，第 2524 页。

的"与人忠""信"皆是"仁"所包含的品质，"仁"要求对人诚恳、忠诚，所以《居延汉简》以"怀侠二心"为"不仁"。最后，《居延汉简》还以"请伪"为"不仁"。"请"通"情"①，即虚情假意为"不仁"。郭店楚简《性自命出》称赞"美情"（第51简）②，而"美情"就是"未言而信"（第51简）③之情，这是一种不需要语言去解释、描绘就可让人信服的情感。《居延汉简》以"情伪"为不仁，就是将发自内心的真情实感与"仁"相联系，凸显出"仁"这一道德品质是发自内心的真实情感而非徒有其表的虚情假意。由以上分析可知，西北简牍中的"仁"传承了儒家思想，是一种不贪图利益、对人诚实守信的发自内心的真实情感与道德品质。孔子曰："里仁为美。"（《论语·里仁》）④即具有"仁"德的人和人生就显现出"美"。所以，西北简牍中的"仁"也由此指向了审美的人生，除去"贪""二心""伪"就可成"仁"，成"仁"就是成就审美的人生境界。

"仁"是一种不贪图利益、对人诚实守信的真实情感和道德品质，所以西北简牍反对"失仁"（《居延新简·破城子探方六五》第200B简）⑤。另外，斯坦因第二次中亚探险所获楼兰出土残纸文书有"背人（仁）忘义，唯色是存"（217A）⑥之语，说明仅在容貌、外表上显出仁义道德其实违背了"仁义"。孔子曾说："巧言令色，鲜矣仁"（《论语·学而》）⑦；"夫闻也者，色取仁而行违，居之不疑。在邦必闻，在家必闻"（《论语·颜渊》）⑧。在孔子看来，纯粹的外在表现、行为规范符合"仁"并非真正的"仁"，真正的"仁"是发自内心的自愿、自觉，即"化外在规范为内在德性"⑨。外在规范是外在于人的强制

① 参见中国简牍集成编委会编：《中国简牍集成》（第八册），兰州：敦煌文艺出版社2001年版，第16页。

② 荆门市博物馆编：《郭店楚墓竹简》，北京：文物出版社1998年版，第181页。

③ 荆门市博物馆编：《郭店楚墓竹简》，北京：文物出版社1998年版，第181页。

④ ［魏］何晏注，［宋］邢昺疏：《论语注疏》，［清］阮元校刻：《十三经注疏》（下册），北京：中华书局1980年版，第2471页。

⑤ 甘肃文物考古研究所、甘肃省博物馆、文化部古文献研究室、中国社会科学院历史研究所编：《居延新简——甲渠候官与第四燧》，北京：文物出版社1990年版，第433页。

⑥ 中国简牍集成编辑委员会编：《中国简牍集成》（第二十册），兰州：敦煌文艺出版社2005年版，第2205页。

⑦ ［魏］何晏注，［宋］邢昺疏：《论语注疏》，［清］阮元校刻：《十三经注疏》（下册），北京：中华书局1980年版，第2457页。

⑧ ［魏］何晏注，［宋］邢昺疏：《论语注疏》，［清］阮元校刻：《十三经注疏》（下册），北京：中华书局1980年版，第2504页。

⑨ 杨国荣：《伦理与存在——道德哲学研究》，桂林：广西师范大学出版社2015年版，第134页。

性律令，在强制下践行的"仁"德并非真正的"仁"德。只有当外在强制内化于心，转化为内心的自愿、自觉后，人的行善践仁才是真正的"仁"。同时，践行仁义的道德行为由自愿、自觉而自由，这就使得"善"走向了"美"，即道德转化为审美，因为"审美是自由的生存方式"①。所以，西北出土残纸文书曰"背人（仁）忘义，唯色是存"，旨在揭露徒有其表的假仁假义其实是对仁义道德的背离，同时也凸显出"仁"具有的内在自觉特性。

虽然西北简牍文献与孔子一样反对徒有其表（"唯色是存"）的假仁假义，强调"仁"应发自内心的自愿、自觉，但并不是说"仁"的道德实践就可完全脱离"色"。化外在强制为内在自觉促成德性的养成，但德性还需外化为德行才具有现实意义，才能发挥现实作用。这正是孔子在以"仁"释礼乐的同时，又强调礼乐对"仁"彰显作用的缘由所在。

二、"官兴礼乐，以风天下"

《礼记·表记》所谓"殷人尊神，率民以事神，先鬼而后礼""周人尊礼尚施，事鬼敬神而远之"② 基本成为史学界的共识，而周公"制礼作乐"（《礼记·明堂位》）③ 则是由殷周之"尊神"到西周之"尊礼"的转折点。自此以后，礼乐成为国家行政、人民生活的准则与轨范。春秋中期以后，王室衰微，诸侯崛起，礼乐制度已无法维系国家、社会的安定和和谐，并且遭到严重破坏，是谓"礼崩乐坏"（《风俗通义·声音》）④。当时的各家各派站在各自的立场上提出救世良方，如道家倡导回到文明未开、礼乐未兴的原生态时代，法家倡导以"法"代"礼"，以孔子为代表的儒家则重倡礼乐。当然，孔子并非机械地复古，而是对礼乐有所创新，为礼乐注入了新的内涵——"仁"，如"人而不仁，如礼何？人而不仁，如乐何？"（《论语·八佾》）⑤ 孔子倡导的是有"仁"内涵的礼乐，反对徒有其表的虚假礼乐。

---

① 杨春时：《作为第一哲学的美学——存在、现象与审美》，北京：人民出版社2015年版，第174页。

② ［汉］郑玄注，［唐］孔颖达疏：《礼记正义》，［清］阮元校刻：《十三经注疏》（下册），北京：中华书局1980年版，第1642页。

③ ［汉］郑玄注，［唐］孔颖达疏：《礼记正义》，［清］阮元校刻：《十三经注疏》（下册），北京：中华书局1980年版，第1488页。

④ ［汉］应劭撰，王利器校注：《风俗通义校注》（下册），北京：中华书局1981年版，第267页。

⑤ ［魏］何晏注，［宋］邢昺疏：《论语注疏》，［清］阮元校刻：《十三经注疏》（下册），北京：中华书局1980年版，第2466页。

如前文所述，"仁"是孔子提出的最高道德范畴，是道德之全体。"仁"并非外在的强制，让人必须或不得不行善的品质，而是化外在强制为内在自觉，让行善发自内心，成为人的自愿、自觉行为。这就是自由，"善"也因此通向了"美"。"仁"虽积淀于内心，即德性的养成，但它还不具备现实意义，"仁"的现实意义需要靠道德行为去践行它（"德行"）才能实现。所以，化强制为自觉，由德性而德行，才使"仁"真正实现其自身之价值。孔子以"仁"释礼乐同样揭示出，礼乐为"仁"的外在形式，是践行德性之"仁"的德行，礼乐保证了"仁"具有现实意义，能够发挥现实作用。因此，孔子倡导"仁"必然倡导礼乐，论及礼乐必然不离"仁"。西北简牍受到儒家思想的影响而重视、倡导"仁"，与此同时，礼乐也是西北简牍涉及的话题。可以说，这是对儒家美学思想路径的沿循。

斯坦因第三次中亚探险所获楼兰残纸文书中有这样的一段内容：

　　☑〔伐〕自天子出，
　　☑者，行化之
　　☑〔俗〕，莫善于
　　☑是故圣王（121）①

这段话来自《说苑·修文》，如下：

　　天下有道，则礼乐征伐自天子出。夫功成制礼，治定作乐。礼乐者，行化之大者也。孔子曰："移风易俗，莫善于乐；安上治民，莫善于礼。"是故圣王修礼文，设庠序，陈钟鼓，天子辟雍，诸侯泮宫，所以行德化。《诗》云："镐京辟雍，自西自东。自南自北，无思不服。"此之谓也。②

从这段材料可知，一方面，礼乐是施行道德的重要手段；另一方面，礼与乐又有所差别，礼具有稳定政权、治理民众的作用，乐则在潜移默化中移风易俗，即今日所谓的"审美化育"③。这与《乐记》所谓的"乐由中出，礼自外作。乐由中出故静，礼自外作故文。大乐必易，大礼必简。乐至则无怨，礼至则不争。揖让而治天下者，礼乐之谓也"④ 异曲同工。质言之，礼乐具有"德

---

① 中国简牍集成编辑委员会编：《中国简牍集成》（第二十册），兰州：敦煌文艺出版社2005年版，第2248页。

② ［汉］刘向撰，向宗鲁校证：《说苑校证》，北京：中华书局1987年版，第467页。

③ 参见朱志荣：《中国审美理论》，上海：上海人民出版社2013年版，第309-310页。

④ ［汉］郑玄注，［唐］孔颖达疏：《礼记正义》，［清］阮元校刻：《十三经注疏》（下册），北京：中华书局1980年版，第1529页。

化”的作用，可使“无思不服”，即天下太平、社会和谐。

斯坦因发现的这张残纸文书说明，儒家礼乐思想在汉代西北地区已经开始传播，并有一定的影响。敦煌马圈湾烽燧遗址出土的汉简进一步证明了这一点，如：

> 之。故建明堂，立辟雍，设学校详序之。官兴礼乐，以风天下。诸生、庶民，翕然响应，食脬目时，走步自然（第481A简）①
>
> 还入者名，为使官起居、出入宜有节度，无为郡所留。（第482简）②

首先，实施礼乐的主体是官方，场所是明堂、天子设立的大学和地方学校。其次，实施礼乐的对象是贵族子弟和平民百姓。再次，实施礼乐的目的是对贵族子弟和平民百姓进行道德教化，即“官兴礼乐，以风天下”。最后，实施礼乐教化欲达到的效果是“走步自然”“起居、出入宜有节度”，即让人们的举手投足得到规范而合于“礼”。“走步自然”之“自然”并非老子所讲的“道法自然”③ 之“自然”，而是指将礼乐规范内化于心，在自愿、自觉、自由的状态中行住坐卧，且不违背“仁”，合于“礼”。这就是孔子倡导的“从心所欲，不逾矩”（《论语·为政》）④ 的境界。此时，人的行住坐卧、举手投足皆合于礼乐规范，故显示出“文”，“文”即美。人践行合于礼乐规范的行住坐卧、举手投足并非由于外在的强制，而是内心的自愿、自觉，这就使道德走向了审美，受礼乐教化后的人生不只是道德的人生，更是审美的人生。

斯坦因第三次中亚探险所获的另一封残纸文书也说明了这一观点，如：

> 曲［和以］☒
>
> 以亲诗□☒
>
> 恭近☒
>
> ●衣服☒

---

① 甘肃省文物考古研究所编：《敦煌汉简》（下册），北京：中华书局1991年版，第237页。

② 甘肃省文物考古研究所编：《敦煌汉简》（下册），北京：中华书局1991年版，第28页。

③ ［魏］王弼注，楼宇烈校释：《老子道德经校释》，北京：中华书局2008年版，第64页。

④ ［魏］何晏注，［宋］邢昺疏：《论语注疏》，［清］阮元校刻：《十三经注疏》（下册），北京：中华书局1980年版，第2461页。

者所☒（120）①

据相关学者考证，这封文书亦来自《说苑》，应为《说苑·修文》的残文，如下：

> 《书》曰："五事：一曰貌。"貌者，男子之所以恭敬，妇人之所以姣好也。行步中矩，折旋中规。立则磬折，拱则抱鼓。其以入君朝，尊以严；其以入宗庙，敬以忠；其以入乡曲，和以顺；其以入州里族党之中，和以亲。《诗》曰："温温恭人，惟德之基。"孔子曰："恭近于礼，远耻辱也。"
>
> 衣服容貌者，所以悦目也。声音应对者，所以悦耳也。嗜欲好恶者，所以悦心也。君子衣服中，容貌得，则民之目悦矣。言语顺，应对给，则民之耳悦矣。就仁去不仁，则民之心悦矣。②

这段材料一方面倡导"就仁去不仁"，即用"仁"德去除那些不仁德的品质；另一方面是重视"貌"在彰显"仁"德中的作用。在《说苑》看来，容貌、衣服、言语、行为等都是"貌"，如果中规中矩、合于"严""忠""顺""亲"，那么"貌"就是"仁"的外在表现，同时"貌"如果显现"仁"、合于"仁"还可以悦心、悦目、悦耳而成为"美"。可见，"仁"需要通过合乎一定规矩的"貌""色"才能由德性转化为德行，才能发挥现实作用。同理，"貌""色"等外在形式必须彰显内在之仁德才能成为"美"。要言之，西北简牍中的"仁"是发于内且行于外的理想德性和德行，它不只是人的道德境界，还是人的审美境界。

三、"利善剑"与"币剑"

中国古代有佩剑的传统，如《老子》五十三章曰："服文彩，带利剑。"③《楚辞·国殇》曰："带长剑兮挟秦弓，首身离兮心不惩。"④《礼记·少仪》中有更加明确的记载："观君子之衣服，服剑，乘马，弗贾。"⑤ 这些典籍透露出，剑的象征意义比它的现实价值更加受到人们的重视，宝剑象征着高贵、高尚的

---

① 中国简牍集成编委会编：《中国简牍集成》（第二十册），兰州：敦煌文艺出版社 2005 年版，第 2248 页。
② ［汉］刘向撰，向宗鲁校证：《说苑校证》，北京：中华书局 1987 年版，第 480-481 页。
③ ［魏］王弼注，楼宇烈校释：《老子道德经校释》，北京：中华书局 2008 年版，第 64 页。
④ 蒋天枢：《楚辞校释》，上海：上海古籍出版社 1989 年版，第 172 页。
⑤ ［汉］郑玄注，［唐］孔颖达疏：《礼记正义》，［清］阮元校刻：《十三经注疏》（下册），北京：中华书局 1980 年版，第 1514 页。

品德，能够衬托出君子的威仪。但不得不承认的是，剑本质上是一种兵器，具有进攻和防卫的作用。《孟子·梁惠王下》中的"抚剑疾视"①、《荀子·议兵》中的"置戈其上，冠胄带剑"② 均体现出剑的实用价值和功能。另外，战国时期，列国征战频发，这促使对剑之好坏优劣的鉴别、判断之相剑术开始广为流行。《吕氏春秋·慎行论·疑似》曰："相剑者之所患，患剑之似吴干者。"③《吕氏春秋·似顺论·别类》载："相剑者曰：'白所以为坚也，黄所以为韧也，黄白杂则坚且韧，良剑也。'"④《韩非子·说林上》载："曾从子，善相剑者也。"⑤ 可见，相剑术早在先秦就已流行。《汉书·艺文志》著录有《相宝剑刀》二十卷⑥，可惜已佚，所以我们对先秦两汉相剑术知之甚少。幸好 20 世纪 70 年代，我国科考队在居延破城子遗址探方 40 中发现了有关鉴别刀剑的木简文献（即居延新简），才让我们对汉代相剑术有了一定的了解。

居延新简中的鉴别刀剑的木简共 6 枚，甘肃居延考古队将它命名为《相剑刀》册⑦。与它一同出土的木简中有 8 枚纪年简，年代最早为"☐ 渠候官元延四年七月☐☐"（第 190 简）⑧，即汉成帝元延四年（前 9），最晚者为"新始建国地皇上戊二年☐"（第 176 简）⑨，这是王莽的第三个年号，即公元 21 年。故《相剑刀》册的抄写年代下限为王莽时期。据杨泓先生考证，作为武器的剑在春秋以后，尤其在战国时期受到广泛的重视，剑、刀并用是在进入西汉后才发生的，由西汉到东汉则是刀代替剑的时期。⑩ 由《相剑刀》册可知，其中虽有"刀与剑同等"（第 205 简）⑪ 之语，但全篇论剑而不论刀，所以它应该是西汉前中期成书的作品。《相剑刀》册不仅为我们展现出西汉对剑刀好坏优劣的鉴

---

① ［汉］赵岐注，［宋］孙奭疏：《孟子注疏》，［清］阮元校刻：《十三经注疏》（下册），北京：中华书局 1980 年版，第 2675 页。

② ［清］王先谦：《荀子集解》（下册），北京：中华书局 1988 年版，第 272 页。

③ 许维遹：《吕氏春秋集释》（下册），北京：中华书局 2009 年版，第 606 页。

④ 许维遹：《吕氏春秋集释》（下册），北京：中华书局 2009 年版，第 662 页。

⑤ ［清］王先慎：《韩非子集解》，北京：中华书局 1998 年版，第 179 页。

⑥ ［汉］班固：《汉书》（第六册），北京：中华书局 1962 年版，第 1775 页。

⑦ 甘肃省博物馆汉简整理组：《居延汉简〈相剑刀〉册释文》，《敦煌学辑刊》1982 年总第 3 期。

⑧ 甘肃文物考古研究所、甘肃省博物馆、文化部古文献研究室、中国社会科学院历史研究所编：《居延新简——甲渠候官与第四燧》，北京：文物出版社 1990 年版，第 97 页。

⑨ 甘肃文物考古研究所、甘肃省博物馆、文化部古文献研究室、中国社会科学院历史研究所编：《居延新简——甲渠候官与第四燧》，北京：文物出版社 1990 年版，第 96 页。

⑩ 参见杨泓：《中国古兵器论丛》，北京：文物出版社 1985 年版，第 115—130 页。

⑪ 马怡、张荣强主编：《居延新简释校》（上），天津：天津古籍出版社 2013 年版，第 145 页。

别方法，还体现出当时人们对剑刀的审美标准与理审美想。现将《相剑刀》册简文抄写如下：

> ●欲知剑利善、故器者：起拔之，视之身中无推处者，故器也。视欲知利善者，必视之身中，有黑两桁不绝者；其逢如不见，视白坚未至逢三分所而绝，此天下利善剑也。又视之身中生如黍粟状，利剑也，加以善。●欲知币剑以不报者，及新器者：之日中骅视，白坚随䕶上者及推处，白黑坚分明者及无文，纵有文而在坚中者；及云气相遂；皆币合人剑也。刀与剑同等。●右善剑四事。●右币剑六事。●利善剑文：县薄文者保。双蛇文，皆可。带羽，主中文者，皆可。剑谦者利善，强者表葸弱，则利，奈何？●葸、新器剑文：斗鸡、征蛇文者，麤者，及皆凶不利者。●右币剑文四事。（第 201—207 简）①

《相剑刀》册首先提出了两组对立的概念："利善剑"与"币剑"、"故器"与"新器"。"利善剑"就是先秦所谓的"良剑"②，指既坚韧又锋利的剑。"币剑"即"弊剑"，就是不锋利的剑③。"故器"指此简成书以前的古剑，可能指春秋战国以来的传世宝剑④。"新器"就是西汉时期"故器"的仿制品。接着，《相剑刀》册通过色彩、纹路、硬度等因素对剑刀进行鉴别，如"必视之身中，有黑两桁不绝者。"（第 201 简）⑤ 其中的"两桁"指的是剑脊两旁的部分，这两部分呈现出的黑色均匀分布与展开，那么此剑就是利善之剑。如果剑身出现的类似"黍粟状"的斑点，那么它也是利善之剑，因为这些斑点是"炒钢"工艺铸造的剑刀所呈现出的特点。这种工艺使剑刀具有较强的抗腐蚀作用，大大提高了剑刀的寿命⑥。春秋末期鲁国大臣季孙氏曾对这种剑感叹道："美哉，剑

---

① 马怡、张荣强主编：《居延新简释校》（上），天津：天津古籍出版社 2013 年版，第 145-146 页。

② 如《荀子·性恶》载："桓公之葱，太公之阙，文王之录，庄君之曶，阖闾之干将、莫邪、钜阙、辟闾，此皆古之良剑也。"参见 [清] 王先谦：《荀子集解》（下册），北京：中华书局 1988 年版，第 448 页。

③ [日] 陈力：《〈居延新简〉相利善刀剑诸简选释》，《考古与文物》2002 年第 6 期。

④ 马明达：《居延汉简〈相剑刀〉册初探》，《敦煌学辑刊》1982 年总第 3 期。

⑤ 马怡、张荣强主编：《居延新简释校》（上），天津：天津古籍出版社 2013 年版，第 145 页。

⑥ 参见马明达：《居延汉简〈相剑刀〉册初探》，《敦煌学辑刊》1982 年总第 3 期。

也！虽上国之师，何能加之！"（《吴越春秋·阖闾内传·阖闾元年》）① 此外，那些呈现出"云气相遂""斗鸡""征蛇文"等纹路图案的剑刀都是"币剑"。质言之，《相剑刀》册通过剑、刀的外在形状判断、鉴别剑、刀的利善粗弊，从而推崇、赞美"天下利善"之剑。结合《吴越春秋》可知，《相剑刀》册其实是以利善之剑为美。

《相剑刀》册以利善之剑为美，这并不是因为利善之剑有多种多样的纹饰，而是因为利善之剑坚韧、锋利，能够有效发挥剑、刀的实用功能。在中西古代美学中都存在这种审美观。如古希腊哲学家苏格拉底（Socrates）说："凡是我们用的东西如果被认为是美的和善的那就都是从同一个观点——它们的功用去看的。……任何一件东西如果它能很好地实现它在功用方面的目的，它就同时是善的又是美的，否则它就同时是恶的又是丑的。"② 即有用为美、无用为丑。战国末期的韩非子在"千金玉卮"与"至贱瓦器"的对比中推举至贱之瓦器，因为："夫瓦器至贱也，不漏可以盛酒。虽有千金之玉卮，至贵而无当，漏不可盛水，则人孰注浆哉！"（《韩非子·外储说右上》）③ 这体现出韩非子以功用为美的审美观。《相剑刀》册正是对先秦功用主义审美观的接续，反映出中华美学精神的另一面——重视功用。

四、结语

一个世纪以来发现的西北简牍数量巨大，内容主要涉及西北地区的政治、军事、经济等方面。即便如此，其中关于道德、礼乐、工艺的简牍文献含有一定的美学思想，一定程度上体现出当时人们的审美观念。如在儒家思想影响下，西北简牍重视"仁"德，倡导礼乐教化，让人由"善"而"美"，进入自由的审美境界；在对剑、刀的鉴别中，西北简牍以功用为美，彰显出中华美学之重视功用的精神特质。总之，西北简牍不仅为研究汉代西北地区的政治、经济、军事等提供了宝贵材料，还为汉代美学研究提供了新材料，西北简牍体现出的审美观念是汉代美学思想的有机组成部分。

---

① 《吴越春秋·阖闾内传·阖闾元年》载："干将匿其阳，出其阴而献之。阖闾甚重。既得宝剑，适会鲁使季孙聘于吴，阖闾使掌剑大夫以莫耶献之。季孙拔剑之，锷中缺者犬如黍米。叹曰：'美哉，剑也！虽上国之师，何能加之！夫剑之成也，吴霸；有缺，则亡矣。我虽好之，其可受乎？'不受而去。"参见［汉］赵晔：《吴越春秋》，上海：商务印书馆1937年版，第43—44页。

② 朱光潜：《西方美学史资料附编》（上），《朱光潜全集》（第六卷），合肥：安徽教育出版社1990年版，第392页。

③ ［清］王先慎：《韩非子集解》，北京：中华书局1998年版，第321页。

第十六章　出土易学简帛文献的审美阐释

在中华传统文化中占据主导地位的是儒学，儒学的精华在"六经"，《周易》有"群经之首，大道之源"之誉，可见，易学在儒学乃至中华学术思想中具有重要地位。20 世纪以来，我国易学研究领域发生了两件"大事"：一是受西学影响，学者们打破了两千多年的传统研究模式，运用新视野、新观念对其展开了全新的研究；二是极具价值的易学简帛文献的出土，为研究提供了新材料，展现出早期易学的丰富面貌。① 其中，较为重要的出土易学文献有马王堆汉墓帛书《周易》（1973）、安徽阜阳双古堆汉简《周易》（1977）、湖北江陵王家台秦简《归藏》（1993）以及上博简《周易》（1994）。学者们不仅在出土易学文献的文字释读、文本校勘等方面取得了不小成绩，还运用这些新材料解决了易学史上的一些疑难问题，为易学研究打开了"新局面"②。因此，易学美学研究也应借新材料出土之势开"新局面"，在传世易学文献与出土易学文献相结合的视域下，发掘蕴藏在出土易学文献中的美学智慧。

一、帛书《二三子问》以龙为"大"的审美观念

《周易》分为经、传两部分，即《易经》和《易传》。《易经》主要用于卜筮，《易传》是对《易经》的解释和发挥，它是哲学著作，《周易》的美学思想主要体现在《易传》之中。1973 年 12 月，湖南长沙的马王堆三号汉墓中出土了帛书《周易》。帛书《周易》亦分为经、传两部分。帛书《易经》卦序与传世本《周易》不同，两者的卦爻辞也有所差异，不过多属文字通假，并无本质区别。帛书《易传》由《二三子问》《系辞》《易之义》《要》《缪和》以及《昭力》六种文献组成。除《系辞》外，其余诸篇皆为佚籍。

---

① 参见刘大钧：《20 世纪的易学研究及其重要特色——〈百年易学菁华集成〉前言》，《周易研究》2010 年第 1 期。

② 李学勤：《周易经传溯源》，长春：长春出版社 1992 年版，第 204 页。

马王堆三号墓的下葬时间为汉文帝十二年（前168），帛书《易传》出土于该墓，那它是不是创作于西汉前期的作品呢？据韩仲民先生考证，帛书《易传》的书写形制与出土竹简基本一致，帛书抄写如有脱漏错乱之处，所缺或错的字数往往正是一枚竹简的字数。① 因此，帛书《易传》并非祖本而应是抄本，帛书《易传》是从竹简本《易传》抄写而来的文献。另外，秦朝施行的《挟书令》十分严格，一直到汉惠帝四年（前191）才废除，从目前的考古发掘情况看，在《挟书令》施行期间的墓葬中，所出书籍均未超出该令的规定②。因此，帛书《易传》的祖本不可能创作于秦代或汉初。在帛书《易传》诸篇中，《缪和》《昭力》所涉历史事件最晚，但也是战国初期之事，并且比《吕氏春秋》《韩非子》更为翔实。据此，廖名春推断，"帛书《易传》诸篇的写成时间，并不完全相同，它们有早到战国中期的，也有晚到战国末期的。总之，不会出于战国以后"③。所以，对帛书《易传》进行审美阐释应纳入先秦美学研究的范围。

中华民族自称"龙的传人"，自上古以来，"龙"就被奉为神物，我国先民们早在新石器时代就开始制造龙形和龙纹的器物。在古代典籍中，也有许多关于"龙"的记载和描绘，如"麟、凤、龟、龙，谓之四灵。"（《礼记·礼运》）④ "黄帝黼黻衣，大带，黼裳，乘龙扆云……"（《大戴礼记·五帝德》）⑤ "天子龙衮，诸侯黼，大夫黻，士玄衣纁裳。"（《礼记·礼器》）⑥ 据《庄子·天运》《史记·老子列传》记载，孔子曾把老子比喻为"合而成体，散而成章，乘云气而养乎阴阳"⑦、"不能知其乘风云而上天"⑧ 的"龙"。由此可见，"龙是神灵和权威的象征，是华夏先民的图腾"⑨，"华夏上古神话、人物、种族和文化起源的极大一部分内容，都是与龙的传说联系在一起的"⑩。中华民

---

① 韩仲民：《帛易说略》，北京：北京师范大学出版社1992年版，第4页。
② 李学勤：《简帛佚籍与学术史》，南昌：江西教育出版社2001年版，第7页。
③ 廖名春：《〈周易〉经传与易学史新论（修订版）》，北京：中国人民大学出版社2014年版，第148页。
④ ［汉］郑玄注，［唐］孔颖达疏：《礼记正义》，［清］阮元校刻：《十三经注疏》（下册），北京：中华书局1980年版，第1425页。
⑤ ［清］王聘珍：《大戴礼记解诂》，北京：中华书局1983年版，第118-119页。
⑥ ［汉］郑玄注，［唐］孔颖达疏：《礼记正义》，［清］阮元校刻：《十三经注疏》（下册），北京：中华书局1980年版，第1433页。
⑦ ［清］郭庆藩：《庄子集释》（中册），北京：中华书局2004年版，第525页。
⑧ ［汉］司马迁：《史记》（第七册），北京：中华书局1959年版，第2140页。
⑨ 何新：《谈龙》，香港：中华书局（香港）有限公司1989年版，第1页。
⑩ 何新：《谈龙》，香港：中华书局（香港）有限公司1989年版，第7页。

族对"龙"的重视与崇拜也体现在传世本《周易》的经、传之中。《周易·乾卦》中有"潜龙勿用""见龙在田""飞龙在天"等爻辞①,《易传》又对爻辞进行解释与发挥,如《周易·文言传》曰:"龙德而隐者也"②;"龙德而正中者也"③;"云从龙,风从虎"④。《周易·说卦传》亦有"震为雷,为龙……"⑤之说。对于中华民族而言,"龙"是至上道德的象征,同时又与自然现象相联系。

帛书《二三子问》受到中华传统"龙"文化的影响,不仅以"龙"为至上道德的象征,还将"龙"视为宇宙万物之源的"阴""阳",从而以龙为"大"。传世本《周易·乾卦》曰:"利见大人。"⑥ 孔颖达《疏》曰:"利益天下,有人君之德,故称'大人'。"⑦ 孔子曰:"大哉,尧之为君也! 巍巍乎! 唯天为大,唯尧则之。"(《论语·泰伯》)⑧ 邢昺《疏》曰:"言大矣哉,尧之为君也! 聪明文思,其德高大。"⑨ 孔子又曰:"畏大人。"(《论语·季氏》)⑩ 何晏《注》曰:"大人,即圣人,与天地合其德。"⑪ "大"在儒家思想中代表着高尚的道德,"大人"就是具有至高道德境界的人。此外,《孟子·尽心下》曰:

---

① [魏] 王弼、[晋] 韩康伯注,[唐] 孔颖达疏:《周易正义》,[清] 阮元校刻:《十三经注疏》(上册),北京:中华书局 1980 年版,第 13-14 页。

② [魏] 王弼、[晋] 韩康伯注,[唐] 孔颖达疏:《周易正义》,[清] 阮元校刻:《十三经注疏》(上册),北京:中华书局 1980 年版,第 15 页。

③ [魏] 王弼、[晋] 韩康伯注,[唐] 孔颖达疏:《周易正义》,[清] 阮元校刻:《十三经注疏》(上册),北京:中华书局 1980 年版,第 15 页。

④ [魏] 王弼、[晋] 韩康伯注,[唐] 孔颖达疏:《周易正义》,[清] 阮元校刻:《十三经注疏》(上册),北京:中华书局 1980 年版,第 16 页。

⑤ [魏] 王弼、[晋] 韩康伯注,[唐] 孔颖达疏:《周易正义》,[清] 阮元校刻:《十三经注疏》(上册),北京:中华书局 1980 年版,第 95 页。

⑥ [魏] 王弼、[晋] 韩康伯注,[唐] 孔颖达疏:《周易正义》,[清] 阮元校刻:《十三经注疏》(上册),北京:中华书局 1980 年版,第 13 页。

⑦ [魏] 王弼、[晋] 韩康伯注,[唐] 孔颖达疏:《周易正义》,[清] 阮元校刻:《十三经注疏》(上册),北京:中华书局 1980 年版,第 13 页。

⑧ [魏] 何晏注,[宋] 邢昺疏:《论语注疏》,[清] 阮元校刻:《十三经注疏》(下册),北京:中华书局 1980 年版,第 2487 页。

⑨ [魏] 何晏注,[宋] 邢昺疏:《论语注疏》,[清] 阮元校刻:《十三经注疏》(下册),北京:中华书局 1980 年版,第 2487 页。

⑩ [魏] 何晏注,[宋] 邢昺疏:《论语注疏》,[清] 阮元校刻:《十三经注疏》(下册),北京:中华书局 1980 年版,第 2522 页。

⑪ [魏] 何晏注,[宋] 邢昺疏:《论语注疏》,[清] 阮元校刻:《十三经注疏》(下册),北京:中华书局 1980 年版,第 2522 页。

"充实而有光辉之谓大。"① 朱熹《孟子集注》曰:"和顺积中,而英华发外;美在其中,而畅于四支,发于事业,则德业至盛而不可加矣。"② 当道德充实于人的内心,耀眼夺目的光辉就会显发于外,即内在之"善"显现为外在之"美",故"大人"就是内善外美之人,"大"即尽善尽美、文质彬彬之美,"大"作为至善的道德境界就通向至美的审美境界。帛书《二三子问》以龙为"大",其实创构出了一个尽善尽美、文质彬彬的"龙"意象。

"阴""阳"是《周易》哲学、美学的基本范畴,在《周易》构筑的宇宙图景中,天地万物、自然运行、人伦社会都要以阴阳及其相互作用为基础,故帛书《易之义》曰:"《易》之义唯阴与阳,六画而成章。……天地相率,气味相取,阴阳流形,刚柔成□"③;"是故立天之道曰阴与阳,立地之道曰柔与刚,立人之道曰仁与义。兼三才两之,六画而成卦。分阴分阳,〔迭用柔刚,故〕《易》六画而为章也"④。天道之阴阳落实于地道、人道就为柔刚、仁义,阴阳是天地人的生命本源及其运行规律。在帛书《二三子问》看来,"龙"正是"能阴""能阳"之神物,如:

> 二三子问曰:《易》屡称于龙,龙之德何如?孔子曰:龙大矣。龙形迁,假宾于帝,倪神圣之德也。高尚行乎星辰日月而不眺,能阳也;下绘穷深渊之渊而不沫,能阴也。……曰:龙大矣。⑤

龙无定形,千变万化,它上可与日月星辰相齐驱而不自傲,下可沉沦于深渊而不自卑。前者为"阳",后者为"阴",龙能"阴"能"阳",暗含着无"过犹不及"(《论语·先进》)⑥的中庸精神。此外,"能阴""能阳"之龙就是"阴阳合德"(传世本《周易·系辞传下》)⑦之物,而"此阴阳合德,气

---

① [汉]赵岐注,[宋]孙奭疏:《孟子注疏》,[清]阮元校刻:《十三经注疏》(下册),北京:中华书局1980年版,第2775页。

② [宋]朱熹:《四书章句集注》,北京:中华书局1983年版,第370页。

③ 陈松长、廖名春:《帛书〈二三子问〉、〈易之义〉、〈要〉释文》,陈鼓应主编:《道家文化研究》(第三辑),上海:上海古籍出版社1993年版,第429页。

④ 陈松长、廖名春:《帛书〈二三子问〉、〈易之义〉、〈要〉释文》,陈鼓应主编:《道家文化研究》(第三辑),上海:上海古籍出版社1993年版,第430页。

⑤ 陈松长、廖名春:《帛书〈二三子问〉、〈易之义〉、〈要〉释文》,陈鼓应主编:《道家文化研究》(第三辑),上海:上海古籍出版社1993年版,第424页。

⑥ [魏]何晏注,[宋]邢昺疏:《论语注疏》,[清]阮元校刻:《十三经注疏》(下册),北京:中华书局1980年版,第2499页。

⑦ [魏]王弼、[晋]韩康伯注,[唐]孔颖达疏:《周易正义》,[清]阮元校刻:《十三经注疏》(上册),北京:中华书局1980年版,第89页。

钟于子，化生万物者也"（《汉书·律历志上》）①，这显示出龙之"大"的本体论、宇宙论之维。

龙是化生万物的"阴阳合德"之物，故为"大"，同时它的大德还落实于人道，具体体现为"君子""夫子""大人""圣人"。帛书《二三子问》载：

> 龙之□德也，日□□□□□易□□□□，爵之日君子；戒事敬合，精白柔和，而不讳贤，爵之日夫子。或大或小，其方一也。至用□也，而名之日君子。②

"夫子"应为"天子"之误。③ "戒事敬合，精白柔和，而不讳贤"是龙之大德在"天子"身上的落实，指行事警惕戒备，谨慎地执行天命，内心达到精纯洁白、温柔谦和的状态，同时不憎恶贤能。较之"天子"，"君子"德行的作用可大可小，但却始终如一地坚守和践行"道"。帛书《二三子问》又曰："吉，谦也；凶，骄也。天乱骄而成谦，……人恶骄而好〔谦〕。……夫不伐德者，君子也。"④ 这说明"君子"具有谦卑不骄的品质，从来不做违背道德的事情。不论"天子"还是"君子"，都是龙之大德的显现，他们都具有极高的道德修养。但帛书《二三子问》并未止于此，它在赞扬"天子""君子"所具有的道德修养的同时，还倡导对百姓的道德教化，而承担道德教化人物的人为"大人""圣人"。如帛书《二三子问》载：

> 《易》曰："龙战于野，其血玄黄。"孔子曰：此言大人之宝德而施教于民也。夫文之孝，采物暴存者，其唯龙乎？德义广大，法物备具者，〔其唯〕圣人乎？"龙战于野"者，言大人之广德而下接民也；"其血玄黄"者，见文也。圣人出法教以导民，亦犹龙之文也，可谓"玄黄"矣，故曰"龙"。见龙而称莫大焉。⑤

龙之"文"就是龙之大德的显现，龙之大德显现为"施教于民""出法教以导民"。这就说明，帛书《二三子问》不仅要求人们不断地进行自我修养，提

---

① [汉] 班固：《汉书》（第四册），北京：中华书局 1962 年版，第 964 页。
② 陈松长、廖名春：《帛书〈二三子问〉、〈易之义〉、〈要〉释文》，陈鼓应主编：《道家文化研究》（第三辑），上海：上海古籍出版社 1993 年版，第 425 页。
③ 赵建伟：《出土简帛〈周易〉疏证》，台北：万卷楼图书有限公司 2000 年版，第 204 页。
④ 陈松长、廖名春：《帛书〈二三子问〉、〈易之义〉、〈要〉释文》，陈鼓应主编：《道家文化研究》（第三辑），上海：上海古籍出版社 1993 年版，第 427 页。
⑤ 陈松长、廖名春：《帛书〈二三子问〉、〈易之义〉、〈要〉释文》，陈鼓应主编：《道家文化研究》（第三辑），上海：上海古籍出版社 1993 年版，第 425 页。

升自己的道德境界，还倡导人们在获得较高道德境界后，承担教化百姓的任务。这就是孟子所谓的"大而化之之谓圣"（《孟子·尽心下》）① 的境界。

总之，帛书《二三子问》传承了中华传统"龙"文化，以龙为"大"，不仅将其视作阴阳的象征，代表自然的运行规律，还使它落实于人伦社会，显现为天子、君子、大人、圣人之德。帛书《二三子问》创构的"龙"意象，贯穿天道、地道与人道，是一个尽善尽美、美善相乐的审美意象。

二、帛书《二三子问》对"圣人之言""内大美"和"鼓乐"的态度

语言或言说是情感、思想的表达，是人们交流的工具。但在道家看来，虚无缥缈的本体之"道"是难以用语言去解释、说明的，所谓"道可道，非常道；名可名，非常名"（《老子》一章）②、"道不可言，言而非也"（《庄子·知北游》）③ 正揭示出语言对"道"的无力。所以，老子美学倡导"圣人处无为之事，行不言之教"（《老子》二章）④，庄子美学认为"意之所随者，不可以言传也"（《庄子·天道》）⑤、"可以言论者，物之粗也"（《庄子·秋水》）⑥。此外，庄子美学所追求的"大美"也是不可言说的，即"天地有大美而不言"（《庄子·知北游》）⑦。孔子深知"一言而可以兴邦""一言而丧邦"（《论语·子路》）⑧ 的道理，他倡导不同于道家"无言"的"慎言"（《论语·为政》）⑨，不仅强调言行应该一致，还要求言语应符合道德规范，如"非礼勿

---

① ［汉］赵岐注，［宋］孙奭疏：《孟子注疏》，［清］阮元校刻：《十三经注疏》（下册），北京：中华书局1980年版，第2775页。

② ［魏］王弼注，楼宇烈校释：《老子道德经注校释》，北京：中华书局2008年版，第1页。

③ ［清］郭庆藩：《庄子集释》（中册），北京：中华书局2004年版，第757页。

④ ［魏］王弼注，楼宇烈校释：《老子道德经注校释》，北京：中华书局2008年版，第6页。

⑤ ［清］郭庆藩：《庄子集释》（中册），北京：中华书局2004年版，第488页。

⑥ ［清］郭庆藩：《庄子集释》（中册），北京：中华书局2004年版，第572页。

⑦ ［清］郭庆藩：《庄子集释》（中册），北京：中华书局2004年版，第735页。

⑧ ［魏］何晏注，［宋］邢昺疏：《论语注疏》，［清］阮元校刻：《十三经注疏》（下册），北京：中华书局1980年版，第2507页。

⑨ ［魏］何晏注，［宋］邢昺疏：《论语注疏》，［清］阮元校刻：《十三经注疏》（下册），北京：中华书局1980年版，第2462页。

言"(《论语·颜渊》)①、"言思忠"(《论语·季氏》)②、"言中伦"(《论语·微子》)③。传世本《易传》与孔子思想一致,同样倡导"慎言",如"君子以慎言语,节饮食"(《周易·颐卦·象传》)④,因为"言行君子之枢机,枢机之发,荣辱之主也。言行,君子之所以动天地也,可不慎乎"(《周易·系辞传上》)⑤。

帛书《易传》也对"言"进行了论述,提出了"多言多过"(帛书《二三子问》)⑥ 的观点。不过,与孔子、传世本《易传》不同的是,帛书《二三子问》论"言"是在明确区分小人之言与圣人之言的基础上展开的,如:

> 《易》曰:"聒囊,无咎无誉。"孔子曰:此言箴小人之口也。小人多言多过,多事多患,□□□以衍矣。而不可以言箴之。其猷"聒囊"也,莫出莫入,故曰"无咎无誉"。二三子问曰:独无箴于圣□□□□□圣人之言也,德之首也。圣人之有口也,尤地之有川谷也,财用所剸出也;尤山林陵泽也,衣食□□〔所〕剸生也。圣人壹言,万世用之。唯恐其不言也,有何箴焉?⑦

"聒囊"即"括囊",指像束紧口袋那样缄默无言,这样就无灾亦无誉。在帛书《二三子问》看来,小人即无德之人,小人之言没有道德内涵,不符合"礼"的规范,如果不加以约束而多言,必然会带来更多的过错和灾祸。所以,"括囊"是针对小人之言而提出的。但对圣人来说,不仅不必"括囊"反而应该鼓励他们多言,因为"圣人之言也,德之首也"。《礼记·间传》曰:"苴,

---

① [魏]何晏注,[宋]邢昺疏:《论语注疏》,[清]阮元校刻:《十三经注疏》(下册),北京:中华书局 1980 年版,第 2502 页。
② [魏]何晏注,[宋]邢昺疏:《论语注疏》,[清]阮元校刻:《十三经注疏》(下册),北京:中华书局 1980 年版,第 2522 页。
③ [魏]何晏注,[宋]邢昺疏:《论语注疏》,[清]阮元校刻:《十三经注疏》(下册),北京:中华书局 1980 年版,第 2529 页。
④ [魏]王弼、[晋]韩康伯注,[唐]孔颖达疏:《周易正义》,[清]阮元校刻:《十三经注疏》(上册),北京:中华书局 1980 年版,第 41 页。
⑤ [魏]王弼、[晋]韩康伯注,[唐]孔颖达疏:《周易正义》,[清]阮元校刻:《十三经注疏》(上册),北京:中华书局 1980 年版,第 79 页。
⑥ 陈松长、廖名春:《帛书〈二三子问〉、〈易之义〉、〈要〉释文》,陈鼓应主编:《道家文化研究》(第三辑),上海:上海古籍出版社 1993 年版,第 426 页。
⑦ 陈松长、廖名春:《帛书〈二三子问〉、〈易之义〉、〈要〉释文》,陈鼓应主编:《道家文化研究》(第三辑),上海:上海古籍出版社 1993 年版,第 426 页。

恶貌也，所以首其内而见诸外也。"① 陈澔《集说》曰："首者，标表之义盖显示其内心之哀痛于外也。"② "首"就是显现的意思。所谓"圣人之言也，德之首也"就是圣人之言是其内在道德的显现与外化，"圣人之言"即有德之言。"圣人之有口"如同大地有山川河谷，人类的财富都孕育其中，圣人的言论有益于千秋万世。所以，不怕圣人多言，就怕圣人不言。由以上论述可知，帛书《二三子问》以道德为言与不言的评判标准，倡导有德的圣人之言，反对无德的小人之言。

帛书《二三子问》要求小人应该"括囊"，圣人则应该多言，可见，道德是言与不言的评判标准。另外，道德还是一个人的名声、声誉的保障，如帛书《二三子问》载：

> ……鱼大羹也，肝言其内。其内大美，其外必有大声问。③

"肝"在这里指人的内心，"大美"并不是庄子美学追求的无限时空之美和无限本体之美④，而是指内在的无上道德，即至善。"大声问"指美好的名声、名誉。"其内大美，其外必有大声问"说明，如果一个人的内心具有至善之德（"大美"），那么他一定具有至美的声誉，内"大美"是外"大声问"的依据，内在道德是外在声誉的基础与保障，那么，内"美"与外"声问"相统一的人就是孔子所说的"文质彬彬"（《论语·雍也》）⑤ 之君子。

无论是对"言"的评判，还是对内心之"大美"的重视，无不体现出帛书《二三子问》重视道德的特点，这也是儒家美学区别于道家美学的精神特色。此外，儒家虽对艺术创作和审美活动提出了种种限制，但它并不像道家那样借对五官及其感性欲望的超越来否定艺术和审美，也不像墨子、韩非子那样片面地强调实用而蔑视艺术和审美的价值。只要艺术和审美合乎一定的规范，不淫逸放纵，那么，儒家就认为它们在道德教化中就具有积极的作用。所以，孔子赞

① ［汉］郑玄注，［唐］孔颖达疏：《礼记正义》，［清］阮元校刻：《十三经注疏》（下册），北京：中华书局1980年版，第1660页。
② ［元］陈澔注：《礼记集说》，南京：凤凰出版社2010年版，第446页。
③ 陈松长、廖名春：《帛书〈二三子问〉、〈易之义〉、〈要〉释文》，陈鼓应主编：《道家文化研究》（第三辑），上海：上海古籍出版社1993年版，第428页。
④ 参见李泽厚：《华夏美学》，《美学三书》，合肥：安徽文艺出版社1999年版，第306-307页。
⑤ ［魏］何晏注，［宋］邢昺疏：《论语注疏》，［清］阮元校刻：《十三经注疏》（下册），北京：中华书局1980年版，第2477页。

赏《关雎》"乐而不淫，哀而不伤"（《论语·八佾》）①，《礼记·经解》倡导
"温柔敦厚"②的《诗》教。在帛书《二三子问》中，同样有这种审美观念的
存在，如："《卦》曰：'盱予，悔。'孔子曰：此言鼓乐而不忘德也。"③"盱
予，悔"是帛书《周易·豫卦》的爻辞。"豫"卦（䷏），上震下坤，震为雷，
坤为地，传世本《周易·豫卦·象传》曰"雷出地奋，豫。先王以作乐崇德，
殷荐之上帝，以配祖考"④。一方面，雷是上天创作出的盛大音乐；另一方面，
雷声又给人以快乐，因为"豫，乐也"（《尔雅·释诂》）⑤。往圣先贤们根据
上天发出的雷声创作出音乐，以赞美天地之美德，即"作乐崇德"，音乐存在的
合理性也因此被揭示出来了。不过，传世本《周易·豫卦》曰："初六，鸣豫，
凶。"⑥《周易·豫卦·象传》曰："'初六鸣豫'，志穷凶也。"⑦可见，《周易》
美学反对毫无节制地狂呼乱喊，因为这会带来凶险。帛书《二三子问》中的
"鼓乐而不忘德"是针对"盱予，悔"而提出的，传世本《周易·豫卦》作
"盱豫，悔"⑧。"盱予（豫）"是跂扈而有享乐的意思。⑨依此而论，帛书《二
三子问》并非否定"鼓乐"，而是反对在进行"鼓乐"等艺术活动时忘掉了道
德修养（"不忘德"）而只知享乐。只知享乐而忘掉道德修养就是乐而"淫"，
"淫"就会导致凶险的后果，定让人追悔莫及。程颐对《豫卦》的解释有助于
我们进一步理解"鼓乐而不戒患"，他说："以不中正而处豫，动皆有悔。……
盖处身不正，进退皆有悔吝。当如之何？在正身而已。君子处己有道，以礼制

---

① ［魏］何晏注，［宋］邢昺疏：《论语注疏》，［清］阮元校刻：《十三经注疏》（下册），
　北京：中华书局1980年版，第2468页。

② ［汉］郑玄注，［唐］孔颖达疏：《礼记正义》，［清］阮元校刻：《十三经注疏》（下
　册），北京：中华书局1980年版，第1609页。

③ 陈松长、廖名春：《帛书〈二三子问〉、〈易之义〉、〈要〉释文》，陈鼓应主编：《道家
　文化研究》（第三辑），上海：上海古籍出版社1993年版，第427页。

④ ［魏］王弼、［晋］韩康伯注，［唐］孔颖达疏：《周易正义》，［清］阮元校刻：《十三
　经注疏》（上册），北京：中华书局1980年版，第31页。

⑤ ［晋］郭璞注，［宋］邢昺疏：《尔雅注疏》，［清］阮元校刻：《十三经注疏》（下册），
　北京：中华书局1980年版，第2569页。

⑥ ［魏］王弼、［晋］韩康伯注，［唐］孔颖达疏：《周易正义》，［清］阮元校刻：《十三
　经注疏》（上册），北京：中华书局1980年版，第32页。

⑦ ［魏］王弼、［晋］韩康伯注，［唐］孔颖达疏：《周易正义》，［清］阮元校刻：《十三
　经注疏》（上册），北京：中华书局1980年版，第32页。

⑧ ［魏］王弼、［晋］韩康伯注，［唐］孔颖达疏：《周易正义》，［清］阮元校刻：《十三
　经注疏》（上册），北京：中华书局1980年版，第32页。

⑨ 张立文：《帛书周易注释》，郑州：中州古籍出版社2008年版，第197页。

心，虽处豫时，不失中正，故无悔也。"（《周易程氏传·豫》）① "处豫"即处在音乐等艺术的审美享受之中。程颐要求人们在"处豫"的同时，"以礼制心"，"不失中正"，即在审美愉悦中净化心灵、提升道德，实现"美善相乐"（《荀子·乐论》）② 的目的。这也是帛书《二三子问》反对"鼓乐而不戒患"的原因。

简言之，帛书《二三子问》倡导圣人之言、否定小人之言，强调内心之"大美"对外在之"大声问"的根源性作用，要求"鼓乐"而不忘"德"，无不体现出对道德的重视，凸显出先秦儒家美学之崇尚道德的精神特质。

三、秦简《归藏》以"萧"为美的审美观念

1993 年 3 月，湖北江陵县王家台 15 号秦墓中出土了 813 枚竹简，其中有关易占的竹简就有 394 枚，共 4000 余字。经整理发现，这 394 枚竹简中的许多内容与古书中的《归藏》佚文相同，故学者们断定它就是失传已久的《归藏》。从该墓的随葬品和出土竹简内容来看，王家台秦墓的下葬年代上限不早于"白起拔郢"（前 278），下限不晚于秦代。③ 另外，墓中竹简文字分为三种，抄写《归藏》的字体最古，接近楚简文字，应该是战国末期的抄本。④ 而简帛文献的抄写年代必然晚于简帛文献的成书年代，所以秦简《归藏》必然是战国末期以前的作品。

《礼记·礼运》载："孔子曰：'我欲观夏道，是故之杞，而不足征也，吾得《夏时》焉。我欲观殷道，是故之宋，而不足征也，吾得《坤乾》焉。《坤乾》之义，《夏时》之等，吾以是观之。'"⑤ 郑玄《注》曰："得殷阴阳之书也，其书存者有《归藏》。"⑥ 孔颖达《疏》曰："先言'坤'者，熊氏：'殷《易》以坤为首。'故先坤后乾。"⑦ 另外，《周礼·春官宗伯·太卜》曰："掌

---

① ［宋］程颢、［宋］程颐：《二程集》（下册），北京：中华书局 2004 年版，第 781 页。

② ［清］王先谦：《荀子集解》（下册），北京：中华书局 1988 年版，第 382 页。

③ 荆州地区博物馆：《江陵王家台 15 号秦墓》，《文物》1995 年第 1 期。

④ 王明钦：《王家台秦墓竹简概述》，［美］艾兰、邢文编：《新出简帛研究》，北京：文物出版社 2004 年版，第 28 页。

⑤ ［汉］郑玄注，［唐］孔颖达疏：《礼记正义》，［清］阮元校刻：《十三经注疏》（下册），北京：中华书局 1980 年版，第 1415 页。

⑥ ［汉］郑玄注，［唐］孔颖达疏：《礼记正义》，［清］阮元校刻：《十三经注疏》（下册），北京：中华书局 1980 年版，第 1415 页。

⑦ ［汉］郑玄注，［唐］孔颖达疏：《礼记正义》，［清］阮元校刻：《十三经注疏》（下册），北京：中华书局 1980 年版，第 1415 页。

三易之法，一曰《连山》，二曰《归藏》，三曰《周易》。其经卦皆八，其别皆六十有四。"① 贾公彦疏《周礼注疏》曰："归藏者，万物莫不归而藏于其中者，此《归藏易》，以纯《坤》为首，坤为地，故万物莫不归而藏于中，故名为《归藏》也。"② 可见，《归藏》为殷《易》，它与《周易》一样有六十四卦，不过卦序有所不同，《归藏》以"坤"为首，《周易》以"乾"为首。秦简《归藏》的第一卦正为"坤"，那是不是说明整部秦简《归藏》就是殷商的文献呢？秦简《归藏》的占辞中有武王伐纣的记载，如"昔者武王伐殷"（第 194 简）③，这说明秦简《归藏》不可能是殷商文献。另外，除神话传说人物外，秦简《归藏》中还出现了启、桀、武王、穆天子（即周穆王）等历史人物的名字，其中穆天子最晚。由此而论，秦简《归藏》不会早于周穆王时期。结合前文所引《礼记》等材料，孔子在春秋末期就已经见到《归藏》，那么，《归藏》的成书年代在西周末年到春秋初期的推论④是较为合理的。所以，我们据秦简《归藏》的占辞对其进行审美阐释，揭示的是先秦时期的易学美学思想。

　　秦简《归藏》是卜筮之书，这是毫无疑问的。但秦简《归藏·鼒卦》中有"鼒之芒芒，鼒之轶轶"（第 214 简）⑤ 的占辞，却蕴含着以"鼒"为美的审美观念。秦简《归藏·鼒卦》对应于《周易·鼎卦》。《诗·周颂·丝衣》曰："鼐鼎及鼒，兕觥其觩。"⑥ 毛亨《传》曰："大鼎谓之鼐，小鼎谓之鼒。"⑦ 《尔雅·释器》曰："鼎绝大，谓之鼐。圜弇上，谓之鼒。"⑧ "鼒"是一种上端口小

---

① ［汉］郑玄注，［唐］贾公彦疏：《周礼注疏》，［清］阮元校刻：《十三经注疏》（上册），北京：中华书局 1980 年版，第 802-803 页。

② ［汉］郑玄注，［唐］贾公彦疏：《周礼注疏》，［清］阮元校刻：《十三经注疏》（上册），北京：中华书局 1980 年版，第 803 页。

③ 王明钦：《王家台秦墓竹简概述》，［美］艾兰、邢文编：《新出简帛研究》，北京：文物出版社 2004 年版，第 31 页。

④ 参见王明钦：《试论〈归藏〉的几个问题》，古方、徐良高、唐际根编：《一剑集》，北京：中国妇女出版社 1996 年版，第 107 页。

⑤ 王明钦：《王家台秦墓竹简概述》，［美］艾兰、邢文编：《新出简帛研究》，北京：文物出版社 2004 年版，第 31 页。

⑥ ［汉］毛亨传，［汉］郑玄笺，［唐］孔颖达疏：《毛诗正义》，［清］阮元校刻：《十三经注疏》（上册），北京：中华书局 1980 年版，第 603 页。

⑦ ［汉］毛亨传，［汉］郑玄笺，［唐］孔颖达疏：《毛诗正义》，［清］阮元校刻：《十三经注疏》（上册），北京：中华书局 1980 年版，第 603 页。

⑧ ［晋］郭璞注，［宋］邢昺疏：《尔雅注疏》，［清］阮元校刻：《十三经注疏》（下册），北京：中华书局 1980 年版，第 2600 页。

的鼎。"**芒芒**"读为"佗佗"①，《集韵·平声一》曰"佗佗，美也，或省"②。另外，《诗·鄘风·君子偕老》曰："委委佗佗，如山如河，象服是宜。"③ 毛亨《传》曰："委委者，行可委曲踪迹也。佗佗者，德平易也。"④ 陆德明《音义》引《韩诗》释"委佗"曰："德之美貌。"⑤ 孔颖达《疏》引孙炎曰："委委，行之美。佗佗，长之美。"⑥ 王先谦《诗三家义集疏·君子偕老》曰："盖德不可见，于容见之，内有美德，斯外有美容，行步有仪，举止自得，故曰'委委佗佗'非谓美丽，四字德容兼释，不宜偏举。"⑦ 可见，"佗佗"是对美丽外貌的形容，不过这种美貌并非徒有其表的"美丽"，而是以内在"美德"为基础形成的"德之美貌"，所以"佗"并非外在形式之"美"而是"善-美"。"**秩秩**"，王辉认为其义不明⑧，连劭名读为"萃萃"⑨。《荀子·劝学》曰："君子知夫不全不粹之不足以为美也。"⑩ 刘师培《荀子补释》曰："粹与萃同。"⑪《荀子·性恶》曰："析速、粹孰而不急。"⑫ 王先谦《集解》引郝懿行曰："粹与萃同。"⑬ 朱骏声《说文通训定声·履部》亦曰："萃，假借为顇⑭，"顇，假借为粹"⑮。因此，"萃萃"即"粹粹"。许慎《说文解字》曰："粹，不杂也。"⑯《广雅·释言》曰："粹，纯也。"⑰ 段玉裁《说文解字注》曰："按粹

---

① 连劭名：《江陵王家台秦简〈归藏〉筮书考》，《中国哲学史》2001 年第 3 期。
② ［宋］丁度等编：《集韵》（上册），上海：上海古籍出版社 1985 年版，第 35 页。
③ ［汉］毛亨传，［汉］郑玄笺，［唐］孔颖达疏：《毛诗正义》，［清］阮元校刻：《十三经注疏》（上册），北京：中华书局 1980 年版，第 313 页。
④ ［汉］毛亨传，［汉］郑玄笺，［唐］孔颖达疏：《毛诗正义》，［清］阮元校刻：《十三经注疏》（上册），北京：中华书局 1980 年版，第 313 页。
⑤ ［唐］陆德明：《经典释文》，北京：中华书局 1983 年版，第 60 页。
⑥ ［汉］毛亨传，［汉］郑玄笺，［唐］孔颖达疏：《毛诗正义》，［清］阮元校刻：《十三经注疏》（上册），北京：中华书局 1980 年版，第 313 页。
⑦ ［清］王先谦：《诗三家义集疏》（上册），北京：中华书局 1987 年版，第 223-224 页。
⑧ 王辉：《王家台秦简〈归藏〉校释（28 则）》，《江汉考古》2003 年第 1 期。
⑨ 连劭名：《江陵王家台秦简〈归藏〉筮书考》，《中国哲学史》2001 年第 3 期。
⑩ ［清］王先谦：《荀子集解》（上册），北京：中华书局 1988 年版，第 18 页。
⑪ 刘师培：《荀子补释》，宁武南氏 1934 年校印，第 67 页。
⑫ ［清］王先谦：《荀子集解》（下册），北京：中华书局 1988 年版，第 446 页。
⑬ ［清］王先谦：《荀子集解》（下册），北京：中华书局 1988 年版，第 446 页。
⑭ ［清］朱骏声：《说文通训定声》，北京：中华书局 1984 年版，第 629 页。
⑮ ［清］朱骏声：《说文通训定声》，北京：中华书局 1984 年版，第 630 页。
⑯ ［汉］许慎撰，［清］段玉裁注：《说文解字注》，上海：上海古籍出版社 1981 年版，第 333 页。
⑰ ［魏］张辑：《广雅》，上海：商务印书馆 1936 年版，第 56 页。

本是精米之称，引伸为凡纯美之称。"① 据荀子美学"不全不粹之不足以为美"而论，道德不全面、不纯粹就不能称之为真正的"美"，那么，作为"纯美"的"粹"指的是一种纯善之美，亦是一种"善-美"。这就说明，秦简《归藏》以"鼎"为美的观念并不是出自鼎的外在形式，而是由于鼎所蕴含的道德意蕴，以"鼎"为美的"美"并非徒有其表的形式之美，而是具有道德内涵的"善-美"。

　　传世本《周易》之"鼎"卦（☲），上离下巽，巽为木，离为火，故《鼎卦·象传》曰"以木巽火，亨饪也"②，《鼎卦·象传》曰"木上有火，鼎"③。"鼎"本身是烹煮食物的器具，具有实用功能。这是孔颖达所谓的"鼎用之美"④ 的一方面。"鼎用之美"的另一方面则是"圣人亨以享上帝，而大亨以养圣贤"（《周易·鼎卦·象传》)⑤。《周易》用鼎烹饪食物来祭祀上帝为"亨"，给养圣贤为"大亨"，说明"养圣贤"更为重要。孔颖达《疏》曰："圣人既能谦巽大养圣贤，圣贤获养，则忧其事而助于己，明目达聪，不劳己之聪明，则'不为而成矣'。"⑥ 因此，君王以谦逊的道德品质，给养和善用圣贤之人，让圣贤成为鼎之三足，辅佐君王，防止"鼎折足，覆公𫗧，其形渥"（《周易·鼎卦》)⑦ 的发生，从而实现政权的稳固长存、国家的长治久安。由此可见，"鼎"之美除有实用的层面外，还有道德的层面，而道德的层面是"鼎"之美的核心。这彰显出先秦易学审美观念中的浓厚道德精神，以"鼎""鼎"为美中的"美"并非单纯的形式美，而是蕴含道德内涵的"善-美"。

---

① ［汉］许慎撰，［清］段玉裁注：《说文解字注》，上海：上海古籍出版社1981年版，第333页。
② ［魏］王弼、［晋］韩康伯注，［唐］孔颖达疏：《周易正义》，［清］阮元校刻：《十三经注疏》（上册），北京：中华书局1980年版，第61页。
③ ［魏］王弼、［晋］韩康伯注，［唐］孔颖达疏：《周易正义》，［清］阮元校刻：《十三经注疏》（上册），北京：中华书局1980年版，第61页。
④ ［魏］王弼、［晋］韩康伯注，［唐］孔颖达疏：《周易正义》，［清］阮元校刻：《十三经注疏》（上册），北京：中华书局1980年版，第61页。
⑤ ［魏］王弼、［晋］韩康伯注，［唐］孔颖达疏：《周易正义》，［清］阮元校刻：《十三经注疏》（上册），北京：中华书局1980年版，第61页。
⑥ ［魏］王弼、［晋］韩康伯注，［唐］孔颖达疏：《周易正义》，［清］阮元校刻：《十三经注疏》（上册），北京：中华书局1980年版，第61页。
⑦ ［魏］王弼、［晋］韩康伯注，［唐］孔颖达疏：《周易正义》，［清］阮元校刻：《十三经注疏》（上册），北京：中华书局1980年版，第61页。

四、结语

有学者认为，《周易》的美学思想和它的哲学思想一样，对中国古代美学、文艺学思想产生着巨大影响，《周易》美学是中国古典美学的"真正的鼻祖"①。虽然这一论断还有讨论的余地，但至少提醒我们应重视《周易》在中国古典美学中的地位、价值和影响。近年来出土的一系列易学简帛文献，尤其是其中的易学佚籍——帛书《易传》和秦简《归藏》，不仅为先秦易学美学研究提供了新材料，也进一步凸显出中华美学的精神特质。不论是帛书《易传》以龙为"大"，崇尚"圣人之言""内大美"等，还是秦简《归藏》以"鷫"为美，都体现出土易学文献美学思想浓厚的伦理道德特色，反映出中华美学之崇"德"精神。从清代末年以来，简帛文献陆续在我国各地出土，尤其是20世纪70年代以后，大量简帛佚籍的问世，对我国学术史研究的方方面面产生了重大的影响。基于此，李学勤先生认为："在新材料层出不穷的条件下，'重写学术史'已成为可能。"② 但对于易学美学研究来说，易学简帛文献的发现并不是要否定传世易学文献，对出土易学文献进行审美阐释也不是要推翻以往的易学美学研究成果和结论，出土易学简帛文献美学思想研究应该是对以往研究的"补写"而非"重写"，填补以往因文献缺失而造成的研究空白，促进我们对先秦易学美学乃至整个先秦美学的全面认识。这依然显现出对出土易学简帛文献进行审美阐释的重要价值与意义。

---

① 参见袁振保：《〈周易〉美学思想的历史影响》，《杭州师院学报》（社会科学版）1985年第3期。
② 李学勤：《中国古代文明研究》，上海：华东师范大学出版社2009年版，第535页。

余论　关于构建"简帛美学"的初步设想

　　20 世纪初，在作为学科形态的"美学"传入我国之时，欧洲探险家在我国新疆尼雅遗址发现了近代以来的第一批简牍，揭开了我国简帛考古与研究的序幕。30 年代，在"中国美学"这一概念和"中国美学原理系统化"的要求被首次提出之时①，我国简帛考古与研究也进入新阶段，从之前以外国探险家为主的考古发掘转变为中国人自己主动进行的考古发掘。此外，以劳榦为代表的学者将以往偏重于简文考释的研究扩大到对简帛反映出的政治、经济、军事、文化等多个领域的全方位研究②。进入新时期后，中国美学研究迅速发展，多部通史性著作问世，如李泽厚的《美的历程》（1981）、叶朗的《中国美学史大纲》（1985）和敏泽的《中国美学思想史》（1987）；而在简帛研究领域，由于银雀山汉墓竹简、马王堆汉墓帛书、定州汉墓竹简等大量出土，掀起了简帛研究的一股热潮，促成了简帛学这一新学科的最终形成。90 年代至今，中国美学研究百花齐放、蔚为大观，在中国古代美学思想研究之外，还兴起了中国古代审美文化和审美意识的研究，同时各艺术门类的美学研究也得到了长足发展；在简帛学研究方面，一批又一批简帛相继问世，使简帛学得到进一步发展，并与其他相关学科紧密联系，形成了简帛文字学、简帛文学、简帛文献学、简帛兵学等新型交叉学科。由此可见，作为近代以来新兴的学问，美学与简帛学具有极其相似的发展历程，并且简帛文献的内容十分广泛，涉及早期中国文化的方方面面，其中不乏许多有关美学和文学艺术的新材料。但遗憾的是，从美学角度进行的简帛研究起步较晚且最为薄弱，至今还没有一本专门研究简帛美学的专著。我们知道，先秦是中国美学史上的"第一个黄金时代"，"后代美学家

---

① 宗白华：《介绍两本关于中国画学的书并论中国的绘画》，林同华主编：《宗白华全集》（第二卷），合肥：安徽教育出版社 2008 年版，第 47 页。按：此文原刊于 1932 年 10 月 1 日出版的《图书评论》第一卷第二期。

② 沈颂金：《二十世纪简帛学研究》，北京：学苑出版社 2003 年版，第 33 页。

所探讨的理论问题差不多都以萌芽的形式包含在先秦美学之中"①，先秦也是由"青铜时代"进入"简帛时代"的时期，简帛成了最主要的书写材料，如今要想了解与研究中国美学，尤其是先秦美学，忽视出土简帛文献是不可想象的。基于此，深入研究简帛文献中的美学思想就显得十分必要与重要，建构"简帛美学"这一新型交叉学科的条件也业已成熟。

一、

中华文化源远流长，几千年来虽经历了无数战乱与朝代的更替，但文脉却从未中断，一直延绵至今。这很大程度上得力于承载文化的古代典籍留存至今，因为它们是保存中华文化的重要物质载体，是"中国文化的基石"，"要了解中国文化的起源和发展，便得从这些古代文字纪录的遗产中去探索"②。大体上看，中国古代典籍发展史前后经历了简帛时代、纸张时代和印刷时代。简帛是纸张发明以前运用最为广泛的书写材料，为保存我国"轴心时代"的思想文化发挥着极为重要的作用。

简帛是简牍与帛书的合称。关于"简牍"，王充《论衡·量知》曰："夫竹生于山，木长于林，未知所入。截竹为筒，破以为牒，加笔墨之迹，乃成文字，大者为经，小者为传记。断木为椠，析之为板，力加刮削，乃成奏牍。"③ 许慎《说文解字》曰："简，牒也"④；"牍，书版也"⑤。段玉裁《注》曰："简，竹为之；牍，木为之。"⑥ 可见，书于竹者谓之简，书于木者谓之牍，竹简木牍简称为简牍。牍有时也分为木牍和木简，木牍指写有两行及以上文字的较宽木片，而当木被制作成较窄的薄片，其上仅写一行字时就被称为木简。不过，我们一般将两者统称为"牍"或"木牍"。"帛"是丝织品的总称，如："帛，缯也。"⑦ 清代汪士铎《释帛》曰："凡以麻、以绵曰布，以丝曰帛。帛之别曰素、曰文、曰

---

① 叶朗：《中国美学史大纲》，上海：上海人民出版社 1985 年版，第 7 页。

② 钱存训：《书于竹帛：中国古代书史》，香港：香港中文大学出版社 1975 年版，第 5 页。

③ 黄晖：《论衡校释》（第二册），北京：中华书局 1990 年版，第 551 页。

④ ［汉］许慎撰，［清］段玉裁注：《说文解字注》，上海：上海古籍出版社 1981 年版，第 190 页。

⑤ ［汉］许慎撰，［清］段玉裁注：《说文解字注》，上海：上海古籍出版社 1981 年版，第 318 页。

⑥ ［汉］许慎撰，［清］段玉裁注：《说文解字注》，上海：上海古籍出版社 1981 年版，第 190 页。

⑦ ［汉］许慎撰，［清］段玉裁注：《说文解字注》，上海：上海古籍出版社 1981 年版，第 363 页。

采、曰绘、曰锦、曰绣……帛之大名曰帛、曰缯、曰缣、曰素、曰䌷、曰鲜卮……"① "帛" 虽有许多别称，但 "作为书写质料的丝帛无非是绢、缯、缣等几种，其中绢由较细的生丝造成，质地轻薄，特别便于书写和绘画；而缯则是由粗丝加工而成，一般较厚而暗，具有经久耐用的特点；缣则是由双丝织成，故较厚而色黄，又因其由双丝织成，故缣面比绢、缯细密精整，且不透水，因而是比较上等而昂贵的材料"②。简言之，绢帛、缯帛、缣帛三者同出而异名，可以 "帛" 统而称之，书写于这些丝帛上的文献就是 "帛书"。

到目前为止，我们发现的时代最早的简牍是湖北曾侯乙墓中出土的竹简，属于战国早期③，而时代最早的帛书为长沙子弹库战国楚墓中的 "楚帛书"，其抄写年代的下限为战国中晚期之交④。那是否说明作为书写材料的简帛最早出现于战国呢？当然不是！古人常用两根绳子将多支竹简编联起来以成为一 "册"，将 "册" 放在 "丌"（垫物之器具）上就为 "典"。甲骨文、金文中已有 "册" "典" 二字，如 "卌"⑤ "𠕁"⑥ "𠔜"⑦ "𦥔"⑧。法国哲学家福柯（Michel Foucault）曾说："词指明什么，这就是说，究其本性来讲，词是一个名词。它是一个专名，因为它总是指向一个特殊的表象……有多少需要命名的事物，就该有多少名词。"⑨ 那么，作为 "物" 的 "册" "典" 必须先于作为 "词" 的 "册" "典" 而存在，"词" 是对 "物" 的命名。依此而言，《尚书·多士》所谓 "惟殷先人，有册有典，殷革夏命"⑩ 是有一定依据的，作为书写材料的竹简应该在殷商之初就已出现。那帛书又是什么时候出现的呢？郭沫若曾推断：

---

① ［清］汪士铎：《汪梅村先生集》，沈云龙主编：《近代中国史料丛刊》（第十三辑），台北：文海出版社 1973 年版，第 72-73 页。

② 陈松长：《帛书史话》，北京：社会科学文献出版社 2012 年版，第 5 页。

③ 曾侯乙墓的下葬年代应为公元前 433 年或稍晚，而墓中出土的 200 多枚竹简主要记载了用于葬仪的车马兵甲，故竹简的抄写年代与墓葬的下葬年代应为同一时间。参见随县擂鼓墩一号墓考古发掘队：《湖北随县曾侯乙墓发掘简报》，《文物》1979 年第 7 期。

④ 参见湖南省博物馆：《长沙子弹库战国木椁墓》，《文物》1974 年第 2 期。

⑤ 中国科学院考古研究所编辑：《甲骨文编》，北京：中华书局 1965 年版，第 257 页。

⑥ 容庚编著：《金文编》，北京：中华书局 1985 年版，第 126 页。

⑦ 于省吾主编：《甲骨文字诂林》（第四册），北京：中华书局 1985 年版，第 2970 页。

⑧ 容庚编著：《金文编》，北京：中华书局 1985 年版，第 308 页。

⑨ ［法］米歇尔·福柯：《词与物——人文科学的考古学（修订译本）》，莫伟民译，上海：上海三联书店 2016 年版，第 102-103 页。

⑩ ［汉］孔安国传，［唐］孔颖达疏：《尚书正义》，［清］阮元校刻：《十三经注疏》（上册），北京：中华书局 1980 年版，第 220 页。

"殷代除甲骨文之外一定还有简书和帛书。"① "帛"字虽在甲骨文中已出现,但为地名②,西周中期的青铜器铭文中的"帛"才有了丝织品的含义,如"舍钜姜帛三两"(《九年卫鼎》)③、"吴姬宾帛束"(《蒳簋》)④。此外,《晏子春秋·景公称桓公之封管仲益晏子邑辞不受》载齐景公语曰:"昔吾先君桓公,予管仲狐与谷,其县十七,著之于帛,申之以策,通之诸侯,以为其子孙赏邑。"⑤《墨子·尚贤下》曰:"古者圣王既审尚贤,欲以为政,故书之竹帛,琢之槃盂,传以遗后世子孙。"⑥《韩非子·安危》曰:"先王寄理于竹帛,其道顺故后世服。"⑦《吕氏春秋·仲春纪·情欲》曰:"孙叔敖日夜不息,不得以便生为故,故使庄王功迹著乎竹帛,传乎后世。"⑧ 在这些战国文献中已经出现了"著之于帛""书之竹帛"等语,并且"著之于帛""书之竹帛"的主体为"古者圣王""先王"或春秋前中期的人物,故认为"以帛写书,至迟亦当在周季"⑨ 的观点更为确当。一言以蔽之,简帛是简牍与帛书的合称,殷周时期就已出现,是纸张发明以前使用广泛的最主要的书写材料,至魏晋以后才逐渐被纸张所取代。

　　20世纪初,斯坦因、斯文·赫定等外国探险家在我国西北地区发掘出一大批简牍和帛书,并偷运到国外,不过这也引起了国内一些学者的注意,带动了我国的简帛研究。进入70年代后,随着银雀山汉墓竹简、马王堆汉墓帛书、定州汉墓竹简等文献的出土,我国简帛研究迎来了新中国成立后的一个小高潮,最终在八九十年代促成一门崭新的学问——简帛学——的形成。90年代以来,包含不少古代佚籍的郭店楚简、上博简、清华简、岳麓简、北大简等相继问世,为我们打开了一个关于早期中国思想文化的"地下图书馆"⑩,进一步推动了我国简帛学研究,简帛学随即成为国际性的"显学",同时它也与其他相关学科紧

---

① 郭沫若:《奴隶制时代》,北京:人民出版社1973年版,第252页。

② 于省吾主编:《甲骨文字诂林》(第二册),北京:中华书局1985年版,第1027页。

③ 中国社会科学院考古研究所编:《殷周金文集成释文》(第二卷),香港:香港中文大学出版社2001年版,第400页。

④ 中国社会科学院考古研究所编:《殷周金文集成释文》(第三卷),香港:香港中文大学出版社2001年版,第328页。

⑤ 吴则虞:《晏子春秋集释》(下册),北京:中华书局1962年版,第485页。

⑥ [清] 孙诒让:《墨子间诂》(上册),北京:中华书局2001年版,第69页。

⑦ [清] 王先慎:《韩非子集解》,北京:中华书局1998年版,第199页。

⑧ 许维遹:《吕氏春秋集释》(上册),北京:中华书局2009年版,第47页。

⑨ 王国维:《简牍检署考》,《王国维先生全集》(续编·第一册),台北:台湾大通书局1976年版,第383页。

⑩ 李学勤:《简帛佚籍与学术史》,南昌:江西教育出版社2001年版,第15页。

密联系、相互融合，形成了简牍文书学、简帛文字学、简帛兵学、简帛文学、简帛文献学、简帛医学等新型交叉学科。迄今为止，我国境内的 17 个省区发现和出土简牍 30 多万枚①、帛书几十件。这些数量巨大的简帛文献以及简帛学的发展成熟，就为"简帛美学"的提出、建构与研究奠定了坚实的基础。

二、

王国维曾说："古来新学问起，大都由于新发现。有孔子壁中书出，而后有汉以来古文家之学；有赵宋古器出，而后有宋以来古器物、古文字之学。"② 陈寅恪也说："一代之学术，必有其新材料与新问题。取用此新材料，以研求问题，则为此时代学术之新潮流。"③ 20 世纪以来出土的数量巨大的简牍和帛书促成了简帛学这一"新学问"的形成，带动了简帛研究这一"新潮流"的兴起，同时也为简帛美学的提出、建构与研究提供了契机，奠定了坚实基础。

简帛美学是简帛学与美学的交叉学科，它既是简帛学的一个分支，又是中国美学研究的一个新方向。简帛学是以简牍和帛书为研究对象的新兴边缘交叉学科，其研究内容主要分为两大部分：一是作为文字、文献载体的简帛实物研究；二是简帛承载的文字和思想的研究④。前者包括简帛的使用源流、制作形质以及简帛辨伪、保护等问题，后者涉及简帛文字、文献的考证、释读与整理，以及它所蕴含和反映出的思想文化等方面的内容。如今已开展的简帛文字学、简帛文学、简帛医学、简帛兵学、简帛文献学等研究均属于后者，我们提出的简帛美学亦当如是。所以，简帛美学是简帛学的一个分支学科。美学是研究审美活动的科学⑤，审美活动是人类的一种精神文化活动，它涉及审美态度、审美情感、审美体验、审美创作、审美类型等问题。由于各区域、各民族在审美态度、审美情感、审美体验等方面具有各自的独特性，所以形成了专门研究某一区域、某一民族的美学，如西方美学、非洲美学、中国美学、印度美学、日

---

① 据统计，20 世纪出土的简牍数量为 27.5 万枚。（参见骈宇骞、段书安编著：《二十世纪出土简帛综述》，北京：文物出版社 2006 年版，第 31 页。）加上进入 21 世纪后相继问世的清华简、北大简、岳麓简、安大简、海昏侯汉墓竹简等，从 20 世纪初到现在，我国出土简牍的数量已超过 30 万枚。

② 王国维：《最近二三十年中中国新发见之学问》，《王国维先生全集》（初编·第五册），台北：台湾大通书局 1976 年版，第 1987-1988 页。

③ 陈寅恪：《敦煌劫余录序》，《陈寅恪先生全集》（下册），台北：里仁书局 1979 年版，第 1377 页。

④ 胡平生：《中国简帛学理论的构建》，《中国史研究动态》2016 年第 2 期。

⑤ 叶朗：《美学原理》，北京：北京大学出版社 2009 年版，第 12 页。

本美学等。简帛美学是中国美学的一部分，确切地说应为中国古代美学的研究范畴。

中国古代美学以中华民族的审美活动为研究对象，具体包括"中国古代的许多哲学家、文学艺术家和文艺理论家对审美活动的各个方面，诸如审美的过程，主体的审美心理结构、审美能力，以及在审美体验基础上形成的审美个性、审美趣味、审美观念、审美理想等方面的内容"①。因此，简帛美学的研究应以具有以上"美学"性质和内容的简牍、帛书为重点和中心。广义的中国古代美学研究，包含中国古代美学思想的研究和中国古代审美意识的研究。审美意识是"主体心灵在审美活动中所表现出来的自觉或不自觉的状态"②，它是历代器物、艺术品等体现出的审美趣味和审美理想，而美学思想是对审美意识的理性反思、理论概括与阐释，是呈现为理论形态的审美意识。一部中国古代美学思想史就是一系列古代美学概念、范畴和命题的发生、发展与流变的历史。所以，简帛美学不是中国古代审美意识的研究，而属于中国古代美学思想的研究，主要是研究简帛文献中呈现为理论形态的美学概念、范畴和命题，揭示蕴含其中的审美观念和美学思想。

自宗白华先生于1932年提出"中国美学"这一概念并倡导中国美学原理的"系统化"③　至今已经八十多年了。许多前辈学人在中国美学理论和中国美学史的研究方面做出了卓越贡献，取得了丰硕成果。而这一切的基础与前提是中国美学文献的搜集与整理。正如张法教授所言："中国美学史的形成，是由现代学术中的美学框架在中国古代的浩繁文献中去寻找与之相关的材料，再用现代学科中美学的结构加以组织，而形成中国美学史这一学科。"④　但由于种种条件的限制，几十年来的中国美学研究几乎全都聚焦于传世文献，中国古代美学思想研究主要是对传世文献中的美学思想的研究。如今，大量具有"美学"性质和内容的简帛文献出土与公布，为我们进行中国古代美学，尤其是早期中国美学的研究提供了新材料、新角度，那么在进行传世文献美学思想研究的同时，进行出土简帛文献美学思想研究就具有一定的合理性和必要性。简帛美学所要研

---

① 皮朝纲、李天道、钟仕伦：《中国美学体系论》，北京：语文出版社1995年版，第4页。

② 朱志荣：《论中国审美意识史研究的价值》，《暨南学报》（哲学社会科学版）2012年第9期。

③ 宗白华：《介绍两本关于中国画学的书并论中国的绘画》，林同华主编：《宗白华全集》（第二卷），合肥：安徽教育出版社2008年版，第47页。

④ 张法：《文艺学·艺术学·美学——体系构架与关键语汇》，北京：人民出版社2013年版，第353页。

究的正是出土文献中的美学思想，它虽然是相对于传世文献美学思想研究而言的，但两者并不是相互排斥和对立的关系，而是相互补充、相互促进的关系。没有出土简帛文献及其美学思想研究，传世文献美学思想研究的提法也就毫无意义，它们同属中国古代美学思想的研究范围，是互助共生的关系，是中国古代美学不可缺少的两部分。

据史籍记载，我国从汉代开始就有简牍文献的陆续出土，如汉武帝末年发现的"孔壁藏书"，涉及《尚书》《礼记》《论语》《孝经》等数十种文献，皆用秦以前的文字书写①；西晋时，战国魏襄王墓中出土的"汲冢竹书"，含有《竹书纪年》《穆天子传》等古书几十种②。但是，古代出土的简牍文献经过历代学者的考证、整理与研究，早已不是文献之原本，如《竹书纪年》《穆天子传》，对于生活在21世纪的我们来说，这些古代出土的简帛文献等同于传世文献。所以，简帛美学的研究范围应该限定在20世纪以来出土的和将要出土的简帛文献之内，而古代出土的简帛文献则应纳入传世文献美学思想的研究。当然，随着时间的推移和研究的深入，凡是被证伪的出土简帛文献也应从中剔除。可以说，简帛美学的研究范围不是封闭固定的，而是动态开放的。此外，我们提出的"简帛美学"，其实质是"中国简帛美学"，因为国外也有简帛文献或类似于简帛的文献出土③，但它们已超出"简帛美学"的研究范围，"简帛美学"的"简帛"特指我国境内发现和出土的简牍与帛书。

质言之，简帛美学是简帛学与美学的交叉学科，它既是简帛学的一个分支，又是中国美学研究的一个新方向。简帛美学主要以20世纪以来出土的和将要出土的简帛文献中的美学思想为研究对象，与传世文献美学思想研究是互助共生、相互补充与促进的关系，它们共同构成了中国古代美学思想的研究，推动着中国美学研究的进一步发展。

三、

面对20世纪以来大量涌现的简帛文献，简帛学这一新兴交叉边缘学科经几代学人的努力而最终建立，并迅速成为国际性"显学"。近年来，简帛学与其他相关学科紧密结合，各学科的学者从各自的角度对简牍和帛书进行了深入研究，形成

---

① 参见［汉］班固：《汉书》（第六册），北京：中华书局1962年版，第1706页。

② 参见［唐］房玄龄等撰：《晋书》（第五册），北京：中华书局1974年版，第1432-1344页。

③ 如莎草纸、羊皮纸、木简等抄件。参见［德］耶格尔：《文本考据》，丰卫平译，刘小峰编：《西方古典文献学发凡》，北京：华夏出版社2014年版，第139-142页。

了简牍文书学、简帛文字学、简帛文学、简帛医学、简帛兵学等分支学科和研究新方向。但从目前的情况看，简帛美学的研究较之其他方向的研究，显得十分薄弱，起步也更晚。1999 年，李学勤先生在北京召开的"出土文献与中国文学"学术研讨会上就指出，除一些出土文献本身就是文学作品和使大家更加清楚地看到古代文学艺术孕育产生的思想文化背景外，"不少出土佚书使我们进一步认识当时关于文学艺术的理论观点"①。此外，也有学者认为："简牍典籍的出现，冲击着我们以往的文学观念，对陈旧的文艺理论提出了新的挑战。"② 因此，我们应重视出土简帛文献，加强出土简帛文献美学思想的研究和简帛美学的学科建设，正确认识和积极发挥简帛文献在中国美学研究中的意义与价值。

　　钱存训先生说："今日存世的古代文字，曾经无数次的毁坏、复现、修订和复制。在这漫长的过程中，有故意的窜改，也有无心的错失；因此，有些现存的文籍和原本的出入颇大，有些则增改很多。"③ 而出土简帛文献则是未经后世修改的失而复得的"直接史料"④，我们所倡导的简帛美学正是立足于这些"直接史料"的研究，克服了以往因条件限制而倚重传世文献的美学研究，能够真实反映出文献成书时代的审美观念和美学思想。这是简帛美学研究的首要价值。例如郭店楚简中发现的、成书于孔孟之间的《缁衣》，其开篇云"好美如好缁衣，恶恶如恶巷伯"（第 1 简）⑤，此句在传世文献《礼记·缁衣》中为"好贤如缁衣，恶恶如巷伯"⑥。2001 年公布的上博简《缁衣》与郭店楚简《缁衣》一致，作"好美如好缁衣，恶恶如恶巷伯"（第 1 简）⑦。这就说明楚简《缁衣》才是反映先秦儒家之美丑观念的"原本"，《礼记·缁衣》则是经汉儒修改过的文本⑧。通过《诗经》中的《缁衣》与《巷伯》二诗可知，"缁衣"代表着

①　李学勤：《出土佚书的三点贡献》，《文艺研究》2000 年第 3 期。

②　李均明、刘国忠、刘光胜、邬文玲：《当代中国简帛学研究（1949—2009）》，北京：中国社会科学出版社 2011 年版，第 116 页。

③　钱存训：《书于竹帛：中国古代书史》，香港：香港中文大学出版社 1975 年版，第 172 页。

④　傅斯年：《史学方法导论》，《傅斯年全集》（第二卷），长沙：湖南教育出版社 2000 年版，第 309 页。

⑤　荆门市博物馆编：《郭店楚墓竹简》，北京：文物出版社 1998 年版，第 129 页。

⑥　[汉] 郑玄注，[唐] 孔颖达疏：《礼记正义》，[清] 阮元校刻：《十三经注疏》（下册），北京：中华书局 1980 年版，第 1647 页。

⑦　马承源主编：《上海博物馆藏战国楚竹书》（一），上海：上海古籍出版社 2001 年版，第 174 页。

⑧　[俄] 郭静云：《亲仁与天命——从〈缁衣〉看先秦儒学转化成"经"》，台北：万卷楼图书股份有限公司 2010 年版，第 46 页。

"善中之善"① 的道德品质，"巷伯"则指谄媚之人。"好美如好缁衣，恶恶如恶巷伯"就是以"缁衣"为美、以"巷伯"为丑，体现出先秦儒家将道德视作美丑之标准的审美观念，是对孔子"里仁为美"（《论语·里仁》）②、"尽善尽美"（《论语·八佾》）③ 思想的发展与提炼，彰显出儒家重视美的道德内涵、重视艺术的道德教化功能的特点，为后世儒家"充实之谓美"（《孟子·尽心下》）④、"不全不粹之不足以为美"（《荀子·劝学》）⑤ 思想的形成奠定了基础。

　　其次，在 20 世纪以来出土的简帛文献中，有不少是失传两千多年的佚籍，如近来公布的上博简，其中包含近百种文献，但可与传世文献相对应的不到十种，也就是说 90% 的上博简为先秦佚籍。傅斯年先生说："凡一种学问能扩张他所研究的材料便进步，不能的便退步。"⑥ 朱光潜先生说："在发扬我们已有的美学传统方面，首先要做的是资料的搜集和整理工作。"⑦ 皮朝纲先生说："中国美学学科的建立、形成和发展，中国美学研究的成绩，都是与中国美学文献的搜集、发掘、整理和研究的进展和成绩分不开的。"⑧ 而具有"美学"性质和内容的新出土简帛佚籍正是中国美学文献资料的一部分，对其进行研究可填补一些学术空白，解决美学史上的一些疑难问题，推动中国美学的进步。如上博简《孔子诗论》就丰富了我们对早期儒家诗歌美学的认识，郭店楚简《性自命出》、上博简《性情论》体现出儒家在审美心理学方面的早期开拓。此外，马王堆汉墓帛书《黄帝四经》的出土为我们打开了研究先秦黄老道家及其美学思想的一扇窗户。一方面，《黄帝四经》在老子之"道"本论基础上提出"合之而

---

① ［汉］毛亨传，［汉］郑玄笺，［唐］孔颖达疏：《毛诗正义》，［清］阮元校刻：《十三经注疏》（上册），北京：中华书局 1980 年版，第 336 页。

② ［魏］何晏注，［宋］邢昺疏：《论语注疏》，［清］阮元校刻：《十三经注疏》（下册），北京：中华书局 1980 年版，第 2471 页。

③ 《论语·八佾》载："子谓《韶》，'尽美矣，又尽善也。'谓《武》，'尽美矣，未尽善也'。"参见 ［清］阮元校刻：《十三经注疏》（下册），北京：中华书局 1980 年版，第 2469 页。

④ ［汉］赵岐注，［宋］孙奭疏：《孟子注疏》，［清］阮元校刻：《十三经注疏》（下册），北京：中华书局 1980 年版，第 2775 页。

⑤ ［清］王先谦：《荀子集解》（上册），北京：中华书局 1988 年版，第 18 页。

⑥ 傅斯年：《历史语言研究所工作之旨趣》，《傅斯年全集》（第三卷），长沙：湖南教育出版社 2000 年版，第 6 页。

⑦ 朱光潜：《整理我们的美学遗产，应该做些什么?》，《朱光潜全集》（第十卷），合肥：安徽教育出版社 1993 年版，第 317 页。

⑧ 皮朝纲：《中国美学文献学研究的历史回顾及其学科建设的初步构想》，《中国古典美学思辨录》，香港：香港新天出版社 2012 年版，第 2 页。

涅于美"① 的命题，使"道"为美之本体的观点更加明确；另一方面，《黄帝四经》要求统治者追求"圣人"的理想人生境界，这不仅可使统治者自身"正道循理""循名究理"②，也可让天下"正道循理""循名究理"，即达到一种名实相副的理想状态，这就是黄老道家所认为的"美"。由此可见，道家美学发展到战国中期，分化出不同于老庄美学另一派——黄老道家美学，它虽以老子美学为渊源，但同时又吸收其他学派的思想，从而倾向于一种政治美学。帛书《黄帝四经》的出土填补了道家美学由先秦到汉代的一些空白，使先秦道家美学的全貌得以进一步呈现。

新文化运动以后，我国学术界出现了一个"疑古辨伪"的学派——"古史辨派"。该派高举大胆疑古的旗帜，广泛吸收西方近代史学、考古学等理论，对我国古代典籍，尤其是先秦典籍进行了辨伪，许多古籍被证明为假托晚出。如今简帛文献的大量出土，证明了一些古籍并不"伪"，而是先秦古籍，应该将其放入先秦文化背景中加以讨论与研究，这就是出土是简帛文献发挥的"证真"功能。例如，相继出土的马王堆汉墓帛书《老子》、郭店楚简《老子》和北大汉简《老子》，就构成了《老子》文本发生、发展与定型的"完整链条"③，认为《老子》晚出的观点需要进一步讨论④，成书于战国早期的楚简《老子》代表着春秋末期老子本人的思想。这再一次巩固了中国美学的起点非孔子美学⑤而是老子美学的观点。此外，关于《文子》一书，历来被认为是后世假托之作，故它几乎没有出现在任何道家美学的研究之中。1973 年出土的定州汉墓竹简《文子》与传世本《文子·道德》篇相对应，而汉简《文子》成书于战国末期⑥，那么至少与之相对应的传世本《文子·道德》篇应纳入先秦道家美学的研究范围，成为先秦道家美学的组成部分。《文子·道德》所谓"故物生者道也，长者德也，爱者仁也，正者义也，敬者礼也"⑦ 正是对楚简《老子》美学思想的传承，体现出战国末期的道家美学在以"道"为本基础上融入儒家仁、

---

① 国家文物局古文献研究室编：《马王堆汉墓帛书》（壹），北京：文物出版社 1980 年版，第 76 页。

② 国家文物局古文献研究室编：《马王堆汉墓帛书》（壹），北京：文物出版社 1980 年版，第 58 页。

③ 韩巍：《北大汉简〈老子〉简介》，《文物》2011 年第 6 期。

④ 如顾颉刚：《从〈吕氏春秋〉推测〈老子〉之成书年代》，罗根泽编著：《古史辨》（第四册），北京：景山书社 1933 年版，第 516 页。

⑤ 于民：《前言》，《春秋前审美观念的发展》，北京：中华书局 1984 年版，第 1 页。

⑥ 参见李定生、徐慧君：《文子要诠》，上海：复旦大学出版社 1988 年版，第 3-4 页。

⑦ 王利器：《文子疏义》，北京：中华书局 2009 年版，第 225 页。

义、礼等的思想特点。

总之，简帛美学是对20世纪以来出土和将要出土的简帛文献中的美学思想的研究，它不仅有利于揭示中国古代美学，尤其是早期中国美学的真实面貌，还可填补美学史上的一些空白，开拓一些未知领域，让早期中国美学的发展脉络更加明晰，从而促进中国美学研究新增长点的萌发，进一步推动中国美学研究的进步。

结　语

面对数以万计简帛文献的出土，简帛学研究越来越细化以及中国美学研究进一步发展的要求，开展简帛美学研究、建构简帛美学这一新学问的条件已经成熟。简帛美学是简帛学与美学的交叉学科，既是简帛学的一个分支，又是中国美学研究的新方向，它主要以20世纪以来出土的和将要出土的简帛文献中的美学思想为研究对象，涉及审美标准、审美情感、审美创作、审美理想以及文学艺术的功能等方面的内容。刘成纪教授说："像郭店楚简和马王堆本的《老子》，即使今天行世的王弼本与其相比是晚出的，而且其思想包含着对老子故意误读甚至歪曲的成分，但它却铸成了后世对老子的理解，形成了在中国哲学、美学和艺术中的实际'效果史'。这样，错也就成了对，也就成了'将错就错'式的思想史建构。"① 因此，我们倡导开展简帛美学的研究、建构简帛美学这一新学问，并不是要否定传世文献美学思想研究及其价值，而是一方面通过出土文献，展现出早期中国美学思想的本来面目，开拓一些未知领域，另一方面结合出土文献与传世文献，以动态发展的眼光看待两者，揭示出早期中国美学不是预成的而是在一段时期内逐渐生成的，如由楚简《老子》、帛书《老子》到汉简《老子》，再到王弼本《老子》就体现出老子美学由发生、发展到定型的生成过程。

总之，简帛美学的建构与研究，应坚持出土文献与传世文献相结合的方法，既要通过"新材料"对早期中国美学思想进行重新审视与研究，又要重视传世文献及其实际影响，让出土文献美学思想研究与传世文献美学思想研究一道，推动中国美学研究的进一步发展，为"中华美学精神""中华美育精神"的弘扬提供更多的具有中华民族特色的原初话语。

---

① 刘成纪：《先秦两汉艺术观念史》（上卷），北京：人民出版社2017年版，第32-33页。

参考文献

一、出土文献

[1] 中国社会科学院考古研究所编：《居延汉简甲乙编》（全2册），北京：中华书局1980年版。

[2] 甘肃省文物考古研究所编：《敦煌汉简》（全2册），北京：中华书局1991年版。

[3] 马怡、张荣强主编：《居延新简释校》（全2册），天津：天津古籍出版社2013年版。

[4] 马王堆汉墓帛书整理小组编：《马王堆汉墓帛书〈老子〉》，北京：文物出版社1976年版。

[5] 国家文物局古文献研究室编：《马王堆汉墓帛书》（壹），北京：文物出版社1980年版。

[6] 国家文物局古文献研究室编：《马王堆汉墓帛书》（叁），北京：文物出版社1983年版。

[7] 裘锡圭主编：《长沙马王堆汉墓简帛集成》（全7册），北京：中华书局2014年版。

[8] 陈松长、廖名春：《帛书〈二三子问〉、〈易之义〉、〈要〉释文》，陈鼓应主编：《道家文化研究》（第三辑），上海：上海古籍出版社1993年版。

[9] 高明：《帛书老子校注》，北京：中华书局1996年版。

[10] 邓球柏：《帛书周易校释》，长沙：湖南出版社1996年版。

[11] 赵建伟：《出土简帛〈周易〉疏证》，台北：万卷楼图书有限公司2000年版。

[12] 魏启鹏：《马王堆汉墓帛书〈黄帝书〉笺证》，北京：中华书局2004年版。

[13] 张立文：《帛书周易注释》，郑州：中州古籍出版社2008年版。

[14] 银雀山汉墓竹简整理小组编:《银雀山汉墓竹简》(壹),北京:文物出版社1985年版。

[15] 银雀山汉墓竹简整理小组编:《银雀山汉墓竹简》(贰),北京:文物出版社2010年版。

[16] 骈宇骞:《银雀山汉墓竹简〈晏子春秋〉校释》,北京:书目文献出版社1988年版。

[17] 甘肃文物考古研究所、甘肃省博物馆、文化部古文献研究室、中国社会科学院历史研究所编:《居延新简——甲渠候官与第四燧》,北京:文物出版社1990年版。

[18] 睡虎地秦墓竹简整理小组编:《睡虎地秦墓竹简》,北京:文物出版社1990年版。

[19] 荆门市博物馆编:《郭店楚墓竹简》,北京:文物出版社1998年版。

[20] 刘钊:《郭店楚简校释》,福州:福建人民出版社2005年版。

[21] 刘信芳:《简帛〈五行〉解诂》,台北:艺文印书馆2000年版。

[22] 魏启鹏:《简帛〈五行〉笺释》,台北:万卷楼图书有限公司2000年版。

[23] 魏启鹏:《楚简〈老子〉柬释》,台北:万卷楼图书有限公司1999年版。

[24] 廖名春:《郭店楚简老子校释》,北京:清华大学出版社2002年版。

[25] 邓各泉:《郭店楚简〈老子〉释读》,长沙:湖南人民出版社2005年版。

[26] 马承源主编:《上海博物馆藏战国楚竹书》(一),上海:上海古籍出版社2001年版。

[27] 马承源主编:《上海博物馆藏战国楚竹书》(二),上海:上海古籍出版社2002年版。

[28] 马承源主编:《上海博物馆藏战国楚竹书》(三),上海:上海古籍出版社2003年版。

[29] 马承源主编:《上海博物馆藏战国楚竹书》(四),上海:上海古籍出版社2004年版。

[30] 马承源主编:《上海博物馆藏战国楚竹书》(五),上海:上海古籍出版社2005年版。

[31] 马承源主编:《上海博物馆藏战国楚竹书》(六),上海:上海古籍出版社2007年版。

［32］马承源主编：《上海博物馆藏战国楚竹书》（七），上海：上海古籍出版社 2008 年版。

［33］马承源主编：《上海博物馆藏战国楚竹书》（八），上海：上海古籍出版社 2011 年版。

［34］马承源主编：《上海博物馆藏战国楚竹书》（九），上海：上海古籍出版社 2012 年版。

［35］黄怀信：《上海博物馆藏战国楚竹书〈诗论〉解义》，北京：社会科学文献出版社 2004 年版。

［36］中国简牍集成编委会编：《中国简牍集成》（第 1 至 12 册），兰州：敦煌文艺出版社 2001 年版。

［37］中国简牍集成编委会编：《中国简牍集成》（第 13 至 20 册），兰州：敦煌文艺出版社 2005 年版。

［38］陈伟等：《楚地出土战国简册（十四种）》，北京：经济科学出版社 2009 年版。

［39］李学勤主编：《清华大学藏战国竹简》（壹），上海：中西书局 2010 年版。

［40］李学勤主编：《清华大学藏战国竹简》（贰），上海：中西书局 2011 年版。

［41］李学勤主编：《清华大学藏战国竹简》（叁），上海：中西书局 2012 年版。

［42］李学勤主编：《清华大学藏战国竹简》（肆），上海：中西书局 2013 年版。

［43］李学勤主编：《清华大学藏战国竹简》（伍），上海：中西书局 2015 年版。

［44］李学勤主编：《清华大学藏战国竹简》（陆），上海：中西书局 2016 年版。

［45］李学勤主编：《清华大学藏战国竹简》（柒），上海：中西书局 2017 年版。

［46］李学勤主编：《清华大学藏战国竹简》（捌），上海：中西书局 2018 年版。

［47］朱汉民、陈松长主编：《岳麓书院藏秦简》（壹），上海：上海辞书出版社 2010 年版。

［48］朱汉民、陈松长主编：《岳麓书院藏秦简》（贰），上海：上海辞书出

版社 2011 年版。

[49] 朱汉民、陈松长主编：《岳麓书院藏秦简》（叁），上海：上海辞书出版社 2013 年版。

[50] 北京大学出土文献研究所编：《北京大学藏西汉竹书》（壹），上海：上海古籍出版社 2015 年版。

[51] 北京大学出土文献研究所编：《北京大学藏西汉竹书》（贰），上海：上海古籍出版社 2012 年版。

[52] 北京大学出土文献研究所编：《北京大学藏西汉竹书》（叁），上海：上海古籍出版社 2015 年版。

[53] 北京大学出土文献研究所编：《北京大学藏西汉竹书》（肆），上海：上海古籍出版社 2015 年版。

[54] 北京大学出土文献研究所编：《北京大学藏西汉竹书》（伍），上海：上海古籍出版社 2014 年版。

[55] 陈伟主编：《秦简牍合集》（全 4 辑），武汉：武汉大学出版社 2016 年版。

[56] 叶玉森：《殷虚书契前编集释》（全 8 卷），上海：大东书局 1934 年版。

[57] 郭沫若：《殷契粹编》，北京：科学出版社 1965 年版。

[58] 中国科学院考古研究说编辑：《甲骨文编》，北京：中华书局 1965 年版。

[59] 李孝定编述：《甲骨文字集释》（全 8 册），台北："中央研究院"历史语言研究所 1970 年版。

[60] 容庚编著：《金文编》，北京：中华书局 1985 年版。

[61] 陈初生编纂：《金文常用字典》，西安：陕西人民出版社 1987 年版。

[62] 马承源主编：《商周青铜器铭文选》（全 4 册），北京：文物出版社 1988 年版。

[63] 徐中舒主编：《甲骨文字典》，成都：四川辞书出版社 1989 年版。

[64] 方述鑫、林小安、常正光、彭裕商编著：《甲骨金文字典》，成都：巴蜀书社 1993 年版。

[65] 于省吾主编：《甲骨文字诂林》（全 4 册），北京：中华书局 1996 年版。

[66] 中国社会科学院考古研究所编：《殷周金文集成释文》（全 6 卷），香港：中文大学出版社 2001 年版。

[67] 曹锦炎、沈建华编著：《甲骨文校释总集》（全 20 卷），上海：上海辞书出版社 2006 年版。

二、古代典籍

[1] [清] 顾栋高:《春秋大事表》,清光绪戊子年(1888)陕西求友斋刻本。

[2] [清] 毕沅:《墨子注》,上海:扫叶山房1925年版。

[3] [清] 王念孙:《读书杂志》(全16册),上海:商务印书馆1930年版。

[4] 刘师培:《荀子补释》,宁武南氏1934年校印。

[5] [宋] 徐铉等校定:《说文解字》,上海:商务印书馆1935年版。

[6] [清] 钱大昕:《十驾斋养新录》,上海:商务印书馆1935年版。

[7] [清] 孙星衍:《尚书今古文注疏》(全2册),上海:商务印书馆1936年版。

[8] [魏] 张辑:《广雅》,上海:商务印书馆1936年版。

[9] [宋] 朱熹:《朱子文集》(全10册),上海:商务印书馆1936年版。

[10] [汉] 赵晔:《吴越春秋》,上海:商务印书馆1937年版。

[11] [三国·吴] 韦昭注:《国语》(全3册),上海:商务印书馆1937年版。

[12] [晋] 孔晁注:《逸周书》(全4册),上海:商务印书馆1937年版。

[13] [宋] 苏轼:《苏东坡全集》(全4册),上海:大东书局1937年版。

[14] [清] 陈士珂辑:《孔子家语疏证》,上海:商务印书馆1937年版。

[15] [宋] 苏辙:《老子解及其他二种》,上海:商务印书馆1939年版。

[16] [南朝·梁] 刘勰著,范文澜注:《文心雕龙注》(全2册),北京:人民文学出版社1958年版。

[17] [汉] 司马迁:《史记》(全10册),北京:中华书局1959年版。

[18] [汉] 班固:《汉书》(全12册),北京:中华书局1962年版。

[19] 吴则虞:《晏子春秋集释》(全2册),北京:中华书局1962年版。

[20] [南朝·宋] 范晔:《后汉书》(全12册),北京:中华书局1965年版。

[21] [唐] 魏征、[唐] 令狐德棻:《隋书》(全6册),北京:中华书局1973年版。

[22] [明] 汤显祖:《汤显祖集》(全4册),上海:上海人民出版社1973年版。

[23] [清] 汪士铎:《汪梅村先生集》,沈云龙主编:《近代中国史料丛刊》(第十三辑),台北:文海出版社1973年版。

[24] [唐] 房玄龄等:《晋书》(全10册),北京:中华书局1974年版。

[25] 马叙伦：《老子校诂》（全 3 册），北京：中华书局 1974 年版。

[26] ［清］王夫之：《读四书大全说》（全 2 册），北京：中华书局 1975 年版。

[27] ［宋］陆佃解：《鹖冠子》，台北：台湾商务印书馆 1978 年版。

[28] ［清］刘熙载：《艺概》，上海：上海古籍出版社 1978 年版。

[29] ［唐］柳宗元：《柳宗元集》（全四册），北京：中华书局 1979 年版。

[30] 上海书画出版社、华东师范大学古籍整理研究室选编点校：《历代书法论文选》，上海：上海书画出版社 1979 年版。

[31] ［清］阮元校刻：《十三经注疏》（全 2 册），北京：中华书局 1980 年版。

[32] ［汉］许慎撰，［清］段玉裁注：《说文解字注》，上海：上海古籍出版社 1981 年版。

[33] ［汉］应劭撰，王利器校注：《风俗通义校注》（全 2 册），北京：中华书局 1981 年版。

[34] ［南朝·梁］顾野王：《宋本玉篇》，北京：中国书店 1983 年据清张氏泽存堂刻本影印。

[35] ［唐］陆德明：《经典释文》，北京：中华书局 1983 年版。

[36] ［宋］洪兴祖：《楚辞补注》，北京：中华书局 1983 年版。

[37] ［宋］朱熹：《四书章句集注》，北京：中华书局 1983 年版。

[38] ［清］王聘珍：《大戴礼记解诂》，北京：中华书局 1983 年版。

[39] ［清］朱骏声：《说文通训定声》，北京：中华书局 1984 年版。

[40] ［汉］孔鲋撰，［宋］宋咸注：《小尔雅》，北京：中华书局 1985 年版。

[41] ［晋］郭璞注：《尔雅》，北京：中华书局 1985 年版。

[42] ［宋］丁度等编：《集韵》（全 2 册），上海：上海古籍出版社 1985 年版。

[43] ［元］杨维桢：《东维子集》，《景印文渊阁四库全书》（第 1221 册），台北：台湾商务印书馆 1986 年版。

[44] ［宋］黎靖德编：《朱子语类》（全 8 册），北京：中华书局 1986 年版。

[45] ［宋］赵孟坚：《彝斋文编》，《景印文渊阁四库全书》（第 1181 册），台北：台湾商务印书馆 1986 年版。

[46] ［汉］刘向撰，向宗鲁校证：《说苑校证》，北京：中华书局 1987

年版。

[47]〔宋〕朱熹:《诗经集传》,上海:上海古籍出版社1987年版。

[48]〔清〕王先谦:《诗三家义集疏》(全2册),北京:中华书局1987年版。

[49]康有为:《论语注》,蒋贵麟主编:《康南海先生遗著汇刊》(六),台北:宏业书局1987年版。

[50]汪荣宝:《法言义疏》(全2册),北京:中华书局1987年版。

[51]逯钦立校注:《陶渊明集》,香港:中华书局香港分局1987年版。

[52]〔汉〕河上公章句:《道德真经注》,《道藏》(第十二册),北京:文物出版社、上海:上海书店出版社、天津:天津古籍出版社1988年版。

[53]〔唐〕傅奕校定:《道德经古本篇》,《道藏》(第十一册),北京:文物出版社、上海:上海书店出版社、天津:天津古籍出版社1988年版。

[54]〔清〕王先谦:《荀子集解》(全2册),北京:中华书局1988年版。

[55]〔清〕王夫之:《古诗评选》,《船山全书》(第十四册),长沙:岳麓书社1988年版。

[56]蒋天枢:《楚辞校释》,上海:上海古籍出版社1989年版。

[57]李定生、徐慧君:《文子要诠》,上海:复旦大学出版社1988年版。

[58]刘文典:《淮南鸿烈集解》(全2册),北京:中华书局1989年版。

[59]胡吉宣:《玉篇校释》(全6册),上海:上海古籍出版社1989年版。

[60]杨伯峻:《春秋左传注》(全4册),北京:中华书局1990年版。

[61]程树德:《论语集释》(全4册),北京:中华书局1990年版。

[62]黄晖:《论衡校释》(全4册),北京:中华书局1990年版。

[63]黄锡全:《汗简注释》,武汉:武汉大学出版社1990年版。

[64]〔宋〕谢守灏:《太上老君实录》,《藏外道书》(第十八册),成都:巴蜀书社1992年版。

[65]苏舆:《春秋繁露义证》,北京:中华书局1992年版。

[66]黄怀信、张懋镕、田旭东:《逸周书汇校集注》(全2册),上海:上海古籍出版社1995年版。

[67]屈守元:《韩诗外传笺疏》,成都:巴蜀书社1996年版。

[68]〔明〕释德清:《老子道德经解》,沐恩弟子张永俭居士汇编:《憨山大师法汇初集》(第九册),香港:香港佛经流通处1997年印行。

[69]〔清〕王先慎:《韩非子集解》,北京:中华书局1998年版。

[70]〔清〕程登吉编,〔清〕邹圣脉增:《幼学琼林》,杭州:浙江古籍出

版社 1998 年版。

　　[71] 何宁：《淮南子集释》（全 3 册），北京：中华书局 1998 年版。

　　[72] [汉] 贾谊撰，阎振益、钟夏校注：《新书校注》，北京：中华书局 2000 年版。

　　[73] 王利器：《文子义疏》，北京：中华书局 2000 年版。

　　[74] [清] 孙诒让：《墨子閒詁》（全 2 册），北京：中华书局 2001 年版。

　　[75] 徐元诰：《国语集解》，北京：中华书局 2002 年版。

　　[76] [晋] 陆机著，张少康集释：《文赋集释》，北京：人民文学出版社 2002 年版。

　　[77] [清] 段玉裁注，[清] 徐灏笺：《说文解字注笺》，《续修四库全书》（第 227 册），上海：上海古籍出版社 2003 年版。

　　[78] 叶朗总主编：《中国历代美学文库》（全 19 册），北京：高等教育出版社 2003 年版。

　　[79] [唐] 徐坚等：《初学记》（全 2 册），北京：中华书局 2004 年版。

　　[80] [宋] 程颢、[宋] 程颐：《二程集》（全 2 册），北京：中华书局 2004 年版。

　　[81] [清] 郭庆藩：《庄子集释》（全 3 册），北京：中华书局 2004 年版。

　　[82] 黎翔凤：《管子校注》（全 3 册），北京：中华书局 2004 年版。

　　[83] 黄怀信：《鹖冠子汇校集注》，北京：中华书局 2004 年版。

　　[84] 彭裕商：《文子校注》，成都：巴蜀书社 2006 年版。

　　[85] [魏] 王弼注，楼宇烈校释：《老子道德经校释》，北京：中华书局 2008 年版。

　　[86] [明] 万育英：《三命通会》（全 2 册），北京：中医古籍出版社 2008 年版。

　　[87] 许维遹：《吕氏春秋集释》（全 2 册），北京：中华书局 2009 年版。

　　[88] [元] 陈澔注：《礼记集说》，南京：凤凰出版社 2010 年版。

　　[89] [清] 黄宗羲：《明儒学案》（全 2 册），《黄宗羲全集》（第七、八册），杭州：浙江古籍出版社 2012 年版。

　　[90] 林义光：《诗经通解》，上海：中西书局 2012 年版。

　　[91] 许富宏：《慎子集校集注》，北京：中华书局 2013 年版。

三、研究论著

　　[1] [日] 津田左右吉：《儒道两家关系论》，李继煌译，上海：商务印书

馆 1926 年版。

[2] 冯友兰：《中国哲学史》，上海：神州国光社 1932 年版。

[3] 顾颉刚：《从〈吕氏春秋〉推测〈老子〉之成书年代》，罗根泽编著：《古史辨》（第四册），北京：景山书社 1933 年版。

[4] 罗根泽：《老子及〈老子〉书的问题》，《古史辨》（第四册），北平：景山书社 1933 年版。

[5] 张寿林：《老子〈道德经〉出于儒后考》，《古史辨》（第四册），北平：景山书社 1933 年版。

[6] 蒋锡昌：《庄子哲学》，上海：商务印书馆 1935 年版。

[7] 侯外庐：《中国古代思想学说史》，上海：文风书局 1946 年版。

[8] 朱自清：《诗言志辨》，上海：开明书店 1947 年版。

[9] 陈梦家：《殷虚卜辞综述》，北京：科学出版社 1956 年版。

[10] 王国维：《观堂集林》（全 2 册），北京：中华书局 1959 年版。

[11] [古希腊] 亚里士多德：《形而上学》，吴寿彭译，北京：商务印书馆 1959 年版。

[12] [德] 黑格尔：《哲学史讲演录》（第一、二、三、四卷），贺麟、王太庆译，北京：商务印书馆 1959、1960、1959、1978 年版。

[13] 徐复观：《中国艺术精神》，台北：台湾学生书局 1966 年版。

[14] [德] 恩格斯：《反杜林论》，中共中央马克思恩格斯列宁斯大林著作编译局编译，《马克思恩格斯选集》（第三卷），北京：人民出版社 1972 年版。

[15] 郭沫若：《奴隶制时代》，北京：人民出版社 1973 年版。

[16] 钱存训：《书于竹帛：中国古代书史》，香港：香港中文大学出版社 1975 年版。

[17] 王国维：《简牍检署考》，《王国维先生全集》（续编·第一册），台北：台湾大通书局 1976 年版。

[18] 王国维：《最近二三十年中中国新发见之学问》，《王国维先生全集》（初编·第五册），台北：台湾大通书局 1976 年版。

[19] 范文澜：《中国通史》（第一册），北京：人民文学出版社 1978 年版。

[20] 陈鼓应：《老子今注今译及评介》，台北：台湾商务印书馆 1978 年版。

[21] 施昌东：《先秦诸子美学思想述评》，北京：中华书局 1979 年版。

[22] 陈寅恪：《陈寅恪先生全集》（全 2 册），台北：里仁书局 1979 年版。

[23] 高亨：《周易大传今注》，济南：齐鲁书社 1979 年版。

[24] 北京大学哲学系美学教研室编：《中国美学史资料选编》（全 2 册），

北京：中华书局 1980 年版。

　　[25] 庞朴：《马王堆〈五行〉篇研究》，济南：齐鲁书社 1980 年版。

　　[26] 李民：《〈尚书〉与古史研究》，开封：河南人民出版社 1981 年版。

　　[27] [苏] B. B. 波果斯洛夫斯基、[苏] A. Γ. 科瓦列夫等主编：《普通心理学》，魏庆安等译，北京：人民教育出版社年 1981 版。

　　[28] 萧萐父、李锦全主编：《中国哲学史》（全 2 册），北京：人民出版社 1982 年版。

　　[29] 何介钧、张维明编：《马王堆汉墓》，北京：文物出版社 1982 年版。

　　[30] [德] 叔本华：《作为意志和表象的世界》，石冲白译，北京：商务印书馆 1982 年版。

　　[31] 郭沫若：《卜辞通纂》，北京：科学出版社 1983 年版。

　　[32] 方东美：《原始儒家道家哲学》，台北：黎明文化事业股份有限公司 1983 年版。

　　[33] 罗光：《儒家哲学的体系》，台北：台湾学生书局 1983 年版。

　　[34] 于民：《春秋前审美观念的发展》，北京：中华书局 1984 年版。

　　[35] 李泽厚、刘纲纪：《中国美学史》（第一卷），北京：文物出版社 1984 年版。

　　[36] 李泽厚：《中国古代思想史论》，北京：人民出版社 1985 年版。

　　[37] 叶朗：《中国美学史大纲》，上海：上海人民出版社 1985 年版。

　　[38] 许抗生：《帛书老子注译及研究（增订本）》，杭州：浙江人民出版社 1985 年版。

　　[39] 刘绍基：《中国哲学新论》，台北：世界书局 1985 年版。

　　[40] 杨泓：《中国古兵器论丛》，北京：文物出版社 1985 年版。

　　[41] [英] 鲍桑葵：《美学史》，张今译，北京：商务印书馆 1985 年版。

　　[42] 皮朝纲：《中国古代文艺美学概要》，成都：四川省社会科学院出版社 1986 年版。

　　[43] 劳思光：《新编中国哲学史》（全 4 册），台北：三民书局 1986 年版。

　　[44] 陈致平：《中华通史》（第一册），台北：黎明文化事业股份有限公司 1986 年版。

　　[45] 马奇主编：《西方美学史资料选编》（全 2 卷），上海：上海人民出版社 1987 年版。

　　[46] [日] 笠原仲二：《古代中国人的美意识》，魏常海译，北京：北京大学出版社 1987 年版。

［47］［美］塔尔科特·帕森斯：《"知识分子"：一个社会角色范畴》，"文化：中国与世界"编委会编：《文化：中国与世界》（第3辑），北京：生活·读书·新知三联书店1987年版。

［48］皮朝纲、钟仕伦：《审美心理学引导》，成都：成都电讯工程学院出版社1988年版。

［49］蔡仁厚：《中国哲学史大纲》，台北：台湾学生书局1988年版。

［50］高柏园：《中庸形上思想》，台北：东大图书股份有限公司1988年版。

［51］余明光：《黄帝四经与黄老思想》，哈尔滨：黑龙江人民出版社1989年版。

［52］何新：《谈龙》，香港：中华书局（香港）有限公司1989年版。

［53］朱光潜：《西方美学史资料附编》（上），《朱光潜全集》（第六卷），合肥：安徽教育出版社1990年版。

［54］冯沪祥：《中国古代美学思想》，台北：台湾学生书局1990年版。

［55］南怀瑾：《论语别裁》（全2册），上海：复旦大学出版社1990年版。

［56］［美］刘若愚：《中国诗学》，韩铁椿、蒋小雯译，武汉：长江文艺出版社1991年版。

［57］黄钊主编：《道家思想史纲》，长沙：湖南师范大学出版社1991年版。

［58］陈丽桂：《战国时期的黄老思想》，台北：联经出版事业股份有限公司1991年版。

［59］杨安仑、程俊：《先秦美学思想史略》，长沙：岳麓书社1992年版。

［60］李学勤：《周易经传溯源》，长春：长春出版社1992年版。

［61］韩仲民：《帛易说略》，北京：北京师范大学出版社1992年版。

［62］朱光潜：《整理我们的美学遗产，应该做些什么?》，《朱光潜全集》（第十卷），合肥：安徽教育出版社1993年版。

［63］［英］伯特兰·罗素：《快乐哲学》，王正平、杨承滨译，北京：中国工人出版社1993年版。

［64］王国维：《古史新证——王国维最后的讲义》，北京：清华大学出版社1994年版。

［65］皮朝纲、李天道、钟仕伦：《中国美学体系论》，北京：语文出版社1995年版。

［66］陈来：《古代宗教与伦理——儒家思想的根源》，北京：生活·读书·新知三联书店1996年版。

［67］王明钦：《试论〈归藏〉的几个问题》，古方、徐良高、唐际根编：

《一剑集》，北京：中国妇女出版社 1996 年版。

[68] 皮朝纲：《中国美学沉思录》，成都：四川民族出版社 1997 年版。

[69] 丁原明：《黄老学论纲》，济南：山东大学出版社 1997 年版。

[70] 钱穆：《论语新解》，《钱宾四先生全集》（3），台北：联经出版事业公司 1998 年版。

[71] 钱穆：《先秦诸子系年》，《钱宾四先生全集》（5），台北：联经出版事业公司 1998 年版。

[72] 李泽厚：《美学三书》，合肥：安徽文艺出版社 1999 年版。

[73] 蒋孔阳：《先秦音乐美学思想论稿》，《蒋孔阳全集》（第一卷），合肥：安徽教育出版社 1999 年版。

[74] 蒋孔阳、朱立元主编：《西方美学通史》（全 7 卷），上海：上海文艺出版社 1999 年版。

[75] 皮朝纲主编，钟仕伦、李天道副主编：《审美与生存——中国传统美学的人生意蕴及其现代意义》，成都：巴蜀书社 1999 年版。

[76] ［美］杜维明：《论儒学的宗教性——对〈中庸〉的现代诠释》，段德智译，武汉：武汉大学出版社 1999 年版。

[77] 丁原植：《文子新论》，台北：万卷楼图书有限公司 1999 年版。

[78] 连云港市博物馆、中国文物研究所编：《尹湾汉墓简牍综论》，北京：科学出版社 1999 年版。

[79] 庞朴：《竹简〈五行〉篇校注及研究》，台北：万卷楼图书股份有限公司 2000 年版。

[80] 丁四新：《郭店楚墓竹简思想研究》，北京：东方出版社 2000 年版。

[81] 傅斯年：《史学方法导论》，《傅斯年全集》（第二卷），长沙：湖南教育出版社 2000 年版。

[82] 傅斯年：《历史语言研究所工作之旨趣》，《傅斯年全集》（第三卷），长沙：湖南教育出版社 2000 年版。

[83] 黄汉光：《黄老之学析论》，台北：鹅湖出版社 2000 年版。

[84] 李学勤：《简帛佚籍与学术史》，南昌：江西教育出版社 2001 年版。

[85] 廖名春：《新出楚简试论》，台北：台湾古籍出版有限公司 2001 年版。

[86] 郭沂：《郭店楚简与先秦学术思想》，上海：上海教育出版社 2001 年版。

[87] 尹振环：《楚简老子辨析——楚简与帛书〈老子〉的比较研究》，北京：中华书局 2001 年版。

[88] 熊十力：《十力语要》，《熊十力全集》（第四卷），武汉：湖北教育出

版社 2001 年版。

[89] 崔大华：《儒学引论》，北京：人民出版社 2001 年版。

[90] 蒙培元：《情感与理性》，北京：中国社会科学出版社 2002 年版。

[91] 丁四新主编：《楚地出土简帛文献思想研究》（一），武汉：湖北教育出版社 2002 年版。

[92] 丁原植：《楚简儒家性情说研究》，台北：万卷楼图书有限公司 2002 年版。

[93] 上海大学古代文明研究中心、清华大学思想文化研究所编：《上博馆藏战国楚竹书研究》，上海：上海书店出版社 2002 年版。

[94] 姜亮夫：《文字朴识》，《姜亮夫全集》（第十八册），昆明：云南人民出版社 2002 年版。

[95] ［美］艾兰：《水之道与德之端——中国早期哲学思想的本喻》，张海晏译，上海：上海人民出版社 2002 年版。

[96] ［德］康德：《康德美学文集》，曹俊峰译，北京：北京师范大学出版社 2003 年版。

[97] 李学勤：《中国古代文明十讲》，上海：复旦大学出版社 2003 年版。

[98] 刘信芳：《孔子诗论述学》，合肥：安徽大学出版社 2003 年版。

[99] 沈颂金：《二十世纪简帛学研究》，北京：学苑出版社 2003 年版。

[100] 李天虹：《郭店竹简〈性自命出〉研究》，武汉：湖北教育出版社 2003 年版。

[101] 牟宗三：《圆善论》，《牟宗三先生全集》（22），台北：联经出版事业公司 2003 年版。

[102] 李景明、唐明贵：《儒道比较研究》，北京：中华书局 2003 年版。

[103] 顾德融、朱顺龙：《春秋史》，上海：上海人民出版社 2003 年版。

[104] 敏泽：《中国美学思想史》（全 2 卷），长沙：湖南教育出版社 2004 年版。

[105] 蔡仲德：《中国音乐美学史》（全 2 册），北京：人民音乐出版社 2004 年版。

[106] 修海林：《中国古代音乐美学》，福州：福建教育出版社 2004 年版。

[107] 李零：《简帛古书与学术源流》，北京：生活·读书·新知三联书店 2004 年版。

[108] 张显成：《简帛文献学通论》，北京：中华书局 2004 年版。

[109] ［日］浅野裕一：《战国楚简研究》，［日］佐藤将之监译，台北：万

卷楼图书股份有限公司 2004 年版。

[110] 廖名春：《〈周易〉经传十五讲》，北京：北京大学出版社 2004 年版。

[111] 丁四新主编：《楚地简帛文献思想研究》（二），武汉：湖北教育出版社 2004 年版。

[112] ［美］艾兰、邢文编：《新出简帛研究》，北京：文物出版社 2004 年版。

[113] 何志华：《〈文子〉著作年代新证》，香港：中文大学出版社 2004 年版。

[114] 李泽厚：《论语今读》，北京：生活·读书·新知三联书店 2004 年版。

[115] 陈昭瑛：《儒家美学与经典诠释》，台北：台湾大学出版中心 2005 年版。

[116] 李醒尘：《西方美学史教程》，北京：北京大学出版社 2005 年版。

[117] 郭沫若：《青铜时代》，北京：中国人民大学出版社 2005 年版。

[118] 李学勤：《李学勤文集》，上海：上海辞书出版社 2005 年版。

[119] 骈宇骞：《简帛文献概述》，台北：万卷楼图书股份有限公司 2005 年版。

[120] 刘祖信、龙永芳编著：《郭店楚简综览》，台北：万卷楼图书股份有限公司 2005 年版。

[121] ［日］池田知久：《马王堆汉墓帛书五行研究》，王启发译，北京：线装书局、中国社会科学出版社 2005 年版。

[122] 刘贻群编：《庞朴文集》（全四卷），济南：山东大学出版社 2005 年版。

[123] 朱良志：《中国美学十五讲》，北京：北京大学出版社 2006 年版。

[124] 黄淑基：《中国艺术哲学》（先秦卷），台北：洪叶文化事业有限公司 2006 年版。

[125] 骈宇骞、段书安编著：《二十世纪出土简帛综述》，北京：文物出版社 2006 年版。

[126] 曹峰：《上博楚简思想研究》，台北：万卷楼图书股份有限公司 2006 年版。

[127] 詹剑峰：《老子其人其书及其道论》，武汉：华中师范大学出版社 2006 年版。

[128] 闻一多：《神话与诗》，上海：上海人民出版社 2006 年版。

[129] 钱锺书：《管锥编》（全 4 册），北京：生活·读书·新知三联书店

2007 年版。

[130] 李零：《郭店楚简校读记（增订本）》，北京：中国人民大学出版社 2007 年版。

[131] 张丰乾：《出土文献与文子公案》，北京：社会科学文献出版社 2007 年版。

[132] 林同华主编：《宗白华全集》（全 4 卷），合肥：安徽教育出版社 2008 年版。

[133] 李天道：《老子美学思想的当代意义》，北京：中国社会科学出版社 2008 年版。

[134] 郭梨华：《出土文献与先秦儒道哲学》，台北：万卷楼图书股份有限公司 2008 年版。

[135] 尹振环：《重识老子与〈老子〉——其人其书其术其演变》，北京：商务印书馆 2008 年版。

[136] 彭林：《儒家礼乐文明讲演录》，桂林：广西师范大学出版社 2008 年版。

[137] ［美］本杰明·史华慈：《古代中国的思想世界》，程钢译，南京：江苏人民出版社 2008 年版。

[138] 叶朗：《美学原理》，北京：北京大学出版社 2009 年版。

[139] 高建平：《全球化与中国艺术》，济南：山东教育出版社 2009 年版。

[140] 朱志荣：《夏商周美学思想研究》，北京：人民出版社 2009 年版。

[141] ［美］苏源熙：《中国美学问题》，卞东波译，南京：江苏人民出版社 2009 年版。

[142] 熊十力：《体用论》，上海：上海书店出版社 2009 年版。

[143] 熊十力：《读经示要》，北京：中国人民大学出版社 2009 年版。

[144] ［日］池田知久：《道家思想的新研究——以〈庄子〉为中心》（全 2 册），王启发、曹峰译，郑州：中州古籍出版社 2009 年版。

[145] ［美］狄百瑞：《儒家的困境》，黄水婴译，北京：北京大学出版社 2009 年版。

[146] ［德］卜松山：《中国的美学和文学理论——从传统到现代》，向开译，上海：华东师范大学出版社 2010 年版。

[147] 欧阳祯人：《从简帛中挖掘出来的政治哲学》，武汉：武汉大学出版社 2010 年版。

[148] ［俄］郭静云：《亲仁与天命——从〈缁衣〉看先秦儒学转化成

"经"》，台北：万卷楼图书股份有限公司2010年版。

[149] 王中江：《简帛文明与古代思想世界》，北京：北京大学出版社2011年版。

[150] 李均明、刘国忠、刘光胜、邬文玲：《当代中国简帛学研究（1949—2009）》，北京：中国社会科学出版社2011年版。

[151] 梁漱溟：《中国文化要义》，上海：上海人民出版社2011年版。

[152] 皮朝纲：《中国古典美学思辨录》，香港：香港新天出版社2012年版。

[153] 陈松长：《帛书史话》，北京：社会科学文献出版社2012年版。

[154] 陈来：《竹简〈五行〉篇讲稿》，北京：生活·读书·新知三联书店2012年版。

[155] [美] 夏含夷：《重写中国古代文献》，周博群等译，上海：上海古籍出版社2012年版。

[156] 曹峰编：《出土文献与儒道关系》，桂林：漓江出版社2012年版。

[157] 王葆玹：《黄老与老庄》，北京：中国人民大学出版社2012年版。

[158] [美] 顾史考：《郭店楚简先秦儒书宏微观》，上海：上海古籍出版社2012年版。

[159] 张盛文：《生态文明视野下的水文化研究》，厦门：厦门大学出版社2012年版。

[160] 张法：《文艺学·艺术学·美学——体系构架与关键语汇》，北京：人民出版社2013年版。

[161] 朱志荣：《中国审美理论》，上海：上海人民出版社2013年版。

[162] 晁福林：《上博简〈诗论〉研究》，北京：商务印书馆2013年版。

[163] 陈丽桂：《近四十年出土简帛文献思想研究》，台北：五南图书出版股份有限公司2013年版。

[164] 马一浮：《复性书院讲录》，《马一浮全集》（第一册上），杭州：浙江古籍出版社2013年版。

[165] [美] 杜维明：《仁与修身——儒家思想论集》，胡军、丁民雄译，北京：生活·读书·新知三联书店2013年版。

[166] [美] 孙康宜、[美] 宇文所安主编：《剑桥中国文学史》（全2卷），刘倩等译，北京：生活·读书·新知三联书店2013年版。

[167] 孙焘：《中国美学通史》（先秦卷），南京：江苏人民出版社2014年版。

[168] 章太炎：《訄书（初刻本）》，《章太炎全集》（第一辑），上海：上

海人民出版社 2014 年版。

[169] 冯友兰：《贞元六书》（全 2 册），北京：中华书局 2014 年版。

[170] 陈来：《仁学本体论》，北京：生活·读书·新知三联书店 2014 年版。

[171] 廖名春：《〈周易〉经传与易学史新论（修订版）》，北京：中国人民大学出版社 2014 年版。

[172] [法] 马伯乐：《马伯乐汉学论著选译》，伭晓笛、盛丰等译，北京：中华书局 2014 年版。

[173] 刘小枫编：《西方古典文献学发凡》，丰卫平译，北京：华夏出版社 2014 年版。

[174] 杨春时：《作为第一哲学的美学——存在、现象与审美》，北京：人民出版社 2015 年版。

[175] 曹峰：《近年出土黄老思想文献研究》，北京：中国社会科学出版社 2015 年版。

[176] 蒙文通：《略论黄老学》，《蒙文通全集》（二），成都：巴蜀书社 2015 年版。

[177] 杨国荣：《伦理与存在——道德哲学研究》，桂林：广西师范大学出版社 2015 年版。

[178] [日] 谷中信一：《先秦秦汉思想史研究》，孙佩霞译，上海：上海古籍出版社 2015 年版。

[179] 祁志祥：《乐感美学》，北京：北京大学出版社 2016 年版。

[180] 陈鼓应：《黄帝四经今注今译》，北京：中华书局 2016 年版。

[181] 刘成群：《清华简与古史甄微》，上海：上海古籍出版社 2016 年版。

[182] [法] 米歇尔·福柯：《词与物——人文科学的考古学（修订译本）》，莫伟民译，上海：上海三联书店 2016 年版。

[183] 刘成纪：《先秦两汉艺术观念史》（全 2 卷），北京：商务印书馆 2017 年版。

[184] 潘知常：《中国美学精神（修订本）》，南京：江苏人民出版社 2017 年版。

[185] [日] 汤浅邦弘：《竹简学——中国古代思想的探究》，白雨田译，上海：东方出版社 2017 年版。

[186] 蔡先金：《简帛文学研究》，北京：学习出版社 2017 年版。

[187] 北京大学出土文献研究所编：《古简新知——西汉竹书〈老子〉与道家思想研究》，上海：上海古籍出版社 2017 年版。

［188］章太炎：《国故论衡（校定本）》，《章太炎全集》（第三辑），上海：上海人民出版社2017年版。

［189］陈霞：《道家哲学引论》，北京：中国社会科学出版社2017年版。

［190］［法］程艾兰：《中国思想史》，冬一、戎恒颖译，开封：河南大学出版社2017年版。

［191］［美］谭中：《简明中国文明史》，北京：新世界出版社2017年版。

［192］［美］迈克尔·普鸣、［美］克里斯蒂娜·格罗斯-洛：《哈佛中国哲学课》，胡洋译，北京：中信出版社2017年版。

［193］吴根友：《道家思想及其现代诠释》，上海：上海交通大学出版社2018年版。

四、期刊论文

［1］陈公柔、徐苹芳：《关于居延汉简的发现和研究》，《考古》1960年第1期。

［2］湖南省博物馆：《长沙子弹库战国木椁墓》，《文物》1974年第2期。

［3］晓菡：《长沙马王堆汉墓帛书概述》，《文物》1974年第9期。

［4］唐兰：《〈黄帝四经〉初探》，《文物》1974年第10期。

［5］甘肃居延考古队：《居延汉代遗址的发掘和新出土的简册文物》，《文物》1978年第1期。

［6］周采泉：《马王堆汉墓帛书〈老子甲本〉为秦楚间写本说》，《社会科学战线》1978年第2期。

［7］随县擂鼓墩一号墓考古发掘队：《湖北随县曾侯乙墓发掘简报》，《文物》1979年第7期。

［8］河北省文物研究所：《河北定县40号汉墓发掘简报》，《文物》1981年第8期。

［9］甘肃省博物馆汉简整理组：《居延汉简〈相剑刀〉册释文》，《敦煌学辑刊》1982年总第3期。

［10］马明达：《居延汉简〈相剑刀〉册初探》，《敦煌学辑刊》1982年总第3期。

［11］袁振保：《〈周易〉美学思想的历史影响》，《杭州师院学报》（社会科学版）1985年第3期。

［12］刘笑敢：《庄子后学中的黄老派》，《哲学研究》1985年第6期。

［13］李学勤：《论银雀山简〈守法〉、〈守令〉》，《文物》1989年第9期。

［14］谭家健：《云梦秦简〈为吏之道〉漫论》，《文学评论》1990 年第 5 期。

［15］荆州地区博物馆：《江陵王家台 15 号秦墓》，《文物》1995 年第 1 期。

［16］河北省文物研究所定州汉简整理小组：《定州西汉中山怀王墓竹简〈文子〉释文》，《文物》1995 年第 12 期。

［17］刘来成：《定州西汉中山怀王墓竹简〈文子〉的整理和意义》，《文物》1995 年第 12 期。

［18］李学勤：《试论八角廊简〈文子〉》，《文物》1996 年第 1 期。

［19］湖北省荆门市博物馆：《荆门郭店一号楚墓》，《文物》1997 年第 7 期。

［20］李学勤：《荆门郭店楚简中的〈子思子〉》，《文物天地》1998 年第 2 期。

［21］姜广辉：《郭店楚简与〈子思子〉——兼谈郭店楚简的思想史意义》，《哲学研究》1998 年第 7 期。

［22］王博：《美国达慕思大学郭店〈老子〉国际学术讨论会纪要》，陈鼓应主编：《道家文化研究》（第 17 辑），北京：生活·读书·新知三联书店 1999 年版。

［23］李学勤：《先秦儒家著作的重大发现》，《中国哲学》（第 20 辑），沈阳：辽宁教育出版社 1999 年版。

［24］李学勤：《出土佚书的三点贡献》，《文艺研究》2000 年第 3 期。

［25］蔡仲德：《郭店楚简儒家乐论试探》，《孔子研究》2000 年第 3 期。

［26］赵树国：《论周代钟铭及竹简帛书中体现的音乐思想》，《文艺研究》2000 年第 4 期。

［27］连劭名：《江陵王家台秦简〈归藏〉筮书考》，《中国哲学史》2001 年第 3 期。

［28］王振复：《郭店楚简〈老子〉的美学意义——老子美学再认识》，《学术月刊》2001 年第 11 期。

［29］李学勤：《〈诗论〉简的编联与复原》，《中国哲学史》2002 年第 1 期。

［30］李学勤：《〈诗论〉说〈关雎〉等七篇释义》，《齐鲁学刊》2002 年第 2 期。

［31］高华平：《上博简〈孔子诗论〉的论诗特色及其作者问题》，《华中师范大学学报》（人文社会科学版）2002 年第 5 期。

［32］［日］陈力：《〈居延新简〉相利善刀剑诸简选释》，《考古与文物》

2002 年第 6 期。

　　[33] 李天虹:《郭店简〈性自命出〉中的乐论》,《简牍学研究》(第 3辑),兰州:甘肃人民出版社 2002 年版。

　　[34] 王辉:《王家台秦简〈归藏〉校释 (28 则)》,《江汉考古》2003 年第 1 期。

　　[35] 骆冬青:《论政治美学》,《南京师大学报》(社会科学版) 2003 年第 3 期。

　　[36] 李学勤:《楚简〈恒先〉首章释义》,《中国哲学史》2004 年第 3 期。

　　[37] 廖名春:《上博藏楚竹书〈恒先〉新释》,《中国哲学史》2004 年第 3 期。

　　[38] 徐少华:《楚竹书〈民之父母〉思想源流探论》,《中国哲学史》2005 年第 4 期。

　　[39] 李零:《上博楚简〈恒先〉语译》,《中华文史论丛》2006 年第 1 期。

　　[40] 高建平:《"美学"的起源》,《社会科学战线》2008 年第 10 期。

　　[41] 肖永明:《读岳麓书院藏秦简〈为吏治官及黔首〉札记》,《中国史研究》2009 年第 3 期。

　　[42] 刘悦笛:《儒家生活美学当中的"情":郭店楚简的启示》,《人文杂志》2009 年第 4 期。

　　[43] 李学勤:《清华简整理工作的第一年》,《清华大学学报》(哲学社会科学版) 2009 年第 5 期。

　　[44] 李学勤:《论清华简〈保训〉的几个问题》,《文物》2009 年第 6 期。

　　[45] 清华大学出土文献研究与保护中心:《清华大学藏战国楚简〈保训〉释文》,《文物》2009 年第 6 期。

　　[46] 杨坤:《〈保训〉的撰作年代——兼谈〈保训〉"复"字》,《中国文物报》2009 年 11 月 27 日 Z06 版。

　　[47] 刘大钧:《20 世纪的易学研究及其重要特色——〈百年易学菁华集成〉前言》,《周易研究》2010 年第 1 期。

　　[48] 廖名春、[澳] 陈慧:《清华简〈保训〉篇解读》,《中国哲学史》2010 年第 3 期。

　　[49] 韩巍:《北京大学藏西汉竹书本〈老子〉的文献学价值》,《中国哲学史》2010 年第 4 期。

　　[50] 韩巍:《北大汉简〈老子〉简介》,《文物》2011 年第 6 期。

　　[51] 北京大学出土文献所:《北京大学藏西汉竹书概说》,《文物》2011 年

第 6 期。

[52] 韩巍：《北大秦简中的数学文献》，《文物》2012 年第 6 期。

[53] 北京大学出土文献研究所：《北京大学藏秦简牍概述》，《文物》2012 年第 6 期。

[54] 李学勤：《新整理清华简六种概述》，《文物》2012 年第 8 期。

[55] 赵平安：《〈芮良夫毖〉初读》，《文物》2012 年第 8 期。

[56] 朱志荣：《论中国审美意识史研究的价值》，《暨南学报》（哲学社会科学版）2012 年第 9 期。

[57] 高建平：《美学的超越与回归》，《上海大学学报》（社会科学版）2014 年第 1 期。

[58] 朱凤瀚：《北大藏秦简〈教女〉初识》，《北京大学学报》（哲学社会科学版）2015 年第 2 期。

[59] 韩巍：《北大藏秦简〈鲁久次问数于陈起〉初读》，《北京大学学报》（哲学社会科学版）2015 年第 2 期。

[60] 曹峰：《〈太一生水〉"天道贵弱"篇的思想结构——兼论与黄老道家的关系》，《清华大学学报》（哲学社会科学版）2015 年第 3 期。

[61] 郭世荣：《〈陈起〉篇的四个问题》，《自然科学史研究》2015 年第 2 期。

[62] 刘国忠：《清华简〈命训〉初探》，《深圳大学学报》（人文社会科学版）2015 年第 3 期。

[63] 钟仕伦：《中国诗学观念与诗学研究范式》，《文艺理论研究》2015 年第 4 期。

[64] 习近平：《习近平在文艺工作座谈会上的讲话》，《人民日报》2015 年 10 月 15 日第 02 版。

[65] 朱凤瀚：《三种"为吏之道"题材之秦简简文对读》，中国文物遗产研究院编：《出土文献研究》（第十四辑），上海：中西书局 2015 年版。

[66] 任蜜林：《〈恒先〉章句疏证》，《中国哲学史》2016 年第 1 期。

[67] 项阳：《回归历史语境"讲清楚"——以新的治史理念把握中国音乐文化的特色内涵》，《中国音乐学》2016 年第 1 期。

[68] 胡平生：《中国简帛学理论的构建》，《中国史研究动态》2016 年第 2 期。

[69] 刘成纪：《中华美学精神在中国文化中的位置》，《文学评论》2016 年第 3 期。

[70] 田炜：《谈谈北京大学藏秦简〈鲁久次问数于陈起〉的一些抄写特点》，《中山大学学报》（社会科学版）2016 年第 5 期。

[71] 江西省文物考古研究所、南昌市博物馆、南昌市新建区博物馆：《南昌市西汉海昏侯墓》，《考古》2016 年第 7 期。

[72] 张法：《政治美学：历史源流与当代理路》，《文艺争鸣》2017 年第 4 期。

[73] 王坤鹏：《清华简〈芮良夫毖〉学术价值新论》，《孔子研究》2017 年第 4 期。

[74] 夏增民：《北大秦简〈教女〉与秦代性别关系的建构》，《山西师大学报》（社会科学版）2017 年第 6 期。

[75] 白奚：《〈文子〉的成书年代问题——由"太一"概念引发的思考》，《社会科学》2018 年第 8 期。

[76] 余开亮：《儒家伦理—政治美学与当代美育理论的建构》，《首都师范大学学报》（社会科学版）2019 年第 3 期。

后 记

这本书是我的国家社科基金项目（批准号：18CZX065）的最终成果，完成此书虽只花了三个寒暑，但我对出土简帛文献的关注和兴趣却要从十年以前说起。

无论是中国美学研究，还是西方美学研究，都是在相关文献的发掘、整理和考索基础上进行的，离开文献的中国美学或西方美学研究是不可想象的。自19世纪末20世纪初以来，我国境内发现和出土了大量的简帛文献，尤其是20世纪70年代以来，简帛"书籍"不断涌现，成为我们进行古代人文社会科学研究的宝贵一手材料。这一点我在钟仕伦先生门下读硕士时就有所体悟，并得到钟先生的肯定。于是，我从硕士阶段开始，就关注出土简帛文献中的美学思想以及它们对中国美学史研究的价值和意义。硕士毕业后，我跟随华东师范大学中文系朱志荣先生攻读博士。朱先生对史前、夏商周美学研究颇有心得，倡导审美意识与美学思想相结合的研究方法，这对我如今结合出土文献进行的中国美学研究影响极大。所以，没有二位先生的悉心教导就不会有弟子这本书的出版。

此外，皮朝纲、袁济喜、刘成纪等先生在本书的体例、架构、撰写、表述乃至研究思路上给我提出了诸多宝贵的意见，及时化解了我在研究过程中的困惑和困难。在此，谨向各位师长致以诚挚的谢意！四川师范大学博士后张娅丽、黎臻、肖朗、姜智老师，博士生谭真谛、单晨等同学，是我近几年从事相关研究工作的益友。我们时长聚会交流、相互鼓励，共同排遣了研究、工作中的种种苦闷。另外，感谢我的父母在这几年中为我承担了大部分的家务，感谢我的妻子陈丹为我有充足的时间进行学术研究而不辞辛劳地照顾儿子。没有你们的付出，同样不会有这本书的完成！本书中的部分内容已发表在《中国文学研究》、《四川师范大学学报》（社会科学版）、《美育学刊》等期刊上，感谢以上期刊发表拙文。

"学海无边，书囊无底"，这本书难免会有一些纰漏与不足，有些问题还处于初步构想阶段，衷心希望学界师友批评指正。

谭玉龙

2020年"抗疫"期间于重庆南山